China
Diplomacy
Exploring
New
Horizons

中国外交探新

王逸舟・主编

时 事 出 版 社
北京

CONTENTS

目 录

/导论　塑造适合时代特点的中国新外交/

王逸舟*

读者手头的这本书，是我和我的研究团队合作完成的成果之一，基于国家社科基金一个重大专项（“十八大以来党中央治国理政方略和外交新战略”）之最终报告修改而成。

在大约两年时间里，我们围绕主题又不局限题目范围，由近至远、由内及外，分析探讨了与中国新外交相关的几个基础性问题：

1. 如何看待当今的时代环境和世界政治的变迁，站在什么样的角度研究、应对和驾驭外部环境的不断改变？

2. 为了使我们的外交更具前瞻性，需要自身视野和思想观念方面做哪些更新，比如对主权概念加以充实调整，加强外交学习能力？

3. 应该怎样推进新的研究日程，拓展和改进原有的工作，尤其是在建立新的视角和方法论方面做出努力？

4. 相对于新中国成立以来的不同历史阶段，人们所说中国“新外交”由何时算起、有哪些主要标志、其指向与特点何在？

5. 作为一个新兴的全球角色，中国如何拓展对外关系的新疆域，比方讲，如何提供更多品种和更高质量的国际公共产品，如何借助包括金砖国家合作机制在内的各种新的抓手，如何发挥首都北京作为新型国际

---

* 王逸舟，北京大学博雅特聘教授，中国国际关系学会副会长，《国际政治研究》杂志主编，国家社科基金重大项目“新时代中国大国外交能力建设”首席专家。曾任中国社会科学院研究生院世界经济与政治研究系主任、博士生导师，中国社科院世界经济与政治研究所副所长，《世界经济与政治》杂志主编，北京大学国际关系学院副院长。出版了《当代国际政治析论》《西方国际政治学》《恐怖主义溯源》《全球政治和中国外交》《创造性介入：中国外交三部曲》《仁智大国》等著作。其中的主要作品被译成多国文字在海外出版。迄今为止到过50多个国家及地区进行学术交流和访问。

都市的潜在外交功能？

我希望，本书对这些问题的解说具有前沿探索性质，而不是仅看到“当下三尺地”，或单单为了呼应某种口号式的目标，更非哗众取宠、标新立异。

下面，结合近年来我个人的思考及研究成果，[①] 提取并呈现一些主要线索，回答上述问题的同时，对本书的总体思路和观点做些说明。

一、国际格局的演化及其新的视角

中国外交应该有更大的眼界和胸怀，具备真正的全球视角，看重中国不同以往的全球利益及责任。

在今天的中国，“慎言零和”和“告别革命”，是有远见的政治人物和国际问题研究者应当具备的心态。确实，一方面，就我们这行而言，没有现实主义和权力政治学的考量，不会使国际政治研究特别是国家安全分析具备操作性，不会让决策部门产生兴趣从而合理配置有限的现实资源。但另一方面，缺乏全球视野和对整个人类的关怀，则容易把国家利益的讨论变得局促狭隘，令国家安全和外交问题的研究陷入零和思维的怪圈。尤其在中国历史的背景下，长期的自我封闭专制传统和近代以来受压迫、起义抗争的历程，潜移默化养成了国人某些难以摆脱的情结，比如倾向于把周边地区看成向我国进贡的弱邻区域，比如看到欧美国家与中国的某些现实纠纷就联想到“八国联军又来了”，比如只想作为世界大国和实现民族复兴的好处及荣耀、很少考虑中国新的全球性角色和海外所要求的担当。多数情况下我们的研究者太熟悉、太习惯权力政治的那一套博弈，而很少认真想并仔细规划中国如何做一个进步的强国、

① 参见王逸舟著《创造性介入三部曲》（北京大学出版社 2011 年、2013 年和 2015 年版），《中国外交十难题》（江苏人民出版社 2015 年版），《当代国际政治析论》（上海人民出版社 2015 年增订版）和王逸舟主编《中国对外关系转型 30 年》（社会科学文献出版社 2008 年版）等。

有风范的大国、让人感到亲切的文明国家。

在此意义上，我尤其看重全球视野、全球进步意识乃至全球主义本身的价值。这里所说的全球主义视野，并非某些人想象的那样，是所谓的“国际利他主义”，好像完全不关心不顾及本国本民族的重大利益与战略需求，一厢情愿地呼吁和争取国际间的理解与合作，甚至像某些极端的西方和平主义团体那样，处处与各国政府抗争、时时同多数人作对。这是一种严重的误读。所谓“全球主义”，讲的是要有全球性视野，对全球性挑战要高度重视，表达出全球性关怀，倡导全球性努力，规划全球性战略。它拥有更大的维度、更长的纵深以及对国家、民族命运与人类整体进步之更平衡的度量。就中国而言，我们所需要、所追求的全球主义，是大国沙文主义和狭隘民族情绪的反义语，是“他山之石为我所用”式的谦虚谨慎和求学精神，是“打铁先须自身硬”的自我反思与不断变革取向，是新时期对各种全球性危机的中国态度与方案，是量力而行又积极提供各种公共产品的国际战略，是把中华民族伟大复兴与人类进步事业密切结合的总体思维。

不错，国际关系有其复杂阴暗的一面，常常充斥着恃强凌弱或尔虞我诈。一般都以为，国际政治就是人性恶在国家间关系上的再现，是人类动物园的自然状态。我们也要承认，到目前为止，国际体系仍然是以国家的偏好、利益、抉择为中轴和重心，仍然大体沿袭了几百年甚至几千年的竞争逻辑。似乎再简单不过，权力政治学、现实主义博弈观、各种势力均衡理论等，拥有一言九鼎、放之四海而皆准的超大声响，教师和学生、政治人物和媒体大众，只能被动地、别无选择地接受它们。

第一，全球主义者不认为上述看法是全面的和符合时代进步的认知。面向未来，我们应当而且可以有不同的认识论。像马克思、康德那样伟大的全球主义者，比多数人更懂什么叫阶级、等级、剥削和压迫，知道国家（政府）行善或作恶时的巨大分别，理解霸权治下的和平与真正永久的和平的不同实现条件；只是他们在观测各种政治类型、权力形态以及国家兴衰时，看得更加宽广，发现了不同的可能性及路径。不要以为全球主义思想家只会冥思苦想，不懂现实复杂性，不了解人性贪婪、政治险恶和国家霸性的一面。全球主义者的深刻在于，其视野超出了既往和当下，反对说历史是恶的循环，不相信人类是“命”的囚徒。世界历史进步的价值得到了高度重视。

第二，全球主义视角特别看重谅解与合作，不管是国家间的还是各种行为体之间的谅解与合作。当代国际关系恰似一个硬币的两面：没有主权民族就不能生存，但没有主权的层次应用就不会有区域一体化进程，不会有民族国家的影响力提升；没有综合国力，特别是没有经贸和军事能力的强大就不会有谈判的筹码，但没有外交的调解、政治的开明、文化的积淀这些“软实力”就不会有亲和力。对各种非国家的国际行为体，道理是一样的：没有自身的成长进步，不会有别人对你的尊重；但没有对他者的留意关照，亦不会有自己的持久发展。王无道便成霸。全球主义恰恰提供了王道而非霸权之途。它是对冷静而有节制的现实主义权力不可或缺的补充。

第三，在全球主义的关切中，“人”始终是大写的主题，人的安全、自由、创造、解放与社会的稳定性、整体性、生动性、进步性是相互依托、密不可分的，人的坐标在划分群已权界、政治/政府行使职能的方式、国家与非国家行为体及全球社会的互动角色等方面是至关重要的，人民主权应当是国家主权的内在特质，个人的进步最终必然外化为国际关系的进步。整个人类的历史说到底，是各种政治、经济、社会、法律和国际的形态，从束缚人类到解放人类（包括人的身体和精神）的一部演进史。人是本体，是目标，是基础，是上位，是核心，是坐标；政府权势、安全重心、国家主权、法律秩序等形态，不过是人在异化过程或在解放过程中自我束缚或自我超越的工具；国际政治、世界社会、地区主义、全球治理之类当代国际关系命题，自然服务于、服从于这种人本主义和进步取向的政治分析逻辑。时时想着人、尊重具体的人，是全球主义视野的最重要特征之一。

第四，全球视野与祖国情怀不是对立的、冲突的，相反它们是结合的、互补的。没有全球视野的国家利益标签，可能演化成狭隘的“义和团”式的仇外意识，而没有祖国情怀的全球主义者可能变成漂浮无根的“精神流浪汉”。好的全球主义者当然懂得国家民族利益的重要性、优先性，但他们知道符合进步时代要求的国家民族利益之实现，须在与国际社会共同利益与整体人类发展潮流一致的前提下推进，如孙文先生所言，顺之则昌、逆之则亡。

有了这样的立场与态度，在看待现今时代特点时，就会感受到持续而深刻的变化，发现中国人未来贡献的可能入口。比如，国际问题研究的新趋势，提示了外交和国际战略的新起点。

（一）从数量上测量，国际问题从过去相对单一且静止的目标，逐渐转向日益丰富、多样化的目标群

在国家主权安全的传统主导性命题之外，增加了国内或跨国的族群安全、社区安全、地区安全等大量新的研究对象。联合国受到重视，就是一个典型事例。对比七十年间这个最重要国际组织和论坛上发表的议题和通过的决议就会发现，二战刚结束时世人最关注的是如何防止类似两次世界大战那样的大规模流血冲突特别是主要国家之间的战乱再度发生，讨论者和承担责任的几乎没有例外都是主要大国的政府代表；而从现在纪念联合国的各种会议上可以听到的，更多是“伊斯兰国”这个反传统国家政府的半恐怖性半宗教性的势力如何猖獗可怕，或一度严重的“埃博拉病毒”如何在有关国家和国际组织的联手阻击下得到遏止，以及乌克兰危机、伊朗核谈判、巴黎气候大会、亚的斯亚贝巴发展宣言等不同领域的重大安全议题。对于任何政府和决策者而言，层出不穷的国家和国际安全问题数不胜数，安全资源的使用问题（无论总量多少），变成有限度的、多元性的困难抉择。

对比过去就不难发现，联合国作为当今世界最重要的国际组织，其作用越来越受到重视。第二次世界大战结束时最重要的国际成果，当属联合国体系的诞生。与一战结束时的国联及其法律不同，联合国宪章及其制度框架，在其产生后的岁月里，呈现由弱向强、由点到面、由单一到复式的积极演进。发展到今天，联合国虽然没有常备军，其预算主要来自成员国的捐赠，但其上升着的道义权威和全球影响力，已使它成为当代国际关系和世界外交领域不可忽略的重要力量。联合国的成长，也加快了各种国际规范和国际法的全球铺展。可以不夸张地讲，今天的世

界政治里面尽管没有单一的、强力的政府权威，却有这样那样有形无形的规则在支配各国和世人的思想行为。

（二）从形态上观察，各类安全研究从以往那种比较封闭的形式，逐渐转向更加开放和互信互鉴的形式

即使是国家对手之间，在全球化、信息化与相互依存的背景下，也不得不加强安全对话与危机管理。

新趋势的一个重要表现是，考虑到大国间全面对抗的巨大代价和（几乎）不可能性，现在的安全研究者越来越看重那些“和而不同、斗而不破”的复杂安全关系，越来越看重那些分层次、分阶段、分领域和分议题的“中道”安排。以军事超级大国美国和俄罗斯（苏）之安全关系和安全研究为例，20 世纪 90 年代之前这两个大国有一种“你死我活”的竞争态势，彼此间的全球性对峙可谓真正意义上的“冷战”；冷战结束之后，双方的战略安全关系经历了大起大落的变化，目前两国依然处于某种“冷和平”状态，但研究部门的对话明显增多，双方高层既有重大战略分歧和矛盾，也不排斥在伊核问题或“伊斯兰国”问题上的协调。有关主管部门的安全对话、学界和研究部门参与的二轨机制、危机早期预警和过程管控等方面的分析研究大量出现，而且许多带有可操作性的、可模拟和预见的、沙盘推演式的成果日益增多。传统思维和分析框架，明显不适用现在这种更加多元微妙的大国安全关系。

同理可应用于中日的关系。首先，两国的安全利益有重大摩擦，尤其是东海和钓鱼岛问题上的矛盾难于弥合，但彼此间经贸、金融领域又有许多共同利益，旅游业的往来发展之快更是超出预期。显然，今日的中日关系大不同于二战时的形态，那时的抗日战争涉及中国的生死存亡，直接决定着日本帝国主义体制的命运和亚洲反法西斯斗争的前途，而现在两国的安全矛盾虽然严重，但主要限于安全、军事领域和政治高层对话。贸易、投资、旅游、人员往来和文化交流等事宜受到的影响有限，海洋争夺摩擦持续不断的同时两国间并不存在全面开战的可能性。其次，

在新的形势下，两国对本地区发展引导权的争夺加剧，尤其在金融贸易和科技创新方面如何带动和塑造邻国和周边区域的问题上颇费心计、招数迭出（典型事例如日本为应对中国倡导的“亚洲基础设施投资银行”而加大对日本人担任行长的“亚洲开发银行”的投入）。两国民众和大众媒体对对方的认识，夹杂着复杂的爱恨情仇，有诸多的历史情感与现实的多元看法。这种情形与德国、法国在价值观、政治社会制度相似的前提下联手推动欧盟在地区和全球事务上的作用大相径庭，也多少有别于巴西阿根廷在南美的竞争、印度与巴基斯坦在南亚的较量。新的研究趋势是，既要分析大国军事之间存在的某些“零和”游戏，也在设法拓展相关部门对话的可能及空间；既考虑安全态势，也顾及大的国内发展需求和国际政治格局；既往坏处设防，也往好处努力，参照范围不仅有安全领域的军备竞赛，也有经贸和金融领域的合作谈判，更有日常大量的人员往来和文化相互依赖。新的形势使决策过程回合更多、层次更多、因素更多，从而必然导致研究工作发生相应的调整与充实。

（三）从内涵上分析，国际战略设置从旧式的高级政治议题为中心，逐渐转向包含大量低级政治议题的全方位、综合性的方向

不难看到，反恐、地区冲突、裁军等涉及战争与和平的课题依然重要，但研究光谱同时延展至生态保护、气候变化、贸易持续和能源通道的维护等领域。尤其是21世纪以来，非传统安全问题大量出现，这些问题里多半具有跨国性质，很多不仅是军事手段无法应对，即便像美国、中国、俄罗斯这样的全球性大国也无法单独处理。高级政治的安全议题通常具有巨大的重力场，比如大国冲突或核战，很容易明确国内各方面的共识和安排资源配给，对于安全设计规划人员和操作部门而言可选择的方案范围有限、战略指向和各种职能相对明确。而低级政治的安全议题则微妙复杂得多，许多议题的重要性可能上下波动、时隐时现，譬如气候突变、海啸或大地震带来的灾害难民冲击或沙漠化造成的潜在移民压力等问题，在公众和媒体的讨论中对这些问题的危害性的认知程度和解决方案大相径庭。问题的处理究竟归口哪些部门和个人也是一件很麻

烦的事情，协调工作经常是事倍功半甚至无果而返。很自然，在中国，现在的安全研究不是哪个学术单位和某个政府部门的事情了，而是国家层面的统筹规划，讲的是顶层设计。

（四）从空间范围透视，国际关系及国家安全的研究，正在从狭隘的战与非战、你死我活的存与废博弈，逐渐扩展到人类、外空、宇宙、其他族类如何优态共存的复合性关切

回顾这几十年的国际关系可以看出，各国各民族同处一个“地球村”的意识，正在从稚嫩的幼芽变成枝繁叶茂的大树。20 世纪 60 年代后期到 70 年代初期，罗马俱乐部发表了“增长的极限”和“人类处在转折点”等报告，率先批评了传统的经济成长观念，把整个地球乃至人类生存的未来更大空间的可持续存在作为新的发展观、安全观、世界意识和国际关系思想的一个新的重要起始点。从那之后的半个世纪里，安全研究逐渐从旧时的国家安全、自身安全等核心命题拓展到更大范围，在全球主义思维和以联合国为中心的国际组织及其规范的引导下，更加关注人类生存的整体环境质量，更加重视发展与安全的内在联系，更加追求国家安全与周边区域的和平、国际共同体的稳定、全人类发展指数的提升乃至外层空间的和平利用等，注重这些方向不同选项之间的协调共处。文本分析表明，很多新的研究具有更大的开放性和包容性，也更有想象力和创新的特点。

在我看来，绿色和平运动和绿色政治思想的兴起，特别值得研究界的追踪与讨论。它对于传统的国际关系特别是安全问题的研究，主要有三点贡献：一是近代工业革命以来第一次向世人揭示并且警示，经济贸易的增长是有极限的，各国人民必须抵制自身的无限消费冲动，资本主义产生的旧的发展模式终究要被更高形态的可持续方式所替代。二是给予政治、安全、和平、权力这些传统理解中“高、大、上”的范畴再造的机会及可能。“政治”不再只是政治家的事务，也是普罗大众的营生；“安全”不光是高政治领域的或军事冲突战场方面的，同样也可以是低阶位的，如环境修复、生态保护、濒临灭绝物种的维系、基因技术大发展背景下的食品安全性、社区与族群自主性的发扬光大等。三是加强了对传统安全的改组，加速了研究议题、方法多样性的进程以及实现了更大范围的人类安全努力。不难理解，为什么像英国王妃戴安娜和美国家庭主妇威廉姆斯这样的人能够推动全球性禁雷公约的达成，为什么像姚明和贝克汉姆这样的球星会对世界范围禁止象牙贸易的进程起到类似的作用。“没有买卖，就不会有杀戮”的口号，从一个小的侧面折射出安全意识的升华和人类文明的进步。

（五）从政治议程分析，国际问题研究从国家中心主义驱动和不容置疑的优先性，逐渐转向容纳日益增多的个体、小单元、多个层次非国家行为体的复合社会本位

借用建构主义的术语，国际政治和安全研究正在推进其自身的社会化转向。显而易见，在传统的国家安全研究里，权力政治的视角是居主导位置的，这种视角看重的是民族国家本位，讲求自助、追求对他者的绝对优势、事实上的零和博弈手段，背后隐现某种一元论的政治哲学和世界观念；而在全球主义日益成长和扩展其影响的新时期，安全研究者在回答“谁的安全?”（WHO）、“什么是安全?”（WHAT）和“如何实现安全?”（HOW）等重大问题上，出现不断加剧的分化和争论；安全研究事实上不仅多样化而且多元化，其背后的政治纲领和哲学主张折射出碎片化的现实世界和变化莫测的政治过程。仍以我们所处的中国学界为例，虽然执政党和中央政府的总体要求依然占据安全研究的多半资源和优先顺序，但与譬如说“文革”时期对比，议题及意识观念的单一性早已不复存在，研究资源及信息的垄断性同样难以想象，不同行为体及其安全偏好的竞争性大为加强，研究过程、课题和结论的五花八门更成为一种“新常态”。

在全球主义的分析视域内，社会世界的崛起，也可算作20世纪后半叶最要紧的变化之一。纵观世界史，在以往的绝大时期和绝大多数国家里，人民只是奴隶、臣民和“百姓”，而不是城市居民，不是拥有权利意识的公民，不是拥有财产处分权和政治投票权的“社会者”。所以，

以往的国际政治和安全研究很少触及这些“下人”、小人物、不知名者，几乎所有关注点都在国王、总统、权力精英身上，命题及其后面的心态完全受狭义上的“权力政治”左右，政治家、军事家、国务活动家的世界就是研究者的视界所及。即使在“经济世界”的画面里，传统研究的中心仍然围绕政府和官员的行程展开，国家间协定、政府谈判代表和官方的宣示，仍然是各种研究工作及文本的主要参照来源。但在最近几十年的世界政治实践及理念中，人民主权范畴广泛兴起并得到应用，国家的专制权力渐渐遭遇更多约束，全球治理的参与者变得丰富多样和各施其能，这使得在“经济世界”和“政治世界”之外，慢慢立起了一个新的“社会世界”。能否看到和恰当面对“社会世界”，不管在什么地方、以什么表现形式既是区别新旧时代国家机器的标尺之一，也是划分不同学术流派与学说的标准之一。

从研究角度说，由政治、经济、社会不同因素组成的三维世界，比起旧式的权力政治学平面图或政治经济学互动过程，更加平衡、具有立体感，也因而更引人入胜。从长时段观测，这是传统国际关系学朝着新型全球政治学的过渡，复合性而非单一行为体得到承认，各种行为体的互动而不是个别“高大上”单元成为建构新理论的来源，尝新和试错的实践过程比僵化的意识形态和教科书更有冲击力。温特的名言“国家（及无政府状态），是建构而非给定的”，通过当代国际关系得到验证。

（六）从威慑战略说，主要国家的核能力及核学说的研发方向，正沿着从“毁灭式”转向“共处式”再到更多层次更加复杂设计的战略方向演进

必须看到，大国间全面对抗及世界大战可能性的下降，直接与核武器的发明有关。正如爱因斯坦指出的那样，科学技术既可造福人类，也可摧毁人类。核武器的出现展示了这种双重性。自二战期间美军在广岛、长崎使用这一可怕的大规模杀伤性武器之后，世人目睹了它的巨大威力，见证了“核禁忌”的逐渐形成。迄今为止，对于正常国家而言，拥有核武器主要是为了防卫或威慑，而很少考虑用于实战；非万不得已，没有哪个理性国家会把它投入使用，因为这不仅将彻底毁灭敌手，也可能使自身陷入难以预料的可怕境地。何况，这种高科技武器只有强国、大国才掌握，它事实上决定了大国间冲突的有限性。克劳塞维茨的名言“战争是政治的另外一种形式的继续”，在核时代不得不加以重大修正。大国战争尤其是可能造成大型核战的冲突，正在从各种场景模拟和实际决策选项中逐渐退出，取而代之的可能是小规模、短时间、低烈度的快速打击，是各种非传统的战法及非战争的军事行动。国家之间尤其是主要国家之间的关系变得更加复杂易变，可能在某些领域展开合作与妥协，在另外一些领域存在摩擦与斗争，在第三空间双方都是旁观者；可能今天争吵打架，明天复和乃至联手，后天再度翻脸对峙……无论如何，旧式的思维逻辑与战略谋划，很难适应新的变动性与复杂局面。所谓“共享安全”概念的出现，始于核武器之后的新时代国际关系。

研究者们发现，上述现象并不能说明核武器已经过时甚至“退场”，而仅仅是提示大国安全关系的复杂化、核武器效用的层次化以及全球冲突的新形态。一方面，冷战时形成的“核禁忌”主要来自那些高当量核武器（也叫“大规模杀伤性武器”）造就的典型核威慑形态，使核武器的使用受到严重限制。另一方面，为走出这一困境，世界主要核大国开始改变自己的核力量结构，如裁减储存时间过长的多余核弹头，调整海基、陆基、空基的力量结构比例，淘汰技术性能相对落后的运载工具。同时不断改进现有核武器，用非核技术发展新型核武器或生产替代产品。一些国家在不断完善中子弹、冲击波弹、钻地核弹头、电磁脉冲弹等第三代核武器的同时，已开始加紧对金属氢、反物质弹等第四代核武器的研究探索，期望以这种核常相融、威慑与实战相统一、更为可信的新型武器去确保自己的核优势。这些新型核武器大都具有当量小、机动性强、实战化的特点。它们的功能设计也是为了完成某种特殊的任务而不是大规模毁伤，如中子弹能对人员进行杀伤而对物质、装备破坏不大；钻地核武器可有效摧毁藏匿于地下的指挥中心、大规模杀伤性武器工事等；核电磁脉冲弹不仅可用于毁伤通信指挥系统，还可远距离破坏导弹、弹头、卫星、飞船等内部电子线路。新型核武器由于不用传统核爆炸即可释放大量核能，产生大规模杀伤破坏效应而核污染较小，因而其发展有可能逃避相关条约的限制。在此人们得出的一个结论是：主要核大国的新型核武器发展，正在具备传统核武与常规武器融合的特征，增加了用于未来战场的危险性。

也就是说，新的国际安全关系尤其是主要大国之间的安全关系，受到下述复杂形态的约束：强国之间不会轻易开战，那样成本太高、影响太坏且难以掌控，因而需要某种程度的“共享安全架构”；与此同时，它们也不会放弃新型的、有优势的威慑力量的建构，包括新型战术核武的研发与装备，以确保自身安全和全球性战略优势；主要国家面对所谓“失败国家”或“伊斯兰国”这样非理性行为体的威胁时，又有广泛的共同利益，须建立一定的合作联手应对策略，保持国际安全秩序不致遭到严重破坏；联合国体系（决议公约、规范法律之类）和全球范围的新社会运动，总体来说对于促进国际和平与对话、削减或限制核武使用有一定作用，成为国际安全与进步领域越来越不可或缺的积极力量。在此大背景下开发和推进的各类国际安全理论与国家安全学说，也在经历深刻的转型。

我们确信，有了长远广阔的视角，中国外交和国际战略的塑造将更加从容和富有创造性。

二、主权观念的更新与中国可能的贡献

基于各种考虑，特别是从最近一个时期中国内外建设、外交进步的现实来看，我们需要对主权概念的变革及相应争论做出积极而有益的评估，特别重视建立符合时代特征的“新主权观”。这里不只涉及学者的理念想象，还包括政治家、决策者、普通民众、媒体等社会行动者的认知变革。这项变革本身具有重要的时代意义。

“主权”的观念源于近代西欧，历经数百年发展，目前已经成为普遍公认的国际准则之一。主权的原始含义是：一个国家的政府有权自主决定涉及本国利益的重大事务，在此过程中，任何外部力量或国际组织

都无权干涉。事实证明，主权观念是近现代国际关系得以维系的根本条件，基于可靠的主权认证，国家不论大小强弱，都具有相对平等的国际身份与名义地位，因此正常国际交往与国家间合作才具有实现的可能性，各国才有可能共同应对某些共同问题与国际麻烦。可以认为，没有主权，就没有国家的国际身份与国际资格，也就不会有国际社会与当代国际关系。面对当代世界形势的复杂变化，主权始终是国际关系的基石，但传统主权观念正在受到某些质疑或约束，这也是不争的事实。新的国际政治形势意味着主权的内涵及形态必须进行相应调整与改进，从而符合时代进步的要求。

所以在看待新主权观的争论时，一方面看到主权作为国际政治基础与国家身份标识的关键意义，不能简单否认主权的基础性地位；另一方面也要看到主权概念本身的变化，不能一味固守主权的狭隘含义。要以主权作为外交实践创新的入口与平台，进一步扩展当代中国外交的战略空间，充分发挥主权的保护壳作用，同时也将其发展成为一种“战略杠杆”，推动实现中国外交的战略目标与国际化利益，促进本国政治进步与社会发展。

近现代中国对主权的珍视，具有特殊的历史缘由。历史上，中国曾经长期作为“天朝上国”，享有极高的自我尊重感与优越感；到了近代，突然沦陷为西方列强的半殖民地，被迫签订大量的不平等条约，中华民族遭受百年屈辱。中国式后发主权理念与西方主权观的原生性质有很大区别，极易导致人们对主权的绝对化理解。若将主权置于“野蛮无序、弱肉强食的丛林法则”之下，必然导致主权观缺乏灵活性，甚至不接受任何变通、协商或改变。我们一方面承认当今国际社会某些不平等现象，同时也要看到非西方国家特别是新兴大国的有利机遇。只看到不平等，就会倒向一种“受害者心态”；放开眼界，基于一种动态的视野，不断完善古典主权观念，则意味着一种成熟的国际行为者心态。

当然，提倡“开明的主权观”，还有一层更重要的理由，涉及国家利益的合理延展问题。应该承认，当代中国国家利益正在迅速向边界之外的更大范围拓展，对国家利益的充分关照特别要求国民具备一种灵活的、可延展的“发展主权观”。举例来说，过去一个时期，中国外交坚持“核心利益”，主要是指国家领土疆界完整和国内各民族团结统一，特别涉及应对台湾问题、西藏问题及各种分裂势力的挑战时。现在，随着中国综合国力增长和海外利益的扩大，国家主权的管辖、治理、维护功能包括相应方式手段都发生深刻的变化。中国政府宣布划出“东海防空识别区”，中国海警在黄海实施护渔，中国在南海坚决维护正当主权利益，中国在红海、地中海、印度洋加大护侨护航力度，这些越来越被外界视为中国决心维护核心利益的行动。另外，中国在军事外交、商务外交、地方外交等领域逐步推进，以更加积极的态度参与联合国维和行动，在诸如极地、外空、大洋等“高边疆”不断强化国家力量投入等行动，都表明外交实践的超越性质与主权空间的深度扩展。这些新兴领域的主权利益正在不断生成和发展，甚至成为十年、二十年之后中国新的核心利益、重大利益。主权的层次化、多样化趋势是显而易见的。

很明显，中国已经不是当今世界的“孤岛”或“造反者”，而是一个名副其实的受益者与参与者，是“现有国际秩序维护者、建设者及负责任大国”。但是，媒体或网络上不断渲染的“极端民族主义”甚至是某些“大国沙文主义”的言论，确实有失偏颇。与改革开放初期虚心向外部世界特别是发达国家学习借鉴的氛围不一样，今天有一些国人似乎不太愿意承认自身的缺失与落后，却每每喊嚷“秀肌肉”“教训他国”，或嘲弄规模体量、发展速度不如中国的国家，语气变得不那么平和，产生更多虚骄之气。应该认识到，真正先进或渴望进步的地方，其实不会整天想着“秀肌肉”或决战决胜。旧时的主权观容易滋生争强好胜、你死我活、攻城略地的零和博弈心态，孕育人类未来的主权观重视国家对外学习过程，始终体现开放性、愿意在相互尊重的基础上做出有分寸的谅解或妥协。实际上，当今世界追求主权至上性的国家越来越少，而且其政策结果多半是损人不利己，或是占他国一时便宜、折本国长久的根本利益。理解和借用新的主权观，我们会更加清醒地认识自身发展的不足，会更加自觉地在外交作为与内政改革之间建立有机联系，会更加精准地评估世界政治的双重性，包括丛林法则的循环再现与国际规范的进步演化，会更加理性而适度地运用国家权力工具，会更加审慎积极地提供国际公共物品，引导全球治理。

主权观念的基石意义，是理解问题的起点。基于最初的政治哲学理解，主权意味着国家的“保护壳”。只要有国家，就必须有主权的概念，这是不会过时的。我们说对主权的基石作用有一种辩证、动态的认知，是树立进步、进取国际政治观的前提。主权观念源于中世纪的欧洲，用于表示民族国家之上没有其他权威，例如最高法院被称为“主权法院”。第一个赋予主权近代意义的学者，是法国哲学家让·布丹。他把主权定义为“国家支配其公众和臣民的不受法律约束的最高权力”，认为主权是一种“绝对和永久的权力”。主权国家的经典定义是：完全自治的、因而是独立的、不服从任何其他国家法律秩序的国家；在主权之上，除国际法外，不存在其他任何的世俗权威；它基于一个有效的法理秩序，代表这个国家的人民参与外部事务，决定重大事项。完全自治则意味着一个国家可以自由地、不受干涉地规定其国体和政府形式、内部组织、国民行为、内外政策。国家垄断着对内合法使用暴力的手段。相比之下，其他权威无权在这个国家领土之内使用暴力或维持秩序。同理，通过国际法的授予，国家合法垄断在国际活动中运用强制手段的权利，国家在全球公域中遇到侵害行为，如海盗或国际恐怖主义时，可以自主行使其主权权利，予以反击。

由此可见，传统主权观并未过时，主权精神意味着国家在国际法意义上相互平等与协调，这是在超长期的历史磨合之中逐渐实现的。国际法和国家间组织“只认主权，不管其他”，在现当代国际关系中，法律、权利、正式国际组织与主权国家之间，有不可分割的联系。例如边界不可侵犯的原则、不干涉内政的原则、外交人员豁免原则等，只有彼此独立又相互平等的主权国家才能承诺和实现主权要求。各国之所以承认并愿意在必要的程度上受制于国际法，是因为这种限制对他国而言也是如此，且能够表明本国是国际社会中的平等成员；只有尊重主权至高无上的基本原则，当代国际秩序与国家间关系才有基本保证。对传统主权观的质疑与挑战不会动摇国家主权的基石作用。

我们还可以从另外一个角度理解主权的基石作用，就是反观当今国际社会无主权民族的遭遇。例如，库尔德人的案例比较典型。库尔德民族原属于古代米地亚部落和伊朗的部落，后由库尔德斯坦地区发展起来，目前有1000多万人口，主要分布在土耳其东南部、伊朗西部、伊拉克北部及三国的交界地带，在叙利亚东北部、阿塞拜疆、亚美尼亚和格鲁占亚等国也有数量不等的库尔德部族。但是由于库尔德族没有组成一个正式的民族国家，缺少联合国承认的主权地位，始终无法形成整体的力量和声音，无法在国际社会得到任何正式的声援和庇护。它被暂时授予的某些权利，经常被有关国家按照自己的利益取消或限制，其独立运动领导人经常被逮捕、判刑或被追杀，库尔德武装势力被有关国家认定为恐怖主义的非法组织。鉴于库尔德民族的当代遭遇，不难理解和解释为什么巴勒斯坦人百折不挠地争取实现独立建国的目标，为什么以色列人针锋相对寸土必争，斯里兰卡的泰米尔人、西班牙巴斯克人、加拿大的魁北克人、科索沃的阿尔巴尼亚族等都属于此类情况。一旦赢得联合国承认的主权地位，绝不会有国家放弃这一身份。

作为一种基本的国际政治要件，主权观念的必要性毋庸置疑。但主权概念本身也受到来自各方面的挑战或制约。在当前国际政治背景下，可以看到不同性质的冲击或制约。

第一，民族与国家的不重合性带来政府权威的失效或下降。全球政治的现实是，很多国家内部有多个种族、民族或部族，同时一些种族、民族或部族分布在多个而非一个国家。世界上只有少数国家在种族上是同质的，在近一半的国家中，最大的种族人数少于50%，有1/3以上的国家中存在基于部族、种族或民族差异之上的宗教纷争。全世界有几千个少数民族或种族，其中不乏想成为“国族”的力量。由于历史的和现实的原因，许多种族、民族是跨国界的，例如巴勒斯坦人、库尔德族、吉卜赛人。此类情形在非洲最为普遍，因为在历史上，西方殖民主义者争夺和瓜分非洲时，根本不考虑河川、湖泊、山岭等天然边界及部族、民族或种族的分布状况，而是按照各自实力和利益，人为地划定势力范围，甚至用直线方法划定边界。非洲现有边界44%是按经纬线划出的，30%是用直线或曲线的几何方法划出的，仅有26%是由河流、湖泊或山脉构成的自然边界线。冷战结束之后，由于各种原因，一些国家内部的少数民族要求独立和分离，另一些跨国族群则希望建立自己的独立国家，导致各种暴力抗争频仍，在巴尔干、南亚、中东、非洲，处处可见这种运动的冲击。

第二，政府的能力和责任感，直接影响主权的强弱度。传统的主权并不考虑政府效能，在现代国家产生地如西欧，国家体制建设经历了漫长的过程。在当代，既有新兴工业化地区和有效能的政府，如东亚、东南亚和美洲的一些国家，也有缺乏责任意识和现代国家形态的国家，如非洲和亚洲的某些地区。一些国家没有像样的政府，交战中的敌对部落或势力甚至需要靠外力强行隔开，民众处于悲惨境地。有些“政府官员”其实是某个部族、种族的代表，或是某派系军阀。在这些地方，很难判定“政府”是否合法和得民心，因为不存在选举程序，也见不到为民谋利、造福社会的国家行为。在这里，物质上灾难深重，精神上和政治上更是虚弱不堪，一些可怕的现象如饥荒、难民、传染病和法律失效等由低劣、腐败的政府造成，或是因为根本不存在政府，造成某些国家的强行干预，乃至邻国请求联合国“托管”的呼声，虽然不无道理，但这种托管对传统国家主权带来严重挑战，引发人们对殖民主义时代的记忆。不发达国家在这方面的境遇，特别值得关注。

第三，国家资源多寡和外交质量制约着主权维护的难易度。资源是制约主权能否坚持、如何坚持的外部条件，外交则是化潜能为现实利益、确保国家在世界舞台上安身立命的人为手段。这里讲的“资源”是广义的，指一个国家可利用的天然财富和环境状况等，如人口、幅员、地理、物产，所有国家在法律上是平等的，但在现实中没有一样东西的分配是平均或平等的。比如，苏联的国土面积占全球陆地面积的17%，太平洋岛国瑙鲁仅为前者的百万分之一；中国有近14亿人口，联合国中人口最少的成员国帕劳人口仅为2.1万。在这种情况下，尽管人们不愿意，按实力大小决定的政治关系却很难避免。主权原则作为国际法准则，只是涉及独立于外部权威的道德尺度和理想的行为规范，这一原则不可能保证各国资源天然分配的平等及由此造成的国家实力平等。弱小国家尽管也是联合国享有投票权的成员，拥有法理和形式上的主权，却很容易受到外部渗透和干预。外交质量则是一个国家软实力的组成部分。高质量的外交不仅可以使大国变得更强，也可以使小国不弱。反过来，即便国家地大物博或人口众多，如果政府不谙外交奥秘或手段平庸，国家潜在资源就不可能完全地和稳定地转化为政治现实。

第四，文化认同与民众心理，从内部制衡政府对外的主权力量。民众的效忠意识与两个要素有关：一是文化上的认同感，即便在民族或种族相对单一的国家，不同地区之间或同一地区的不同人群之间，往往有不同的效忠对象及其背景，比如语言、宗教信仰、生活方式的差异；二是民众对政府工作的评价，主权要求人民对国家效忠，但当今世界各种矛盾和过程却在不断创造不同方向的复杂效忠情形，政府代表国家的权威可能加强或被削弱，外部势力插手干涉的机会亦相应增减。从历史上看，凡是民族构成相对单一、社会进步比较平衡的地方，国家的对内统治和对外独立的权利基本会有较好的保证；相反，在族群关系复杂、文化演进过程中“断层”较多、内外忧患“双重变奏”反复出现、社会现代化举步维艰的国家，国家主权很难获得切实保障。

第五，国际干预的强化和国际法的“硬化”，一定程度上抵消了主权权威。近几年，国际维和行为和大国干预不断增加，改变了传统的主权形象。现在，联合国已向越来越多的地方派遣维和部队，除执行任务的士兵外，很多国家能见到联合国派出的调查小组、军事观察团、特使、考察队和提供人道主义援助的工作人员，国际干预在当代的强化及其结果，无形中使国际法律秩序得到“硬化”。按照传统的理解，国际法原则上只对同意这些规则的国家有约束力，如果主权国家表示异议，即等于本应适用于主权国家的规则失效或名存实亡。当代的世界政治现实看上去与此越来越不一致，一旦涉及联合国宪章和安理会决议，谁也不会拿安理会的决议当儿戏：轻则遭到抨击，重则受到制裁。先例多了，便成惯例，新独立的多数国家，很难有从前那种主权至上的感受了。

第六，国际组织的发展，削弱了国家自主性。除联合国安理会之外，世界银行和国际货币基金组织、世界贸易组织、世界卫生组织、欧盟、美洲国家组织、非洲统一组织、东盟等，对世界或地区事务均有自己的参与。国际组织被赋予一种广泛的道义职责，人们希望用它们处理或解决各国之间，甚至各国内部由于种种原因无法处理的问题。国际组织能把各国官员召集到一起，确定共同的国际议题，引起世界舆论的重视并达成国际社会的一致行动。国际组织使本来不可能发生接触的各国政府机构把潜在或隐蔽的联盟转变为以直接接触和合作为特点的跨国联合。国际政治力量相对增强和民族国家主权的相对削弱，很可能是今后很长一段时期内并行不悖的趋势。各国在日益相互依存的国际体系中运作，一方面赋予它们新的机会、利益和权利，另一方面也限制了国家的部分自主性，甚至以部分限制主权为代价。得到的越多，失去的也越多。

第七，非国家行为体的壮大。在当代世界，有一些非国家行为体正越来越多地卷入国际政治事务之中，对国家主权起到侵蚀作用。粗略来看，至少有三类力量：各国内部反叛势力、跨国公司、非政府机构。它们有自己的利益追求，有不同于政府的渠道和方式，当它们成长壮大和发挥作用时，很多国家的政府会感到头痛和不适应。尽管单个组织只有专门的利益和影响，有时候它们在特殊条件下会给国家的政治生活和对外交往产生强烈影响。例如，南美一些国家为了某场重要的足球决赛，可以暂时中止彼此正在进行的战争；教皇对东欧和南美一些国家的弥撒访问活动，可能给当局带来微妙而持久的政治麻烦；与很多政府的做法相比，罗马俱乐部的报告更能够推动生态环境议题，随着全球政治时代到来，国际行为体日益丰富和增多，活动范围不断扩大，政府和国家的支配地盘不得不有所收缩。

第八，经济跨国活动和各国相互依赖，使主权形态发生改变。货币、商品、人员、信息和技术都以一种前所未有的速度实行跨国界、无领土的流通，市场经济正向全球的每一个角落推进，造成愈发明显的经济一体化。相互依赖的经济，同样有政治含义。石油输出国组织的决定直接影响大国间政治外交博弈。在信息化和经济一体化时代，各个国家都具有敏感相互依赖情况，但一个国家会比另一个国家更脆弱。依赖石油进口比重相同的两个国家，对油价上涨的敏感程度看上去一样，但其中一个国家可以转向其他资源如煤炭等，另一国家却没有这种回旋余地，那么后者比前者更脆弱。但情况也可能发生变化，仍以上述情况为例，一国虽然缺少国内替代资源，但它拥有强大的军力，因而能够从第三国购买或强行取得他国石油或其他资源，而另一国家军力有限，一旦失去外部能源供应，只好降低国内需求，或者开采成本较高的煤炭，这时，后者就比前者更脆弱。但前者的优势也不是绝对的，假如由于种族骚乱、宗教对立、政治斗争、社会混乱等原因，该国内部和谐性远不如他国，它的军事能力不足以使其有效取得第三方资源，这时该国脆弱性又大于另一国家。在当今世界，人们已经认识到相互依赖的经济对各国政治安全乃至主权的塑造效果。

第九，全球危机加深，使主权有了新的约束。全球问题中没有一个可以仅仅归结为局部、民族国家、特殊制度或意识形态下产生的问题，它们带有普遍性和一般性，由于危机根本上讲是全球相互依赖的产物，当世界系统具备全球维度时，传统的认知框架和主权治理方式将在不同程度上失去效用。许多以往不曾发生的问题，或者即便出现也易于解决的问题，如今已具有别样的性质。例如，失业曾被认为是工业化国家的经济周期问题，一旦国家采取措施解决有效需求不足的矛盾，失业便可自然消失，而在今天，产业链是全球性的，失业或就业不足的后果都超出了国界。解决全球危机，有时要求主权国家放弃一些权利，而谈判和博弈却十分艰难。到目前为止，各国抱有矛盾心理，当不涉及根本利益时，它们愿意出让一部分权力；一旦触及敏感议题和利益时，主权至上思想又占了上风。这是一个反复而漫长的过程。

最后，科技进步和相应法规，可能超越或限制某些主权。比如，制定太空方面的法规，必须以太空及宇宙活动获得的可靠资料为依据，而多数国家在这方面认知能力有限。理论上一国对其领土上空具有主权，并可向上伸展及于无限高空，但实际上无法适用于太空领域，人造卫星被各国默认，就是对上述原则的无声否定。但大多数国家又都同意，为了安全理由，国家主权必须达到一定的高度，譬如说大气上层或大气层与太空之间。国际法学界的分歧，使原本复杂的国际关系更加微妙，有些国家，科学技术已达到了宇宙探索的地步，关心的是外太空的法律地位问题，但部分国家甚至没有自己的飞机和军队，连最低限度的领空权都无法捍卫。新兴国家看出了问题的性质，却缺少提出国际法律建议并使之通过的能力。主权原则同主权实现之间存在较大的距离，科技使某些国家主权增强，使另一些国家主权削弱。

新主权观的战略内涵之所以具有可能性，实际上还是由于此前提到的主权平等问题，即主权在原则层面的平等与实际的不平等。国际法的定理或判断不等于说实力不等的国家拥有同样的发言权或支配力。主权国家间原则上的平等，既不代表也不说明它们的实际力量和国际地位。在很多情况下，人口和面积等规模指数、技术和资金等能力指数，天然地决定了原则上权利平等的主权国家之间在实际生活中的权利不平等。例如，一些弱小贫穷的国家，由于缺少资金或技术，同某些发达国家进行所谓的“减排贸易”，出让原属本国的海洋洋底矿物资源甚至国家的整块洋底矿区，或标价出卖联合国有关管理机构分配给本国的太空电磁频谱区段，甚至连一些本该自己国家派代表出席的国际会议，因缺乏经费只好“委托”西方发达国家某些个人或团体代为出席谈判。再举一个事例，即南极开发和利用。没有资金、技术能力在南极建立永久越冬考察站并实施重大科考项目的国家，《南极条约体系》根本不予接纳。建造一个南极考察站，少则数百万美元，多则上亿美元，加上破冰船、直升机等必需设备，费用还要大大增加，无论从技术上、财政上还是后勤保障上，世界上仅有极少数国家能够负担起这种利用前景不明但使用成本高昂的国家权利。

就主权原则和国际法来说，所有国家不论大小、强弱都是一律平等的，但现实世界政治中却不会有这样的绝对平等。很多国家尽管有形式上的主权，但很容易受到外部渗透和干涉，很难对自己的领空、领海和领土实行真正控制，尤其当政府缺乏能力或对外交往经验不足时，情况更加严重。不管我们是否喜欢，现实政治仍是按照实力确定国际地位，主权在强权政治面前经常要打折扣。国家对平等的诉求，可能是一个难以企及却不能放弃的追求，缺少它，就不会有国际社会错综复杂的斗争，就不会有当今所见的国际政治动向。国际法和主权权利存在于民族国家争斗又相互依赖的时代，体现在世界上表面无政府状态，实际有内在秩序和规范的世界中，实现于理想与现实的复杂矛盾磨合的过程本身。

新主权观作为一种思想基础，有助于防止“国强必霸”“国强必乱”的历史怪圈重演。近代世界历史一大教训是，西方列强只是追求自身利益扩张，并不顾及他国尤其是弱小国家的感受，仅仅要求维护自身的权益，哪怕是霸道无理的要求，而不向国际社会和邻国做出必要的让步和贡献，结果造成某些强国大国的崛起或受益，同时造成邻国、弱国的衰败或受损，不时带来这样那样的对抗、战乱和失序。少数国家主权的荣耀与强化以多数国家主权的退化贬值为代价。中国的和平崛起、中华民族的真正复兴，不应重演这样的情景。当代中国在扩展全球利益的过程中，应该关照他国感受，兼顾别国和国际社会的需要，我们须坚持正确的义利观，保持“取”与“予”的平衡，提供适当、适量的国际公共产品，倡导智慧有效的国际治理方案，做出与中国地位相符的积极贡献，如在遏止全球气候变暖、预防大规模杀伤性武器扩散、拉动国际经济复苏等方面的严肃承诺与具体措施等。从这层意义上讲，新的主权观强调建立国际权利与国际义务的平衡，重视与大国地位相符合的责任，把后者作为必要前提。对于国人来说，这一点是过去讲得不够的，存在着不少偏差与认识误区。再举个例子，“海洋强国”是中国大众媒体和官方近年来流行的一个热词，但很多人仅仅把它解释为更宽广的海洋边界、更大量的外部渔业资源收获，或更强大的航母编队，却不太想到更具有外交智慧的主权纠纷解决倡议、更有效的海洋争端调解能力，或是更显著的海域执法义务。这是一个硬币的两面。所以说新主权观的战略内涵并不只是一种强力的或利益式的思维，也意味着国家权力的柔性体现或利益实现的巧妙化过程。我们在讨论新主权观的可能性及相关问题时，必须具备这样一种战略视野。

基于新主权观，我们认识到当代主权的实现过程未必是一种“铁与血”的较量，更多是通过非武力的方式实现。这可能与我们处于全球化时代及核时代有关，大国之间的大规模战争不可想象，技术化、经济化、非政治、非传统的安全问题加速凸显，启发我们更多关注基于非武力手段的主权实现过程，从而形成一种“发展的主权观”。

仅仅承认主权的基石作用是不够的，必须看到，主权这个古老范畴正面临变化和挑战，必须顺应时代，发展出新的内涵与解释。从国际关系角度看，国际法对于主权问题的既有解释过于保守，无法解说纷繁复杂和富于变化的国际形势。国际政治学者和经济学家则希望得到更加灵活的、富有弹性的解释，期待超越单纯法律概念的束缚，提出更有创意和操作性的思想。比如，为什么海关关税这种属于民族国家的传统主权权力，会逐渐让位于或受制于世界贸易组织及各种国际经济贸易组织要求开放的压力？为什么在许多时候和场合，跨国界、跨区域的经济贸易及相应类型的合作，可以比个体国家间的合作、比国家内部各地区各省市之间的合作，更有成效和更快捷？当这类合作发展到足够大的时候，是否会使传统主权权利降级？对于居住在比利时布鲁塞尔、法国巴黎或瑞士日内瓦等“欧洲城市”或“国际组织城”的人们，其个人收入、日常生活和价值追求可能越来越多地与欧洲一体化或国际合作相联系，逐渐与传统的本国意识，尤其是国家利益的概念没有多少关系。日常生活中看得见的国际化联系，可能比大而化之的国家意识、难以捕捉的政治宣传以及抽象晦涩的法理条文，对他们个人的态度有着更直观的影响。

为什么世界政治中越来越多的“新事物”，比如新社会运动、生态保护团体、女权组织和跨国界经济实体，以及层出不穷的国际组织、多边协议和区域性安排等，虽没有传统意义上的主权权力，却拥有日益增大的影响力、对具体事物的发言权甚至某种管辖权？为什么会形成这种看上去主权作用削弱而管辖权作用相对强化的局面？主权与管辖权的分工趋势是否会继续扩展？务实的政治家和战略决策者凭什么要守住旧式主权观念，拒绝争取管辖权或与之合作的诱惑？以往国际法学家界定的主权国家权利和责任能否从性质和外延上涵括日益增长的“权利让渡”现象和“国际义务”承诺？为什么国际上会出现诸如“加利福尼亚外交”或“区域国家”的议论？为什么国内学者也有越来越多的关于“非中央外交”、地区一体化、多边主义等问题的理论探讨？结论显而易见，在飞速变化的世界中，若拘泥于纯粹的法理说明，无法适应实际的过程和需要，主权就不能得到很好地实现。这也对我们从战略思路上认识和定位新主权观提供了很多启示。

还有一个趋势，关系到“新主权观”的战略设计。在主权与使用权、管辖权之间，人们比从前更加敏感于它们之间的功能区分，更加看重实际效果和收益，因而倾向于将主权作为一个立体的、可以分层的范畴，不再像从前那样视之为某种平面的、无法剥离的概念。虽然在实践中，主权和管辖权紧密相连，但两者并非总是相辅相成，它们有时会作为截然不同的元素。例如，在巴拿马运河区，截至1999年巴拿马将其收回前，名义上巴拿马对运河拥有主权，但美国拥有至关重要的管辖权。

从实际情况看，在很少发生的主权和管辖权的冲突中，拥有管辖权对于决定冲突的结果更有决定作用。在日本西南方向，偌大的冲绳群岛，美军的海空军基地占去1/5的面积，享有让当地民众难以忍受的治外法权，哪怕犯下不可饶恕的罪行，东道国法律仍对其无可奈何。同理，在任何国家都不拥有主权的公海上，根据国际法，任何一国只要能在某一情形下确立管辖权，就决定了这个国家在这一情形中的主导权。国际组织也加深了这个层化趋势。某些国际组织有大量资源或能力展开行动，它们的法律权限，即广义的管辖权，并非来自主权，而是来自成员国在创立这些组织时，同意接受的一些规则和条约。对国际组织人员提供保护和意外赔偿，就是非国家国际行为体享有实际利益的典型情况。同样的情况也适用于国际民航组织、国际劳工组织、国际海事组织，及其他联合国的成员组织。在它们各自职能领域中，这些组织各有其管辖权，可能会影响到主权国家的权利与义务，并成为实际受惠者。国家面对的新竞争者增多了。我们在看待国家的作用时，必须有这样一种战略的前瞻性，充分认识当代国家关系与外交环境的变革进步趋势，并将其纳入外交战略设计的宏观背景。

理解新主权观，必须看到一个重要方面，那就是主权的责任内涵与演化方向。其要点是：当代国家对外事务的自主性与对内事务的进步性，应当呈现正比关系。国内政治制度开明，国内社会氛围宽松，国内公众权利保障，直至国内生态环境优化，诸如此类各种内部进步，是赢得国际声望的基础。唯有如此，海外权益才可获得他国尊重，外交部门的倡议和斡旋行动才会奏效，中国在国际场合的说法才能有真正的说服力。对外的主权与国内的进步不是分割的、对立的，而是彼此促进、荣辱与共的，这是新旧主权观的最大分野。

早期欧洲列强的对外扩张带有“血与火”的野蛮色彩，其内部也曾经历马克思所抨击的两极分化，希特勒时期纳粹德国一方面向邻国索要更大面积的蔚蓝天空，一方面在内部残害成千上万的犹太人。传统主权观在时代发展过程中面临越来越多的局限性。20世纪90年代初开始，一项新的国际规范在联合国和国际社会多数成员中得到公认——未能在内部履行保护人民责任的政府，不应该享有国际上的主权权利与合法代表性。

近年来笔者提出的“创造性介入”，可以视作新主权观的一个理论注脚。它的主要线索，是中国作为主权行为者与外部世界的互动关系，实际在讲一个快速变化、渴望进步、逐渐崛起的新兴大国，例如，如何恰当看待所处的时代环境，如何准确定位自身发展水平，在此基础上不断改革自身，更多维护海外利益和扮演全球角色。

第一，“创造性介入”思想。确认世界政治处于逐渐进化过程，国际规范和法律的网络通过技术和贸易联通整个世界，全球化虽然有利有弊、但总体上加快了各国交流、合作、提升的机会，加入而不是规避这一过程是大势所趋，是主权国家提升自我的良好机遇。而另起炉灶既无可能，也没有必要。

第二，“创造性介入”思想强调。中国虽取得世界公认的进步，但总体衡量仍处于较弱的层次，我们的优势和长项主要表现在一些经济数据，如基本脱贫和解决温饱问题、初步实现工业化和城市化、快速拓展贸易和市场、持续增加外汇储备和国家经济总量等方面，但是在其他一些重要的内部指标或对外关系指标方面，例如国家的风范、精神和国民心态，外交和军事部门处理国际争端的水平，全球话语权和公共产品供应能力，文化的吸引力，远未达到令人满意的程度。中国故事、中国道路、中国方式之类的创造性内涵，不只是体现在外交家和政治人物的智慧或魄力的发扬光大上，更应有国民精神和社会气象的昂扬向上。

第三，以新主权观为参照，“创造性介入”看重中国对外交往的积极努力。例如中国外交特使的斡旋行动，赞赏近年来展示大国善意的积极作为，期待更多的外交智慧与国际贡献。它在明确中国国家利益和主权安全优先性的同时，提示外交主导、经济援助、安全手段多方合力，强调中国提供国际公共产品的重要意义。中国对外战略应重视内政与外交的互动逻辑，即国内进步是国际影响的基础，是国家进步的核心，在整体主权盘子里，国际利益占有日益增大的比重，外部形象与经济收益同样重要。

理解主权的进步趋势，还要看到：主权不仅是国际现象、法理现象，而且还是社会现象，是历史过程。主权现象同国家一样，是一个历史的范畴，因而理解它也应有历史的眼光。它随着近代国家一同诞生，也将随着世界体系的变迁而改变自己的作用形式。主权同样是一把现实的尺子，用它可以衡量当代国际政治的复杂性，以及民族国家同其他行为体的互动关系。主权观念是世界性的，但对这一观念的理解由于文化背景、历史条件、民族构成、国家实力、发展战略等的不同而大相径庭。历史经历、文化背景、人口幅员、经济基础、军事背景相差很大的国家，在主权问题上可能采取不同的立场。有时，对主权施加的限制，确实与不公正、不合理的国际秩序联系在一起，很可能是西方国家从狭隘、自私的利益出发带来的结果。有时，对主权问题的思索，反映世界相互依存趋势和国际社会认知加深的事实，也反映解决全球问题的迫切需要。

总之，“主权”观念有自身时代特点，主权现象背后有复杂的成因和动机。了解这一点，有助于识别主权问题领域的积极或消极因素，趋利避害。基于新主权观，可以认为主权不再是虚无缥缈、高高在上的理念范畴，而是具体的、有温差的、与普通人息息相关的时代进步指标及指向。处在上升期的当代中国，应该具备更高的思想境界、更完备的外交期许和更具风范的主权实践。

三、外交学习与能力提升

中国外交决策人和研究者应当明白，不掌握国际关系进步论的望远镜，就可能被媒体渲染的表象所惑，陷入丛林政治的沼泽而难以自拔，以致或用灰暗狭隘的心态一味博弈算计，或痛恨之下选择激进路线及手段。所以，改造我们的思维，充实一些新的角度与方法，检查思维中存在的盲区与漏洞，是有必要的。

下面列举几个“点”，举一反三、提示努力的方向。

（一）善于穿行“理论岛”

所谓“理论岛”，顾名思义，说的是国际关系理论内部的不同学派流派，好比大海中的一个个小岛；国际关系学近年的发展，好比有越来越多的“理论岛”被发现或新的生成，“大”到新旧现实主义、新自由主义和全球制度主义、各种激进主义学说、战略和安全研究、外交与联盟研究等主流学派（新近更有建构主义国际关系理论的闪亮登场）；“中”到女权主义、批判理论、周期理论、生态政治学、后现代主义等由社会学、哲学和文化学等派生出的国关理论子学科；“小”到学习适应理论、多重博弈理论、国际制度理论、交易成本理论、心理个性分析、代际交替学说等某个领域或分支的专门范式和方法。它们毫无疑问都有自己的长项和独到视角，同样存在这样那样的短处和内在缺失。研究者在登上这些“理论岛”时，既要欣赏它们各自的独特景观，又不能忽略它们的视觉盲点；不能因为喜爱其中的一个，而对其他视而不见甚至贬低其存在。

国际关系和世界政治的“海洋”可能远远超出研究者的目光所及，不仅诸如两极对抗方式或世界大战形态（类似“极地周边大洋”和“极地”本身）在人们的反复探究下仍有诸多的新发现，而且它的更多区域和范围可能随着海啸、地震、火山爆发等突发现象（譬如说冷战结束、苏联解体、伊斯兰革命、中国崛起、全球经济的急剧起落等）而出现，产生包括新的“岛礁”“大陆架”“海底岩层”在内的不同地质地貌。新旧国际格局就像是两种不同的地质地貌，传统的国家间政治和生成中的世界政治亦可视为两种大相径庭的海洋景观。简单推算一下，就可知各个“理论岛”的探险工作是多么有趣又是多么艰难，它需要知道原先的各种基准线，懂得以往景观的构造数据和成因，了解新的动向与趋势，确认新发现和新出现岛礁的位置及大小，还需要认知变动的具体原因（例如地震震级及其冲击波的大小），细察不同岛屿的生态、物种、温差和周边水底情况，结合历史数据进行对比并做出评估意见。真正善于在不同的理论岛之间穿行的研究工作，绝非游客泛舟、照相留念式的随意轻闲，而是艰苦细致、耐得住寂寞的学术努力，既要有脚踏实地、严谨科学的精神，又要有随时自我纠错的开放态度。

国际关系学和外交研究不是纯粹书斋里的学问，其对象不是凝固不变或单一层面的；相反，它是生机勃勃的社会现实的反映，需要与时俱进和多领域相结合的创造性劳动。随着经济全球化和信息革命的突飞猛进，国际关系早已不再只是原来那种相对简单的国家间关系，而是一种包含了多种行为体和大相径庭的取向的世界政治，一个在不断地“层化”和“多元化”、包含有越来越多因素的复杂过程。固守某种曾经行之有效的学派观点，顽固拒绝其他看法中包含的“真理颗粒”，即便有一定的道理和解说力，也不能面对复杂多变的新情况，不能解说所有难题和困惑。作者提倡研究者在各个“理论岛”之间穿行，不等于随波逐流，不是放弃各家原有的主张和方法，更不是不加批判地接受一切时髦的新东西。它的基本要求是，研究者在面对不同学说和方法时，需要保持谨慎的平衡，坚守开放而务实的态度，既懂得自身的缺点和弱项，又了解和欣赏别人的长处，有勇气自我批评和否定，有智慧综合需要综合的成分。

（二）警惕冷战思维

众所周知，20 世纪后半期，全球格局中出现了一种名叫“冷战”的特殊局面。美苏之间始终保持着“核恐怖平衡”，维系了大国间无热战的态势，但同时它们四处制造“代理人”之战，把世界分割成对立对峙的两块。在美苏各自强大而固化的意识形态潜移默化引导下，加上长期的国际关系和外交实践，国际关系实践和理论研究界逐渐形成一种“冷战思维”，即：凡事非此即彼、总有你死我活，任何问题都潜含对抗性的逻辑。它试图告诉听众，这个世界是黑白两色的，对与错的问题是十分清晰的，“不是东风压倒西风，就是西风压倒东风”。国际冷战结构及其思维定式，虽然在 20 世纪最后一段时间遭到破解性冲击，但它根深蒂固，并未彻底被根除，时至今日其遗毒残存在国际安全和大国关系的不少角落。这种思维经过长期的历史培育而成，反映出冷战年代人们对于两个超级大国控制全球局面事实上习以为常的心理惯性。在世界两极分割、强权对峙抗衡、互打宣传战和代理人战争的大背景下，人们惯常用非此即彼、无对即错的政治意识形态判别事物性质（好坏），不自觉地把自己放在某一极的立场看待有差别的其他人、事、物。“不是我们的盟友，就是我们的敌人”，中间地带和所谓“灰色思维”要么受到忽略，要么被认为是不道德的、临时性的和短命的，中道的思想和战略选择很少受到重视。

要紧之处还在于，它广泛存在于人们的思考方式里，不自觉地变成某些思维定式。今天的世界早已不再是两极，用旧日简化版的逻辑思维无法解说层次增多、变化性远非昔日能比的现实情况。现实中，某些西方国家用“冷战思维”看待崛起中的新兴国家，譬如把中国崛起当成一种威胁性或破坏性的力量，在美国国会和一些右翼保守的势力那里，好像这个超级大国总在被这样那样的某个强大外部对手所挑战，以致每每到了危险十足、非得出手镇压不可的地步。这些极端的声音和势力看不到或者故意无视约束国家间对抗的因素及进程，夸大矛盾的对抗性与不可调和的一面，鼓动听众分清敌我、选边站队。它们力图把复杂多变的国际格局简化、极化、激化，把本来“我中有你、你中有我”，“和而不同、斗而不破”的不同国情与制度国家之间的多层次关系，说成“正义力量”与“邪恶势力”之间不可避免走向摊牌和决战的博弈过程。

拿我们熟悉的国际问题研究来说，常听到的各种“阴谋论”里面，就有冷战思维的影子。例如，有的军事专家到处宣扬说，一旦美中两国形成大规模冲突态势，美国可以转眼间武装起 30 万—50 万对抗中国中央政府的少数民族战士，并且在一瞬间切断中国油气的咽喉通道；有的研究者煞有介事地撰文声称，一些西方精英组成的“共济会”正在有条不紊地推进全球灭绝新兴挑战国的计划；美国一名颇有名气的中国问题专家在近期出版的“大作”中认证分析出一个结论，即：中国高层制订了一项政治外交方面的“马拉松式的百年战略规划”，其核心内容是先迷惑战略对手，等时机成熟后再消灭之。“阴谋论”故事多数无法验证、讲述者不必为后果负责任，却能满足一些人的阴暗心理，充实大众平淡乏味的生活，让好事者把日子过得像段子。但是，细细探究起来，这些东西多半属于似是而非、死无对证的事情，不止毒化了社会的氛围，降低了媒体的格调，让很多研究单位和从业人员“宁左勿右、宁硬勿软”，还可能在一些事情上误导决策部门。“阴谋论”在不同国度有不同成因、不同后果，不好一概而论。对好不容易有了长期和平建设之内外条件的中国而言，对长期受到封建专制主义和闭关锁国之恶习遗害、正逐步吸收借鉴世界经验的中国学界来讲，冷战思维均有百害而无一利。

（三）防止线性思维

继续探讨起来，上面说的“冷战思维”，也是一种线性思维。从性质上分析，线性思维是一种直线的、单向的、单维的、缺乏变化的思维方式，它必须沿着一定的线型或类线型的轨迹寻求问题的解决方案，通常这种方案是权威给定的、教材里已有说明的、容易灌输给听众的。在冷战时代，美国人和苏联人都把对方看成万恶之源，把自己一方当成正义和光明的代表。当对方发出强硬声音时，己方相信它充分验证了“威胁”的存在；而当对方做出缓和的姿态时，己方则倾向于认为这不过是欺骗性宣传。第三种可能性是不存在的，没有中间道路可言，不上天堂就下地狱。世界多数国家和民众不得不要么选边当“同一战壕战友”，要么承受“不道德”的指责及自我心理压力。线性思维之所以广泛存在，并得到大力宣传，其好处之一是，让人们只需记住简单的口号、词汇和画面，在节省大量的、可能费力不收效的思考时间的前提下，把注意力（和资源）集中在关键的事务或主题上，如政权被颠覆的危险、大战发生的恶果、民族存亡的前景、美国种族歧视的伤害等。

一般来说，线性思维易于把多元素、多层次、多成因的问题，凝聚或转化成单一要素、简化层次、关键变量导致的问题，引导人们抓住本质和重点，而不去考虑其他选项、方案和“灰色地带”。例如，在美苏对峙/对抗的高峰时节，世界舆论和各国研究者几乎把全部资源和焦点放在超级大国的安全关系上，它对邻国和国际社会的影响，它的起因和后果，它的前景与危机消解办法等方面确实帮助各国特别是主要国家决策部门预防大的对抗。但同时，研究部门、智库和学者却很少用心倾听欧洲一些国家的有识之士提出的“第三条道路”思想及政治纲领，很少关注非洲一些新兴政治体精英倡导的“非洲本土社会主义”思想，很少注意拉美国家一些经济学家和政治家提出的“核心—边缘”理论，很少把这些不同于超级大国意识形态的东西作为全球政治发展和国际关系再平衡的积极成分；相反，研究者多半会觉得它们要么不重要因而“没多大意思”，要么属于过渡的、短暂的存在因而不屑于花费气力研讨，要么不典型不规范、讨论起来太麻烦，因而分析工作“出不了多大成果和影响”。在线性思维模式下，“二选一”的简明抉择永远优于“多选一”“多选多”的麻烦处理过程。

当冷战结束、两极格局消失、世界变得更加多元多极的时候，静态的思考方式无法适应飞速变革的新现实，冷战思维的缺陷也就暴露无遗。这时的人们更需要开阔灵活的头脑，需要发散性的思维方式，需要从某个问题（“点”）出发往多个方向寻求动态而具有综合性的解决方案。非线性思维在这种需求和背景下应运而生。这种与常规的线性思维不一样的思维方式，重视直觉而不过分强调传统的因果逻辑，在实际研究中经常表现为多维度并列且同步顿悟思考的过程。它与线性思维其实是可以互补的而非排斥的，线性思维有助于掌握关键的线索，而非线性思维更适合拓展思路，看到事物的普遍联系。线性是一种理想状态，线性思维研究的是理想的、极化的模型，它是非线性讨论、批判和超越的基础，而非线性是一种更接近自然、接近实际的思维和研究方式，是把线性思考放弃的领域和时间及复杂性纳入的综合运筹。比如，牛顿定律将物体的质量集中于一点并依此做出推论，它只是考虑和描述这一个点，而实际上物体的各个部分都会对物体产生影响，非线性思维和研究就是要把整个物体的相互作用都做出评估。

非线性思维学说启发我们，思考的对象是复杂的和变化的，用非平面、立体化、无中心、无边缘的网络结构（类似人的大脑神经系统或电脑的网状连接路径），更能勾勒实际存在的对象轮廓。国际关系和世界政治的现实是复杂的、难以预测的，要把这种现实描述得更充分、更有动感，就必须借助于非线性思维。诚然，非线性研究更加有趣也更加困难，它的妙处（及弱点）恰恰在于它不做出简单的、精确的预测，因为它强调相互作用会产生很多新的东西。一个非线性系统即使开始时能完全计算分析出结局，但只要初始条件发生一个很小的、不确定的改变，随着时间的推移其效果就会很快放大以至走出研究者的想象力。人们经常使用“大洋此岸一只蝴蝶翅翼煽动引起大洋彼岸海啸”的比喻，其实国际问题研究的多数对象都是非线性系统现象，都具有类似的特质与表象，譬如说“奥地利王储菲迪南大公在萨拉热窝被暗杀诱发第一次世界大战”，或“伊朗核谈判进展受挫导致全球油价暴涨和股市暴跌”，或“中美元首会晤提振全球经济信心”。如果只是采用线性思维，是无法面对这些非线性问题的。非线性思维并不完美，但它至少让我知道思维盲区的存在，保持谨慎的研究态度，进而帮助人看到复杂现象与不确定性，仔细评估和解说它们。虽然这样做更难，但感觉有趣得多。

不经意地翻阅其他领域的一些作品就有一种感受，那就是：国际关系和外交研究这个领域，总体来说比较保守，缺少大胆的想象与创新；多数现有成果要么简单遵循前人的路数，要么根据领导的指示推进。物理学、化学等学科的一些概念则有趣得多：例如霍金的《时间简史》，讲的尽管是前沿的物理学理论，却把“黑洞”“虫洞”“时间箭头”“膨胀的宇宙”“不确定原理”等概念讲得生动活泼，让初学者对物理世界不只是敬畏，更有好奇。再如诺贝尔化学奖得主普利高津，在用他发明的“耗散理论”解构确定性的世界观的过程中，通过奇妙的智力探险，引导读者逐步从古希腊出发，历经牛顿轨道和确定性混沌，到达量子理论与“免费午餐”宇宙学统筹表述的全新界面。[①] 不论你是否完全理解他的深奥思想，起码读他的书让人兴致勃勃，愿意跟随他探索未知的空间。这些思想者的最大优点在于，拒绝成为权威假说的囚徒，时时用发散性思维进行求索，保持好奇心不被各种藩篱阻碍乃至泯灭。

（四）掌握概率思维

冷战思维之所以长期留存，不仅是由于美苏冷战格局带来的巨大危害，更与近代史特别是工业革命以来一种主导性的思维习惯有关，这就是机械决定论。它的一个特征，是对偶然性的忽略和否定。这种哲学认

---

① ［美］史蒂芬·霍金著，许明贤、吴忠超译：《时间简史》（插图本），湖南科学技术出版社，2003 年版；［比利时］伊利亚·普利高津著，湛敏译：《确定性的终结：时间、混沌与新自然法则》，上海科技教育出版社，1998 年版。

识论的根本点在于强调自然界中没有任何偶然的东西，任何东西都必须遵循一定的规律。牛顿力学试图告诉人们，物质的某一个原子不会偶然地同另一个原子相遇，这种相遇是按不变的规律发生的，依据这些规律，每种物质在一定条件下都必须像它现在这样活动，而不能按另外的方式活动。一些科学家和物理学者甚至断言，只要知道世界上一切物质微粒在某一特定时刻的速度和位置，就能计算出其的过去和未来。显然，今天看来，这种机械力学观对世界的看法是片面的。物理学最新的研究表明，在自然界，与必然性一样，偶然性的客观存在是一种相当普遍的现象。根据波动理论，即使最好的研究者也无法准确说出一个光子的能量是在什么时间或什么地方传递给电子的；它只能告诉我们，在一定时间由一个光子把自己的能量传给一个确定对象的概率。在新的研究思考下，偶然性是一种更为普遍的现象，过去所说的“特殊情况”实际上是一种常态，是客观的和无法否认的过程。

笔者并不反对在一定情况下线性思维和决定论观点的有效性，特别是对那些在特定环境和约束条件下必然发生的现象。人们可以说，在标准大气压下纯水加热到100℃时水必然会沸腾；主权国家政府在大战威胁面前将把国民经济转向战时轨道；原子弹爆炸之后某个方圆内的所有动植物会完全毁灭等。历史唯物主义讲的是人类历史发展进程中一些规律性的现象，比如较低级形态如何向更高阶段演化，比如经济基础如何制约上层建筑、后者又何以反作用于前者之类。马克思列宁主义的阶级斗争理论，也揭示出资本成长社会内部贫富悬殊必然导致阶级矛盾，矛盾激化到一定程度势必诱发国际国内压迫者与被压迫者的冲突。我们熟悉的这些定理、规律，是人类智慧的结晶，它们本身当然没有错误，值得尊重。

问题是，在层出不穷的新情况、新趋势面前，主要解释决定论现象的那些规律学说和线性思维，显得越来越缺乏说服力了。所谓“概率说”的出现，就是对那些非决定论现象的有效应对态度。它要解说的不是线性的过程，而是日常存在的大量随机行为和现象。概率论就是专门研究随机现象的一门分支学科。随机现象则是指在基本条件不变的情况下，每一次试验或观察前，不能肯定会出现哪种结果，即呈现出某种偶然性。例如，掷出硬币可能出现正面或反面，储量和消费量基本不变的前提下每次石油价格的变动可能带来大相径庭的后果。随机现象的实现和对它的观察称为随机试验。随机试验的每一可能结果称为一个基本事件，一个或一组基本事件统称随机事件。典型的随机事件有掷骰子、扔硬币、抽扑克牌以及轮盘游戏等，国际关系里面可列举出大量的随机事件，如军事演习中的意外伤亡、国际航线上的油轮泄漏、航天事业上的重大事故、政府对外交往方面的严重失误等。事件的概率是衡量该事件发生可能性的量度。虽然在一次随机试验中某个事件的发生是带有偶然性的，但那些可在相同条件下大量重复的随机试验却往往呈现出明显的数量规律。比如，通过研究人们发现，欧佩克组织有关原油价格的决定，可能同中东地区安全形势、伊朗核谈判进程、美洲页岩油气开采活动等重大国际政治经济事态之间有复杂联动关系，通过对它们进行分门别类的分析与追踪，能够捕捉甚至描绘出油价升降导致各种国际变化的大致曲线。通过这些分领域的探索与结论，通过掌握一个个大小概率不等的现象之特点，在长期反复的实践中，各国政府决策部门掌握了制订行动纲领的总体原则，公众和媒体也逐渐熟悉全球石油政治的大体特点。总之，国际问题分析方面的概率论，是对传统规律论和决定论的一种扬弃，是对丰富现实做出更好诠释的一种路径，也是研究者参考使用的一种工具。

（五）应用复杂性思维

历史和理论都表明，以往我们意识形态和传统认识论里的一种看法是有偏差、可能造成误导的。然而，事实是，许多关乎人类命运和国家福祉的事件并没有任何预警和先兆，政府和国民对此毫无思想准备（更不必提实际工作层面的防范），最终的后果严重而持久。远的不说，20世纪90年代初期苏联的解体、21世纪初期“9·11”事件、近年的全球性金融危机、中东地区所谓“伊斯兰国”的崛起、西非地区一些国家发生的埃博拉病毒疫情，以及美国特朗普现象和英国“脱欧”公投事件，都属于此类。理论上讲，随着信息化进程的深入和所谓“大数据时代”

的到来，尤其随着各国内部社会政治的分化层化，以及传统的国家间政治逐渐为多元的世界政治所替代，现在的国际关系更加难以测定，各种国家与非国家行为体的变动及行为模式愈发扑朔迷离，人类预料自身命运的准确性受到削弱，习惯于传统思维和事态的各国政府应对所谓“战略意外”的能力明显不足。有鉴于此，新的外交变革与转型任务里，提高对突发事件的应对能力建设变得日益重要。新的外交学说和研究工作，也有必要充实这方面的内涵，将国际国内的前沿探索成果引入其中。例如，如何应用自然科学的新理论，解释国际关系里的“混沌”（chaos）和“湍流”（turbulence）；如何借用航空动力学的思维与方法，处理外交进程中的“突发事件”（emergency）；如何掌握现代复杂性科学思维，勾勒世界发展进程日益增多的“复杂性”图谱；如何参照发达国家做法，建立适合中国需求的危机预警和管控纠错机制，就是属于这方面的努力。

经过冷战结束之后的短暂过渡期之后，国际关系与外交斗争进入了更加不确定、更加扑朔迷离的阶段。不只是上面提到的国际恐怖主义、全球经济危机这样大规模、全局性的不测事态超越了传统的线性思维与预测，而且人口与难民的全球变动、气候因素的戏剧性角色、局部冲突的此起彼伏、互联网作用与安全隐患的急剧增长，都让各国决策部门疲于应对，让各种智库信誉下降，让专家学者无所适从。这些与其讲是糟糕的现象，不如说是件好事——它们不仅证明了旧的确定性思维与线性应对方式的无效，也鞭策具有创新意识的思想者和行动者脱颖而出。现在是测试各种变革与保守国家的关键时刻，是全球范围外交转型与创新的新机遇。在此意义上说，中国外交的决策机制和研究过程，应当超越过去那种看似信心满满、实则经常漏空的经验哲学状态，充实以新的复合思维并且将之建立在不确定的世界变化之上，保持必要的自信，面对外部压力和质疑而不卑不亢，同时充分容纳对不确定性和复杂现象的心理准备和体制安排。不确定性是一种“新常态”，我们的思维和战略也应以此为前提。

20 世纪的最后 20 年以降，一门新的被称为“复杂性”（complexity）的思想学说开始出现，在不同场合它也被称为“复杂性理论”“复杂性学说”或“复杂性科学”。虽远未成熟、取得共识和大量应用，这门新学问却引起了人们越来越多的重视，并不断融会和整合（譬如讲）神经网络、系统秩序、混沌理论、人工智能、科学发展的新探讨和前沿发现。[①] 对复杂性思想的要旨，笔者试做了以下归纳：在众多仿佛无规律、无人知晓、无理论可解的现象（问题）背后，实际上存在共同之处和线索；它们都属于所谓“复杂系统”，有许多相对独立的因素进行着极其繁多的相互作用；亿万个神经细胞组成了大脑，成千上万相互依存的人组成了人类社会。在每一种情况下，这些无穷无尽的相互作用，使每个系统作为一个整体产生了自发性的自组织，一组组单个的动因在寻求相互适应与自我延续的过程中，以不同方式超越了自身原有的形态，获得了诸如生命、思想、目标等作为单个的动因永远不可能具有的集成特征。更进一步，这些复杂的、具有自组织的系统，可以自我调整和运作；它们并不像地震中的滚石那样，仅仅是被动地对所发生的震动冲击做出反应，而是积极地试图将所发生的一切都转化至对自己有利的方向（从物种到企业直至国家的各种复杂系统莫不如此）。关键的地方在于，每个这样自组织的、自我调节和演化的复杂系统，都具有特别的动力，一种本质上高于计算机集成电路板的动力构造。混沌理论启示我们，上述动力的运动，能使极其简单的结构，产生极其复杂的行为和表现。正如《复杂——诞生于秩序与混沌边缘的科学》一书的作者沃尔德罗普形象生动又无比深刻描述的那样：复杂性系统具有将秩序和混沌融入某种特殊平衡的能力。“混沌的边缘，是生命有足够的稳定性来支撑自己的存在、又有足够的创造性使自己名副其实为生命的那个地方；混沌的边缘，就是新思想和发明性遗传基因始终蚕食现状边缘的地方”；“混沌的边缘，是几个世纪的奴隶制和农奴制突然被 20 世纪 50 年代和 60 年代的人权运动所取代的时刻；是长达 70 年的苏维埃突然被政治动乱所取代的时刻；是进化过程中万古不变的稳定性突然被整

---

① 有一本通俗又深刻的作品，描述“复杂性”学说的起源和主要精神。其作者是美国《科学》杂志的特约撰稿人。读者若对这个新的学说有深入了解的兴趣，不妨把这本书找来看看。见［美］米歇尔·沃尔德罗普著：《复杂——诞生于秩序与混沌边缘的科学》，生活·读书·新知三联书店，1997 年版。

个物种的演变所取代的时刻”①。“复杂性学说”是对牛顿时代以来一直统治科学的那种线性的、还原论的思维方式的突破，可能也是人类思想进入又一伟大创造性时代的新地平线。

复杂性思维的应用前景值得看好。这是一种真正跨学科、跨领域的思维工具，它不光对于电脑、手机、新媒体、互联网等通信手段的智能化起到开拓性作用，也可以对人类的思考维度产生强烈的张力，促使传统的思考模式转向动态的学习、吸收形态。倒回几十年前，假使某人说“太平洋那边的蜜蜂行为可能导致这边的气候异常”，一般人肯定觉得此人脑子或表述有毛病；而今天在复杂性思维逐渐兴起的条件下，有越来越多的智者饶有兴致地探究个中缘由。把这种思维运用到国际关系和外交研究领域，将有助于增强研究者的思考范围和描述能力。例如，单从语言使用、词汇量、描绘层次而论，国际关系研究者不再会觉得使用模糊语言（如“美国总统大选充满了变数”）或大概率判断（如“特朗普政府的对外政策将继续朝着战略收缩的方向微调”），是一种水平不高、令人羞惭的事情，相反会用心扩大“灰色地带”，发明新的范畴，拓展观察事物细微差异的本领。因纽特人善于用十几个发音各异的单词，形容在他们看来完全不同的“白色”；东南亚一带的人，可以将水果的“甜味”区分出十几个类型；北京人艺的最好演员，在表情、手势、身体动作的配合下，能够用“啊”这一个音节，朗诵出十几个声调、表达丰富多样的含义。借用复杂性思维的视角，可以认为，上面这些人在各自擅长的地方和领域，把独有的能力延展至普通人无法企及的广度和深度，是国际关系学者可以借鉴的榜样。往深处考量，复杂性思维或许能够使国际问题和外交工作的预测、建议等更有弹性和想象力，譬如说，在这种思维指导下建立的国际冲突模块与外交调解曲线（和画面），在电脑工程师的协助下，可能有更高的集成度、更大的灵活性、更逼真的仿真效果，更有益于决策部门避免做出简单化和僵硬死板的决定，还有助于国际关系和外交方面的教学工作“入脑入心”。在新的时代，不仅

---

① ［美］米歇尔·沃尔德罗普著：《复杂——诞生于秩序与混沌边缘的科学》，生活·读书·新知三联书店，1997年版，第5页。

电视、手机、家居可以智能化，国际问题研究也应当智能化，而复杂性思维是有效的推动力之一。

类似复杂性学说的启示还有不少。例如，从国际政治和安全角度讲，爱因斯坦的广义相对论冲破了牛顿力学的机械定理画面，提醒研究者在可视的场域之外观察事物的变化和延展性；耗散结构理论强调，一个非线性的开放系统，通过不断与外界交换物质和能量，在系统内部某个参量的变化达到一定的阈值时，系统可能发生突变，由原先的混沌无序状态转变为时间、空间或功能上的有序状态；量子力学和不确定性原理则教会我们，物质或能量的最小单位既是粒也是波，人类观察到的东西不可能百分百精准，存在的只是概率、倾向、或然率，不确定性是必然的。就我们熟悉的领域来说，所谓“战略意外”实际也是一种常态，经常存在的状态，只是它不同于规律论所讲的某些现象，不同于传统权力政治框架下的画面而已，它当然不应被国际问题研究者排斥在视野之外。虽然这些有趣的思想、学说有这样那样的差异，它们都反对简单化和线性思维，反对用旧有权威观念排斥不同意见，强调非对称性和发散性思维，看重学习、适应、调试的动态过程。

（六）外交学习的必要

上面的讨论已提示了新形势的错综复杂，揭示了外事部门适应变化和加强学习的重要。我想强调的是，中国是当代变动性最大的一个国家，是国内经济、政治、社会格局不断出现新局面的一个国家，也是内部变化对外交提出最复杂要求的一个国家。随着国内社会政治的进步，必然要求外交体制/机制发生相应的调整变革，因此，外交人的自觉学习与体制上的努力适应，是极为必要的。从中国总体的变革趋势看，新中国成立之后出生的第一代政治家更加懂得继续改革开放对于中国成长为世界大国、实现民族复兴梦的重要，会用更大力度推动一些内部难题的解决和外部挑战的克服。就国内发展和改革目标来说，收入分配制度改革、土地制度改革、户籍制度改革、福利保障制度改革、经济反垄断进程和政治反腐进程等，正在加紧推进。在未来五到十年，与这些社会经济变革相适应的政治体制改革和意识形态调整重大措施，也将逐步稳健地推出实施，从而使社会和民众关注的监督机制、权力制衡、消除垄断等方面得到落实。未来几年，我国民族边疆地区的政治稳定、经济社会加速发展和多民族关系的摸索调节，也将是艰巨而必要的改革方向，对于新一代领导人智慧与能力同样会是大的考验。可以说，给定中国的规模与政治特性，上述领域的重大改革，必然产生强烈冲击波，其进展或困难将产生广泛的国际影响。外交是内政的延续。外交工作最重要的使命，便是保障整个民族国家在世界的地位得到维护和尊重，为国内既定议事日程的稳步推进争取尽可能良好的外部环境和条件。

外交人应当理解国内重大现象及改革趋势，在工作中自觉配合新的气象与要求。否则，外交人就会变成“只拉车、不看路”的具体办案人，变成庞大官僚机器中缺乏能动性和创造性的部分，也无法在国际交往中赢得国外同行的尊重。比如，不了解中国经济发展的新阶段、新常态，不知道国内产能的富裕过剩、外汇储备的急剧增长及中国制造业的某些技术优势，就无法懂得中央“一带一路”倡议对外经贸战略的起因及路线图；不了解中国社会层化、地区分化、收入差距扩大的现状，就不可能理解党和国家高层经济上推动收入分配制度改革与政治上大力反腐倡廉的考量，就无法向国外恰当解说中国经济与政治改革的下一步方向；不了解土地制度改革和户籍制度改革的重大思路举措，就无法理解消除现阶段城乡差距的攻关战役性质，就无法向驻在国的公众和媒体解说中国工业化、城市化、现代化的特色路径；不了解国内民族政策的起源及现有困难，就无法懂得达赖集团或涉疆分裂集团的危险与国际上各种对我国有关政策误解的背景；不了解国内媒体和学术界有关“北京共识”“亚洲价值”“普世价值”“公民社会”“依法治国”等问题上的争论，就无法回答国际范围广泛存在的有关中国崛起目标的疑惑；不学习进修有关国际公共产品、战略投入及援助、商务类型援助的各种知识，就容易混淆我国政府对外援助的不同种类，实际工作中就不会有拾遗补缺、分类推进的谋划；不了解国内社会学和政治学界关于既得利益集团的前沿见解和政治高层强调经济领域反垄断的思路，就不会在驻外使馆活动和对外活动中自觉谨慎地同私人资本和国有企业保持合理距离；不了解沿海省份陆海经济的份额变化以及中央转型升级的重点要求，就无法恰当解说“海洋强国”“防空识别区”“三沙市和三沙警备区”等目标与步骤的战略意义；不了解国内主要媒体如《环球时报》这类民族主义情绪强烈的媒体与《南方周末》这类改革开放吁求强烈的媒体之间的重大争论，就无法叙说增强国民之国际主义意识的紧迫性，也无法找出外交人赢取更大社会支持与信任的切入点。这些方面及问题，都是需要外交人不断观察、分析、学习的对象。墨守成规、单纯办案的方式，只会使外交部门更加被动，丧失驾驭进程的机会。更好地学习、机制地学习，是中国外交人占据先手的前提。

（七）复杂思维与习得能力

20 世纪 70 年代以降，在外交学和国际关系理论中出现了一种被称为“学习与适应”（learning and adaption）的新理论，以吸纳其他学科学说的前沿成果和适应复杂的国际现实。[①] 它教会我们，政治领导人和政府部门也可能而且应当从历史中汲取经验教训并进行自我改进，这种学习过程会影响他们的看法与决定。学习与适应理论指出，学习不只是对一般的个人有用，也是国际政治和外交研究的改进路径之一。专家们发现，政治家和外交官事实上离不开学习的帮助，学习与适应是经常性的现象。各种教材常常提及，朝鲜战争的教训影响了美国人有关 20 世纪 60 年代越南战争的争论，而越南战争，更潜移默化地左右了当代美国政治家和公众对于海湾战争和波黑冲突的认识。阅读丘吉尔、尼克松、基辛格等人的回忆录，便不难发现，这些欧美政治家、外交家多半以他们对既往事件的感受和分析，确定对于当下局势的反应和决定。历史是外交家的一面镜子，外交政策的制定事实上就是不断学习和改善的过程。不仅如此，按照国际周期理论家莫德尔斯基的说法，整个国际关系和世界政治的演进，都表现为学习基础上的进化。20 世纪 70 年代末至 80 年

① 有关国际关系和外交研究中的学习理论，可参见王逸舟著：《西方国际政治学：历史与理论》，第十二章“学习进化理论”，上海人民出版社，1998 年版，第 455—483 页。

代中后期有关学习理论的研讨重点是，处于冷战状态下的美国和苏联两个超级大国，如何在势力范围、军事干涉、核问题、军控和其他各种安全机制的建立问题上学会“相互适应”。90年代之后的一段时间，随着两极格局的结束，尤其是苏联集团的解体，人们注意到，以沃尔兹为代表的结构主义，无法充分解释冷战的结束尤其是苏联外交政策的根本变化。最近这些年，专家们列举的典型事例之一是，奥巴马总统从布什当政时期在伊拉克、阿富汗遭受的失败中吸取教训，不仅上台后逐渐从这两个国家撤身，而且明显调整了原先那种在中东强行推行美式民主化的方针，逐步实现从布什主义的强权风格向奥巴马时代美国版本“韬光养晦”的方向转变。对现在的特朗普新政，同样可以看成是奥巴马时代美国全球战略收缩的继续，看成是从此前的霸权失败中汲取教训的一种形态。

在国际政治的语言中，所谓“学习”，是指观念和信念上的改变，或者指人的想法的变化程度，也可以指新的思想及其实现过程的出现。不论哪种情况，它们都应当是人对实践中的经历进行观察和加以解释的某种结果。学习会带来政策的改变，完善对于人类世界的认识，或使人的思维结构变得比较复杂及灵活。学习过程与人的努力、人的目标是分不开的，而且，“择善固执”并不能保证“从善如流”，信息环境有时起关键的作用。这里特别应提到两组特殊的学习：一是复杂学习与简单学习；二是个人学习与组织学习。

“复杂学习”（complex learning），不同于所谓的“简单学习”（simple learning），后者指人们仅仅利用新的信息使自己适应现状，而不是主动地去改变它。“复杂学习”则积极得多，行为者承认手段与目标之间有冲突，并且设法用自己的努力造成某种变化。简单学习当然比较容易实现，复杂学习则比较困难，尤其涉及目标的改变时。这方面常被人征引的国际范例，是20世纪60年代初古巴导弹危机前后两个超级大国的相互算计。在那之前两个核大国并不懂得如何相处，在那之后有效威慑或双钥匙系统则变成大国战略关系不可或缺的组成部分。

复杂学习也是多要素的组合共进方式，是反复修正、不断调整、自我评估加外部促进的复杂过程。就当前的我们国家的形势与需求而言，特别需要加强对重大外交政策出台前后的探讨及评估，把它作为外交复杂学习的紧迫内容之一。例如，“一带一路”倡议在获得广泛国际反响和国内跟进的同时，存在哪些风险与麻烦，需要做出什么样的防范与修正？近年来一些中国企业和个人在缅甸、委内瑞拉、津巴布韦、俄罗斯、印度等国遭遇的重大财产损失事件，给予我们深刻教训和改进提示。这里，不仅需要决策部门更加全面考虑对外重大战略投资的布局安排，更需要把建立失误修正机制、风险预警与发布机制、相关公务的信息公开机制、政协人大等民意代表的参与机制等提上日程，把这些机制的建设作为中长期的外交学习目标组合。复杂学习的概念，也有助于我们更好地理解新时代外交进步的性质与路径。

“个人学习”（individual learning）与“组织学习”（organizational learning），也有重要意义。我们通常理解的“学习”，是指个人的观念进步或改善的过程，但国际政治学家所说的学习，主要是在政治组织尤其是政府层面上的想法变化或观念进步。组织学习与个人学习不太一样，前者只是通过服务于组织的个人，并且以将个人习得转化为组织程序的方式完成的，组织的程序可以包括正式的形式、规章制度、传统惯例、战略技巧等内容。当然，不是所有的组织变化都源于学习。只有当个人的认知变化及各种来自实践的心得体现在组织的程序和“记忆”中时，才能说进行了“组织学习”，或者“组织的变化来自于学习”。组织的学习包含若干个阶段，首先是个人思想对环境因素做出反应，然后是个人的学习改变组织程序，组织变化造成进一步反馈效应。这个链条可能在任何一环上断裂，比如：个人可能失于从环境中汲取教训；个人的学习心得可能无法转化为组织的变化；组织的变化可能不够有力，影响不了领导人的对外政策等等。个人学习是组织学习的必要条件，但显然不是充分条件。

“政府学习”比“个人学习”和“组织学习”更为复杂，它是后面两种学习的综合和积累。在政府的学习过程里，包含了较多的组织和个人，层次更加复杂，程序也更加多样。在不同的政治体系下，政府学习的方式是不一样的。高度集权的政治体制下，最高领导人及其最有实力的决策层既从他们的智囊团那里了解和借鉴历史，也凭借当权者个人的经历与智慧观察和分析环境；在比较分散的政治体系中，各种权力相互制衡，使学习过程显得更加多元。究竟是“个人学习”更重要，还是“组织学习”或“政府学习”更重要，要取决于具体的情况、具体的国家和具体的问题。值得注意的是，学习理论十分重视领导人的代际变化对学习的内容、质量和方式所带来的影响。通过代际更换，能够使政治决策层具有新的面目，新的政治决策者更愿意也更容易将新的观念、思想和学习过程引入决策过程。与学习过程相比，代际政治家的转换，对于国家外交政策的改变起着更大的作用。每一代人都有他们特有的信念、观念、想法，这些东西源于他们那个时代的环境、意识形态、政治结构、知识水平；因此，每一代人都会学习，从他们的过去、他们的前人那里学习，但他们同时会有自己的局限性，会给下一代人的学习与超越造成新的可能。

中国这方面也有好事例，例如，1996 年的台海危机，不仅警示中国军队加强危机管控机制的建设，而且促使中国最高决策层做出加速军事和国防现代化进程的重大决策。20 世纪末科索沃战争时的炸馆事件、21 世纪初的美国侦察机入侵中国南海事件等，几乎每次危机及中国决策层对它的反思和研讨，都转化成中国高层、军方和外交部门改进的关键时刻。虽然历史上可以举出许多积极事件，说明决策部门事实上处在学习与适应的过程里，但被动的学习无法替代自觉的学习，事先学习的效果可能远远大于事后的修补。就本书主题而言，加强外交人的学习能力，是中国外交贴近公众、加强透明性、增进社会对外交的理解与支持、增强外交的社会基础的一个路径，也是推进外交的社会化转型的必要条件和积极步骤。

（八）“三不”原则的创新

就中国人熟悉的外交“三不”原则来说，“不干涉”“不结盟”“不当头”长久以来一直是中国外交指导原则中的核心内容，也是中国置身复杂国际事务之中却始终立于不败之地的思想法宝。然而，需要指出的是，如果把这些原则固化甚至僵化，不以新的形势和任务丰富创新它们，好的原则也可能变成束缚我们奋发有为的框框。外交人员如果没有对这些原则的创新思考，复杂局面下就可能自缚手脚、丧失良机。

“不干涉内政”原则实际上是历来国际体系和国际法的一项基础性法则，那就是：主权国家不论大小强弱，应当享有基本的自决权，在民族国家的重大事务上不受任何外部势力的蛮横干涉。事实上，没有这一法则，就不会有《联合国宪章》和当代国际体系的存在，世界政治肯定是一种比现在的情景更加野蛮的、无序的、受所谓“丛林法则”支配的糟糕状态。60多年前，中国、印度、缅甸等新独立国家所倡导的“和平共处五项原则”，其核心的要求正是获得不再受西方列强干涉、自主决定本国事务的权利；它之所以能长久坚持，受到广泛拥护，恰恰是因为它代表了刚刚摆脱殖民主义和帝国主义枷锁的亚非拉世界人民的普遍愿望。今天非西方国家的需求重点，是在早已获得政治独立的条件下，加强国家间合作和参与全球化的能力；尤其是中国和印度这样的新兴大国，更是需要积极参与全球和区域治理，提高发言权和引导力。因此，可以说，目前创新“不干涉内政”原则的重心，是在保持各国尤其是中小国家基本权利的前提下，想方设法保证和加强“参与度”“决策力”“话语权”。中国外交学界和决策部门正在探讨的“创造性介入”“建设性参与”“积极作为”等理念，由此应运而生。它们也是现阶段中国海外利益不断增大、中国能源资源海外依赖程度上升、中国国际责任和压力不断增大的必然要求。

“不结盟”方针始于20世纪80年代初期，它是邓小平审时度势，根据美国、苏联两霸称雄世界的特殊环境，考虑为中国改革开放和经济建设创造有利条件而提出的一项大战略，其关键内容是中国不与世界上任何一种政治军事集团结盟，在独立自主和“不树敌”的基础上，发展同所有方向、所有国家的全方位合作关系，使中国有了后来数十年的良好安定的外部条件，有了与美国建交、与苏联解决边界分歧、与多数国家展开大规模交往的新型对外关系，有了国内聚精会神谋发展、搞建设、图变革的可喜进步。今天中国面临的环境与任务则有所不同，新的重点在于：如何在我们国家快速强势崛起的进程中，既不失去大大小小的朋友，又能拓展新的战略支点和合作平台。在这种情势下，传统的同盟理论和战略学说值得我们细细咀嚼，分清里面的各种层次，提取有效成分为我所用。例如，在继续坚守不与任何大国和国家军事集团结盟之方针的同时，努力开拓“准盟友”式的、友好互助型的或防范战略风险所需的国家间战略关系，积极寻找战略对话与协作的国家和区域行为体（如东盟、非盟或欧盟），在全球范围或实施战略援助，或加强商务基础设施建设，或发展类似海外军事基地的补给维修网，总之建立起适合我国需要、辅助以多种强力杠杆的全球战略支架。假使拘泥于对“不结盟”方针的简单化、机械化理解，我们的战略规划宏图和实施部署过程就会过于谨小慎微，无视重要的战略窗口，失去某些战略性契机。于实践中观察，最近十余年间中国与六七十个国家及区域组织（如欧盟、东盟、非盟）建立了多种战略协作、战略对话、战略交往关系，对我们实现全球及地区目标起了不可或缺的作用。这些战略互惠关系就是创造性地坚持“不结盟”原则的明证。自然，战略互助关系也要仔细规划，防止不必要的负担和压力。凡事都有两面。过于紧密、不加防范的国家战略安全联系，亦可能造成国际危机时刻令我方进退维谷的局面。须牢记，没有战略盟友和友好国家的支持，没有世界各个区域方向特别是要津的战略支点，中国不可能成为真正的世界大国；同时，建立全球性的战略协作与伙伴关系，需要高度熟练的外交技巧和灵活多样的备选方案。“结伴而不结盟”，是中国必须守住的底线。

同理，“不当头”原则也需要与时俱进、实现创造性转化。20 世纪 80 年代末期，在复杂严峻的国际环境下，邓小平制订了包括“不当头”“不争论”等内容在内的“韬光养晦”总方针，指导我们国家度过一段艰难时期。今天看来，这一方针所体现的谦虚谨慎、避免对抗等基本精神，符合中华文化传统和改革开放以来中国外交一贯的风格，仍然需要中国外交人和外交学者认真领会、长期坚持。但另一方面，任何国家都很清楚，中国的实力与地位已经到达新的层次，中国的态度与目标是 21 世纪初期国际关系的最重大变量之一，所有人都渴望看到、听到中国对全球发展和国际和平的引导声音和负责任影响；中国更加年轻一代的公民和媒体，也期待中国不要老是在国际重大问题的表决中投弃权票，而应主动出击、大胆发声、积极营造于我国有利的国际事态与事件结局。

在这种内外压力下，对相关部门来说比较好的策略，是在坚持谦虚与合作风格的同时，更加清晰主动地表述中国的态度，提出有中国印记的方案，做出更多有中国风格的国际贡献。例如，在国际领域的“新高地”或者说“高边疆”（如外空、极地、电子、金融的开发与规则确立），一个想立足其中的大国，必须学会下先手棋，有独特的布局和倡议。很多人说，中国这么大的国家，没有也不可能“搭便车”，相反只会给别的国家提供“搭便车”的机会。实事求是地说，在经贸领域，现在的中国确实越来越多地提供了让其他国家“搭便车”的机遇，例如“一带一路”倡议。但是，在安全领域，迄今为止中国也在搭别国的便车，比如说我们那么多的国际运输船只，却没有足够的护航力量，因而也不得不借助其他国家的海军，在印度洋、太平洋和其他水域保障海上通道安全。给定上述大背景，我们的政治家和外交人，要从习惯于少说话、不发力，向更加积极作为的方向转变，加强能力建设，学会主动出手，于人于己更大方便。

总之，在迈向全球性角色的进程中，提升中国人的学习能力，是一项基础性的建设，是拓展外交新疆域的思想前提。

四、中国新外交的历史背景：机遇与挑战

中国“入世”，是这个人口大国朝着全球角色崛起的一个里程碑。从某种意义上说，21 世纪初期成功加入世界贸易组织，是中国积极融入当代国际体系、成为建设者和贡献者的标志之一。从那之后，中国列车朝着全球化方向轰鸣行进，已是当代国际关系的关键部分。可以认为，从那之后，在外部“倒逼机制”的作用下，中国与外部世界的关系日益紧密，中国“巨人”的建设性态势难以扭转。加入世界贸易组织的这些年，中国是全球大国中增长最快的一个。比如，近年间中国超越美国，成为世界第一能源生产大国和第一石油进口大国；而据国外某些机构（如英国石油公司 2011 年发布的《BP 世界能源统计报告》）和媒体的报

道，中国在很短时间内便建成了全球范围覆盖人数最多、运营里程最长、速度最快的铁路客运系统。更不用说“入世”以来的这些年，中国的经贸实力已位居世界前列。

2008年在北京举办的奥林匹克运动会，是另一个容易辨识的里程碑。正如20世纪60年代中期的东京奥运会，标志着日本从战后废墟中恢复，成为当时充满活力的世界第二大经济体一样，北京奥运会以其惊艳而独特的中国风格，包括实力非凡的中国奥运军团的出色表现，有力地向国际社会显示：中国是一个正在重振雄风的伟大国家，是一个实力快速提高且充满进取精神的新兴大国，是一股经过几十年深厚积累特别是改革开放时代积淀迸发出来的强大力量。对于中国国内而言，北京奥运的成功举办，也有不一般的意义。它证明，其他大国能够做到的事，中国也可以做到，而且可能“更高、更快、更强”。从实际生活中也不难观察到，正是北京奥运会以来的这几年，中国民众的“精气神”与以往大不相同，总体的民族意识和民族主义情绪达到前所未有的高度，同一时期中国外交的“强硬指数”亦有显著提升。无独有偶，韩国、墨西哥、巴西等国，也是在承办各自奥运前后，成为非西方世界公认的亮眼角色。

当然，最能表现中国综合实力提高、引起各方面高度重视的一个指标，是近年来中国经济发展迅猛，国内生产总值（GDP）达到世界第二位。2010年日本名义国内生产总值（GDP）为5.4742万亿美元，中国则为5.8786万亿美元，中国的经济总量首次超过日本，成为仅次于美国的第二大经济体。在很多人看来，中日在全球经济总量排行榜上位置的次序更迭，意味着近代以来日本强傲、中国受辱之历史的终结，是中国复兴的开端标志之一。它作为东亚权势转移的一个象征，在中国和日本两国国民、媒体及政治人物那里引起截然不同的反响。2008年以来的这些年，恰好也是西方发达国家深陷经济危机的时段，反衬出中国保持相对快速健康发展的难能可贵。这次危机始发于超级大国美国，继而蔓延至欧日所有发达经济体，扩展成影响世界其他地区的全球性危机。迄今为止这场危机仍然未完全结束，较以往半个世纪的任何时候，它更深刻地揭示出欧美现有体制的弊端，也给二战结束以来西方发达国家在全球经济发展领域的支配地位以严重震撼。应当说，中国像所有新兴大国一样，受到这次危机的强烈影响，自身发展也出现了某些减速和问题，但总体来看，中国的表现依然是所有大的经济体中相对较好的，增长幅度依然是相对较快的。

凭借世界第二大经济体和第二大军费开支国的实力，现在的中国领导人才有了大的全球抱负。典型的事例，有“海洋强国”目标的提出和中国海上力量的迅速扩展，有中国登月计划的推进及整体航天事业的加速进步，有中国人对于南极事务的更大参与和在北极能源开发及科研方面的新兴趣，有对亚太经合组织未来互联互通“路线图”的规划。这些都属于全球性重要国家的“标配”，非一般中等强国或地区大国能力所备。有了快速增长的强大国力，现在的中国领导人显得比以往任何时候更加自信。党的十八大报告是这方面有力证明之一。在2012年年底召开的中国共产党第十八次全国代表大会上，中国领导人首次提出了“道路自信、理论自信和制度自信”的说法。它的一个重要依据是，过去十余年间，中国“取得一系列新的历史性成就，为全面建成小康社会打下了坚实基础。我国经济总量从世界第六位跃升到第二位，社会生产力、经济实力、科技实力迈上一个大台阶，人民生活水平、居民收入水平、社会保障水平迈上一个大台阶，综合国力、国际竞争力、国际影响力迈上一个大台阶，国家面貌发生新的历史性变化。”十八大报告的国际部分提出：“当今世界正在发生深刻复杂变化，和平与发展仍然是时代主题。世界多极化、经济全球化深入发展，文化多样化、社会信息化持续推进，科技革命孕育新突破，全球合作向多层次全方位拓展，新兴市场国家和发展中国家整体实力增强，国际力量对比朝着有利于维护世界和平方向发展，保持国际形势总体稳定具备更多有利条件”。在这种形势下，“中国将坚持把中国人民利益同各国人民共同利益结合起来，以更加积极的姿态参与国际事务，发挥负责任大国作用，共同应对全球性挑战”。与此前中国领导人不同，习近平主席显示出在国际舞台大力发声和争夺话语权的强烈意愿。他一方面在国内反复要求政府外宣部门与传媒，要努力学会讲好中国故事、发出中国声音；另一方面利用各种出访机会，在国外大力宣扬中国的主张，塑造各种新的形象，如有利于世界和平与发展的“中国梦”，站立于全球之巅的“和平之狮”，乐于合作的“大块头”，助邻为乐的“中国便车”，“亲望亲好、邻望邻好”的周边合作观，“理性、协调、并进”的核安全观，“多彩、平等、包容”的世界文明观等。不难看出，中国新一代领导人要求的，是充分的国际话语权，是更大的国际利益空间，以及更受尊重的全球身份。

不过，应当看到，无论多么强劲，中国新的成长态势下存在诸多隐患和不确定性。

第一，是国内上升的民族主义。中国是一个有几千年辉煌历史的文明古国，又曾是一个在近代遭受外部列强凌辱和压榨的落后国家，现在终于获得了“重振雄风、扬眉吐气”的机会。对于千千万万的普通中国人来说，中国现在是一个强者而非跟从者。人们对于北京奥运会、GDP超越日本（乃至未来追上美国)、中国航天员太空漫步、国防现代化高速进展，都有一种发自内心的自豪。14 亿人口的这种强烈民族情感，对于政治领导人来说，是一柄“双刃剑”：动员和调动得当，它将成为团结社会和民心、建设现代民族国家、加快国防和军事现代化建设、抵御任何外部压力和勒索、争取更多国际话语权和核心角色的强大力量；反之，它可能迫使决策部门在任何有争议的国际争端事态和问题上采取强硬立场，失去国际谈判和战略运筹所必需的灵活性，甚至失去控制，加剧与外部冲突。如何让强大起来的中国保持持续的、旺盛的民族精神，同时保持谦虚谨慎、开放学习的态度，不是一件容易平衡的事情。

第二，是在全球新一轮“蓝色圈地运动”方兴未艾的背景下，处置棘手的海洋主权纠纷。这一问题在 21 世纪初已经出现，并产生了强烈的冲击波。这些年，南海、东海方向的问题层出不穷，解决办法乏善可陈。以东南亚国家与中国的关系为例：东盟十国中有五个与中国之间存在着涉及不同海域、岛礁、渔场及大陆架划分等权益的分歧。前些年海洋争端没有发酵之前，中国与东盟的关系保持快速健康的态势，特别是自由贸易区的实施，让双方感受到更大的互利共赢好处及需求；中国与东盟关系发展神速，比起日本与东盟的关系，取得了压倒性的优势。但最近几年，越南、菲律宾与中国在海洋上的摩擦升温，马来西亚、印度尼西亚、文莱虽然不想“撕破脸皮”，但也没有在主权和海洋权益问题上退缩妥协的意思，中国与东南亚国家的关系变得微妙起来。与此同时，东海方向日本与中国的争端，尤其在钓鱼岛问题上的对峙，则更加难解。韩国、印度等与中国有海洋纠纷或陆地边界分歧的国家，也在密切观望事态的发展，寻找中国的底线与漏洞。另一方面，国内有相当多的民众和媒体，在综合国力逐渐强盛的背景下，则对那些“挑衅方”义愤填膺、怒不可遏，强烈要求政府和军方采取措施对挑衅的国家予以惩罚或“教训”，并伺机收复失地。南海“仲裁案”之后一段时间中国与东南亚国家整体关系的紧张，是多年罕见的外交困境之一。不能忘记，中国是全球范围涉及主权纠纷数量最多的国家之一，历史和现实的多重原因造成十分复杂的局面，解决它们绝非一日之功。眼下，对于决策部门来说，适应国内各方面的呼声及需要，处理好与日本、菲律宾、越南等国的海界麻烦，一方面要获得更便捷的出海通道、对历史权利做出更好维护、借此实现“海洋强国”的目标；另一方面要使之不至于变成中国与邻国关系的“乱象之源”，不损害中国与周边地区来之不易的良好关系简单说，处理好“维权”与“维稳”的矛盾，是中国政治决策者智慧与能力的“试金石”。

第三，是中国与超级大国美国的关系。明眼人看得很清楚，围绕近一时期的海洋纠纷事态，在日本和某些东南亚国家与中国死缠烂打、不肯退缩的背后，有“山姆大叔”的强力撑腰。在中国新一代领导人和多数中国老百姓的内心里，美国是当今世界的超级大国和“全能冠军”，也是唯一能对中国最终崛起和民族复兴进程造成严重阻碍的西方国家。无论说什么好听的，美国人断然不会答应任何国家在军事和高科技等关键领域取得对美国的优势地位，更不会允许中国这样一个社会主义国家在亚太地区把美国排挤出去，或在其他地区和领域构成对美国利益的重大损害，因此，当中国崛起壮大到一定程度时，比如军事开支、经济产值和航天事业发展到今天的水平，美国人的疑虑和防范自然会增加，各种相应战略策略应运而生（如美国人在东亚海洋岛屿之争幕后的运筹和操盘）。但今天的中国又不同于当年的苏联，中美之间的经济相互依存和社会民间交往远比美国与苏联之间深厚，加上全球化时代的国际机遇与治理难题，也给中美关系平添了美苏之间完全不具备的某些内涵。这也是美国对华政策难以定型的重要理由，是美国与中国之间战略互疑与战略需要同时存在、交替上升的关键所在。对于新一代中国领导人来说，他们对美国有更多的感性认识，理解也更深刻，尤其是深知动乱年代中美对抗给中国带来的严重后果，懂得改革开放这些年中国的壮大和进步与美国不无关系；他们也知道现在的中美关系有哪些敏感与严峻之处，因而才有创建“新型大国关系”的说法与期待。面对如此难局，中美之间未来究竟是相向而行（尽管在不同轨道）甚至逐渐拉近，还是反向使力、加速对撞？对此，没有现成的经验可循，更无人敢下断言。这是当今世界唯一超级大国与最大新兴国家之间的复杂博弈。

第四，是处理国内外复杂的民族矛盾和所谓的“文明冲突”。妥善应对民族分离主义势力在中国边疆少数民族区域的扩张蔓延，巧妙处理相关的国际纠纷和压力，同时在此过程中保持中国国内的持续稳定、统一完整，不是一件易事。从世界各国特别是新兴大国的情况来看，处置国内复杂的民族纠纷以及由此诱发的国际矛盾，始终是各国决策者面临的一个严峻任务，弄不好就造成动荡不定的内外恶果，乃至打乱原有国家日程、延缓强国富民的进程。俄罗斯因车臣问题造成严重“内伤”，主体民族俄罗斯族与外高加索一带少数民族的紧张关系，成为制约“北极熊”能量的软肋之一，也是俄罗斯与西方关系紧张的根源之一；印度近年来虽然以快速增长的经济和军事实力引人注目，但国内印度教徒与穆斯林之间的严重分歧，每每成为国内宗教民族冲突及与邻国摩擦对抗的导火索，未来也可能成为妨碍这个新兴大国雄心勃勃目标实现的障碍；南非、墨西哥、尼日利亚、印度尼西亚等颇有希望的地区大国，不同程度地存在此类困扰，各国内部种族、民族冲突的解决，成为考验这些国家决策精英实现民族国家振兴目标的一大关口。在中国，虽然党和政府长期坚持各民族团结及和谐共进的方针，但毋庸讳言，改革开放这些年来，内地沿海地区与边疆少数民族区域的发展差距在不断扩大，加上冷战结束以来周边地区分离主义、恐怖主义、宗教极端势力的强势崛起和影响外溢至中国境内，中国决策层处理国内民族问题的难度逐渐增大。2008 年拉萨“3・14”事件和 2009 年乌鲁木齐“7・5”事件，证明了问题的严重性质。从外交和国际关系角度分析，所谓“西藏问题”背后，有各种国际因素介入，未来“藏独”势力若进入“后达赖时代”，更可能受到复杂棘手的外部压力；而中国西北部民族分离主义的滋生蔓延，也直接受到中亚、西亚、北非一带动荡局势的深刻影响，令中国政府无法单从国内事务的角度，运筹国内这一大片疆域的未来。

从外交与国际战略角度观察，另一个挑战来自中国日益增长的能源需求和对外依赖。现今的中国是世界最大的制造业基地，也是工业化、城镇化发展速度最快的世界大国，能源消耗的快速上升是不可避免的，但中国自身化石能源储量和产量只能满足这种巨大能耗的一部分（如石油、铁矿石、铜材等），核能、风能、水电、沼气能等新能源增长虽快但比重仍小（目前尚不到能源供应总量的10%），缺口的部分不得不依赖于世界相关产地的合作与进口。考虑到中国人口和经济的规模及增长前景，如何保障这种不断上升的能源需求，尤其在对外战略和布局上做出规划，特别是对与世界能源产地及国家的交往做出适合安排，对威胁能源通道和供应的各种外部不测事态做出预警和应对，是中国对外决策重大日程排位前列的议题之一。它绝非如普通人想象的买卖关系那般简单。举一个例子，中国尽管是世界上石油产量靠前的国家，但石油产量自给率逐年下降，进口量逐年增加，目前中国在相当多品种的化石能源进口方面已经成为全球最大的进口国，例如石油消费的60%，铁矿石消费的2/3，都依赖外部世界。保证这种供应链条的长久稳固，不是一件容易的事情。中国主要的石油进口产地为中东地区、俄罗斯及其周边、非洲地区，这些地方都不同程度地存在着动荡的风险隐患。另外，近年来全球能源供需格局、价格形成机制正在发生深刻变化，需求重心加速东移，供应轴心逐渐西移，能源安全出现与以往不同的新特点。中国、印度等新兴市场正成为全球能源消费与贸易新的增长点，而北美、欧洲等国家传统能源消费将渐呈下降趋势。与此同时，世界能源生产中心日益多元化。中东—北非、中亚—俄罗斯占世界石油储量的64.7%，仍将是供应的中心。页岩气、页岩油、油砂等非常规能源和非化石新能源得到越来越广泛的开发和应用，使北美在作为能源消费地的同时逐渐转为能源供应地。这是一个值得追踪的新趋势。对上述各种因素如何统筹考虑，发展出更长远的全球能源外交和战略布局，同时让国际社会对此有最低限度的理解和接受，可以说是中国新领导人面对的一大难题。

最后一个挑战是，如何确定自身在全球高地上的方位，一方面有力而巧妙地维护不断增长和国际化的国家利益，另一方面根据国内外需求积极且量力而行地承担更大的全球责任。这里面最大的难点，不在于妥善处理与周边国家的主权纠纷，或应对好超级大国美国对中国的疑惑及所谓“再平衡”手段，而在于怎样恰当处理国内政策重心与不断增强的国际角色之间的关系，用合适的机制统筹协调外交、军方、商务等部门的潜在矛盾。与一般国家不同，中国如此巨大规模的市场以及独特而成系统的文化传统，很容易使领导人不自觉地把主要注意力放在解决当下迫切的国内事务上，而忽略（至少是轻视）外部世界对中国的关注、需要以及敏感复杂的批评意见。与许多新兴国家不一样，中国的社会制度和意识形态同欧美主宰下的国际体系和价值体系有更多差异和摩擦，中国相对缺乏在一个比较“异样”的周边及全球环境中提供国际公共产品的经验和技术。中国国内复杂多样的民族构成及新的变化，很可能像俄罗斯那样成为饱受外部抨击之后被迫出手反击的内外摩擦点。中国也可能像印度那样由于解决不好与周边国家的历史恩怨和现实难题，而滞留于东北亚和东南亚的传统“外交疆域”，以致不能在全球高地上伸展手脚。中国现在有了越来越多的全球收益、全球威胁等全球利害关系，也在经贸等层面有了全球大国气象，但中国的全球政治角色（包括对整个人类的政治哲学引导）显然不太明晰，它的全球安全目标和策略也不太系统连贯，其对于全球社会和文化领域的作用杠杆更是乏善可陈。尽管人们可以说，中国在这些方面比过去“强了许多”，但是这种增强远未发挥中国人的潜力、达到合适的水准，更遑论以比较理想的方式发挥作用。

在新一代中国政治家面前，对外关系存在的各种难题，多半不是传统式的、纯粹消极性质的问题，不是旧时代、旧结构下的矛盾，而是新时期、新形势下出现的情况，属于前进过程中的特有“瓶颈”。做出恰当的判别，保持好的平衡感，坚守基本目标不动摇，是很不容易掌握的，尤其对中国这样快速成长又有独特历史和政治制度的大国来说尤为如此。举例说，低水平消费时代的中国，不存在能源短缺的问题，也没有“能源外交”或“能源安全”之类的挑战。如果不是技术进步和资金充裕，对各国来说，《联合国海洋法公约》最近十年不会带来如此巨大的冲击波，譬如说在中国周边带来现在这样错综复杂的海洋主权纠纷（所谓“新一轮蓝色圈地运动”）。假使不是国门开放和国内经济社会增长，中国普通人不可能像现在这样大量地出国留学、打工、旅游、经商，外交部门也不会有如此几乎不堪重负的领事保护任务；中国如果不是14亿人口的大国，国力的快速发展和不断壮大在邻国周边和世界其他大陆产生的震撼效应（包括各种版本的“中国威胁论”）也就不可能像现在这般层出不穷。假使对这些问题的性质想不清楚，只是看到消极阴暗的一面，像某些网络上的言论经常抨击的那样，说中国现在受到了以美国、日本为首的各种反华势力的扼杀封锁，中华民族正处于危境和“掰腕子”的时刻；或者，像很多大众媒体不无忧虑地讨论的那样，说现有国际体系和规则越来越压缩了中国的存在空间，越来越妨碍“中国梦”的实现；又或者，像少数学界朋友试图解释的那样，说当下的全球金融危机，是资本主义总危机和社会主义全面进入高潮期的预兆。假使我们的国家决策和对外战略建立在这些似是而非、片面狭隘的判断之上，就不会有推进建设“海洋强国”与保持睦邻友好之间复杂平衡的思考及统筹手段；就不会把西方某些别有用心的势力的宣传伎俩及口号与真正反映全人类进步和国际社会普遍追求的普世价值区别开来；就不会有与美国、日本等西方主要大国建立“斗而不破、合而不同”的新型大国关系的要求；就不会将现有国际制度及规范为我所用。说到底，前面提到的各种外交及国际战略的难题及关口，实际上与国内政治和社会基础之间有深刻的、内在的关联。国内体制的某些缺失和问题，造成了对外关系的某些制约和不协调，因而若想在外交和国际关系方面取得更理想的成果，不只各涉外部门自身需要提高和改进博弈的技巧，更需要国内的观念、体制、政策进行有利于新形势的调整。当然，国内变革的进行必须适度、稳健，能够被多数百姓和部门所理解和接受，而不是在突变、动荡或者存有大的分歧下强行推动。这种适应新时代、新形势的变革及其议程，是依照本国国情和发展日程确立的，不会受到外力的干扰和破坏，不会被一时一事的“战略意外”所改变和颠覆。

可以观察到，新一代中国领导人对上面提到的新难题和重大关口已有更多感受和思考，所以才有“把世界的机遇变成中国的机遇，把中国的机遇变成世界的机遇”的提法。这种提法的指向，当然不再是毛泽东时代输出革命的目标，也不是邓小平时代外交保障经济重心战略思想的简单重复，它拓展了江泽民时期和胡锦涛时期的“新安全观”和“两个大局”等战略思维的边界。不过，知易行难，能否实现既定目标，不单取决于领导人意志和决心，同时要看外部条件和自身准备，包括外交人新战略新边疆的设计和推进。

五、中国外交新战略的不同着力点

笔者认为，中国外交面向未来的战略设计，必须有新的思路，拓展更大空间。读者从各章的内容里，能够看到他们各自的努力。这里，不再赘述其中的精彩见解和可能的缺失，只是想简要说明为什么选择这样一些分课题，它们有哪些深究的价值，以及总体而言它们与前面的讨论存在何种联系。

（一）为什么我们比以往任何时候都需要重视国际公共产品问题？

在讨论中国的国际战略和外交问题时，需要注意不可分割的两个方面：一是如何扩大和实现新时期的中国海外利益；二是如何量力而行地提供更多、更好的国际公共产品。现在的情况似乎是，太多的人、太多的关注点放在前一个方面，而对后一方面的探讨缺乏足够的广度和深度。比如，国外近期盛行的各种“中国威胁论”，谈论的多半是中国政府如何不顾国际法章程和多数国家担忧而一味扩大在南海的军事存在，是中国企业和个人如何大肆收购兼并海外资产，是中国渔民和机构如何在南海海域捕捞过程中野蛮破坏海洋生态等等，总之是中国人“贪婪无底限的国际扩张”。反观国内，不少媒体与官员似乎只关心自己国家通过全球化第一阶段实现什么目标、第二阶段站在何种高度，得到哪些利益和好处，却很少考虑在此成长过程里如何承担更多的国际义务，让国际社会更容易接纳中国这样体量和发展速度的崛起大国。

单就国际公共产品的讨论而言，有不少似是而非的说法与文字，比如有的人把对外商务援助、对外军事合作和联合国会费各种不同的东西统统叫作国际公共产品，却没有分清它们的不同性质，没有辨明公共产品与战略援助的区别，没有明白准公共产品与完全公共产品、区域性公共产品与全球性公共产品的划分。这从不同侧面反映出我们对于国际公共产品的认知仍停留在“新人感受”上面。客观地看，中国目前仍处于国际公共产品供应端的早期链条，这并非偶然，毕竟过去很长一段时间里，我们没有这样的环境与需求，没有学习的经验和担当的使命。改革开放前的中国是一个世界革命大国，是现有国际体系的局外人，那时完全不会去想如何给国际社会和多数国家提供所需的公共产品及资源。改革开放后的中国，主要着眼招商引资和内部经济重建，“心有余而力不足”，不太有可能在联合国等国际组织里提交较多会费并承担大国义务。今日之中国，虽然有越来越多的海外利益需要自身照顾和国际协调，有更大的经济能力和外汇储备及军事能力可以动用，走出小康阶段的中国也有不同以往的形象考量和国际抱负，但还须承认，认识到这个问题的重要性，同真正成为一个担当大国，中间肯定有相当的距离和时段。

是否愿意和善于提供国际公共产品，也是一个富有智慧与亲和力的大国之体现，是成长进步后对于国际社会具有感激之情、认同人类共同价值与命运的回报之举。从国际经验和历史进程观察，越是谦虚和开放的大国，越富于创造性和想象力，越有独特的智慧与力量。说到底，仁智不是小聪明、小伎俩，而是大智慧，是目光深远、胸有格局的体现。一个大国如果具备了仁智，它就会有一种淡定又强韧、不卑也不亢、对本土文化充满自豪的同时对他者富有恻隐之心的气质，一种令国际社会和多数国家愿意接纳并追随的风范，一种可以带动整个人类进步和时代向前演化的力量。当我们的领导人在国际社会面前做出承诺，说中国作为一个进步的负责任大国，不会重蹈国强必霸、国强必乱的老路时，是以一种比较乐观的心态看待现今的全球发展，尝试向外部发出积极正面的信号。给定中华民族的深厚积淀和我们国家目前的规模能量，只要中国人认真履行这种承诺，恰当应对国际间的各种消极事态和不确定性，努力消除内部不适应进步时代的各种陋习，未来成为仁智大国是可能的。新一代的中国人，尤其应当努力拓展全球高边疆，提供更多品种的国际公共产品。这同样是走向仁智大国的一个里程碑，即：中华民族是否有眼界发现新的国际前沿与发展高地，是否有智慧和创意设计出国际上需要又于我有利、量力而行的解决方案与公共产品。它们是全球性角色的标配，应该是我们国家的新目标、新气质。

更深入一步，能否提供国际公共产品，也是度过当下中国政治改革期，推动国家建设持续下去的重要指标。总体观察，当下的中国发展轮廓尚未完全成型，还存在未知因素和不确定性。现在的领导人经常说，中国正在爬坡，不进则退，这话讲得不差。中长期观察，存在大相径庭的两种可能。一种是，综合国力已经位居世界较前位置的中国，用更高的标准继续自身的改革开放，造福自身国民也造福周边邻国和国际社会。在国际范围，大力拓展海外利益的同时约束大国争霸和军事对抗的冲动，学会提供更多更好的公共产品和服务，积极主动地与国际社会合作互利，在新一轮的全球治理和人类进步进程里，发挥富有想象力的建设性作用；在国内，加快治理现代化和制度建设步伐，在经济结构向国际更高标准转型升级的同时，推动社会政治的转型升级。这番景象当然也是世界之福，中国将日益成为全球进步和繁荣的一个引领大国。另外一种可能是，中国凭借日益增大的实力特别是军事和经贸实力，与世界其他大国展开逐渐激烈的地缘政治较量，与周边邻国特别是存在领土或海洋纠纷的他国发生武装冲突，对峙的局面由点至面、由弱渐强，“和平发展”“睦邻友好”“互利共赢”遂成泡影。受这种由冷战到热战变化势态左右，不仅外部国家对中国的防范之心和围堵举措增加，国内着眼于中长期的建设和改革进程也将戛然而止，所谓“发展战略机遇期”将被聚焦于国家间博弈的传统权力政治格局所葬送。真到那个时刻，无论此前如何说“不另起炉灶”，要担当“负责任大国”，中国对外部世界的关系，将由前一时期的创造性介入和建设性合作，逐渐变成以摩擦和抗衡为主的态势。中华民族风华屹立世界东方、为人类做出重大贡献的愿景遂成泡影。

没有人能掐算出未来的所有变化。应该意识到，处于十字路口的中国究竟向何处去，除开一些不可控的外部因素，关键在于自身政治社会的建设方向，取决于决策的选择和国民心态的塑造。这一过程中，公共产品问题就是某种试金石，可用来衡量中国的民意、取向、政治胸怀、精英目标以及各种宣言和承诺的有效性。

本书不指望面面俱到地回答所有问题，笔者的专题分析告诉读者，有关国际公共产品的讨论目前在国际上已经到了什么地步，有哪些值得我们借鉴的新思路新方法。它首先界定全球公共产品的概念与分类。区分公共产品在供给侧与消费侧的特性，并关注全球公共产品与国内公共产品的差异，指出消费侧视角的不足，进而为理解中国供给公共产品的积极实践提供理论基础。之后，试图提出中国视角下的供给侧理论。供给侧理论强调大国对小国让利的必要性，只有让小国搭便车才能真正获得大国地位的合法性，才能真正维护与扩大国际利益。因此，通过分析崛起国参与全球公共产品供给的有利条件与动力，揭示中国积极参与全球公共产品供给的正当性，为理解党的十八大以来的实践转变提供认知框架。再往下，对党的十八大以来的中国国内、区域、全球公共产品的供给成绩进行梳理，尤其还总结联合国框架下的中国公共产品供给。作者同时指出目前存在的短板与不足，并尝试提出中国的全球公共产品供给路线图。

（二）为什么金砖国家合作是我们走向全球高地的一个重要平台？

近期有关金砖国家的议论很多，可能一是因为中国主办了2017年金砖国家领导人会晤，做出重大倡议及安排；二是由于中国和印度这两个金砖大国在这年夏天围绕两国及不丹领土边界问题发生了所谓“洞朗争端”。

表面上看，最近这些年金砖国家彼此间的合作进展，呈现了一些不均衡、不协调的态势。在经贸领域，无论双边、多边合作均有亮眼的表现，比如中国与俄罗斯的油气资源合作、铁路建设合作、航天航空的高科技交流均有显著成绩，中国与印度之间、俄罗斯与印度之间、巴西与中国、南非与中国之间，都有类似的情形；然而，分析政治安全的信任建构过程，世人很容易觉察出分歧与矛盾，如一些突出的边界对峙与大相径庭的战略目标。举例来讲，除了上面提到的中印“洞朗对峙”外，还有俄罗斯未能如愿获得的其他金砖国家对其克里米亚割据事态的政治承认，印度在走向世界政治大国地位的“安理会入常”目标与中国的矛盾，金砖国家之间对于美国霸权方式的不同抵制程度，等等。

对于研究者而言，上述局面提出了许多值得深思的课题。比如，金砖国家合作机制究竟建立在什么样的共识与基础之上？各国政治决策者在多大程度上认为这种合作机制是有价值的？尤其在遇到重大难题和障碍的时刻，有关国家之间的信任与合作能否持续下去？从这些国家内部情况分析，各国的国际化目标、区域大国和全球角色的战略定位，如何影响它们各自的“金砖定位及操作策略”？金砖国家领导人极具特点的雄心与个性，会给初创期和成熟期的金砖合作机制打上什么样的烙印？尤其是普京这种与西方主宰体系不断强力抗衡、试图在全球范围“另起炉灶”的政治领袖，是会与其他国家温和的或充满类似抱负的领导人渐行渐远，还是逐渐强化彼此间的协调？

毫无疑问，中国是金砖合作机制中最受国际瞩目的国家。无论是经贸实力、军费总量，还是人口规模、市场潜力，以及中央政府的外汇储备、对外投资数额或现有的国际收购并购规划，中国在金砖机制里都具有举足轻重的影响。从这个意义上讲，中国的态度与做法，直接关系到未来金砖合作机制的兴衰前景。同时必须看到，中国有自身独特的文化、历史、民族构成，当代诉求，政治体制和国际战略，其中既有相当多的部分与其他金砖成员吻合，亦存在某些重大利益差别与潜在冲突。我们的分析应当深入细致、准确全面，避免被一时一事所左右、所误导，尤其不应把学术成果当成政治的敲门砖或应景式的作业。本书中刘毅撰写的专章指出，对于中国人，金砖合作机制是我们参与、适应、学习与引导全球治理之先期进程的一部分，它不止像一次“外交练习”，更是探索建立全球治理的可行路径、避免合作内部机制可能出现的不信任“不团结”现象以致损害机制本身的高级外交能力建设；风险与分歧不应被视为异常现象，而是任何国际制度建设和运作时都会面临的磨合难题，愈是善于处理内部纷争的国际机制就愈有顽强的生命力和吸引力。

由此想到如何提高中国外交的学习与适应能力问题。一个现代气息浓厚、不断进步变化的国家内部，必然存在一个开放和谦虚的学习型社会。理论和经验都证明，与古代相比，现代化进程呈现一种不断加速的进步以及适应这种进步所必备的自我学习能力；现代化进程不只带来物质的极大丰富，更要求一种内生且不间歇的适应与习得能力；它不仅要求个体的人跟上这个节奏，也需要社会政治的决策者和思想及媒体领袖具备相关的气质与习惯。

看看全球史就不难发现，从古代社会一直到19世纪之前很长的历史里面，人类的生活维持在一个很低的水平，基本上没有质的改进，人们把绝大多数钱都花在食物上，住房条件相当简陋，医疗体系几乎不存在，服装只是满足最低的实用性需求，交通工具很少且谈不上舒适；从19世纪中后期开始，从前只有皇家和贵族才能享受的优越生活方式席卷欧美资本主义国家，到20世纪更从精英生活方式扩大普及至一般消费者，人们的工作时间更短、选择面更大（比如旅行闲暇比重加大）、劳动者的权利更有保障。是什么带来如此巨大的进步？最重要的因素，是技术的日新月异和生产力的大幅提高，以及启迪并源源不断推动这种改变所需的学习（创新）能力。不发达与发达国家的差异（不管是物质享受还是收入水平），主要是知识水平的差异。比较世界各地经济政策和宏观目标的确立过程，一个显著的区别表现为对教育培训、人力资本投入和知识转化过程的重视程度不同。这里面，决策精英的谨慎务实、避免自大封闭、保持对外部先进经验的吸收，占有十分关键的位置。后发国家向学习型社会的转型，对这些国家人民福祉的影响和民族进步的作用，远远超过以往认为的资源配置效率的提高和资源积累促进的经济增长。金砖国家合作机制，就是学习的一个有效平台，是测试各国决策层及民众调整适应能力的一面镜子。

广而言之，能否建立起学习型社会，亦是当下中国急需探讨的命题之一。在改革开放初期的80年代，从总设计师邓小平，到知识界和媒体，直至普罗大众，中国人普遍比较谦虚谨慎，认为自己国家与先进国家存在大的差距，所以开放学习的氛围十分浓厚，引进的技术、资金、管理经验及各种教科书非常多，以至于有些批评认为那时“食洋不化、囫囵吞枣”。回过头来看，确有值得汲取的教训。不过，现在似乎走向另一极端：国内某些人自信心膨胀，出国看不起别人，谁要说中国还落后，哪怕是某些方面不如人，就可能遭遇意识形态管理者的严厉指责。总体判断，如今讲学习外国，借他山之石，不那么容易了，至少不太可能成为某种共识。习总书记一再要求既保持祖国传统文化和政治哲学的精华，又坚持兼容并包、开放吸收他人长处的态度。我们看重的是学习加创新，希望未来的中国外交特别具备这方面的能力。

（三）为什么极地外交未来可能成为中国外交实践的新型杠杆？

极地问题是一个新近进入中国外交研究者视野的题目，具有不可限量的前景，也因而成为本书关注的重点之一。

如世人注意到的那样，近期我们的外交明显加强了对极地国家的工作，显示出中国全球角色的一个重要突进方向。比如，中国国家海洋局于2017年5月发表了题为《中国的南极事业》白皮书，全面回顾了中国南极事业30多年来的发展成就。这是中国政府首次发布中国南极事业的白皮书。几乎同一时间，第40届南极条件协商会议在北京举行，中国政府在会上表达了“高度重视南极治理与发展，中国是南极国际治理的重要参与者、南极科学探索的有力推动者和南极环境保护的积极践行者”的立场。2018年1月中国发布《中国的北极政策》白皮书，表明中国“投身北极科研，推动北极务实合作，建设性积极参与北极事务，为北极的发展做出更多贡献”的新目标，以及在北极国际合作过程中的“尊重、合作、共赢、可持续”的基本原则。学界关于极地的项目与成果亦显著增加，无论是国家科研的立项、学术期刊刊登的论文，还是各种研讨会议的议题，都是过去没有过的局面。无论南极、北极情况有什么差别，中国毫无疑问是极地国际合作和开发事务方面一个特别具有潜力的域外大国。中国未来一段时间的极地外交，也是对中国人能力和智慧的一种检验。与此相应，中国学界的极地问题研究，也必然获得不断增强的推动。

中国强烈的极地兴趣和进发极地过程中面临的一些障碍，是中国外交研究者开拓新空间、新思路时须面对的矛盾。从这方面，须看到存在的不足与问题。比如，中国虽然参与南极科考和经济开发几十年，但在有关南极规则制订方面仍然谈不上一个重要角色；中国虽然受到多数北极国家邀请参加北极地区的人文、经贸和科学交流，但一些北极大国（哪怕是俄罗斯这样的“全球重要战略伙伴”）对中国“政治和安全渗透”的疑虑仍然不时见诸报端；中国媒体和公众虽然日常生活里比过去更多感受到参与极地事务的某些好处（比如极地渔业水产的收获丰富了中国百姓的餐桌），却仍然缺乏极地外交、政治和安全状况的常识；中国外交部门对极地问题的介入（北极事务特别代表的设置、外交部有关负责人关于北极事务的政策宣示），似乎落后于实践过程国家海洋局的开发活动和科学家的课题进展。

本书有关北极的一章，提示了笔者的基本态度和研究值得跟进的重点。如徐庆超指出的那样，“中国近年最大的变化，是综合国力的上升，使其利益关注视角从地区走向全球，从低地走向高地，从本土走向新疆域，而全球影响急速外溢的变化中的北极，是中国全球视野中的战略高边疆之一。中国与北极因气候变化、全球治理、地缘政治和大国外交等，更紧密地连接在一起，中国—北极这一新的共生体系，在全球大系统中正逐步生成。”她以“变化中的北极与不确定的中国外交”为切入点，重点探讨近五年来的中国北极外交实践，并将落脚点放在如何创造性介入北极地区的主题上面，提出一些有前瞻性的探索命题。虽然谈不上成熟和系统的分析建议，但这一章特别符合本书对于拓展外交研究新空间新命题新方法的总体要求。

本书强调“高边疆”对于中国外交实践和理论的价值。这里所说的“高边疆”，指的是超越主权边界和物理疆界的空间和领域，是大国力量延伸和利益获取的新取向。比如，国际关系历史上，英国崛起的过程伴随着大量的航海探险与商业贸易——海洋成了英帝国的高边疆；美国实力壮大的同时，深耕出广阔而丰饶的拉美“后院”，并推动了国联、联合国等国际组织的建立——“拉美后院”与“国际制度”都是这个超级大国的高边疆；苏联鼎盛时期在东欧和蒙古围绕其核心地带，催生了一批战略盟友，并建立起华约和经互会等区域组织——“卫星国”和苏联体制的扩大，代表着苏式高边疆。即使是中等强国和地区大国，也有类似的战略和举措：南非在非洲南部带头维和，推动次区域的经贸合作，同时在非盟加强了倡议过程；土耳其在西亚和地中海东部区域，介入中东和平斡旋事务，竭力打造其区域力量基石；巴西多年在南美经贸一体化和政治发展方面，经费投入甚多且倡导了不少制度性组织。从国际制度和创新性角度分析，“高边疆”范畴越来越超出了纯粹地理学的范围，表现为新领域的展示、新空间轮廓的揭示、新体制的建立，人们可以联想到爱因斯坦的相对论、核能的发现、美国军方关于空海一体战的新战略。

既往的相关研究，有一些重要启示。例如，近代国际战略思想学说里，诞生过著名的“陆权论”（先手控制大陆战略要津的理论）。英国地缘政治学者麦金德有句名言：“谁统治东欧，谁便控制心脏地带；谁统治心脏地带，谁便控制世界岛；谁统治世界岛，谁便控制世界。”它揭示了欧洲传统列强竞争时代的国际制高点，表明大陆岛核心地带已成为列强争锋的“高边疆”。19 世纪后叶出现了美国海军军官马汉的“海权论”，其构思是：海洋是那一时期列强占据殖民地、争夺有利位置的主要领域，国家的地理位置尤其是海岸线的长度，以及一个国家对于制海权的重视程度，决定着这个国家在国际体系中的重要性。它提醒世界，规模技术的进步与大型军事机器的建造是国家权力的关键，它们使大炮射程大为增加、覆盖更大水域，海军代表着那一时期最有拓展性的军事力量。20 世纪前半叶，西方一些地缘政治学家通过对飞行器技术改善造成的效果（如机动性的大大增加，地形障碍重要性的下降，前后方区别的模糊等）的考察，创立了新的“空权论”。这揭示了大国竞争的新基石。美国和苏联空中力量的不断增强，是这一阶段最前沿的战略认知与实践结果。推导可知，21 世纪各国的综合国力竞赛，将在更高、更大、更深的地球空间展开，深海、大洋、极地或外空等将呈现领土主权延伸和大国实力拓展的新疆域。在另一方向，观察世界能源开发的不同途径与思路，亦可以发现，尽管工业革命至今，以煤炭、石油、铁矿石、铜矿石为代表的天然矿石资源一直是各国发展的主要能源动力，然而新趋势已显现，即核能、风能、水利、电池板、潮汐能、太阳能等清洁和可再生的动力源，在开发利用方面有更值得重视的远景。换句话说，从中长期角度观察，不论大小国家，只要率先掌握高效和便于储存的可再生能源，就有可能在综合国力的较量中占据有利位置。因此也不难理解，为何美国已故总统肯尼迪宣称，谁占据了高边疆，谁就控制了地球和宇宙。

按照历史启示，在和平发展的新阶段上，中国应有总体的设计与布局，建设对中国有利的、外部接纳的、适合时代特点的高边疆。至少应包括以下几方面：

首先，深耕海洋边疆，加大海洋权益保障。传统上，中国是一个陆地大国，受“黄土文明”意识长期的支配性影响，并产生了深远后果，例如中国军队里陆军占有主导位置，国民生产总值里海洋收益很小，国民海洋意识相对淡漠。这部分解释了为何近年来南海困境、东海争端、黄海麻烦，成了困扰中国巨人成长的根源。说到底，当中国开始走向新兴大国的高边疆时，不仅要面对传统海洋国家的干扰与束缚，更要正视自身的各种不适应与落后面。这要求对“蓝色国土”有更多的共识，在海洋经济方面要有更多的开发手段，在海军、空军等高科技的远投兵种方面要有更大投入，在海洋法、海洋多样性保护、海洋方面的非传统威胁、海洋领域的国际合作方面要更重视。中国巨人适应和驾驭海洋国际关系之日，便是这个新兴大国立足站稳全球高地之时。

其次，深化极地探测，包括建设性介入北极开发。经过改革开放、特别是 21 世纪以来的努力，中国在南极已成为积极的参与方，南极科考成为中国科学家提升高边疆开拓能力的重要领域之一。然而，中国在北极仍是一个缺席者，发言权甚少。今后在力争在北极能源勘探开采方面，在北极航线与空域合理利用方面，在防止北极成为军事冲突地域的国际制度制订方面，发出中国的声音并且开展多种先期研究。从目前形势看，北极可能是 21 世纪中叶新的科技制高点，是建立新型大国关系的一个地区。这方面中国需要积累多种智慧与能力。

再次是外层空间的和平利用。外空的开发有类似北极的性质，目前美国、俄罗斯和欧盟占据优势，下了许多先手棋，尤其是在外空规则上做了谋划。中国是最近十几年才逐步“挤入”这一范围，而且主要是通过军事现代化步骤（如运载工具和航天器的研发、反导卫星的试验等）。必须看到，中国目前的规则制订权很少，话语权是空白，当中国尝试做美俄同样在做的事情时常常受到质疑。往长远看，中国不能没有对空间法特别是对外空法律的参与和倡议，不能没有替自身也替多数国家谋权益的战略；军队不能始终只做不说，国际关系学界不能不开辟外空国际关系及法律的专项研究。期待经过数年乃至十数年的改进，中国能在外空这片高边疆拓展一方天地，提供有竞争性的项目、制度和产品。

还有一个重要方面，是网络空间的探究。新的互联网时代给人们生活工作带来无数便利的同时，也加大了国家间关系和外交进程的不确定性。网络可能遭受攻击和锁闭，资产可能无形中被转移，国家领导人的绝密通话可能变成日常生活的谈资，某些国家对他国的一些操纵可能不必采取旧式的武力攻击和武力威胁，而是用网络形式实现。因此，研究新的国际关系形态，探索趋利避害之道，也是新一代国际关系研究者不能推却的使命之一。

最后是物理学意义上高边疆的探索，特别是新材料、新能源领域的技术成长。必须看到，中国相对其他大国尤其是欧、美、日发达国家，迄今为止数量、规模方面的追赶比较迅速，而质量方面的差距依然很大，新材料（如特种钢）、新能源（如核能商用）和新工艺（如航天器外表工艺）的问题就是典型。往坏处想，这些领域若不能大力改进，中国就只能停留在诸大国产业产品链条的低端环节，并且经常受制于人。美国对中国实施高科技进口限制，欧盟对中国实行武器禁运，日本严格控制稀土半成品之核心技术的外流，都证明中国开发和掌握核心技术的紧迫性。这也要求中国改变以往那种重规模、重速度、重数量的做法，把新阶段发展的重点真正转移到重质量、重品格、重高边疆的方向。

由此来看，涉及北极外交研究和中国创造性介入领域，未来更多的线索将沿着这方面的努力持续展开。

（四）为什么首都北京的国际化战略需要开辟更大的思维空间？

北京的城市变化可以用“日新月异”来形容，尤其硬件设施的改善方面不输世界任何地方。20 世纪 80 年代初连木樨地都被认为是不太好的地段，望京一带更属于有点偏僻的郊区。如今，北京可能是全球范围拥有最多高楼大厦、最多站点和最长距离的地铁公交线路、最多外来人口和旅游者、市政部门财力超过很多中小国家预算的全球最大都市之一，北京市政府在通州区域规划的“副都”建设蓝图，肯定是世界各国首都发展计划里面最雄心勃勃的一幅。

然而，回归本书的主题，北京作为中国首都，它对于中国外交新时期的更大全球作用有什么帮助吗？北京市委市政府制订的国际化目标中，是否考虑除硬件设施之外与其他世界一流都市的差距与改进措施？我们的国际问题研究者，以往是否注意到北京市与纽约、巴黎、日内瓦等国际知名城市的异同长短及其外交含义？在我看来，这也应当纳入新课题、新思路、新空间的范围，成为面向未来的中国外交研究的一部分。

戚凯的报告一方面肯定了北京市的某些重要努力，如国际友城工作、积极组织并参与大型国际活动之类，另一方面指出了北京市内国际组织进驻数量与质量严重不足、参与国际交流的主体相对单一等问题。他同时就北京未来承办国际会议、发出国际号召，吸引整个国际社会的注意力，为协助实现国家整体对外战略做出贡献，提出了一些思路。“综合看来，北京作为中国的首都，兼备政治影响力、经济实力、人才储备、软实力资源等多方优势，当属一个最合适的选择；北京能够，也应该为中国参与构建国际规则的战略部署尽到自身最大的努力，做出应有的贡献。”

实际上，从各国情况观察，城市外交是当今国际关系里面日益活跃的一个侧面，如北京这样规模的大都市更是应有不同一般城市的国际化方式及设计。纽约是全球最富有想象力的大城市，其各种不同凡响的艺术作品和思维空间，使得身处这个城市的国际组织（不光是联合国总部）易感它的魅力及影响。笔者曾听联合国儿童基金会的一个项目官员、过去的北大学子，兴致勃勃讲述她在非洲的项目如何受到“大苹果”启示，开展有新意的扶贫活动的故事。笔者也注意到北欧首都和瑞士日内瓦等高度国际化的都市，出台了那么多产生全球影响的外交斡旋倡议的事实，例如有关中东和平的“奥斯陆协议”、有关西欧与苏联缓和紧张关系的“赫尔辛基进程”、有关世界经济发展与危机解决的“达沃斯论坛”、有关印尼亚齐紧张局势和斯里兰卡内战等“北欧调解努力”等。接触这些城市的同行、学生和市民，让人很容易感受一种深厚绵长的国际意识与泰然平和的处世哲学。毫无疑问，这些城市产生的国际公务员远较其他地方多，这些城市的国际形象及软实力远超世界上一些军事和经贸大国，这些城市发出的国际倡议、制订的国际规则、带来的国际进步远非一般国家能比。笔者深信，太过浮躁和充满焦虑、物质丰裕与精神空虚反差巨大的北京（乃至整个中国社会），需要细致梳理和借鉴这些国际先进都市的经验，需要培育更加开阔的视野和更加虚心好学的氛围，需要加入更多的国际组织和培养更多的国际公务员，包括邀请更多的国际机构入驻和发出更多的国际倡议。它不仅是对外交往的需要，更是自身进步的需要。

总之，使中国首都的国际化进程有更多的路径，有更新的设想，有更大的思维空间，不是一件简单的事情，也应不仅仅依靠北京自身的努力，它应当也有可能成为新一代中国人自我提升、加入和引导当代世界合作发展进程的一个重要部分。

往大的说，富而仁的城市（社会），礼且智的外交（战略），二者间存在逻辑联系。外交的格局与智慧，归根结底来自民族的精神和国家内在的动力。当公民素质不高，社会关系紧张，政府失信于民，经济陷入停滞，政治氛围压抑的时候，很难想象外交人有积极有效的作为，很难指望周边国家和国际社会对这个国家抱有正面期望。今天的中国人是幸运的，我们国家毕竟已经改革开放四十载，有取信于民的巨大建设成就，有取信于外的和平合作外交，不论内外发展尚存在哪些不足，它们都是推动中国防止各种干扰继续前行的重要基础。现在更重要的，不是沾沾自喜地讲大话，更不是着急向外部输出“中国模式”，而是细致体察缺失，认真弥补短板。须清醒地认识到，中国从经贸大国朝着全方位强盛的仁智大国的行进，依然面临大量的障碍与难题。“生于忧患、死于安乐”，古人的警言应时刻铭记存心。我们应当牢记，中国不是世界的“孤岛”，而是当代国际进步的一部分。须以更高的标准要求自己，以跟国际技术、经贸、政治、社会的发达水平对照对接的尺度，衡量现有国内改革、发展与现代化建设诸方面存在的差距，加快外交改革和能力建设的步伐。

首都北京的国际化新思路，可以视为朝向上述方向的一种努力、一种表率、一种计量。

党的十八大以来，外交工作确实有新的目标与收获，受到广泛的瞩目关心。现在不但要加强已有的努力，而且要静下心来思考如何有更高的追求——一种符合自身利益又与国际规范接轨的目标，一种适合时代特点又有我们特色的态度。有鉴于此，本书的讨论主要不是赞美过去的成就，而是看到存在的不足，力求新的突破与进展。衷心希望这种尝试，得到更多的呼应争鸣，得到读者及同行的批评指教。

/第一章　全球视野下的中国公共产品供给/

曹德军*

一、引　言

当下是一个需要全球治理的时代。一方面，全球化极大增强了国家间的彼此联系，相互依赖和相互影响不断深化；另一方面各国政府又疲于应对层出不穷的突发事件与跨国问题，日益突出的全球问题引发国际社会对集体行动的强烈需求。相比国内公共产品，全球性公共产品（global public goods）① 的受益区域突破了国家与地区疆界；受益者涵盖了当代与未来几代人；供给主体不仅包括各个主权国家，还涉及国际组织、市民社会与个体活动家。但在多元治理格局中，国家依然是公共产品供给的最有实力的承载者，肩负着更多的责任。随着我国综合实力的不断增强和国际地位的显著提升，参与全球事务成为中国外交面临新的课题。全球公共产品供给对于整合失序的世界，促进人类整体的永续发展有着极其重大的战略意义，其社会支持功能不仅有助于提升弱势国家

* 曹德军，中国人民大学国际关系学院讲师，北京大学博士、博雅博士后。主要研究领域为国际关系理论、外交决策与全球治理分析。在《世界经济与政治》《当代亚太》《国际政治研究》等期刊发表学术论文若干。参与国家社科基金重大项目，合作出版学术著作《再全球化：理解中国与世界互动的新视角》中英文版。荣获北京大学研究生“学术十杰”称号，发起“SIS学术创新工作坊”。

① 一般而言，凡是溢出国界的公共产品都称之为“国际产品”（international public goods），在国际公共产品内部根据层次差异，可以再分为区域性国际公共产品和全球性国际公共产品。本书认为国际公共产品与全球公共产品的内涵有细微的差异，但其实国际公共产品与全球公共产品指涉的内容大体一致，本书从全球治理角度论述中国的角色，因此更多使用“全球公共产品”，对两者不做过细的区分。

的社会福祉，其正外部性也将惠及包括供给者在内的所有国家。只要有人类需求的地方，就会有公共产品供给的动力与空间。

日益增强的全球相互联结会产生一个悖论——大家越是相互依赖时，越有可能出现集体行动的困境。在集体行动理论看来，正是因为命运休戚与共，“搭便车”也就更理所当然。因为，逃避责任的国家都会认为即便自己不去贡献，其他国家也无法袖手旁观。也正是因为全球公共产品供给的成本与收益是相互分离的，要发动团结一致的全球治理行动便非常困难。按照常理，有需求就有供给，在市场经济的无形之手与政府治理的有形之手合作下，公共产品应该可以大致实现供需均衡。但现实是，国际政治的无政府状态带来的合作困境扭曲了全球治理的效力，国内公共产品基本可以得到满足，但全球公共产品几乎难以得到满足。更重要的是，每个国家实力强弱不一，对全球公共产品供给的优先次序与责任分摊的认知也不尽统一，因此在全球层次上“谁来供给”公共产品成为一个长期的难题。尽管全球治理的难度很大，但是国际社会不乏主动供给全球公共产品的大国，甚至有些国家主动欢迎别人“搭便车”。这种主动让他人“搭便车”的行为，传统公共产品理论将如何解释？

回到2008年，这是历史转向的重大节点。西方世界的孤立主义情绪与反全球化思潮日益高涨，在世界最需要全球公共产品的时刻，传统发达国家（特别是霸权国美国）却开始缩回国内，推卸全球治理责任。2009年美国贸易保护措施有120次，到2013年猛增至741次，而到2016年则激增至1066次，成为贸易保护主义最盛的霸权国。[①] 与之形成鲜明对比的是，作为新兴国家的中国却扮演起推进全球治理的关键角色。2014年7月中国领导人习近平对世界宣布，中国将更多供给全球公共产品，更多造福世界。这种新兴大国发挥主导作用，而霸权国破坏全球化的做法，在以霸权稳定论为代表的西方理论体系中，很难找到合理的解释。

① 中国在2016年采取贸易限制措施只有241次，少于印度的562次、巴西的299次，是世界主要经济体中采取贸易限制措施数量最少的国家之一。参见 Simon J. Evenett and Johannes Fritz, *FDI Recover? The 20th Global Trade Alert Report*, August 30, 2016. http://www.globaltradealert.org/reports/download/15。

在国际关系理论中，霸权稳定论常常将霸权国及其伙伴集团描述成世界稳定的基石，认为在世界性危机面前只有霸权国才有能力与意愿主动供给全球公共产品，也正是这种让世界免费“搭便车”的做法，使霸权国真正成为世界领导者。[①] 该理论的代表人物查尔斯·金德尔伯格（Charles P. Kindleberger）就将霸权视为“世界政府”的翻版与替代品，他认为，缺乏中央政府的国际社会需要实力最强的霸权国发挥准政府的作用，供给诸如自由的贸易制度、稳定的国际货币体系、全球安全秩序等公共产品。[②] 这种逻辑有可取之处，无政府结构下霸权国确实应该承担更多的国际责任，但是该理论的缺失在于没有讨论国际权力转移对全球公共产品供给的影响，特别是低估了新兴国家的治理能力与意愿。纵观历史，新兴大国供给全球公共产品的事例并非少数，但是西方主流学界往往将目光聚焦在霸权国身上，却忽视了潜在的新兴国家的供给能力与意愿。时至今日，美国依然是世界第一强国，中国还是一个发展中国家，为何全球实力最强的霸权国越来越不愿意承担责任，而新兴国家却成了全球治理的活跃者？对此，我们需要一个新兴大国视角下的公共产品供给理论，以补充霸权稳定论的遗憾。正如美国海军战争学院副教授金莱尔（Lyle J. Goldstein）所说，如果美国及其盟友只关注亚太地区的战略竞争，而忽视中国近年来在国际安全与非传统安全上的积极行动，那将是一种短视的错误。[③]

目前，主流公共产品理论并没有很好揭示崛起国的供给动机与模式。实际上，要取得国际社会的承认，崛起国就需要积极供给与霸权国不一样的新型公共产品，发挥比较优势，展现自己提供差异性服务的能力。在全球化时代，世界权力转移的方式将越来越和平，获取世界领导地位

---

① Mancur Olson Jr. and Richard Zeckhauser, “An Economic Theory of Alliances,” *The Review of Economics and Statistics*, Vol. 48, No. 3, 1971, pp. 266 – 279.

② ［美］查尔斯·金德尔伯格：《1929—1939 年世界经济萧条》，宋承先、洪文达译，上海译文出版社，1986 年版，第 12—20 页。

③ Lyle J. Goldstein, “Can China Offer the World ‘Public Goods’?,” *The National Interest*, October 16, 2016, http://nationalinterest.org/feature/can-china-offer-the-world-public-goods-18060? page=3.

的方式将是供给公共产品而不是大国战争。[①] 当新兴大国主动欢迎弱小国家“搭便车”的时候，就在霸权国所主导的旧体系之外，开辟了一种供给新型公共产品的治理路径，这是一种新老治理结构共存并进、分工协作的模式，世界都将会在权力转移的公共产品供给竞争中获益。这是一种时代主题的转换，即崛起国与霸权国共同治理，和平共处，而不是以武力相互征服。就在 2017 年初世界经济论坛主席施瓦布说“（中国）为我们带来了阳光，……使我们对未来更有信心”[②] 的时候，美国及其伙伴国正忙着“砌墙”，将全球化挡在门外，于是在金融危机的阴霾中中国供给公共产品的承诺就显得格外难得。面对失序的世界，中国需要对原有治理体系形成补充、强化与升级，而不是简单地取代。基于中国全球角色的重大转变，本书主张加快对党的十八大以来中国的全球治理实践予以总结与评估，以应对走向全球过程中可能面临的风险与挑战。接下来的论述将分为七个部分：

第一部分，重新界定全球公共产品的概念与分类。该部分将区分公共产品在供给侧与消费侧的特性，并关注全球公共产品与国内公共产品的差异，指出消费侧视角的不足，进而为理解中国供给公共产品的积极实践提供理论基础。

第二部分，构建崛起国视角下的供给侧理论。供给侧理论强调大国对小国让利的必要性，只有让小国“搭便车”才能真正获得大国地位的合法性，才能真正维护与扩大国际利益。因此，通过分析崛起国参与全球公共产品供给的有利条件与动力，揭示中国积极参与全球公共产品供给的正当性，为理解党的十八大以来的实践转变提供认知框架。

第三部分，对党的十八大以来中国国内、区域、全球公共产品的供给成绩进行梳理。2008 年以后中国作为全球大国的形态已经呼之欲出，但是自身力量还受到各种限制，在羽翼未丰的阶段，中国的大部分创新

---

① Marie T. Henehan and John Vasquez, “The Changing Probability of International War, 1986 - 1992,” in Raimo Vayrynen, ed., *The Waning of Major War: Theories and Debates*, London and New York: Routledge, 2006, p. 288.

② 《世界经济论坛主席施瓦布：习主席的讲话为我们带来了阳光》，新华网，2017 年 1 月 17 日，http://news.xinhuanet.com/world/2017-01/17/c_129451023.htm。

性公共产品都集中在区域层次，这是下一步供给全球公共产品的基础与练习。除了创造性产品，传统领域的公共产品供给也出现不少亮点，这是党的十八大以后中国外交奋发有为的结果。

第四部分，总结联合国框架下的中国公共产品供给。进入 21 世纪以来中国在联合国框架中的角色越来越活跃，特别是党的十八大前后中国提升了联合国会费缴纳比例与缴纳率，强化了在维和、科教文卫事业中的人力物力智力支持。随着联合国发展峰会通过 2030 年可持续发展议程正式生效，中国在全球减贫、提升教育质量、社会和谐与经济繁荣、全球伙伴关系建构方面积极有为，面临重要的治理机遇。

第五部分，横向对比基础上总结不足与挖掘潜力。中国在全球治理实践方面积累了不少经验，同时也暴露出一些短板与不足。供给侧理论认为，供给者需要学会扬长避短，进行差异化竞争。认识到差距，才能明确下一步改进的方向。同时了解自己的比较优势，也能够在规划中进行有轻重缓急的安排。中国目前巨大潜力体现在大型基础设施建设、中国发展经验以及新兴技术领域的快速发展上。从历史趋势上观察，21 世纪上半叶的中国将继续发生翻天覆地的巨大变化，2020 年、2030 年、2050 年将是三个重要的发展时间点，有助于我们评估中国参与全球治理的得失。

第六部分，从时间维度与空间维度上构成立体式的全球公共产品供给路线图。到 2020 年，促进“一带一路”、亚投行等倡议升级；2020—2030 年 10 年间，全面建成小康社会，成长为地区全面的领导大国，编织区域公共产品生产网络；2030—2050 年，顺利完成“两个一百年”计划，成为全球性强国，对关系人类命运的全球议题拿出创造性应对方案。

第七部分，总结经验，开拓未来。2008 年以来，中国已经尝试走出亚洲，面向全球供给公共产品，这一趋势必将继续强化。总结党的十八大以来中国全球实践，我们主张跳出消费侧理论框架，分析供给侧的优势和挑战，做到有所为，有所不为。党的十八大以来中国的全球公共产品供给已经初具格局，其成功实施的策略可概括为三种：“渐进式合法化”策略、“改革与创新并举”策略、“制造同意”策略。对崛起国而言，其能够为世界带来多大红利，就能获得多大的尊重与认可。

二、理论回顾与反思：探寻崛起国的供给模式

全球化是一个分化与整合并存的双向过程，充满着问题与机遇。从来源上看，全球问题一部分源于国内问题的跨界“外溢”（spillover），例如全球贫困、跨国难民、恐怖主义、温室气体排放便是国内问题激化在国际领域的反映；另一部分则源于自然环境体系本身的失衡，例如食品、卫生资源、水源分布不均衡导致的干旱、饥荒、流行病等；还有部分根植于国际制度的失灵，例如国际金融危机、非人道主义干涉、核扩散等。然而，不论来源如何复杂，应对与解决这些全球问题却关涉每个国际行为体。从供给国视角出发，梳理党的十八大以来的中国全球治理得失，首先需要解答如何科学合理地界定与区分不同的公共产品，以及如何理解全球公共产品的供给与消费差别。要回答这些问题式，也需要与原有理论展开对话，为此我们主张在反思与借鉴的基础上尝试提出具有中国特色的公共产品理论。

（一）公共产品的“非排他性/非竞争性”分析框架

在经济学的解释中，公共产品与私人产品相对应。美国经济学家保罗·萨缪尔森（Paul A. Samuelson）开创性地使用排他性（excludability）和竞争性（rivalry）两个维度将公共产品和私人产品区分开来。根据他的定义，公共产品指代某一种产品“每个人对它的消费不会减少其他人对这一产品的消费”，即消费非竞争性；同时公共产品也是一种“任何人的消费都不排斥与妨碍同时被他人消费”的产品，即消费非排他性。[①]大多数经济学理论都认为，正是因为公共产品的这两个消费侧特性，供

① Paul A. Samuelson, “The Pure Theory of Public Expenditure,” *Review of Economics and Statistics*, Vol. 36, No. 4, 1954, pp. 387 - 389.

给侧的“集体行动的困境”比比皆是。[①] 在国际关系领域，奥尔森和理查德·查克豪泽（Riehard Zeekhauser）在1971年将北约视为美国提供的一种安全公共产品（严格讲是俱乐部产品），即美国通过让伙伴国“搭便车”为欧洲带来安全与和平保障。[②] 金德尔伯格提出的霸权稳定论则将供给责任交给实力最强的霸权国，将消费责任交给全世界，正如国内政府供给公共产品而全体国民享用一样。[③] 这种聚焦霸权国的分析，重点关注了公共产品如何供给。但本质上，由于霸权在其分析框架中几乎是一个稳定常量，其重点就变成了分析国际社会如何在霸权庇护下分配利益的问题，其实又回到了消费侧。值得指出的是，这种将霸权国类比成世界政府的思维，忽视了国内与国际结构的重大差异。

上述经济学领域的公共产品定义一般偏向运用于国内层次。在国内层面，公共产品供给主要依靠政府征税，为了降低治理成本，公民在面对公害问题时会授权政府代为治理，由此克服“集体行动困境”[④]。在这种委托—代理模式中，政府有责任提供具有公共特性的产品让纳税人消费，例如国防、公共建设、社会福利等。由于产品的供给者——政府本身具有公共性，则其供给的产品也就具有“天然”的公共属性。然而在全球层面，国家之上不存在公共的代理机构，公共产品由谁提供则成为一个争议的问题。[⑤] 换言之，全球公共产品的供给主体并非像

---

① Meghnad Desai, “Public Goods: A Historical Perspective,” in Inge Kaul et al. eds., *Providing Global Public Goods: Managing Globalization*, New York and Oxford: Oxford University Press, 2003, pp. 64 -65.

② Mancur Olson Jr. and Richard Zeckhauser, “An Economic Theory of Alliances,” *The Review of Economics and Statistics*, Vol. 48, No. 3, 1971, pp. 266 -279.

③ ［美］查尔斯·金德尔伯格：《1929—1939年世界经济萧条》，宋承先、洪文达译，上海译文出版社，1986年版，第10页。

④ 关于集体行动困境的论述请参考：Garrett Hardin, “The Tragedy of the Commons,” *Science*, 1968, Vol. 168, No. 3859, pp. 1243 -1248；［美］曼瑟尔·奥尔森：《集体行动的逻辑》，陈郁等译，上海人民出版社，1995年版，第2页；［美］埃莉诺·奥斯特罗姆：《公共事务的治理之道》，余逊达等译，上海三联书店，2000年版，第10—20页。

⑤ 尽管联合国往往被认为是扮演准世界政府的角色，但是其治理能力与公共性往往备受质疑，参见 Thomas G. Weiss and Ramesh Thakur, *Global Governance and the UN: An Unfinished Journey*, Bloomington and Indianapolis: Indiana University, 2010; Thomas G. Weiss, “The United Nations: Before, During and After 1945,” *International Affairs*, Vol. 91, No. 6, 2015, pp. 1221 -1235.

国内政府那样具有公共性，霸权国也好，其他大国也罢，都面临本国利益与全球利益的平衡问题，由主权国家所供给的全球公共产品也就“天然”不具备公共性。[①] 国内与国际层次的公共产品差异由下列两个原因导致：

第一，国内政治与国际政治的结构不同。在国内政治中，国家属于连贯、独立的单元，统一分配国内资源；政府具有治理的正当性，政府供给公共产品的基础是民众纳税。而在国际层面，并无连贯一致的超国家政治单位，无政府成为常态。尽管霸权国可以发挥准政府作用，但是其公共属性与供给能力常常受到挑战。霸权国供给的模式很难避免其将国际公共产品私物化，[②] 而且历史上霸权国供给能力与意愿往往随国际权力格局的变化而变化。在无政府状态下，界定和供给全球公共产品的过程，本身就充满不确定性。相反，国内社会的政府供给相对稳定，一般不存在公共产品的供给竞争问题（地方政府除外）。遗憾的是，很多国际关系学者并没有发现这里的差异，常常简单地把国内公共产品的定义推广至国际层次。即便是英吉·考尔对全球公共产品的权威定义，也存在这方面问题。她将全球公共产品看成是没有界限的共有物，任何人都可受益，是“所有国家、所有人群、所有世代均可受益的产品”。[③] 换言之，空间上全球公共产品是非排他、非竞争性的；且时间上也不排斥下一代人消费。这依然是国内公共产品“排他性—竞争性”两个维度的延伸。据此，大部分学者都将全球公共产品划分为“纯全球公共产品”

---

① Richard Cornes and Todd Sandler, “Easy Riders, Joint Production, and Public Goods,” *The Economic Journal*, Vol. 94, No. 375, 1984, pp. 580 – 598.

② 张宇燕、李增刚：《国际关系的新政治经济学》，中国社会科学出版社，2010 年版，第 138—146 页；杨怡爽：《区域合作行为、国家间信任与地区性国际公共产品供给：孟中印缅经济走廊推进难点与化解》，载《印度洋经济体研究（2015/2016）》，社会科学文献出版社，2016 年版，第 48—60 页。

③ Inge Kaul et al. , “Introduction,” Inge Kaul et al. eds. , *Global Public Goods: International Cooperation in the 21st Century*, New York and Oxford: Oxford University Press, 1999, pp. 2 – 19; Inge Kaul and Ronald U. Mendoza: “Advancing the Concept of Public Goods,” in Kaul et al. eds. , *Providing Global Public Goods: Managing Globalization*, New York and Oxford: Oxford University Press, 2003, pp. 78 – 111.

“俱乐部产品”与“公共池塘资源”三类（参见表1-1）。①

表1-1　消费角度的全球公共产品分类

	竞争性	非竞争性
排他性	私人产品 （产权明晰、主权最高）	俱乐部产品 （多边贸易协定、军事联盟等）
非排他性	公共池塘资源 （国际公地、公海资源、臭氧层等）	纯全球公共产品 （全球和平、消除传染病、 防止核扩散、减少温室气体等）

资料来源：作者自制。

第二，公共产品在供给侧与消费侧的逻辑完全不同。与国内公共产品的另一个显著不同在于，无政府状态下的公共产品的最大难题不是消费，而是公共产品的供给。正如杰克·赫什利弗（Jack Hirshleifer）等人批评的那样，过分关注公共产品的消费侧特点极具误导性。因为公共产品能否实现的关键在于，谁愿意供给，而不是谁愿意消费。② 主流分析框架之所以关注消费侧，其实是为了掩盖供给侧的竞争。它们的逻辑是，公共产品的供给不足是因为消费侧的公共性，使“搭便车”没有成本。而事实上，公共产品的供给不足与消费侧没有直接关系，因为无论是霸权国还是新兴大国在供给公共产品时，就已经知道了其他国家会“搭便车”，它们供给公共产品的动机就是为了让别人“搭便车”。如果按照传统解释，它们因为预料到别人会“搭便车”而不供给公共产品，那么就

① Inge Kaul et al.，“Introduction，” Inge Kaul et al. eds.，*Global Public Goods：International Cooperation in the 21st Century*，New York and Oxford：Oxford University Press，1999，pp. 2-19；Inge Kaul and Ronald U. Mendoza：“Advancing the Concept of Public Goods，” in Kaul et al. eds.，*Providing Global Public Goods：Managing Globalization*，New York and Oxford：Oxford University Press，2003，pp. 78-111.

② Jack Hirshleifer，“From weakest-link to Best-Shot：the Voluntary Provision of Public Goods，” *Public Choice*，Vol. 41，No. 3，1983，pp. 371-386；Richard Comes，Todd sandler，“Easy Riders，Joint Production，and Public Goods，” *Economic Journal*，Vol. 94，No. 3，1984，pp. 580-598.

很难解释霸权稳定论的合理性。[①] 换言之，国际公共产品在消费侧与国内公共产品是一样的，都具有非竞争性与非排他性（即消费的公共性），但是在供给侧上国内公共产品与国际公共产品是不同的，前者具有供给的公共性（有代表全民的稳定政府），后者不具备公共性（没有政府与固定供给者）。这里就有一个问题，国际公共产品的消费公共性与供给非公共性之间存在矛盾。谁来供给公共产品，比谁来消费公共产品，更加不确定。其实，部分学者已经意识到这个问题，但没有系统化提出"供给侧"与"消费侧"之间的差异。1983 年杰克·赫什利弗提出可以根据国家的贡献程度（供给侧）来划分全球公共产品。他指出，根据每个国家的贡献程度差异全球公共产品可以分为：简单累加（summation）、最优注入（best shot）、最弱联系（weakest link）和加权总和（weighted sum）四种。[②] 此外，斯科特·巴雷特（Scott Barrett）将其进一步细分为五类：单一最大努力型（通过某个单一的国家就能提供，不需要合作）；最薄弱环节型（依赖于全球所有国家参与合作，最弱小国家决定失败）；联合努力型（基本上赖于国际集体努力，但部分国家可以搭便车）；相互限制型（不需要共同去做什么，而需要共同不做什么）；协调型（通过会议达成共识即可，各国遵守共同的标准）。[③] 这些定义与消费侧方法不同，重点放在了供给侧。

---

① 张春：《国际公共产品的供应竞争及其出路：亚太地区二元格局与中美新型大国关系建构》，《当代亚太》2014 年第 6 期，第 52—72 页。

② 具体而言：（1）简单累加技术全球公共产品是指每一单位投入对公共产品可提供总量所带来的边际效益是一样的，包括基础研究、监控温室气体排放、海洋生物种类保护等；（2）最弱联系技术全球公共产品的可供总量取决于对最弱环节的投入，类似短板效应；（3）最优注入技术全球公共产品的可供总量取决于某一最优势参与者最大量持久的集中注入；（4）加权总和技术全球公共产品是指，每个国家的捐纳是有权数的，这也反映了其对 GPGs 每单位的供给对 GPGs 总量而言所带来的边际效益不一样，如病虫害最猖獗地区所做的消灭努力往往起着最决定性的作用。参见 Jack Hirshleifer, "From Weakest - link to Best - Shot: the Voluntary Provision of Public Goods," *Public Choice*, Vol. 41, No. 3, 1983, p. 372; Jack Hirshleifer, "From Weakest - link to Best - Shot: the Voluntary Provision of Public Goods," *Public Choice*, Vol. 41, No. 3, 1983, pp. 371 - 386; Richard Comes&Todd Sandler, "Easy Riders, Joint Production, and Public Goods," *The Economic Journal*, Vol. 94, No. 375, 1984, pp. 580 - 598.

③ Scott Barrett, *Why Cooperate? The Incentive to Supply Global Public Goods*, Oxford: Oxford University Press, 2007, p. 20.

（二）公共产品的“竞争性/选择性”分析框架

如上所述，国内公共产品的供给侧具有公共性，但是全球公共产品的供给侧充满竞争性（非公共性）。那么在无政府状态下，大国为了提升自身国际影响力与吸引力，就会竞相推出各具特色的全球治理方案和产品。特别是在权力转移时期，公共产品的供给权之争不可避免。[①] 为了在竞争中占据优势，新兴国与霸权国都会尽可能地满足消费者的需求，以捍卫或增强自己的国际地位。[②] 这种供给竞争体现在：

一方面，若新兴国与霸权国供给的全球公共产品功能趋同，则竞争将会激化。对大国而言，主动向国际社会供给公共产品可以扩大国际认同与影响力，强者“让利”可以换取弱者“承认”。[③] 由于国际消费者的数量是既定的，大国为了扩大国际影响力希望尽量多地吸引消费者，这样在交叉重叠的供给领域中竞争就会更加激烈。正如卖同样质量产品的商家之间的竞争往往最激烈一样，这是一场没有硝烟的战争。特别当新兴国实力迅速壮大、霸权国相对衰落时，两者围绕权力地位或国际声望的角逐就会日趋激烈。[④] 对新兴国而言，只有供给比霸权国更优质的公共产品，才能在争夺影响力的竞争中胜出。新兴国若供给相同内容的公共产品，或供给模式与霸权国类似，那么就很难体现自己的价值与服务世界的能力，因而也就难以获得国际社会青睐。

另一方面，针对不同需求，大国在供给次序上应有优先性或选择性。从效率上看，供给那些有比较优势的公共产品更容易满足国际需求，从

---

① 李巍：《国际秩序转型与现实制度主义理论的生成》，《外交评论》2016 年第 1 期，第 31—59 页。

② 杨原：《大国无战争时代霸权国与崛起国权力竞争的主要机制》，《当代亚太》2011 年第 6 期，第 6—32 页。

③ 杨原：《崛起国如何与霸权国争夺小国？——基于古代东亚历史的案例研究》，《世界经济与政治》2012 年第 12 期，第 26—52 页。

④ 有关霸权国与崛起国的地位争夺的文献，请参考 William R. Thompson et al. eds. , *Major Powers and the Quest for Status in International Politics*: *Global and Regional Perspectives*, New York: Palgrave MacMillan, 2011, pp. 10 – 20; T. V. Paul, D. W. Larson, W. C. Wohlforth eds. , *Status in World Politics*, Cambridge: Cambridge University Press, 2014, pp. 25 – 34.

而获得认可。理查德·库珀（Richard N. Cooper）指出，供给什么不仅要基于别人需要什么，也要基于自己擅长什么。[①] 面对多元的国际消费需求，供给者需要进行轻重缓急上的排序。根据美国心理学家亚伯拉罕·马斯洛（Abraham H. Maslow）的需求理论，个体有从低到高的五类基本需求，即生理需要、安全需要、社会需要、尊重需要以及自我实现需要。[②] 与之类似，消费国家对公共产品的需求也有层次性，有些是刚性需求，有些则是弹性需求。由此，供给国需要根据自己的特长优势，满足国际社会四种基本的需求，即发展类公共产品、安全类公共产品、规则类公共产品与价值类公共产品，国际社会对这些产品的需求程度也是不同的（见表1-2）[③]。一般而言，发展类公共产品与安全类公共产品是最大的需求，因为这涉及国家与国际社会的生存；其次是规则类公共产品与价值类公共产品，这些是基本需求得到满足之后的更高层次的需求。作为供给方，应优先选择供给那些具有广泛共识或急迫需要的全球公共产品。

表1-2 供给角度的全球公共产品分类

	竞争性强	竞争性弱
优先性强	安全类公共产品 （军事安全保证等）	发展类公共产品 （基础设施建设、脱贫发展经验等）
优先性弱	价值类公共产品 （共享观念与价值共同体等）	规则类公共产品 （国际制度、技术标准等）

资料来源：笔者自制。

---

① Richard N. Cooper, "Financing International Public Goods: A Historical Overview and New Challenges," in Christopher D. Gerrard Marco Ferroni Ashoka Mody eds., *Global Public Policies and Programs: Implications for Financing and Evaluation Proceedings from a World Bank Workshop*, p. 16.

② ［美］亚伯拉罕·马斯洛：《动机与人格》，马良诚译，陕西师范大学出版社，2010年版，第10—20页。

③ Alexander Wendt, "The State as Person in International Theory," *Review of International Studies*, Vol. 30, No. 2, 2004, pp. 289-316; Alanna Krolikowski, "State Personhood in Ontological Security Theories of International Relations and Chinese Nationalism: A Sceptical View," *The Chinese Journal of International Politics*, Vol. 2, No. 1, 2008, pp. 109-133.

综上分析可知，消费侧分析框架将公共产品供给不足归因为集体行动困境；但供给侧分析框架将公共产品供给不足归因为霸权国与新兴国家的能力与意愿对比。尽管霸权稳定论关注公共产品的供给，但是其分析焦点是霸权国，忽视了新兴大国的供给能力与意愿。这些理论缺失，需要以中国经验进行修正。面对党的十八大以后中国全球角色的重大转变，中国学界需要在中国改革开放40年来的实践中总结适用于新兴国家的公共产品理论。[①] 基于此，本章尝试建构一个基于新兴国经验（区别于霸权稳定论）的供给侧理论（区别于消费侧理论）。

三、供给侧理论与中国的供给动力

2008年全球金融危机的政治影响波及至今，当西方集体内向化之后，世界把更多目光投向中国。作为发展中国家，中国从既有的全球公共产品中获益良多，与国际社会一道分享崛起红利是中国外交的应有之义。2017年1月17日，国家主席习近平在达沃斯世界经济论坛年度会议上呼吁世界各国“坚定不移发展开放型世界经济……坚定不移发展全球自由贸易和投资，在开放中推动贸易和投资自由化便利化，旗帜鲜明反对保护主义。”[②] 习近平主席的演讲，在时下反全球化、逆全球化和贸易保护主义盛行的阴霾中给世界带来信心，显示中国积极贡献全球公共产品的意愿。[③] 作为世界第一大贸易国、世界外汇储备第一国家、世界

① 国内倡导建构本土性全球学理论的文献有：王逸舟：《全球主义视野下的国家安全研究》，《国际政治研究》2015年第4期，第99—105页；俞可平：《如何构建全球学》，《国际政治研究》2015年第4期，第88—91页；蔡拓：《全球学导论》，北京大学出版社，2015年版；秦亚青：《全球学与全球国际关系学》，《国际政治研究》2015年第4期，第92—98页；陈志敏：《全球主义、国家路径和中国特色大国外交》，《国际政治研究》2015年第4期，第106—112页；吴志成：《全球学研究的中国应答》，《国际政治研究》2015年第4期，第113—118页；蔡拓、刘贞晔：《全球学的构建与全球治理》，中国政法大学出版社，2013年版。

② 习近平：《共担时代责任共促全球发展：在世界经济论坛2017年年会开幕式上的主旨演讲》，2017年1月17日，新华社，http://news.xinhuanet.com/fortune/2017-01/18/c_1120331545.htm。

③ 傅莹：《全球的变革与中国的角色》，《参考消息》2017年3月9日。

第二大经济体，中国提供更多的全球公共产品，提出更多的全球治理方案，成为大势所趋。[①] 然而供给全球公共产品不是一个简单的经济问题，而是重大的政治问题，关涉中国如何发挥全球领导作用的问题。沿着理论路径，我们下面论述中国供给全球公共产品的动力来源。

（一）欢迎“搭便车”与大国崛起

经济学假设社会资源是稀缺的，而人性是自利的，因此集体行动的“搭便车”现象难以消除。然而，在国际社会中即便没有政府，也不必然导致公共产品的零供给，总有些充满道义的国家愿意热心公益事业，这种单方面供给全球公共产品的行为，并不担心别人“搭便车”，反而欢迎他国“搭便车”。因此，经济学理论难以解释中国“欢迎搭便车”的宣言。2014 年 8 月，习主席出访蒙古国时明确表示，“欢迎大家搭乘中国发展的列车，搭快车也好，搭便车也好，我们都欢迎”。[②] 在随后举办的亚太经合组织（APEC）领导人非正式会议上，习近平多次阐明“中国愿意通过互联互通为亚洲邻国提供更多公共产品，欢迎大家搭乘中国发展的列车”。[③] 如果按照经济学逻辑，对理性自利的国家而言“搭便车”应该是最优策略，但是为何党的十八大之后的中国却屡屡宣布中国欢迎世界来搭乘中国的便车？中国的这种主动供给公共产品的动机是非理性的吗？为何中国愿意提供全球公共产品，而美国却越来越不愿意供给？为何中国党的十八大之前不宣布“欢迎搭便车”，而是在金融危机以后越来越积极供给公共产品？显然，传统的经济学理论，不能解释中国的外交转变，更不能解释为何这种转变是非常理性的战略决策。

在供给侧，不同国家在供给意愿与能力上存在很大差异，然而经济

---

① 许利平：《未来 5—10 年周边国家对中国认知变化趋势》，载李向阳主编：《未来 5—10 年中国周边环境评估》，社会科学文献出版社，2017 年版，第 254 页。

② 《习近平：欢迎搭乘中国发展的列车》，新华网，2014 年 8 月 22 日，http://news.xinhuanet.com/world/2014-08/22/c_126905369.htm。

③ 习近平：《中国愿为国际社会提供更多公共产品》，人民网，2016 年 9 月 3 日，http://politics.people.com.cn/n1/2016/0903/c1001-28689064.html。

学理论很少分析行为体之间的这种差异，反而简单地假设它们是理性人且偏好前后一致。正是这种简化，降低了其解释力。其实“集体行动理论”有一个隐含前提，即等着搭便车的国家实力都差不多，不存在很强的行为体，因此大家相互推诿，没人承担责任。但是在实力不对等的国际社会，大国很少与小国谈判如何分摊全球公共产品的供给成本，其实大部分谈判与博弈都发生在大国之间，小国天生的脆弱使得其有权利搭乘大国的便车。由此，小国“搭便车”成为常态，具有道义正当性；同时大国主动让别人搭车也是常态，也具有道义正当性。古代东亚的朝贡体系、近代英国治下的和平、现代美国治下的和平，都是中心国供给国际公共产品，其他国家消费这些产品并政治上承认供给者的领导权，也正是这种大国与小国的需求差异与功能分化，得以维持区域与全球的和平秩序。[①] 从供给动因看，中国欢迎他国搭便车既是为了区域与全球和谐发展，也是为了维护自身利益。

第一，欢迎搭便车有助于积累崛起国的软实力。大国在惠及世界的同时也会合法化其领导权，增加吸引力。对于承担公共责任的大国而言，最直接的收益就是提升了软实力，收获正面评价与声誉。[②] 新兴大国为了获得崛起合法性，需要获得国际社会的认可，而争取这种认可的重要的方式就是供给公共产品。近年来，中国在全球公共产品供给的实力与意愿方面都显著增强，越来越重视民生领域的影响力积累。[③] 以对外援助为例，在2009年以前中国援助资金的61%都集中于经济基础设施，而社会公共设施只有3.2%。[④] 到了2010年第九次全国援外工作会议确定了“优化援外结构”的大方向，明确提出“要多搞一些受援国急需、

---

① 杨原：《体系层次的国家功能理论——基于对结构现实主义国家功能假定的批判》，《世界经济与政治》2010年第11期，第129—153页。

② Joseph S. Nye, “America and Global Public Goods,” September 17, 2007, https://www.project-syndicate.org/commentary/america-and-global-public-goods?barrier=true.

③ Deborah Brautigam, *The Dragon's Gift: The Real Story of China in Africa*, New York: Oxford University Press, 2009, p. 133.

④ 中华人民共和国国务院新闻办公室：《中国的对外援助》，人民出版社，2011年版，第8页。

当地人欢迎、受惠面广的医院、学校、生活供水、清洁能源等民生项目”。[①] 2010—2012 年，中国对外援助中经济基础设施所占的比重降低至44.8%。[②] 正是经过多年旨在促进“民心相通”的公共产品投入，中国在非洲负责任形象得到极大提升。根据调查显示，2010—2013 年中国在非洲国家的影响力与亲和力最高，远高于中国邻国与其他地区。例如埃及有 57% 的民众对“中国的国际影响力”持积极态度；肯尼亚与加纳的比例达 58%、68%，而尼日利亚甚至高达 78% 的被调查者认为“中国在非洲发挥了积极的建设性作用”。[③]

第二，欢迎搭便车最终会有利于维护和增加中国的国家利益。全球化强化了相互依赖，中国的利益与他国利益相互交织，帮助他人在某种程度上就是帮助自己。2008 年全球金融危机使得西方国家间保护主义盛行，“去全球化”声音甚嚣尘上。但这种“只顾自家门前雪，不管他人瓦上霜”的卸责行为，必然会进一步恶化整体环境，从长远来看最终也不利于每个国家的自身发展。为了将自身发展与全球发展统一起来，中国积极高举全球化大旗，努力维护全球开放自由贸易，不仅促进了全球经济进步也维护了自身发展利益。近年来，中国积极参与全球经济治理，在多边和区域平台诸如二十国集团（G20）、金砖国家峰会、亚太经合组织等积极参发出中国声音，通过供给公共产品构建包容性和开放性的发展环境，也可以优化中国和平崛起的外部环境。2016 年，在国际市场需求不景气的情况下，中国与“一带一路”沿线国家经贸合作成绩显著，进出口总额达到 6.3 万亿元人民币，增长 0.6%，累计投资超过 185 亿美元，为沿线国家创造近 11 亿美元的税收和 18 万个就业岗位。[④] 与此同时，中国也转移了国内经济压力，将部分产能转移到国外，以优化资源

---

① 《全国援外工作会议在京召开》，《人民日报》，2010 年 8 月 15 日第 1 版。

② 中华人民共和国国务院新闻办公室：《中国的对外援助（2014）》，人民出版社，2014 年版，第 4 页。

③ BBC World Service Poll, “Global Views of United States Improve While Other Countries Decline,” April 18, 2010, p. 7, http://www.worldpublicopinion.org/pipa/pipa/pdf/apr10/BBCViews_Apr10_rpt.pdf.

④ 《2016 年中国与“一带一路”沿线国家进出口总额达到 6.3 万亿元人民币》，人民网，2017 年 2 月 21 日。

配置，促进产业转型升级。中国并不片面地追求国家利益，而是在供给全球公共产品进程中实现共同发展。

（二）中国供给公共产品的有利条件

竞争的前提是分化和差异化。为了吸引和争取到消费者，大国需要不断改进自己的产品质量与供给方式，突出比较优势。而崛起国要做到“人无我有，人有我优”，就需对霸权国的公共产品进行补充、创新与升级。经过40年的高速发展，如今中国已经成为世界第二大经济体，也是全球120多个国家和地区的最大贸易伙伴。据经合组织（OECD）预计，按照市场汇率计算，今后十年内中国将成为比美国更大的经济体；到2030年中国的能源消费将会是美国的两倍。[①] 这种显著的经济成就为中国参与全球治理提供了坚实基础。当前中国参与全球治理的有利条件有三点：

其一，霸权国领导力弱化，全球治理危中有机。二战后美国主导建立了布雷顿森林体系，一方面维护了战后经济秩序稳定、有效，同时美国的“供给红利”也是显而易见的，至少体现在巨额的铸币税率收入、国际声望、软实力方面。[②] 然而自冷战结束后，美国自身的战略注意力被传统安全问题分散（发动海湾战争、阿富汗战争与伊拉克战争），特别是对“9·11”事件的回应标志着多边主义的式微，在京都议定书事件、国际刑事法院问题上，美国单边态度都对全球公共产品供给合作带来了负面冲击。根据美国国防部网站数据统计显示，美国全球公共产品开支（国际发展/人道主义援助开支）相比国防开支的比率不断下降，从最初1965年的6.5%，下滑到1996年的3%左右，而到2008年对全球公共产品的投入资金仅仅只有国防预算的2.6%。[③] 此外，尽管美国在

---

① 阎学通：《历史的惯性》，中信出版社，2013年版，第20—40页。

② 谢来辉：《全球公共物品提供的逻辑：以应对气候变化的国际合作为例》，中国社会科学院研究生院博士学位论文2011年，第115页。

③ 数据来自美国国防部网站，转引自袁燕：《全球化背景下全球公共物品供给问题研究》，南开大学博士学位论文2012年，第72页。

对外援助总额上高居榜首，然而其占国内生产总值的比率仅有0.327%，远逊于日本的0.646%，也低于法国的0.486%。这说明美国虽为霸权国，但供给全球公共产品的态度并不积极。[①] 再者，美国作为全球霸权国家，在独自提供全球公共产品的同时出现了将其私物化的倾向，导致人们对一国单独提供公共产品动机的怀疑。[②] 布雷顿森林体下中的诸多国际公共组织，打上了西方中心主义和新自由主义的意识形态烙印，国际货币基金组织（IMF）几乎变成“华盛顿共识”的主要推销者。[③] 对此，作为崛起国的中国更应当把握机遇，积极成为全球治理的补位者。

其二，中国参与全球治理的硬实力显著增强。2008年全球金融危机以后，以美国为代表的西方国家陷入不同程度的孤立主义泥潭之中，自顾不暇，而以中国的代表的新兴国家对全球秩序的参与度越来越高，这种“一降一升”给了中国填补全球公共产品供给漏洞的机会。近年来，中国成为国际秩序的维护者和经济全球化的积极支持者，这都基于中国过硬的整体实力。目前，中国作为全球第二大经济体、第一大贸易国、众多初级产品的最大买家，成为世界120多个国家的最大贸易伙伴国(参见图1-1)。2016年中国经济一枝独秀，对亚洲经济增长的贡献率已经超过50%，对世界经济增长的贡献率高达33.2%，超过美、欧、日贡献率总和，位居世界首位。[④] 此外，中国在经济、金融、旅游与网络发展模式各方面，显示出强大实力，已经进入净输出阶段。2016年中国超过美国成为世界上最大的商务旅游市场，2015年中国公民出境旅游人数达到1.2亿人次，旅游花费1045亿美元，同比分别增长12%和16.7%。在世界经济普遍不景气的背景下，“中国游客”在全球具有越

① 蔡拓、杨昊：《国际公共物品的供给：中国的选择与实践》，《世界经济与政治》2012年第10期，第107页。

② 李巍：《霸权国与国际公共物品：美国在地区金融危机中的选择性援助行为》，《国际政治研究》2007年第3期，第164—186页。

③ ［美］斯蒂格利茨：《全球化及其不满》，夏业良译，机械工业出版社，2004年版，第163—165页；黄志雄：《战后多边贸易体制六十周年的反思与前瞻——以“全球公共物品”为视角》，《法学评论》2009年第1期，第64—70页

④ 《数据显示：近四年中国对世界经济贡献率超欧美日总和》，《经济日报》，2017年9月2日。

来越大的影响力。[①] 这种显著的经济成就对世界产生了广泛的吸引力，正是在此基础上“一带一路”、亚投行等公共产品成为中国的新名片和“软实力”标识。

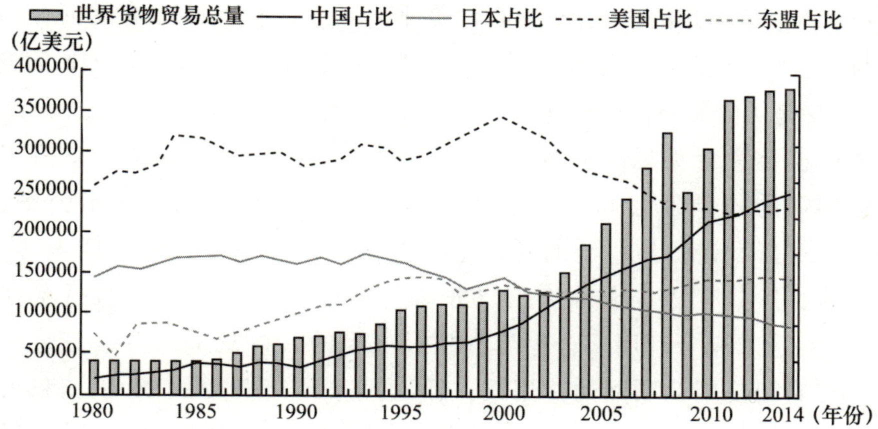

图1－1　世界主要经济体货物贸易世界占比[②]

资料来源：根据联合国贸易发展会议数据库（UNCTAD STAT）数据计算制图。

其三，全球公共产品供给滞后，国际缺口增大。当前国际社会存在严重的“治理赤字”[③]，这直接反映了全球公共产品的供给短缺与国际需求。联合国前秘书长安南曾忧虑地指出，全世界对全球公共产品的需求巨大，仅每年因公共产品供应不足造成的损失就达上千亿美元。[④] 全球公共产品的缺口与供应端疲软有关，体现在四个方面：一是供给不足。以全球官方发展援助为例，在 OECD 下属发展援助委员会（DAC）的 23 个成员中，2005 年援助总额仅占 23 国国民收入的 0.3% 左右，与 1990 年相比，发展援助占总收入的比例几乎没有变化。而讽刺的是，20 世纪

① 《中国出境人数和消费居世界之首》，《海南日报》，2016 年 1 月 30 日。

② 转引自王金波：《“一带一路”经济走廊与区域经济一体化：形成机理与功能演进》，社会科学文献出版社，2016 年版，第 12 页。

③ 秦亚青：《全球治理失灵与秩序理念的重建》，《世界经济与政治》2013 年第 4 期，第 4—18 页。

④ “Road Map towards the Implementation of the United Nations Millennium Declaration,” *Report of the Secretary－General*, A/56 /326, General Assembly, United Nations, September 6, 2001.

70 年代西方发达国家集体承诺将对外援助占国民生产总值的比重提高到 0.7% 以上，但是 40 多年来只有很少国家兑现了承诺，其中对外援助资金的缺口难以计数。① 据联合国估计，公共产品供给不足的代价高昂，国际金融稳定不作为成本为 500 亿美元，纠正成本为 3 亿美元；消除气候稳定的过度使用的成本为 7800 亿美元，纠正成本为 1250 亿美元；和平与安全属供给不足的不作为成本是 3580 亿美元，纠正成本是 710 亿美元。② 二是供应失调，指的是某一产品以一种扭曲的方式被提供，其产生的收益蓄意背离国家或人民群体。例如，多边贸易体制蓄意使工业化国家的收益远远超过发展中国家的收益，造成制度性不公平。为此，重新设计贸易机制的呼声也日益高涨。三是过度使用或破坏，如全球自然共有物（全球大气层作为污染的排出通道已经被过度使用）。四是未充分利用。全世界有超过一半的人口从来没有接打过电话；在非洲使用互联网的费用是在西欧国家使用费用的 10 倍，私人产品（电话或电脑）短缺。这些缺口，为中国创造性承担大国责任提供了空间。

四、党的十八大以来的中国全球公共产品供给评估

中国的大国地位在经济发展和综合国力提升的基础上逐步确立，需要通过各种方式以实际行动展示中国的政策和对国际秩序的期许，而供应公共产品成为可选择的最优方案之一。随着中国外交从韬光养晦走向奋发有为，参与全球治理的积极性愈发突显。党的十八大报告明确提出，“加强同世界各国交流合作，推动全球治理机制变革”“中国坚持权利和

---

① Inge Kaul, Pedro Conceicao, Katell Le Goulven and Ronald U. Mendoza, *Providing Global Public Goods: Managing Globalization*, New York: Oxford University Press, 2003, pp. 143－155.

② ［美］佩德罗·康塞桑：《评估全球公共产品的供应情况》，载［美］英吉·考尔主编：《全球化之道——全球公共产品的提供与管理》，张春波、高静译，人民出版社，2006 年版，第 133—156 页。

义务相平衡，积极参与全球经济治理”。[①] 为了突出中国在党的十八大前后全球公共产品供给的重点与特色，我们采取点面兼顾的方法，既总结中国全球治理的显著亮点与创新，又在一定广义范围内梳理中国在传统供给项目上的新成就，这样新旧结合的论述方式，有助于看到中国走向世界舞台中央时基本具备的全球大国雏形，以及供给全球公共产品的演变脉络。整体而言，党的十八大以来中国贡献的全球/区域公共产品分为两大类：创造性的新型公共产品与重点供给的传统公共产品。其中传统类公共产品则根据第一章节表1－2的类型划分，包含发展类公共产品、安全类公共产品、规则类公共产品与价值类（社会组织）公共产品。

（一）中国创造性供给的新型公共产品

党的十八大以来，中国外交逐步进入奋发有为新常态，以命运共同体、“一带一路”、亚投行等为代表的新举措，勾勒出中国积极参与全球治理，贡献区域乃至全球公共产品的战略布局。在供给过程中，中国通过预估可能存在的竞争风险，做到了“有所为，有所不为”，很好地将自身利益与全球利益相统一，收益显著。

第一，针对周边国家发展需求，供给“一带一路”（发展类公共产品）。2013年旨在推动区域互联互通、促进世界经济发展繁荣的“一带一路”倡议正式面世。“一带一路”倡议通过建立政策沟通、设施联通、贸易畅通、资金融通、民心相通的“五通”格局，不仅为沿线国家提供基础设施和区域融资方面的大量国际公共产品，还对现有全球经济治理规则进行补充、升级与完善。[②] 作为公共产品，“一带一路”惠及所有参与的国家，其互联互通思路为各国更大范围配置、整合与借用资源提供了广泛机会，也促进人们突破排他、区隔、对抗、制裁、干涉、结盟等

---

① 《走近世界舞台中心——党的十八大以来外交工作成就综述》，新华社，2017年8月27日，http：//news. xinhuanet. com/politics/2017－08/27/c_1121549869. htm。

② 《2016年中国与“一带一路”沿线国家进出口总额达到6.3万亿元人民币》，人民网，2017年2月21日。

传统思维桎梏。① 截至2016年底，“一带一路”倡议已经得到世界上100多个国家和国际组织的响应和支持。2017年5月14日至15日首届“一带一路”国际合作高峰论坛在北京举行。29位外国元首、政府首脑及联合国秘书长多位重要国际组织负责人出席高峰论坛。高峰论坛是中国对“一带一路”进行制度化、多边化、长期化的一次重要尝试。通过搭建合作共赢平台，中国推动世界实现多重利益的包容与共生（参见图1－2）。

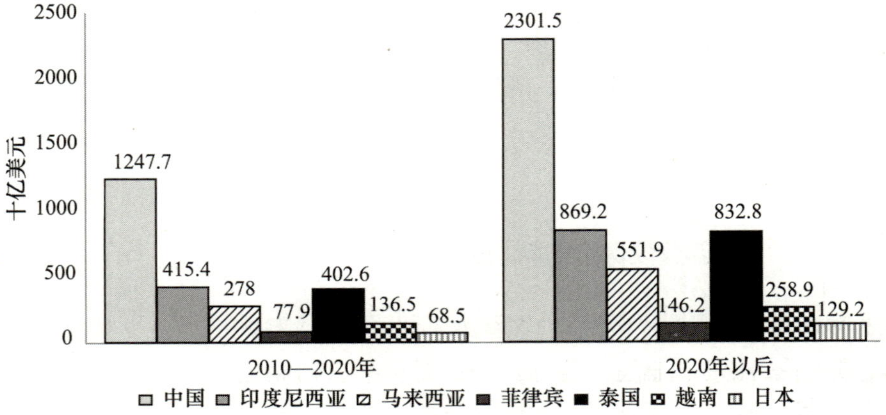

图1－2 亚洲互联互通（交通、通信与能源）的宏观经济收益

数据来源：Joseph Francois, Pradumna B. Rana and Ganeshan Wignaraja ed., *Pan－Asian Integration: Linking East and South Asia*, Basingstoke, UK: Palgrave MacMillan, 2009, pp. 439－486.

基础设施网络属于“俱乐部产品”，即从其外部效应中受益的参与国数目是确定的。通过扩展与提高基础设施（比如交通网络和通信设施）能够显著增强跨国流动。中国通过倡导“一带一路”在地区基础设施建设中发挥重要作用，依托互联互通机制、国际金融平台、贸易服务网络，以及经验共享、数据共建等方式，产生正向的网络外部性，让沿线所有的参与国家都从互联互通中受益。一方面，区域基础设施互联互通能够帮助弱小的经济体更有效参与一体化，避免整个网络中较弱的一环造成区域一体化发展瓶颈。基础设施可以提高生产力，促

① 苏长和：《互联互通世界的治理和秩序》，《世界经济与政治》2017年第2期，第25—35页。

进贸易，降低交易成本，为经济发展提供架构，对沿线居民贫困和生活水平都有显著的带动效应。[①] 安东尼奥·易斯塔什研究发现，中国的基础设施建设有效地促进了生产能力的提高、贫困状态的改善，现在这一经验正在转化为对亚太地区互联互通网络的智力支持，“一带一路”沿线国家的基础设施建设收益率显著，分别达到了从20%到200%不等。[②] 另一方面，基础设施互联互通建设有助于传播中国经验与发展模式。“要想富，先修路”是中国国内广为流传的发展口号，这种朴素的表达却传递出一个深刻的经济学规律，即基础设施和产业规划是促进经济跨越式发展的核心要素之一。因此，对于极端贫困的受援国来讲急需的是改善基础设施。“一带一路”沿线大部分是发展中国家，都面临基础设施陈旧老化，道路交通不完善、电力供给不足、通信设施匮乏等问题，中国倡议“一带一路”可以为此类问题提供解决方案与跨区域公共产品。[③]

第二，创设以亚洲基础设施投资银行为代表的区域国际新机制（规则类公共产品），完善国际金融治理。基础设施建设与资金融通是大部分亚洲国家的发展刚需。根据亚洲开发银行数据显示，在2010年至2020年间亚洲国家基础设施投入总额预计在8.22万亿美元左右，此外存在约3200亿美元缺口用于1202个区域间交通、能源和通信基础设施项目。[④] 党的十八大以来，中国主导提议成立金砖五国开发银行、上海合作组织银行、丝路基金以及亚洲基础设施投资银行等一系列新的金融机构和机制，突出体现了中国制度创新的潜力，彰显包容、开放与合作精神。[⑤] 新加坡南洋理工大学拉惹勒南国际研究院副教授李明江认为，

① ［美］保尔·科利尔等：《中低收入国家道路基础设施建设成本探讨》，《世界银行经济评论》2016年第3期，第134—166页。

② 中国—发展援助委员会研究小组：《基础设施：发展与减贫的基础综合报告》，中国国际扶贫中心《研究报告》，2011年第3期。

③ 郑永年：《“一带一路”是可持续的公共产品》，《人民日报》，2017年4月16日。

④ Biswa Nath Bhatacharyay, et al., eds., *Infrastructure for Asian Connectivity*, December 12, 2012, https://openaces.adb.org/bitstream/handle/11540/126/2012.12.12.book.infrastructure.asian.connectivity.pdf?sequence=1.

⑤ 涂永红、王家庆：《亚投行：中国向全球提供公共物品的里程碑》，《理论视野》2015年第4期，第62—65页；曹德军：《中国外交转型与全球公共物品供给》，《中国发展观察》2017年第5期，第33—35页。

目前全球经济增长疲软，中国供给的国际基础设施建设，真正从物理上实现了国家地区间的互联互通，为沿线国家未来几十年的发展打下良好基础。① 截至2017年在3月23日，亚投行宣布正式批准13个新成员的申请，这是2016年1月正式开业运营以来在其57个创始成员基础上首次扩容，2017年6月16日亚投行理事会批准阿根廷、马达加斯加和汤加3个新意向成员加入，至此亚投行成员总数扩至80个。② 有预测认为，2017年还将有15个国家将会加入亚投行，其成员总数或将达到85到90个。③ 从成员数量上看，亚投行已经超过了欧洲复兴开发银行和亚洲开发银行，成为仅次于世界银行的全球第二大多边开发机构。亚投行所释放的发展潜力将成为打开包容共享经济局面的新钥匙。

从区域公共产品角度看，亚投行是发展和完善亚洲金融市场的重要一环④，其公共产品的性质体现在两方面。一方面，积极探索新的金融模式，完善国际金融治理。金融危机暴露了当前国际金融体系的不稳定性和不公平性，亚投行坚持多赢、包容性和开放性的原则，特别是吸纳新兴经济体，代表了国际金融体系的未来发展方向，体现了制度革新的价值。⑤ 中国是现今全球经济的发动机，亚投行的建立对完善现有全球金融架构发挥着重要示范作用。⑥ 而且基础设施融资本身就是促进发展的公共产品。鉴于亚洲开发银行与世界银行等传统机构对亚洲的基础设施资金投入不足，亚投行发挥比较优势，专注为基础设施建设提供资金支持，帮助区域资金困难国家改善基础设施状况，有助于提升区域整体竞争力。另一方面，强化区域金融安全网络。在中国推动下，东亚各国

---

① 李雪笛等：《综述：“一带一路”促共赢，立足长远惠世界——海外专家学者评两会》，新华社，2017年3月6日，https://www.yidaiyilu.gov.cn/xwzx/hwxw/9136.htm。

② 《亚投行再扩朋友圈》，人民网，2017年6月16日，http://world.people.com.cn/n1/2017/0616/c1002-29345038.html。

③ 闫磊等：《亚投行加速“一带一路”项目落地》，《经济参考报》，2017年3月27日。

④ 熊爱宗等：《东亚构筑金融海啸“防波堤”——写在亚洲金融危机爆发20周年》，《人民日报》，2017年7月27日。

⑤ 徐超：《新开发银行与全球金融治理体系改革》，《国外理论动态》2016年第11期，第105—114页。

⑥ 邱昭宪：《中国参与全球多边治理的竞合战略：亚洲基础设施投资银行规则与制度化的运作》，《远景基金会季刊》2017年第2期，第18—19页。

通力合作一起提供了应对金融冲击的区域公共产品。[①] 例如2000年5月，在泰国清迈举行的“10+3”财长会议通过以双边货币互换网络为主要内容的清迈倡议（CMI），使本地区有了危机救助机制。亚洲债券市场倡议（Asia Bond Market Initiative，ABMI）着眼于促进区域债券市场的发展，中国一直是其背后的主要支持者与推进者。此后，中国推动清迈倡议从双边互换协议向多边协议的转型，构建了一个拥有2400亿美元的区域性外汇储备资金池。由此，东亚自身监督力量不断增强，这有利于降低对全球监督机制的依赖，为亚洲金融安全网发挥作用提供有力支撑。

第三，倡导“人类命运共同体”“亚洲新安全观”等新理念（价值类公共产品），尝试凝聚多方共识。党的十八大报告正式将“倡导人类命运共同体意识”上升到战略高度。“人类命运共同体”是中国人对当今世界的一种深刻理解，是对人类发展理念的重要启发。这种强调与周边国家“共享发展成果、实现合作共赢”的新理念，最大的魅力就在于把“你”和“我”，变成了“我们”。[②] 2017年1月18日，习近平在瑞士日内瓦出席“共商共筑人类命运共同体”高级别会议，发表了《共同构建人类命运共同体》的主旨演讲，系统阐述了人类命运共同体理念。2月10日，联合国社会发展委员会第55届会议协商一致将“构建人类命运共同体”理念写入联合国决议。此外，中国也于2014年5月在亚洲相互协作与信任措施会议第四次峰会（亚信峰会）上提出构建“亚洲新安全观”，该倡议主张共同、综合、合作、可持续的“新安全观”，反对以邻为壑、损人利己。正如习近平引用哈萨克斯坦谚语时说的，“吹灭别人的灯，会烧掉自己的胡子”，零和的安全观念以及难以适应全球化新形势。[③] 有学者指出，中国倡导的新型理念尽管会遇到各种挑战，但不可否认的是，中国正在用一种不同于西方国家的行为方式与价值理念，

---

① 杨权：《全球金融动荡背景下东亚地区双边货币互换的发展——东亚金融合作走向及人民币角色调整》，《国际金融研究》2010年第6期，第33页。

② 《命运共同体——习近平“和”的境界》，新华网，2016年8月17日，http://news.xinhuanet.com/politics/2016-08/17/c_1119401010.htm。

③ 《习近平引用谚语：吹灭别人的灯，会烧掉自己的胡子》，新华网，2014年5月21日，http://news.xinhuanet.com/world/2014-05/21/c_126528518.htm。

为全球治理提供一种新的选项。中国儒家文化几千年来倡导“和合”思想，这与全球化时代共同发展、互利共赢的精神一脉相承。[①] 从“和平共处五项原则”到“新安全观”，再到“上海精神”的确立，直至“一带一路”互联互通思维，以及“命运共同体”倡议都有助于世界发展，是价值类公共产品。

“命运共同体”倡议的公共产品特性在于：一方面，凝聚共识，为全球治理设定规范基础。国际秩序的构成要素除了实力分配，还包括主流价值观、国际规范和国际制度安排等软性架构。在全球共识混乱与缺失，特别是西方社会价值观混乱时提出“命运共同体”意义重大。2017年2月慕尼黑安全会议的主题是“后真相、后西方、后秩序?”，与会人员普遍认为当今世界面临二战以来最脆弱的时刻，西方主导的世界秩序正走向终结，世界有可能正在迈向后西方时代。所谓的“后真相”时代是指，西方国家的民众越来越不信任现有制度，认为它无法带来积极解决方案，从而更加转向国内，抵制全球化和开放。因此西方国家参与全球治理的意愿也大大降低。西方大国不再愿意成为全球公共产品的提供者，转而追求单边主义、孤立主义的外交政策。[②] 而“命运共同体”旨在寻找共同点，达成共识，这是中国提供的道义领导，该倡议凝聚了人心，具备公共产品的属性。另一方面，人类命运共同体与全球治理理念一脉相承。人类居住在一个地球村，很早以前人类就形成了朴素的共同体意识。[③] 1965 年，前美国驻联合国大使阿德莱·史蒂文森（Adlai Ewing Stevenson II）形象地指出，“我们所有人都是乘坐在狭小的宇宙飞船上的旅客，我们的安全均维系在这艘宇宙飞船的安全与和平之上”。[④] 肯尼思·博尔丁（Kenneth E. Boulding）继而认为，地球如同一个封闭

---

① 郑先武：《“亚洲安全观”制度建构与“中国经验”》，《当代亚太》2016 年第 2 期，第 4—27 页。

② 管克江、任彦、高石：《西方主导的世界秩序正走向终结》，《人民日报》，2017 年 2 月 16 日。

③ 韩雪晴：《自由、正义与秩序——全球公域治理的伦理之思》，《世界经济与政治》2017 年第 1 期，第 46—73 页。

④ 佐佐木毅、金泰昌主编：《地球环境与公共性》，韩立新、李欣荣译，人民出版社，2009 年版，第 11 页。

的“太空舱”①，而在格兰特·哈丁（Garrett Hardin）看来地球犹如一艘“救生艇”。② 命运共同体的责任感是一种共同的精神财富。

第四，在安全类公共产品上，中国适度创新区域安全合作机制。整体而言，中国安全类公共产品的供给相对薄弱，这与安全议题的敏感性和中国的发展战略有关。③ 中国改革开放前30年基本上恪守“韬光养晦”原则，回避安全竞争。党的十八大以来中国外交更加注重“有所作为”，在安全领域进一步深化了既有参与，呈现一定的进取态势。例如，积极扩展和深化上海合作组织的区域安全保障功能。上海合作组织在“上海五国”会晤机制的基础上建立，为联合打击“三股势力”、加强多边性军事互信与安全合作奠定基础。作为首个以中国城市命名的国际安全组织，上海合作组织自然是中国积极发起的重要安全公共产品。特别值得注意的是，2017年6月9日，上海合作组织吸纳印度、巴基斯坦成为新的成员国，这是上海合作组织的首次扩员。该组织所遵循的“上海精神”强调互信、互利、平等、协商、尊重多样文明、谋求共同发展，为地区安全贡献了积极的指导原则。④ 此外，中国也积极与东盟建立安全互信机制，且在东北亚防止核扩散中努力提供多边、和平的解决方案，维护大局稳定。当然，对于中国供给安全类公共产品的方式与顺序，国内学界存在诸多争议。⑤

此外，中国倡议、中国方案、中国贡献也体现在中国搭建的多边外交舞台，党的十八大以来，中国主场外交频繁，通过顶层设计引领全球治理发展新方向，对此可以将党的十八大以来的主场外交总结为“四部曲”，主办多边外交活动有助于增强我国的议程设置权、规则制定权和

---

① Kenneth E. Boulding, “The Economics of the Coming Spaceship Earth,” in Henry Jarrett, ed., *Environmental Quality in a Growing Economy*, Baltimore: Johns Hopkins University Press for Resources for the Future, 1966, pp. 3 – 14.

② Garrett Hardin, “Living on a Lifeboat,” *The Social Contract*, Vol. 12, No. 1, 2001, p. 40.

③ 凌胜利：《中国为什么不结盟》，《外交评论》2013年第3期，第20—33页。

④ 《历史新起点：上合组织实现首次扩员》，中国新闻网，2017年6月10日，http://www.chinanews.com/gn/2017/06-10/8247380.shtml。

⑤ 徐进：《当代中国拒斥同盟心理的由来》，《国际经济评论》2015年第5期，第143—154页；阎学通：《权力中心转移与国际体系转变》，《当代亚太》2012年第4期，第21页。

国际话语权。[①] 第一部曲是 2014 年的北京亚太经合组织领导人非正式会议。在习近平主席主持下，会议围绕近 30 个领域取得 100 多项成果和共识，其中中方提出的倡议占到一半以上，中国的议程设置权得到明显提升。第二部曲是 2016 年的二十国集团领导人杭州峰会。中国协调各方，在创新增长、结构性改革、多边投资、气候变化、可持续发展等重要问题上制定出一系列指导原则和指标体系，达成 29 项重要成果，中国的规则制定权得到明显增强。第三部曲是 2017 年 5 月召开的首届“一带一路”国际合作高峰论坛。在各参与方共同努力下，“一带一路”逐渐从倡议变为行动，从理念转化为实践，成为当今世界规模最大的国际合作平台和各方普遍欢迎的全球公共产品。100 多个国家和国际组织积极支持参与，一大批有影响力的标志性项目成功落地。第四部曲是 2017 年 9 月 3 日召开的金砖国家厦门峰会。10 年中，金砖国家谋求共同发展，五国经济总量增长 179%，贸易总额增长 94%，城镇化人口增长 28%，为世界经济企稳复苏做出突出贡献，也让 30 多亿人民有了实实在在的获得感。[②]

（二）发展领域的传统公共产品供给

发展类公共产品是全球治理的主要内容，从个人健康与国家发展，进而到全球和平，都离不开发展。联合国 2030 年可持续发展议程，就包含 17 个可持续发展目标以及 169 个相关具体目标，其中最重要目标就是倡议全世界努力在 15 年内（即到 2030 年），消除一切形式的贫穷、饥饿，实现平等和谐，并且确保没有一个人掉队。这是对人类发展与全球治理做出的意义非凡的全面规划，也对各个国家的国内、区域与全球公共产品供给提出了新目标。从供给角度来看，中国参与的全球发展类公共产品供给的历史由来已久，特别是对外援助、气候与生态保护、全球

---

① 王毅：《“一带一路”建设是实现内外联动发展的世纪工程》，《人民日报》，2017 年 8 月 30 日。

② 《习近平：共建“一带一路”倡议不是地缘政治工具》，新华网，2017 年 9 月 3 日。

卫生三项，是中国贡献全球治理的三大重点领域。①

第一，坚持平等援助，以中国经验惠及世界。对外援助具有国际公共产品的特质，能够促进国际社会中的落后国家均衡发展，有利于实现联合国可持续发展目标。② 作为发展中大国，中国早在20世纪50年代初开始向第三世界国家提供援助，1973年之前国际援助总额曾一度高达国民收入的2%左右，对发展中国家产生相当大的政治影响力。而同一时期的世界发达国家对外援助占国民生产总值比重，还不到中国的1/3。60多年来，中国援助了世界上4/5的南方国家，在促进南北平等方面做出了积极的贡献。与西方国家居高临下的"施舍式"援助、附加政治条件的援助模式不同，由中国开创的南南援助模式强调"互助团结""共同发展""不干涉内政原则"，这是一种相互尊重的"水平式"平等援助。③ 平等援助的思想最集中体现在1964年中国提出的"南南合作八项原则"。④ 中国不仅注重尊重受援国的平等地位，而且还以自己的发展与脱贫经验，鼓励受援国自主"造血"。2016年4月，南南学院在北京大学正式挂牌成立，来自非洲、南亚、中亚、中东和拉丁美洲等地区27个发展中国家的中高级官员及社会团体领袖，学习中国发展经验。⑤ 在很多发展中国家看来，中国的发展阶段与它们的差距正好处于"合适区间"，中国30年前刚刚走过的路正好是受援国所即将面对的，中国已经

---

① 中国外交部和联合国驻华系统：《中国实施千年发展目标报告（2000—2015年）》，2015年。

② 姜默竹：《朋友与利益：国际公共产品视角下的中国对外援助》，《东北亚论坛》2016年第5期，第40—49页。

③ 庞珣：《新兴援助国的"兴"与"新"——垂直范式与水平范式的实证比较研究》，《世界经济与政治》2013年第5期，第31—54页。

④ "八项原则"内容：援助双方平等互利；严格遵守受援国的主权，绝不附带任何条件和要求任何特权；以无息或低息贷款的方式提供经济援助；帮助受援国走上自力更生、经济上独立发展的道路；所援建的项目，力求投资少、收效快；中国提供自己所能生产的、质量最好的设备和物质，并据国际市场价格议价；所提供的任何一种技术援助，保证使受援国人员充分掌握这种技术；中国所派出的专家同受援国自己的专家享受同样的物质待遇。参见周恩来：《中国政府对外经济技术援助的八项原则》，1964年1月。

⑤《在中国，我们增强了发展信心》，人民网，2017年4月17日，http://world.people.com.cn/n1/2017/0417/c1002-29214338.html。

是其他发展中国家的学习榜样与发展标准“参考系”。[①]

党的十八大以来中国对外援助体现出三个特点。一是越来越重视民生项目。与之前主要援助建设经济基础设施相比，近几年中国对援建与民生更为密切相关的社会公共设施越来越重视。据中国对外援助白皮书披露，2009 年以前中国对外援助中的优惠贷款，社会公共设施只有 3.2%。[②] 但是 2012 年以后，用于民生建设的比例增加到 20%。[③] 二是强化智力支持与经验分享。在横向的合作网络方面，更加重视通过给受援国学生提供奖学金来华留学、往受援国外派老师和医疗队伍、在援建过程中培训当地的技术和管理人才等方式来促进受援国可持续发展。例如中国向来华留学生提供的政府奖学金数量不断攀升，从 2007 年的 10151 人（占来华留学生总数的 5.19%），增加到 2015 年的 40600 人（占来华留学生总数的 10.21%）。[④] 三是外援力度加大。进入 21 世纪以来，我国对外援助呈现出前所未有的高增长和高弹性，占全球比重不断提高，中国已经成为世界第四大对外援助国。2013 年，中国对外援助额相当于 2001 年的 10 倍。[⑤]

第一，推进全球气候治理取得重要进展。作为发展中国家，中国肩负着工业化与经济现代化任务，能够克制发展的负面效应，为全球环境治理做出力所能及的贡献显得难能可贵。经过多年努力，2014 年中国单位国内生产总值（GDP）二氧化碳排放比 2005 年下降了 33.8%；森林蓄积量比

① 中国国际经济交流中心、联合国开发计划署：《重构全球治理：有效性、包容性及中国的全球角色》，《全球治理高层政策论坛报告》，第 28 页。

② 中华人民共和国国务院新闻办公室：《中国的对外援助》，人民出版社，2011 年 4 月，第 8 页。

③ 中华人民共和国国务院新闻办公室：《中国的对外援助（2014）》，人民出版社，2014 年 7 月，第 4 页。

④ 相关数据分别见于中华人民共和国教育部编：《中国教育年鉴 2008》，人民教育出版社，2008 年版，第 456 页；《中国教育年鉴》编辑部编：《中国教育年鉴 2009》，人民教育出版社，2009 年版，第 399 页；《中国教育年鉴》编辑部编：《中国教育年鉴 2011》，人民教育出版社，2012 年版，第 332 页；以及中国高等教育学会外国留学生教育管理分会的统计数据，http://www.cafsa.org.cn/research/show-1662.html。

⑤ Harada Nkay, Estimating China's Foreign Aid 2001 - 2013, *JICA - RI Working Paper*, 2014, pp. 1 - 26.

2005 年增加了 26.81 亿立方米，提前实现荒漠化土地"零增长"[①]，这对于一个工业化国家、人口大国来说实属不易。面对国际社会的期待，中国在优化自身发展结构同时，也积极为全球气候治理贡献正能量。[②] 例如，中国是最早签署《巴黎协定》的国家之一，而且在二十国集团（G20）杭州峰会期间创新性推动中美两国批准《巴黎协定》[③]，掀起了一股中国式的绿色旋风。此外，中国积极利用"一带一路"、二十国集团、金砖组织等平台机制，供给全球气候治理领域的公共产品。2015 年 11 月中国国家主席习近平在气候变化巴黎大会开幕式上宣布，中国将启动在发展中国家开展 10 个低碳示范区、100 个减缓和适应气候变化项目及 1000 个应对气候变化培训名额的合作项目；同时也将设立 200 亿元人民币的中国气候变化南南合作基金。[④] 2016 年在杭州 G20 峰会上，中国推动创设《G20 能源部长会议北京公报》《加强亚太地区能源可及性：关键挑战与 G20 自愿合作行动计划》《G20 可再生能源自愿行动计划》和《G20 能效引领计划》，将气候治理提升到新水平，得到国际社会认可。[⑤]

党的十八大以来的环境公共产品供给呈现出新特点。一是明确国内目标，严控环保底线。党的十八大报告专门对环保问题做出高规格要求，在 2012—2017 年期间，陆续出台了《大气污染防治行动计划》《水污染防治行动计划》《土壤污染防治行动计划》等一系列法规，同时被称为"史上最严"的新环保法从 2015 年开始实施，执法监管力度空前。在绿色发展理念指引下，2016 年中国经济的单位 GDP 能耗、用水量分别比 2012 年下降 17.9% 和 25.4%，主要污染物减排效果显著。[⑥] 二是发挥领

---

① 中国外交部：《中国落实 2030 年可持续发展议程国别方案》，2016 年 9 月，第 3—4 页。

② 中国外交部：《落实 2030 年可持续发展议程中方立场文件》，2016 年 4 月 22 日，http://www.fmprc.gov.cn/web/ziliao_674904/zt_674979/dnzt_674981/qtzt/2030kcxfzyc_686343/t1357699.shtml。

③ 2016 年 9 月 3 日下午，国家主席习近平同美国总统奥巴马、联合国秘书长潘基文在杭州共同出席气候变化《巴黎协定》批准文书交存仪式，但特朗普当选美国总统后，于 2017 年 6 月 1 日宣布退出《巴黎协定》。

④ 《习近平在气候变化巴黎大会开幕式上的讲话》，新华网，2015 年 12 月 1 日，http://news.xinhuanet.com/world/2015-12/01/c_1117309642.htm。

⑤ 《G20 成员国将力促可再生能源发展》，新华网，2016 年 7 月 1 日。

⑥ 《推进美丽中国建设——党的十八大以来生态文明建设成就综述》，新华社，2017 年 8 月 12 日，http://news.xinhuanet.com/politics/2017-08/12/c_1121473465.htm。

导作用，在多边舞台上发出绿色倡议。习近平在巴黎气候大会上宣布中国对于发展中国家新的支持方案（10—100—1000 计划），即为发展中国家建立 10 个低碳经济示范区域，在发展中国家中开展 100 个减缓和适应气候变化的项目，为发展中国家提供 1000 个气候变化培训的项目名额等。[①] 同时中国率先在《巴黎协议》上签字，提交了一份有进取性的国家自主贡献计划。三是关注新能源发展，鼓励绿色创新。立足建立可持续发展社会，中国积极发展新能源。2016 年全世界 76 吉瓦（GW）的新增太阳能光伏装机量中，中国贡献了 31 吉瓦的新增装机容量，连续 4 年位居世界首位。[②] 同时中国也是世界上最大的新能源投资国，“十二五”期间我国非化石能源装机容量占比从 2010 年的 27% 提高至 2015 年的 35%，超额完成规划目标。2016 年，我国火电装机容量增速明显放缓，核电、风能和太阳能发电新增装机容量则保持大幅增长。[③] 新能源技术减少了碳排放，促进了环境治理。

第三，补齐全球卫生治理的薄弱环节。长期以来，全球公共卫生资源在南北国家的分布呈现出垂直落差。[④] 根据世界卫生组织统计，2012 年低收入国家儿童死亡率约为 8‰，超过高收入国家 13 倍；这些低收入国家的生殖健康服务覆盖率只有 46%，还不到几乎所有的高收入国家的一半；此外，艾滋病新发感染的 70% 人口居住在撒哈拉以南非洲。[⑤] 与之相伴的是，全球卫生治理系统碎片化、分散化问题异常突出。[⑥] 对中国而言，我们国情复杂、人口众多、聚居密集、流动量大，面临的传染

---

① 甘均先：《中国与全球气候安全治理新进展与新前景（2013—2015）》，载余潇枫等主编：《中国非传统安全研究报告（2015—2016）》，社会科学文献出版社，2016 年版，第 174—188 页。

② 资料来源：http：//www. pv001. net/web. php？ cid = 63652&wid = 22。

③ 黄晓勇等：《世界能源发展现状、未来趋势及中国的能源发展战略》，载崔民选、黄晓勇主编：《世界能源发展现状、未来趋势及中国的能源发展战略》，社会科学文献出版社，2017 年版，第 1—91 页。

④ Alan Ingram, “The New Geopolitics of Disease: Between Global Health and Global Security,” *Geopolitics*, Vol. 10, No. 3, 2005, pp. 522 – 545.

⑤ 《世卫组织/儿童基金会强调需要进一步缩小在获得经改善的饮用水和卫生设施方面的差距》，世界卫生组织，2014 年 5 月 8 日，http：//www. who. int/mediacentre/news/notes/2014/jmp – report/zh/。

⑥ Colin McInnes, “WHO's Next? Changing Authority in Global Health Governance after Ebola,” *International Affairs*, Vol. 91, No. 6, 2015, pp. 1299 – 1316.

病疫情风险与防控形势极具挑战，然而在这种不利环境下中国却积极作为，对国内与国际卫生治理做出显著的贡献。例如经过多年努力，中国已经建立了当今世界规模最大的医疗保障体系，中国也计划超标准完成联合国2030年议程的所有指标。中国政府承诺到2020年，全国孕产妇死亡率降为18人/10万人，到2030年力争下降到12人/10万人，这将显著少于联合国2030年议程所设定的70人/10万人的目标。在病菌防控方面，中国于2016年发布的《遏制细菌耐药国家行动计划（2016—2020年）》被世界卫生组织认为是人类应对抗生素耐药性努力的“转折点”，正如世界卫生组织官员所说，“没有中国发挥领军作用，全球抗生素耐药问题的战争将很难打赢。”[①] 自党的十八大以来，中国卫生外交可圈可点，对国内外的卫生事业都定下了高标准要求，在发挥传统卫生治理优势同时，也体现出两点新变化。

一方面，开展“一带一路”区域卫生健康合作。为推动“一带一路”沿线国家传染病防控、卫生体制改革、卫生能力建设与人才合作，中国推动发表了《中国—中东欧国家卫生合作与发展布拉格宣言》《第二届中国—中东欧国家卫生部长论坛苏州联合公报》《中国—东盟卫生合作与发展南宁宣言》等多边公报，也积极实施中非公共卫生合作计划、中国—东盟公共卫生人才培养百人计划等41个项目。通过多边与双边合作的多种形式，中国与沿线国家在传统医药领域积极扩大交流合作，目前设立了中捷（克）中医中心等16个中医药海外中心，与15个国家签署了中医药合作协议。[②] 另一方面，积极扩大卫生软援助。[③] 卫生软援助具有深入基层、贴近民众的优势，更有助于积累国家“软实力”。在全球卫生治理中，以中国、印度等为代表的新兴经济体在国际援助中引领“南南合作”模式，该模式大力强调卫生“软援助”作用，关注对个

---

① 施贺德：《停止抗生素滥用，中国可以有所作为》，2016年9月22日，http：//www.wpro.who.int/china/mediacentre/releases/2016/20160922GamrGopGed/zh/，2017G05G12。

② 推进“一带一路”建设工作领导小组办公室：《共建“一带一路”：理念、实践与中国的贡献》，2017年5月，第9页。

③ “软援助”是指非物资、非资金的，侧重技术、人力、能力建设等方面的支援。参见宋衍涛、卫旋：《中国对外援助中的“软援助”探究》，《山东科技大学学报（社会科学版）》2012年第6期，第86—91页。

体的卫生支持。据统计，1963—2009 年中国共计向非洲派出了 1.8 万人次的医疗人员，中国医疗队足迹遍及非洲 48 个国家，共诊治了 2.5 亿人次的非洲患者。[①] 与此同时，在中非合作论坛的框架下，从 2007 年开始帮助非洲建成了 89 家医院和 30 家疟疾防治中心，并提供价值 1.9 亿元人民币的抗疟药物，以及其他大量医疗设备和药品。[②] 援非医疗队以认真负责的态度治病救人，为普通民众服务，给贫困地区患者的生活带来巨大的变化，赢得赞誉。[③]

（三）制度领域的传统公共产品供给

在国际体系规则转型期，中国抓住经济上升与全球治理赤字的机会窗口，有所作为地参与了国际金融体系改革与国际贸易体系改革，展现了中国在重大国际问题上的规则创设能力与改革设计能力。这些改革实践一方面促进了全球规则体系的升级，促进了国际金融与贸易稳定，提升了国际机制的合法性和有效性。另一方面，在供给公共产品的同时，也有助于培育互信精神与国际协调能力，特别是中国主动举办与承办的多边国际合作平台，使得主场外交与多边舞台外交成为党的十八大以来的重要亮点。

第一，推进国际金融体系改革。立足周边，辐射全球，党的十八大以来中国积极推动国际经济治理改革已经初见成效，除了建立亚投行、亚金行、新开发银行、丝路基金外，也对即有金融治理机制进行改革与创新。2010 年中国在 IMF 中的份额从 3.996% 升至 6.394%，投票权从 3.803% 升至 6.068%；在世界银行的关键决策机构国际复兴开发银行（IBRD）中的投票权也升至 5.25%。在中国呼吁下，国际社会加强国际

① 徐伟忠、秦天：《中国对非医援合作：演变、成果与挑战》，载北京大学全球卫生研究中心主编：《全球卫生时代中非卫生合作与国家形象》，世界知识出版社，2012 年版，第 33 页。

② 李安山：《中非医疗合作 50 年：成就、挑战与未来》，载北京大学全球卫生研究中心主编：《全球卫生时代中非卫生合作与国家形象》，世界知识出版社，2012 年版，第 9—26 页。

③ Peilong Liu et al.,"China's distinctive engagement in global health," *The Lancet*, 2014, Vol. 384, pp. 793 - 804.

金融合作和协调，完善国际金融风险预警系统，提高预防国际金融风险的能力。党的十八大以来的金融治理两点频现，大致可以归纳出两个方面：

（1）创建多边层次的国际金融机制。新开发银行、金砖国家应急储备安排和亚投行的建立标志着中国在全球金融领域的贡献进入了新阶段。2014 年，中国与巴西、俄罗斯、印度和南非一道建立了新开发银行（New Development Bank，NDB）和金砖国家应急储备安排（ContingentR-eserve Arrangement，CRA）。新开发银行的初始认缴资本为 500 亿美元，初始法定资本为 1000 亿美元；应急储备安排则拥有 1000 亿美元的资金池，致力于帮助金砖国家共同抵御金融风险。① 这些新设的多边机制与国际金融体系紧密对接，提升了全球金融治理质量。

（2）促进国际金融多元化，推动人民币国际化。主权国家货币作为国际货币具有内在不稳定性，常常引发全球金融治理难题，② 为了应对美元身兼两职所带来的“美元陷阱”，中国人民银行行长周小川曾在 2009 年初 G20 伦敦峰会前夕提出创造“超主权货币”，以避免货币大国的狭隘国家利益扭曲国际金融体系的公正性与有效性，这种提法引起国际社会广泛关注，为国际货币体系改革提供了一种新思路。此外，以东亚“10 + 3”为依托，中国在双边层次积极展开货币外交，目前已经与近 50 个国家建立了货币互换伙伴关系、本币结算伙伴关系、货币交易伙伴关系、货币清算伙伴关系等，初步构建起一个庞大的货币伙伴网络。③ 未来，中国可以继续发挥上海和香港的国际金融中心作用，在上海和香港开展人民币离岸金融业务，吸引国外企业到上交所和港交所上市和发行人民币债券，促进人民币国际流通。

第二，创新贸易规则，构建内外联动的自由贸易区网络。全球自由

---

① 王红缨：《中国在国际金融体系中的崛起：进展与局限性》，载北京大学国际战略研究院主编：《中国国际战略评论（2016）》，世界知识出版社，2016 年版，第 41—53 页。

② 樊纲等：《区域内国家间储备货币互持：降低亚洲各国外汇储备风险的一个建议》，载中国国际经济交流中心编著：《国际经济分析与展望（2010—2011）》，社会科学文献出版社，2011 年版，第 53—72 页。

③ 李巍：《伙伴、制度与国际货币：人民币崛起的国际政治基础》，《中国社会科学》2016 年第 5 期，第 79—100 页。

贸易作为一种公共产品，可以有效降低交易成本，让各国人民从中受惠。中国长期以来是全球化的受益者，也是全球贸易的主要参与者和坚定支持者。但是随着2008年金融危机爆发，国际资本流动与全球自由贸易遭遇逆全球化思潮。[①] 据英国经济政策研究中心（CEPR）报告显示，贸易保护主义正在让全球自由贸易陷入困境。例如，2009年美国贸易保护措施有120次，到2013年就猛增至741次，而到2016年则激增至1066次；同样，俄罗斯的贸易保护措施也增长明显，从2009年的72次，增加到2013年的334次，到2016年时已经达到559次数。相对而言，作为新兴经济体的中国则旗帜鲜明地反对各种形式的保护主义，倡导贸易投资自由化、便利化。[②] 中国对自由贸易规则的贯彻与创新体现在两点：

一方面，完善全球多边贸易机制。在中国推动下，2011年《金砖国家领导人第三次会晤三亚宣言》呼吁支持以世界贸易组织为代表的强大、开放、以规则为基础的多边贸易体系，呼吁世界各国团结合作以推动多哈回合谈判早日取得全面、均衡的结果。在中国等新兴国家呼吁下，2013年WTO第九届部长级会议达成多哈回合"早期收获"协议，这是世贸组织多哈回合经历12年的徘徊不前后，首次实现零的突破，反映了各方利益的相对平衡，也使人们重拾对多哈回合和对多边贸易体制的信心。[③]

另一方面，中国致力于将全球规则与国内创新相对接。2015年12月，国务院发布了《关于加快实施自由贸易区战略的若干意见》，将自贸区上升为国家战略。该战略在国际层面上，促进我国签署国际或区域性自由贸易协定15个，涉及国家与地区23个。[④] 从公共产品角度看，自

---

① 张宇燕：《全球化与去全球化：世界经济的视角》，《探索与争鸣》2017年第3期，第51—53页.

② 中国在2016年贸易限制措施只有241次，少于印度的562次、巴西的299次，是世界主要经济体中采取贸易限制措施数量最少的国家之一。参见 Simon J. Evenett and Johannes Fritz, *FDI Recover? The 20th Global Trade Alert Report*, August 30, 2016. http://www.globaltradealert.org/reports/download/15。

③《商务部发言人就世贸组织通过"早期收获"协议谈话》，中央政府门户网站，2013年12月8日，http://www.gov.cn/gzdt/2013-12/08/content_2544354.htm。

④ 中国自由贸易区服务网，2017年8月31日，http://fta.mofcom.gov.cn。

贸区网络不是封闭的俱乐部，自贸区网络可以促进贸易便利化，减少贸易障碍，直接增进全球经济繁荣。在国内层面上，以制度创新为导向的国内自贸区接连建立。2013年9月我国建立上海自由贸易试验区，2016年9月新增辽宁、浙江、河南、湖北、重庆、四川、陕西等11个自贸区。通过建立内外联动的自贸区网络，中国逐步扩大开放程度，形成了一批可复制、可推广的改革创新成果。这种以“点—线—面”方式推动自由贸易规则国内与国际对接的做法，为稳定全球经济提供了坚实基础。[①]

（四）安全领域的传统公共产品供给

中国作为联合国五大常任理事国之一长期为国际社会供给安全类公共产品，肩负维护世界和平的使命。在亚丁湾、索马里海域，中国海军7年来连续派出22批编队完成了896批6089艘中外船舶护航任务，成功解救、接护和救助中外60余艘遇险船舶。护航官兵还先后与外军举行11次联合演习，访问五大洲58个国家，圆满完成了利比亚撤侨、也门撤侨等紧急任务。[②] 在应对恐怖主义、海盗袭扰、自然灾害、跨境犯罪等议题上，中国正越来越多地供给安全公共产品。中国在安全领域的积极作为，开始展现一个大国的实力与担当，具体有三个方面：

第一，培育区域信任，减少国际冲突震荡。例如中国—东盟安全互信机制是中国参与东亚安全公共产品的重要内容。2003年10月8日，中国与东盟10国在巴厘岛签署了关于加入《东盟友好合作条约》的文件，由此宣告了中国—东盟安全互信机制的正式建构。中国和东盟携手建构的安全机制是一个建立在双边和多边基础上的通过政治手段解决安全问题的磋商机制。面对共同的安全问题，中国和东盟各国保持“彼此独立、主权平等、领土完整和民族特征”，“采用和平手段解决分歧与争

---

① 习近平：《加快实施自由贸易区战略，加快构建开放型经济新体制》，新华网，2014年12月6日，http：//news. xinhuanet. com/politics/2014 - 12/06/c_1113546075. htm。

② 房永智：《解放军正为国际安全提供更多公共产品》，《中国青年报》，2015年12月11日第10版。

端”，“放弃使用武力或武力威胁”，“在缔约国家内实行有效的合作”。作为中国首次和一个国家集团签署战略伙伴关系的文件，《东南亚友好合作条约》强调政治互信、协商沟通与和平解决争端，从机制上维护东亚和平。

第二，推进公地治理，限制违约行为。公地治理的当务之急是对公共灾害（public bads）的控制。例如小行星撞击地球、太空垃圾回收等。在太空领域，目前近地轨道上直径介于1～10厘米之间的物体约有50万个，而小于1厘米的物体过亿，太空碎片增多严重危及航天器正常的运行和宇航员的生命安全。巨量碎片使近地轨道被各种危险的太空垃圾所“封锁”，并最终沦为无用之地。为此，中国大力支持联合国《空间碎片减缓准则》，承担航天大国的责任。[①] 此外，中国积极倡导防止外空武器化、防止外空军备竞赛，推动外空非武器化的国际条约以维护外空的和平利用。中国于2008年与俄罗斯共同提交了《防止在外空部署武器、对外空物体使用或威胁使用武力条约》草案，之后又于2014年提交了草案新案文，得到了国际社会赞许。在南极领域，中国与印度、俄罗斯、澳大利亚等国家合作，共同推动“拉斯曼丘陵南极特别保护区”的建设，而且自主建设多个特别保护区和特别管理区，[②] 探索保护极地资源保护新模式。

第三，应对新兴非传统安全挑战。在地区合作方面，中国与东盟国家围绕澜沧江—湄公河建立了多个小多边安全机制，持续供给区域公共产品。这些区域安全合作机制包括：1992年建立的大湄公河次区域合作机制（Great Mekong Subregion，GMS），1993年形成的中、老、缅、泰“黄金四角”地区经济开发合作（“黄金四角计划”），1995年成立的新湄公河委员会（Mekong River Commission，MRC），中国、缅甸、老挝、泰国和联合国禁毒署共同达成的禁毒合作机制（柬埔寨、越南1995年加

---

① 《各国探索和利用外层空间活动的法律原则宣言》，http：//www.cnsa.gov.cn/n1081/n85401/100812.html；《空间物体所造成损害的国际责任公约》，http：//www.oosa.unvienna.org/oosa/zh/SpaceLaw/gares/html/gares_26_2777.html。

② 郑英琴：《全球公域的内涵、伦理困境与行为逻辑》，《国际展望》2017年第3期，第99—113页。

入），2011 年中老缅泰湄公河流域执法安全合作机制。[①] 此外，在互联网安全等非传统安全领域，中国也积极发声。随着举世瞩目的全球互联网治理“乌镇进程”的稳步向前推进，中国提出的“尊重网络主权”“尊重各国自主选择网络发展道路”“共同构建网络空间命运共同体”的倡议，越来越获得国际认可，这些是中国向全球互联网治理贡献的一批新理念。[②] 2015 年第二届世界互联网大会在浙江乌镇举行，全球 120 多个国家和地区的 2000 多名嘉宾在此共商世界互联网发展大计。中国领导人在大会开幕式上提出推进全球互联网治理体系变革的四项原则：尊重网络主权、维护和平安全、促进开放合作、构建良好秩序。[③] 此后，中国建立的乌镇智库定期对世界互联网发展与治理发布报告，为尝试开创新的治理模式不懈努力。

（五）民间组织领域的传统公共产品供给

价值类公共产品的供给相对缓慢，而且周期很长，综合来看中国在全球层面的新观点、新倡议开始增多，例如前文论述的“命运共同体”“新安全观”等等。这里我们重点分析中国社会组织参与全球治理的角色。社会组织自身所具备的非政府性、开放性与公益性，使其容易贴近基层群众，可以有效发挥吸引民心的作用，在某种意义上这也是软实力与价值观的展现。为此，我们尝试把民间组织的公共产品供给归类到价值领域，以它们的供给案例说明其凝聚人心、传递理念的价值。社会组织作为公民社会的代表，有助于发挥“自下而上”的治理优势，以找回全球治理中“人”的因素。[④] 近年来，中国社会组织逐渐在学习中深入

① 张励：《水外交：中国与湄公河国家跨界水合作及战略布局》，《国际关系研究》2014 年第 4 期，第 31—32 页。

② 《尊重网络主权为全球网络治理贡献中国方案》，《中国社会科学报》，2015 年 12 月 18 日。

③ 《解析习近平互联网大会主旨演讲三大要义》，新华网，2015 年 12 月 16 日，http://news.xinhuanet.com/world/2015－12/16/c_1117484799.htm。

④ Charlie Jeffey, “Sub－National Mobilization and European Integration: Does It Make any Different?”, *Journal Common Market Studies*, Vol. 38, No. 1, 2000, p. 23.

全球治理进程，彰显了中国软实力。总体而言，其参与全球治理的模式有三类：

第一，利用现有项目平台，直接参与国际援助。在人道主义救援方面，中国社会组织表现踊跃。2015年4月，中国国际救援队、蓝天救援队、蓝豹救援队等20余家中国民间救援组织深入遭遇重大地震的尼泊尔，在积极提供生活用品与救灾必需品之余，还开展专业的建筑修复与灾害评估、教育机构重建、文具发放和心理支持等项目。[①] 2016年4月，在遭受7.8级地震重创的厄瓜多尔，中国民间组织再次发挥援助先锋角色，包括中国扶贫基金会、爱德基金会、深圳壹基金公益基金会等在内的民间组织救灾行动成效显著，增进了国际社会对中国民间义举的了解与赞赏。此外，中国青少年发展基金会与世界杰出华商协会促进希望工程多次走进非洲，为坦桑尼亚、布隆迪、肯尼亚、卢旺达等国家援建22所希望小学，保障青少年的受教育权利。同时，医疗领域的海外公益项目也引人注目，2016年3月中国慈善联合会发起的“湄公河五国光明行”、2016年11月启动的“健康快车斯里兰卡光明行”等公益行动，为当地贫困白内障患者实施免费治疗，获得高度评价。[②] 这类民间社会组织通过现有合作平台，为提供更高水平的全球公共产品积累了宝贵的经验。

第二，通过知识网络供给思想类公共产品。全球性知识公物（knowledge commons），例如规范、智慧、理论都是向每个人开放的产品，而认知共同体是思想公共产品的供给基地。中国社会团体通过参与治理议题的国际倡议与对话，可以有效凝集国际共识，降低治理成本。2016年7月，青岛举办了二十国集团民间社会（C20）会议，来自世界各地的民间代表以“消除贫困、绿色发展、创新驱动与民间贡献”为主题进行深入讨论。会议通过了《2016年二十国集团民间社会会议公报》，对全球应对气候变化、强化全球伙伴关系网络等提出诸多务实方案。与

---

① 《尼泊尔地震牵动四方　中国海外救援力量初长成》，中国新闻周刊，2015年5月19日，http：//www.chinanews.com/gj/2015/05－19/7286288.shtml。

② 《驻斯里兰卡大使易先良出席健康快车“光明行”活动开诊仪式》，外交部网站，2016年12月9日，http：//www.fmprc.gov.cn/web/zwbd_673032/gzhd_673042/t1422749.shtml。

之类似的还有中国智库积极参与东亚思想库网络（NEAT）、二十国集团智库会议（T20）、金砖国家公民论坛（Civic BRICS）等思想交流平台，对“后金融危机时代”、千年发展目标、“新发展观”等理念的提出做出贡献，展现了中国社会组织的风采。

第三，创造性设立国际奖项或国际标准。国际性奖项与标准可以为全球治理提供方向与激励，有助于引发公众关注，激发应对全球问题的集体行动。在2016年，腾讯公益基金会和陈一丹基金会的发起人陈一丹宣布设立25亿港元（约3.2亿美元）全球最具规模的教育奖，致力于引导和加强基础教育与教学。此外，盛大创始人陈天桥宣布成立10亿美元基金支持脑科学研究，北京巧女公益基金会发起人何巧女宣布将投入10亿美元用于可持续发展事业，都是重要的奖项设定与捐赠义举，引发国际舆论的广泛关注。另一方面，国际规则与行业标准的设定，往往也被视为国家软实力的重要体现，是一个国家通过单方努力为世界贡献的公共产品。① 2010年2月26日，中国国际经济交流中心（简称CCIEE）正式推出了一个表征全球航运市场景气度的综合指数“上海航运指数”（Shanghai Shipping Index，SSI），这是我国航运界发布的首个全球性指标，凸显了中国在国际航运业的定价影响力。这种国际标准的提出增加了行业的软环境建设，既强化了中国话语权，也为世界经济提供晴雨表，是全行业共享的公共产品。② 在政府大力鼓励民间组织“走出去”的背景下，有越来越多的中国企业、智库、科研院校开发出领先世界的专业指标，建立各种开源数据库，为国际提供优质高效的价值类公共产品。

五、中国参与联合国议程的公共产品供给

联合国本身就是促进全球治理的公共产品，中国在此框架下的治理

---

① ［美］斯科特·巴雷特：《合作的动力：为何提供全球公共产品》，黄智虎译，上海人民出版社，2012年版，第165—180页。

② 《上海航运指数欲叫板BDI》，《中国经营报》，2010年3月8日。

实践便具备天然的合法性与正当性。作为联合国安理会常任理事国与第二大会费缴纳国，中国对联合国的贡献路径也越来越多元，其中涉及的全球公共产品有两类：一是中国从资金、技术与人力方面对联合国及其相关系统的直接支持，这可以帮助联合国提高全球治理效率，维护其权威；二是在落实联合国可持续发展议程的过程中，产生国内与国际公共产品。联合国千年发展计划（2000—2015）在全世界产生了广泛影响，取得了全面而显著的全球治理成就。随后开启的2030年可持续发展议程，为2030年的全球社会制订了更宏大的发展目标。中国既是新兴大国，更是发展中国家，依然艰巨的国内发展任务与落实联合国2030年议程相互促进，通过实现国内治理与全球治理的无缝对接，将惠及世界，发展自己。

（一）为联合国贡献经费与人力资源支持

联合国会费主要用于维持联合国秘书处的正常运转并开展各项活动，由会员国共同分担，并主要依赖会员国支持。但令人遗憾的是，长期以来联合国的治理行动缺乏足够资金支撑。据统计，整个联合国系统的预算每年一共才大约400亿美元，相比起它遍布世界的1200多个分支机构，常常捉襟见肘。[①] 随着综合国力不断增强，中国成为分摊联合国会费比例增速最快的国家。通过贡献高额会费直接支持联合国的全球事业，是大国参与全球治理的重要途径之一。[②]

在2000年以前，中国分摊联合国会费仅为0.995%，2000年之后中国分摊会费比例迅速上升，2013年至2015年，中国的联合国会费分摊比例为5.148%；2016年至2018年，中国的会费分摊比例达到7.921%，仅次于美国（22%）和日本（9.68%），位居第三。而且自2016年开始，中国缴纳的维和预算比例为10.3%，首次超过日本，成为

---

① Bruce Jenks：《对联合国进行投资》，载张贵洪、郭峰铖主编：《中国、联合国与全球治理》，时事出版社，2014年版，第34—35页。

② 联合国官网数据库，Assessment of Member States' Contributions to the United Nations Regular Budget，http：//www. un. org/zh/members/2011. shtml。

仅次于美国的第二大维和经费贡献国。一直以来，中国积极履行联合国财政义务，极大支持了联合国的发展。① 根据联合国会费比例三年调整一次的惯例，2019 年中国会费的分摊比重已提升至 12%，超过日本，成为第二大经费贡献国（参见图 1－3）。除经费之外，中国近年在联合国框架下的全球可持续发展、人道主义救援、反恐维和以及冲突调停、发展中国家援助等领域，也更加积极有为。

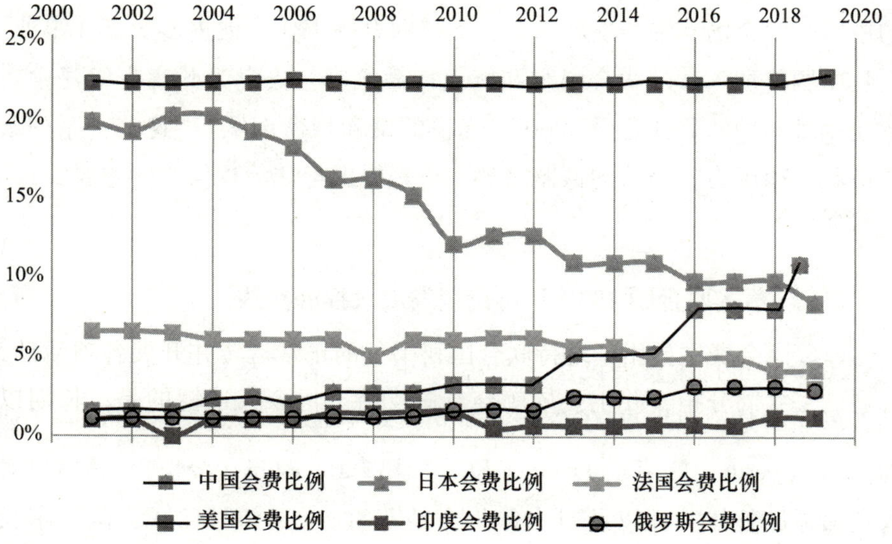

图 1－3　世界主要大国的联合国会费分摊比重变化（2001—2017）

数据来源：联合国文献检索系统（UNBISNET）：Assessment of Member States' Contribution for United Nations Regular Budget，其中 2018—2020 年部分为笔者根据惯例的预测。

在维和部队派出数量方面，2014—2015 年中国派出维和人员 3079 人，遥遥领先于美国等西方发达国家。在与联合国教科文组织的合作方面，中国也表现出色，例如在非物质文化遗产保护与公平教育政策方面的进步，都获得联合国的充分肯定。同时，中国非常重视对联合国的政治支持。2015 年在第 70 届联合国大会及其系列峰会上，中国对支持联

① 《中国会费占比涨 53%，联合国点赞》，《新京报》，2015 年 12 月 30 日。

合国发展做出了广泛的承诺，具体包括：在环境方面，中国承诺推动“中国气候变化南南合作基金”尽早投入运营，支持其他发展中国家应对气候变化。在社会发展方面，中国宣布向联合国妇女署捐款1000万美元，用于支持落实2015发展议程的相关目标；之后5年内，中国计划帮助发展中国家实施100个“妇幼健康工程”和100个“快乐校园工程”，邀请3万名发展中国家妇女来华参加培训，并在当地培训10万名女性职业技术人员。① 在和平与安全方面，承诺设立为期10年、总额10亿美元的中国—联合国和平与发展基金，支持联合国工作，促进多边合作事业。而且中国将加入新的联合国维和能力待命机制，决定为此率先组建常备成建制维和警队，并建设8000人规模的维和待命部队。② 这些一系列新举措是中国国力提升后的慷慨之举，也是提振全球治理信心的重要实践。

（二）落实联合国2030年可持续发展议程的实践

2030年可持续发展议程（简称2030年议程）是重大的国际公共产品，彰显的是全球发展的“5P”理念，即People（人人）③、Planet（地球）、Prosperity（繁荣）、Peace（和平）和Partnership（合作），透露出对人类命运的整体关怀以及对个体生命的尊重。④ 正如时任联合国秘书长潘基文所说，“这既是一份造福人类和地球的行动清单，也是谋求取得成功的一幅蓝图。”⑤ 2030年可持续发展议程是在联合国千年发展目标基础上的扩展，例如千年发展目标（2001—2015年）旨在2015年将全球贫困人口比1990年减少一半，而2030年可持续发展议程则更进一步，

① 《将向发展中国家提供“8个100”》，《北京青年报》，2015年9月28日。

② 朱丹丹、孙靓莹、徐奇渊：《重振可持续发展的全球伙伴关系》，社会科学文献出版社，2016年版，第128—129页。

③ 此处的people，并非指单个的、具体的人或族类，也非泛指的民众或人类，而是指人人，每一个人，强调“一个都不落下”，关注每一个人的尊严和权益。

④ 潘家华、陈孜：《2030年可持续发展的转型议程》，社会科学文献出版社，2016年版，第8页。

⑤ 《联合国〈2030年可持续发展议程〉正式生效》，人民网，2016年1月1日，http://world.people.com.cn/n1/2016/0101/c1002-28002097.html。

致力于2030年消除所有极端贫困与饥饿，消除一切形式的营养不良。当然，实现全球减贫、提升教育质量、社会和谐与经济繁荣等目标，需要每个国家在国内层面供给充分的公共产品，让每个国民生活水平得到切实提升，同时在国际层面建立全球伙伴关系，促进国家之间积极开展治理合作，动员非政府组织、国际组织、企业与公民社团的多元参与（参见表1－3）。联合国可持续发展议程的新变化对于中国而言，既是加快自身发展的契机，也是与国际社会一道提升人类整体发展层次的抓手。

表1－3　联合国可持续发展目标与中国贡献

类别	可持续发展目标（2016—2030年）	中国供给公共产品方式
以人为中心（People）	（1）在全世界范围消除一切形式的贫困； （2）消除饥饿，实现粮食安全，改善营养状况和促进可持续农业； （3）确保健康的生活方式，促进各年龄段人群的福祉； （4）确保包容和公平的优质教育，让全民终身享有学习机会； （5）实现性别平等，增强所有妇女和女童的权能； （6）为所有人提供水和环境卫生并对其进行可持续管理； （7）确保人人获得负担得起的、可靠和可持续的现代能源	·提前10年实现目标全部脱贫目标； ·建立南南合作援助基金、“6个100”项目等务实举措； ·到2022年与联合国粮农组织合作执行10个左右南南合作国别项目； ·积极开展水和环境等相关领域的南南合作、多边合作；促进最不发达国家、小岛国和非洲国家新能源普及
经济持续繁荣（Prosperity）	（8）促进持久、包容和可持续的经济增长，促进充分的生产性就业和人人获得体面工作； （9）建造具备抵御灾害能力的基础设施，促进具有包容性的可持续工业化，推动创新； （10）减少国家内部和国家之间的不平等； （11）建设包容、安全、有抵御灾害能力和可持续的城市和人类住区； （12）采用可持续的消费和生产模式	·推进“一带一路”建设，发挥亚投行、金砖国家新开发银行、丝路基金作用，共建开放多元共赢的金融合作平台； ·倡议公正、合理、透明的国际经贸规则体系；对所有同中国建交的最不发达国家97%的税目产品给予零关税待遇； ·共建国际合作园区

续表

类别	可持续发展目标（2016—2030 年）	中国供给公共产品方式
全球环境(Planet)	(13) 采取紧急行动应对气候变化及其影响； (14) 保护和可持续利用海洋和海洋资源以促进可持续发展； (15) 保护、恢复和促进可持续利用陆地生态系统，可持续管理森林，防治荒漠化，制止和扭转土地退化，遏制生物多样性的丧失	·落实《“十三五”控制温室气体排放工作方案》； ·发展气候变化南南合作基金，帮助落后国家补齐短板； ·在落实《巴黎协定》、金砖合作机制、G20 峰会倡议中发挥领导作用
社会公正和谐(Peace)	(16) 创建和平、包容的社会以促进可持续发展，让所有人都能诉诸司法，在各级建立有效、负责和包容的机构	·维护国际公共安全，积极支持并参与联合国维和行动，参与管控热点敏感问题； ·参与国际网络空间治理； ·维护区域稳定
提升伙伴关系(Partnership)	(17) 加强执行手段，重振可持续发展全球伙伴关系	·建立南南合作援助基金、中国—联合国和平与发展基金； ·成立中国国际发展知识中心，分享中国经验； ·南南合作与发展学院为其他发展中国家提供学历教育、技能培训和经验分享； ·鼓励各领域多层次合作

资料来源：根据中国外交部、联合国网站整理。

为了落实好 2030 年议程，中国更需百尺竿头更进一步。从供给侧角度来看，中国落实联合国发展议程所生产的公共产品包括：

一方面，促进以人为中心的发展，成为全球减贫事业的支柱。中国是人口大国，任何国内公共产品的外溢都将构成全球公共产品的重要一部分。在国内治理上，中国政府公开承诺比联合国 2030 目标提前 10 年实现全部脱贫，即到2020年让中国现行标准下的农村贫困人口全部脱贫。[①] 在公共卫生方面，中国也计划超标准完成联合国2030年可持续发展议程。争取到2020年，全国孕产妇死亡率降为18人/10万人，到2030年力争下降到12人/10万人（2030年议程的目标是70人/10万人）。[②] 习近平主席在出席2015年联合国可持续发展峰会时承诺，将建立南南合作援助基金、推出“6个100”项目等务实举措，帮助其他发展中国家发展经济，改善民生，消除贫困。[③] 同时，向世界分享发展经验也是供给公共产品的重要方式。作为当今最大的新兴国家中国也有责任在国际合作中发挥引领作用，贡献中国独特的发展经验与发展优势。中国充分利用联合国平台进行多边合作、单边援助与经验培训。例如，积极开展水和环境等相关领域的南南合作；利用“减贫与发展高层论坛”“中国—东盟社会发展与减贫论坛”“中非合作论坛—减贫与发展分论坛”等平台，分享中国减贫的理念、经验与实践。《中国落实2030年可持续发展议程国别方案》宣布，到2022年中国将与联合国粮农组织合作执行10个左右南南合作国别项目，在“一带一路”建设农业合作框架下开展合作。[④]

另一方面，在非传统安全领域，发挥关键一环的作用。水资源供给也是一种最薄弱环节公共产品。中国特殊的地理位置，在水资源上向周边国家不断供给着公共资源与服务。青藏高原冰川分布区是亚洲10条大江大河的水资源形成区，[⑤] 但随着气候变暖等不利因素影响，中国西部冰川开始消融，这一变化不仅关系到中国的可持续发展，而且也涉及周边国家的水资源安全。随着冰川水资源变化导致河川径流减少，很有可能导致水资源争夺和跨国移民潮，甚至造成国际争端和冲突。[⑥] 联合国

---

① 外交部：《中国落实2030年可持续发展议程国别方案》，2016年9月，第19页。

② 《2020年全国孕产妇死亡率将降至18/10万》，新华网，2017年1月20日。

③ 《中国将设南南合作援助基金首期将设20亿美元》，《京华时报》2015年9月27日。

④ 外交部：《中国落实2030年可持续发展议程国别方案》，2016年9月，第21页。

⑤ 李志斐：《气候变化与中国周边地区水资源安全》，《国际政治研究》2015年第4期，第37—55页。

⑥ Peter Schwartz and Doug Randal, “An Abrupt Climate Change Scenario and Its Implications for United States National Security,” October, 2003, http://www.s-e-i.org/pentagon_climate_change.pdf, 2015-05-02.

政府间气候变化专门委员会估计，由于全球温度上升，喜马拉雅山的冰川规模至2050年可能减少大约25%。[①] 美国俄亥俄州立大学冰河学家劳尼·汤普森（Lonnie Thompson）表示，如果冰川以目前的速度融化，青藏高原有2/3的冰川可能2050年之前消失。最近30年来，青藏高原的冰川面积减少了4420.78平方千米，平均每年减少147.36平方千米，总减少率达9.05%。[②] 中国是青藏高原冰川区的主要保护国，中国对该地区的生态保护投入，以及对国际河流源泉的保护投入，都是一种单方面的积极努力，直接保证了众多亚洲国家的水源安全，是一种利己利人的公共产品供给行为。

六、中国供给全球公共产品的挑战与潜力

在世界权力转移过程中霸权国对全球治理往往犹豫徘徊，供给侧理论主张将分析焦点从霸权国转移到新兴国家。崛起国的供应思路与霸权稳定论有很大不同，新兴大国参与供给将解决霸权稳定论的三点难题。一是供给意愿问题。大国供给公共产品是有选择性的，在对自己利益没有明显好处，而国际社会又普遍需要的治理领域（例如减少碳排放），存在供给意愿不足的问题。在这个意义上，霸权稳定论无法解释美国拒签《京都议定书》与《联合国海洋公约》，退出《巴黎协定》等带头破坏全球治理的现象。二是供给能力问题。罗伯特·吉尔平曾指出，国际政治是非均衡发展的，霸权国本身会衰落；[③] 并不是任何历史时期都存在霸权国，况且也不存在一个霸权国足够强大到能同时完成国内、区域与全球公共产品供给三大任务。因此世界治理依然需要崛起国与新兴国

---

① R. T. Watson, et al., eds., *The Regional Impacts of Climate Change: An Assessment of Vulnerability*, Cambridge: Cambridge University Press, 1997, p. 14.

② 秦大河主编：《中国气候与环境演变：2012（第1卷）》，气象出版社，2012年版，第122页。

③ ［美］罗伯特·吉尔平：《世界政治中的战争与变革》，上海人民出版社，2007年版，第5页。

国家承担一部分责任。三是霸权自我约束难题。超级大国不一定是一个能自我克制的大国，其可能会利用权力优势滥用公共产品。例如，尼克松时期的美国解除了“金本位制—布雷顿森林体系”；小布什政府则公然绕过联合国发动阿富汗战争，这些都是破坏全球治理的行为。[①] 在反思基础上，我们认为中国当前具备越来越充分的供给意愿与能力，当然在对供给领域进行梳理之后，我们还需要评估中国供给公共产品所面临的问题和不足，以及未来可以拓展的优势领域。

（一）中国参与全球治理的挑战

党的十八大以来，中国全球治理实践取得了显著成效，但同时也暴露出一些短板与不足。供给侧理论认为，新兴大国应该重点供给自己具有比较优势的领域，也应补齐存在缺失的短板。为此中国需要不断学习探索，正视不足，有所为有所不为。[②] 需要明确的是，中国既是一个崛起的新兴大国，同时也是一个发展中大国，在参与全球公共产品供给方面经验不足，治理手段与配套机制建设也相对落后，这些都是有待进一步完善的地方，具体而言分为六方面：

第一，自身发展不均衡，制约了全球公共产品供给的范围与力度。改革开放以来，中国在经济发展与社会进步方面的成就举世瞩目，但不可否认的是，快速的经济发展与相对粗放的发展模式也制造出国际公害。比如，中国是世界最大的石油消费国、最大的温室气体排放国，长期高速增长的经济也掩盖背后所付出的沉重代价。中国创造了全球 12.3% 的 GDP，但能源消费占到全球的 21.5%，单位 GDP 耗能量与排污量也处于世界前列，这是中国经济整体小康后需要着手重点治理的问题，也是经

---

① 谢来辉：《全球公共物品提供的逻辑：以应对气候变化的国际合作为例》，中国社会科学院研究生院博士学位论文，2011 年，第 115 页。

② 张春：《国际公共产品的供应竞争及其出路：亚太地区二元格局与中美新型大国关系建构》，《当代亚太》2014 年第 6 期，第 59—60 页。

济转型的主要难题。[①] 在人均发展水平方面，中国与发达国家差距显著，依然面临消除贫困、资源节约、卫生健康、环境保护、生态资源可持续发展等诸多方面的艰巨任务。2016 年中国人均 GDP 为 8865 美元，在世界排名第 69 位，在份额上只是美国人均 GDP 的 1/7，日本的 1/3。[②] 考虑到地区差距、城乡差距、环境透支等问题，中国与上述发达国家的经济发展质量的差距还会拉大。必须清醒地认识到，中国还是一个发展中大国。依照衡量各国社会经济发展程度的人类发展指数（Human Development Index，HDI），2016 年中国人类发展指数排名仅为世界第 90 位，得分 0. 727，处于中等人类发展水平。[③] 同样，根据贝塔斯曼基金会（Bertelsmann Stiftung Foundation）的可持续发展目标指数（SDG Index），中国为 59. 1 分，也处于中间水平，与领先国家之间也存在较大差距，例如瑞典得分 84. 5，丹麦 83. 5，日本 75. 0，美国 72. 7。[④] 为此需要集中精力继续发展自身，国内公共产品的供给任务也依然繁重。

第二，面临霸权国的竞争优势与战略压力。传统的公共产品定义围绕消费侧的特性展开，透视了公共产品供给不足的集体行动困境，但是忽视了供给侧的竞争性与选择性特点。实际上，争夺全球公共产品的供应权是一场没有硝烟的竞争。[⑤] 当全球领导权转移时，这种竞争更加明显。一般而言，全球公共产品的供应竞争有两类：一是地理上的公共产品供应竞争，具有很强的地缘性与阵营对垒特点，保持对中间地带和对

---

① 李毅中：《我国创造 12. 3% 全球 GDP 能耗是国外 2 倍》，新浪财经，http：//finance. sina. com. cn/hy/20141114/094520818640. shtml。

② 数据来源：IMF，International Financial Statistics，2016，http：// www. imf. org/external / data. htm。

③ 人类发展指数是在三个指标的基础上计算出来的：预期寿命，用出生时的预期寿命来衡量；教育程度，用成人识字率（2/3 权重）及小学、中学、大学综合入学率（1/3 权重）共同衡量；生活水平，用实际人均 GDP（购买力平价美元）来衡量。按照联合国标准，较高人类发展水平的 HDI 值为 0. 800 及以上，中等人类发展水平的 HDI 值介于 0. 500 与 0. 799 之间，较低人类发展水平的 HDI 值为 0. 500 以下。

④ SDG 指数大于 66. 7 代表国家的可持续发展目标进程已实现 2/3，是领先国家；SDG 指数介于 66. 7—50. 0 的国家则实现程度不到 2/3，属于居中国家；SDG 指数小于 50. 0 为落后国家，即可持续发展目标实现程度不到一半。

⑤ ［美］戴维 · 兰普顿：《中国力量的三面：军力、财力和智力》，新华出版社，2009 年版，第 10 页。

方阵营的进攻或防守是竞争常态；二是领域性的公共产品供应竞争，在政治、经济、文化、安全等不同领域进行的竞争。在大国相互依赖、相互竞争的背景下，中国要供给具有自身特色的公共产品，必须充分评估自己面临的可能风险与压力。例如，在中国积极供给“一带一路”公共产品时，就有不少西方学者忧虑地指出，中美之间将围绕“一带一路”、亚投行等公共产品触发地缘政治竞争。从地理范围上看，美国的“新丝绸之路计划”、俄罗斯主导的“欧亚经济联盟”、日本的“高质量基础设施合作伙伴关系”、印度主导的“东向政策”与“季节计划”（Project Mausam）、哈萨克斯坦等国的跨欧亚运输计划、土耳其发起的“现代丝绸之路”计划等，都与中国的倡议存在一定重叠和竞争。[①] 这些国际压力，是新兴国家必须面对的现实问题，需要重视。

第三，全球公共产品的供给主体分化，中国国际话语权仍显不足。随着全球化进程的深入，非国家主体崛起并参与议程制定、规则遵守、过程监测等环节。全球治理的多元化与经济自由化、技术扩散和知识权威的分散密切相关。[②] 随着国际非政府组织、跨国社会运动、全球公民网络、跨国公司等行为体以多种途径参与公共事务的管理，主权国家在全球公共产品供给中的话语权受到挑战。当前，中国与非政府组织打交道的经验与能力有限，自身参与全球公民社会的努力依然不够。尽管党的十八大以来，在民间组织治理方面取得长足进展，但是中国社会组织参与全球治理的深度不仅落后于欧美日等发达国家，也远远落后于俄罗斯、印度等新兴国家。据联合国经济社会理事会（ECOSOC）的统计数字显示，截至2014年9月，具有联合国咨商地位的社会组织中美国有703家、印度380家、日本150家，而中国（包括港、澳、台地区）则只有105家，数量上只有美国的1/7。[③] 相关统计数据也显示，中国共有

---

① 祁怀高：《“一带一路”对中国周边外交与亚洲发展的影响》，《中国周边外交学刊》2015年第二辑，第70—85页。

② 中国国际经济交流中心、联合国开发计划署：《重构全球治理：有效性、包容性及中国的全球角色》，《全球治理高层政策论坛报告》，第23—26页。

③ 黄浩明：《中国社会组织国际化战略与路径研究》，《中国农业大学学报（社会科学版）》2014年第2期，第29—38页。

国际及涉外组织类的社会组织529个，占2014年度60.6万个社会组织总数的0.09%，其中社会团体516个、民办非企业单位4个、基金会9个。[①] 相比国内社会组织数量的逐年增长，涉外社会组织的增长缓慢，整体上中国社会组织的国际化水平和项目层次都相对较低。[②] 此外，中国对公民社会的培育和公益精神的弘扬相对滞后，国民的全球视野与日益强大的国力不相匹配。

第四，缺乏科学系统的法规体系与配套机制。还是以发展援助为例，我国现有援助法规层级较低，缺少统一的上位法，仅靠部门规章和规范性文件进行管理，远远不能满足援外工作需要。而且不少法规之间缺少统一整合，存在相互制约的现象。而且，中国的外援具体事务是由经济与商业部门负责，而非国际通行的归口外交部管理。对外援助体系曾长期滞后于需求，自2003年国务院机构改革后，援外事务归口商务部管理，另下设三个对外援助执行机构：国际经济合作局、中国国际经济技术交流中心、国际商务官员研修学院。过于分散的组织架构，在整体上缺乏统一规划与资源整合。尽管2008年设立了对外援助的部际联系机制（2011年该机制升级为部际协调机制），但是效果依然有限。[③] 2018年，十三届全国人大决定组建国家国际发展合作署。未来，还应该尽快建立与我国援助理念相适应的效果评估指标体系。例如，在国际范围比较援助效果，并对项目竞争力、预算合理性等进行评估；也应对项目的战略意义、对当地经济社会产生的影响全面评估；最后在人员和预算效率方面，提高规划可信度与成本合理性。[④]

第五，全球公私伙伴关系建设滞后。尽管中国社会组织参与全球治

---

① 来自民政部《社会服务发展统计公报》数据。

② 徐静等：《中国社会组织参与全球治理的国际化战略和路径研究》，中国社会组织网，http://www.chinanpo.gov.cn/700105/92413/newswjindex.html。

③ 周太东、孙同全：《对外援助规制体系比较研究》，中国社会科学出版社，2015年版，第51页。

④ 毛小菁：《提高发展援助质量》，载左常升等：《国际发展援助理论与实践》，社会科学文献出版社，2015年版，第85页。

理的实践越来越多，但是整体上还处于起步阶段。[①] 相对其他大国而言，中国民间社会组织供给的国际公共产品还相对低端。未来需要进一步强化公私伙伴关系，以凝聚多方力量，加强参与全球治理的能力。[②] 对此，发达国家长期注重公民社会力量的做法是需要借鉴的，并在借鉴的同时形成中国特色的模式。例如，为了促进对外援助效果，法国成立了国际合作高级理事会（High Council for International Cooperation，HCIC）、发展合作委员会（Development Co－operation Commission）和基层发展合作国家委员会（National Commission for Decentralized Cooperation），这些机构专门负责与非政府组织保持合作和联系。与之类似，英国国内与发展援助有关的非政府组织达300多个，比较著名的有牛津饥荒救济委员会（Oxford Committee for Famine Relief，Oxfam）、拯救儿童基金会（Save the Children）等具有重大影响力的组织。这些组织在援外活动中迅速高效，费用低廉，尤其是在与受援国基层组织合作实施小型项目方面和灾后救援方面，都有不可替代的作用。[③] 为此，中国需要积极编织海外多边渠道网络，开阔视野，供给高水平、创新性的公共产品。[④]

（二）中国参与全球治理的潜在优势

认识到差距，就能明确下一步改进的方向。同时了解自己的比较优势，也能够在规划中进行轻重缓急的安排，优先供给那些中国有明显优势的公共产品，这样可以短时间呈现明显效果，也能增加中国参与全球治理的信心。经过几十年发展，中国实现了其他国家几百年取得的发展成就，当我们前所未有地走近世界舞台中心时，需要着眼未来，充分释

---

① 邓国胜等：《中国民间组织国际化的战略与路径》，中国社会科学出版社，2013年版，第293页。

② 白云真：《“一带一路”倡议与中国对外援助角色》，《世界经济与政治》2015年第11期。

③ 刘鸿武、黄梅波等：《中国对外援助与国际责任的战略研究》，中国社会科学出版社，2013年版，第453页。

④ 王逸舟、张硕：《中国民间社会组织参与国际公共产品供给：一种调研基础上的透视》，《当代世界》2017年第7期，第15—18页。

放自己的潜力。[①] 中国的成功发展正揭示其巨大潜力，其中有三点比较突出：

第一，在大型基础设施建设方面，中国的技术优势与成本优势明显。毫无疑问，道路、桥梁、运河与港口等基础设施建设，是未来10年亚洲经济繁荣的基础。而中国在基础设施建设方面具备显著的优势。一方面，中国的大型基建技术处于世界一流水平，建设大型工程的经验丰富。[②] 例如，中国是世界最大的可再生能源生产国，其中水力发电技术非常成熟，国内水电设施的配置能力长期位列世界第一。[③] 再例如，中国拥有世界上最长的高速铁路网络，2016年年底中国的高铁运营里程已超过2万公里，占全世界高铁总量65%左右。[④] 另一方面，中国的技术成本与劳动力成本偏低，向外输出大规模基础设施建设模式的比较优势明显。[⑤] 从规模与质量上看，中国领先世界的“超级工程”大致包括以下若干项：

（1）中国建立了世界最大的漂浮式太阳能发电站。该电站的发电量达40兆瓦，而此前全球最大漂浮式太阳能电池阵发电量仅为6.3兆瓦，这充分展现了中国在风力、水利和太阳能发电方面的技术实力；（2）建立超级望远镜工程。中国自2016年开始建设世界最大的望远镜——“500米口径球面射电望远镜”（FAST）工程，该工程位于中国西南部贵州省的一片天然洼坑中，规模远超此前世界第一的阿雷西博望远镜（口径为305米），可有效接收宇宙最深处的无线电波，对于航天探索发挥极

---

① 王恬：《奋力开拓中国特色大国外交新局面》，《人民日报》2017年8月31日。

② KPMG, *Infrastructure in China: Sustaining Quality Growth*, Hong Kong: KPMG International, 2014, https://home.kpmg.com/cn/en/home.html.

③ 林毅夫、王燕：《超越发展援助：在一个多极世界中重构发展合作新理念》，北京大学出版社，2016年版，第127页。

④ 辛闻：《中国高铁里程达2万多公里，占全世界高铁总量65%左右》，中国网，2016年12月29日，http://www.china.com.cn/news/2016-12/29/content_40005460.htm。

⑤ 中国高铁具有350千米的最高时速优势，其标准的基础单位成本约为1700万~2100万美元；而欧洲发达国家的高铁时速最快300千米，且估算成本为每千米2500万~3900万美元；而美国与日本高铁的建造成本则更高，几乎达到每千米5200万美元。参见International Transport Forum, December 2013, http://www.itf-oecd.org/search/statistics-and-data?f[0]=field_publication_type%3A648&f[1]=field_publication_type%3A657。

为重要的支撑作用；（3）拥有超级对撞机。欧洲核子研究组织（CERN）曾建造了世界最大、能量最高的大型强子对撞机，由来自100多个国家的10000多位科学家、工程师合作研制而成；而中国正计划建造的对撞机，周长在50—100千米，其产生的能量将是欧洲的七倍；（4）南水北调工程、三峡大坝工程等世界性水利工程。南水北调的总调水里程达4350公里，每年调用448亿立方米的水资源，从调水容量与调水里程来看都是世界第一。三峡大坝工程则为当今世界最大的水力发电工程，历时12年建成，累计发电量突破1万亿千瓦时，在水电领域创造诸多世界第一；（5）跨海大桥工程。港珠澳大桥总长55千米，集桥、岛、隧道于一体，是迄今为止世界上总体跨度最长、钢结构桥体最长、海底隧道最长的跨海大桥，创造了众多“世界第一”；（6）量子卫星与火星探测器等航天技术发展。2013年中国首个探测器登陆月球，2016年8月中国继而发射了世界首颗量子科学实验卫星“墨子号”，实现了空间对地面量子密钥分发，被称为人类科学的一个“里程碑”，引发业界高度关注。①

第二，中国发展经验可以为发展中国家提供新思路。中国是一个具有多元身份的国家，既是崛起大国又是发展中国家，也几乎同时经历了工业化阶段、后工业化阶段，这种阶梯式发展阶段的共存使中国具备了应对发展差距的充足经验。② 例如，在农业与脱贫、扶贫方面，中国积极分享可复制推广的理念型公共产品，众多发展模式正在成为他国的参考样板。在坦桑尼亚，中国援助的杂交水稻技术每公顷产量高达9—12公吨，高出当地传统种植技术产量的4倍。③ 正是因为国情复杂，中国的改革道路强调循序渐进、以点带面。自改革开放以来，中国在每次大规模改革之前都会通过试点积累经验，其中最成功的例子当属农村家庭

---

① 《我国成功发射世界首颗量子科学实验卫星“墨子号”》，2016年8月16日，http://www.gd.xinhuanet.com/newscenter/2016-08/16/c_1119401729_2.htm。

② 中国国际经济交流中心、联合国开发计划署：《重构全球治理：有效性、包容性及中国的全球角色》，《全球治理高层政策论坛报告》，2013年9月，第28页。

③ 钱文荣：《联合国应在粮食安全全球治理中发挥主导作用》，载张贵洪、郭峰铖主编：《中国、联合国与全球治理》，时事出版社，2014年版，第158—159页。

联产责任承包制试点、深圳特区经济改革试点、沿海城市带开放试点与上海自贸区制度试点等。这种渐进模式有助于在制度创新上积累可复制、可推广的经验，将本国国情与国际规则有效对接，降低改革风险。当前中国已经形成了一个由南至北、由东至西的“1+3+7”自贸区试点新格局。① 自由贸易试验区瞄准制度创新，可以为南方国家提供改革的模式。中国目前正在进行的人类历史上最大规模的现代化、工业化与城市化进程，将解决一系列重大发展难题，这些经验实践是西方国家很难传递给发展中国家的经验，是为全人类发展提供思路的大胆尝试。②

在经验分享方面，中国国际发展知识中心是近年来中国共享全球知识的重要平台。该中心专门挑选中国发展过程中的代表性案例，对国家治理能力现代化、特区试点经验、农村人口脱贫等方面的经验给予系统总结，由此以点带面，丰富全人类共同的知识宝库。③ 国际发展知识中心成立于2017年8月，目前已经积极开展适合各国国情的发展实践和理论研究，深化各国发展领域研究成果交流（参见表1-4）。④ 在此之前，2016年4月南南合作与发展学院在北京大学正式成立，通过提供学历学位教育名额、分享发展经验，中国帮助发展中国家提升了落实可持续发展目标的能力。此外，中国意识到在全球治理过程中建立统一的科研力量显得尤为必要。因为研究力量如果分散在多个国家的弱小而独立的研究中心或大学，那么其规模效应与网络效应就难以彰显。因此，为了推动优质人才与研究机构发展，以及区域公共产品的供给，中国在探索成立更多高质量的公共知识中心与民间智库。当知识精英聚集起来后，新的治理方案与技术创新可能就会涌现，知识也能向流水一样，从研发中

① 王萌、卢泽华：《自贸区引领中国全方位开放，构筑辐射“一带一路”网络》，《人民日报（海外版）》，2017年3月29日。

② 《中国国际发展知识中心启动，为实现全球可持续发展贡献中国智慧》，国际在线，2017年8月22日，http://news.china.com/news100/11038989/20170822/31151884_1.html。

③ 《习近平向中国国际发展知识中心启动仪式暨〈中国落实2030年可持续发展议程进展报告〉发布会致贺信》，新华社，2017年8月23日，http://zj.people.com.cn/n2/2017/0823/c186327-30643365.html。

④ 外交部：《中国落实2030年可持续发展议程进展报告》，2017年8月，第63—65页。

心流向知识洼地。①

表 1-4　中国国际发展知识中心专题项目表

项目名称	主要内容
中国园区发展经验研究	总结中国园区发展经验，探讨中国园区发展经验对其他国家的借鉴意义。世界银行提供巴基斯坦园区案例，联合国工发组织提供埃塞俄比亚园区案例，欧洲复兴开发银行提供白俄罗斯园区案例
丝路国际智库网络（SiLKS）平台建设	与 SiLKS 伙伴和成员合作，围绕“五通”开展专题研究
发展中国家“中国发展基本经验及案例”研修班	已连续开班 14 年，共培训来自 94 个国家的 447 名官员及学者。培训内容包括中国基本国情和发展经验、政策、制度与规划等，还组织学员前往中国各地调研
儿童可持续发展	与联合国儿童基金会合作开展，推动中国和“一带一路”相关国家的儿童可持续发展。三方面研究重点：总结并传播中国在儿童营养健康方面的经验；开展亚洲地区儿童早期发展研究；监测“一带一路”相关国家儿童可持续发展目标进展
中国落实 2030 年可持续发展议程进展报告	与中国外交部等机构合作
全球发展治理转型与中国担当研究	待发布，与英国国际发展部等机构合作
人道主义援助研究	待发布，与英国国际发展部等机构合作
“一带一路“与中南半岛经济走廊研究	待发布，与亚洲开发银行等机构合作

资料来源：根据中国国际发展知识中心网站信息整理（登录时间：2017 年 8 月 30 日）。

第三，在互联网、人工智能、大数据分析等新兴技术领域，中国蕴藏巨大潜力。玛丽·米克（Mary Meeker）在 2017 年公布的《互联网趋

① 樊勇明、钱亚平、饶云燕：《区域国际公共产品与东亚合作》，上海人民出版社，2014 年版，第 13 页。

势》报告中指出，在很多方面，中国已经成为全球互联网领袖。在未来，中国因为其巨量网民规模与活跃的互联网思维将重塑全球互联网生态系统，产生重大的规则创新。[①] 据报告显示，2016 年全球互联网用户达到 34 亿，渗透率为 46%，而中国仅仅在移动互联网方面就拥有 7 亿网民，同比增长 12%。同样，2017 年 8 月中国互联网络信息中心（CNNIC）发布的《第 40 次中国互联网络发展状况统计报告》显示，截至 2017 年 6 月，中国网民规模达到 7.51 亿，占全球网民总数的 1/5。互联网普及率为 54.3%，超过全球平均水平 4.6 个百分点。[②] 据此预测，到 2030 年中国将建成世界最大的宽带网络与信息基础设施体系，拥有世界最大的信息化社会和信息化技术覆盖人群。[③] 正是因为中国巨量的人口规模与极为广阔的市场，其数字经济与互联网消费正在领跑全球。如今世界互联网企业呈现中美两分天下的格局，百度、阿里巴巴、腾讯、京东四家企业（简称 BATJ）入围世界互联网十强，几乎占了一半。以 BATJ 为代表的互联网巨头借力自身海量数据优势，大力推进人工智能研发。例如百度建立了专注于人工智能研究的研究所，在基础层面开发“百度大脑”；阿里巴巴在人工智能上关注云计算方面，已推出智能机器人客服平台，开放了国内首个人工智能计算平台 DTPAI；腾讯推出了撰稿机器人 Dreamwriter，在 2016 年成立了人工智能实验室。这些新兴领域的探索，有助于中国占领未来制高点。

此外，中国人口红利也将带动世界消费市场中心转移至中国。据相关数据预测，中国经济将孕育一个超级中产阶级消费市场。目前，中国已经成为全球中产阶级暴增的主要驱动力之一，如果中国经济增长保持现有趋势，那么到 2030 年中国中产阶将达到国内总人口的 75%，这将是撼动世界的一个数字。美国情报委员会也预测认为，到 2020 年全球中

① Mary Meeker, Internet Trends 2017: Code Conference, May 31, 2017, http://dq756f9pzlyr3.cloudfront.net/file/Internet+Trends+2017+Report.pdf.

② 中国互联网络信息中心：《第 40 次中国互联网络发展状况统计报告》，2017 年 7 月，第 13 页，http://free.eol.cn/edu_net/edudown/CNNIC40.pdf。

③ 胡鞍钢：《2030 中国：迈向共同富裕（下）》，《农场经济管理》2012 年第 4 期，第 16—23 页。

产阶级总人口将增长至32亿人，到2030年这一数字更将高达49亿左右。在这个迅猛增长的趋势中，以中国、印度等为代表的亚洲新兴市场将占大部分份额。预计到2020年，中国与印度联合起来的中产阶级人数将占世界数量的66%，其带动的消费消费也将占到59%，而这一数字在2009年仅仅只有23%。[①] 这种来自中产阶级的消费需求将与中国走向全球的步伐同步，未来10年以内中国消费者的力量将进一步迸发，将在全球创造一种“中国消费者支撑外国经济”的现象。这些看似商业领域的巨大的潜力，一旦对全球消费观念、消费方式、消费偏好等产生深远影响，那么也将对全球治理产生深刻影响。中国的人口红利成为全球经济治理中不可忽视的力量。

（三）把握三个时间点：2020年、2030年、2050年

从中国的供给能力看，未来将发生根本性变化。依据目前发展态势，国际社会普遍看好2030年中国实现崛起的前景。有专家分析指出，即便在增长较慢情况下，中国在2015—2020年、2021—2025年和2026—2030年三个时期的GDP年均增长率仍然可以达到6.2%、5.3%和4.3%。[②] 按照这个速度发展下去，“十四五”时期（2021—2025年）中国将迈出“中等国家陷阱”，进入高收入国家行列。[③] 著名经济学家林毅夫也认为，中国经济规模2030年将居世界之首。2030年以后中国相对于其他发达国家差距极大缩小，基本迈入发达国家行列，世界经济的主要中心转移到中国。[④] 国际经济学界甚至有更加乐观的看法，认为到2019年中国经济就将超过美国成为世界第一，等到2030年中国经济总量就将达到66.4万亿美元，这相当于那时美国总量的2倍。在其他指标

---

① H Kharas, The Emerging Middle Class in Developing Countries, OECD Working Paper, 2010, p. 28.

② 李雪松等：《“十三五”及2030年发展目标与战略研究》，社会科学文献出版社，2016年版，第6页。

③ 李雪松等：《“十三五”及2030年发展目标与战略研究》，社会科学文献出版社，2016年版，第21—24页。

④ 《林毅夫：2030年中国将成为世界第一大经济体》，中国新闻网，2017年3月26日。

方面，2030 年中国也将成为全世界最大的科技研发投入、科技出口与人才强国，科技与文化实力首屈一指。与之类似，美国国家情报委员会曾经根据国内生产总值、人口规模、军费开支与科技实力这四个指标计算出一种全球权力指数（global power index）来刻画大国实力消长，该指标体系测算结果显示未来 20—30 年里中国将一枝独秀，成为世界权力增长最快的国家，到 2030 年中国将超越美国成为世界最有权力的国家。后来，美国国家情报委员会对权力指数进行了调整，新加入了健康、教育与治理能力三个指标，使指标体系更加综合全面，而预测结果依然显示 2040 年将是中国成为全球第一大国的时间节点（参见图 1 －4）。[①] 这些重要预测，都将时间点集中在 2020 年、2030 年与 2050 年，据此世界权力格局特别是中国的实力变化将发生根本性转变。我们认为，要预测未来中国供给全球公共产品的方式与领域，需要借鉴这些重要时间节点，形成一幅有层次的演进蓝图。

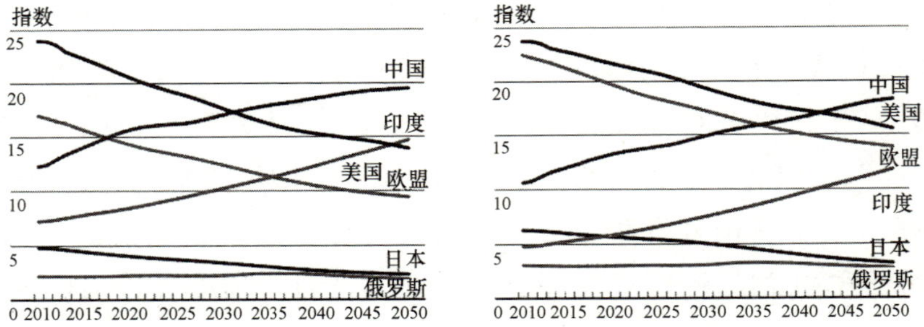

图 1 －4　中国在 2020 年、2030 年、2050 年三个节点的相对实力变化

（左图为旧的权力指数，右图为新的权力指数）

资料来源：US National Intelligence Council，*Global Trends* 2030：*Alternative Worlds*，p. 16.

实际上，中国自身的发展战略蓝图，也刚好与 2020 年、2030 年与 2050 年大致重合。改革开放前后，中国历届领导人都对未来中国与世界进行了长远思考，进而设计出具有中国特色的“四步走”现代化路线图：第一步（1978—2000 年）从绝对贫困到温饱水平再到基本小康；第

① US National Intelligence Council，*Global Trends* 2030：*Alternative Worlds*，2012，p. 16.

二步（2000—2020 年）从小康水平到全面小康社会；第三步（2020—2030 年）从小康社会到共同富裕社会；第四步（2030—2050 年）从富裕社会成为强大的现代化国家。[①] 早在 1987 年，邓小平就第一次完整地阐述了让中国从贫困落后发展中国家走向富强文明发达国家的路线图。[②] 此后，历届中国领导人集体对战略规划坚决贯彻并及时升级，2002 年党的十六大明确提出到 2020 年国内生产总值比 2000 年翻两番，基本实现工业化；党的十七大则进一步提出到 2020 年全面建设小康社会，[③] 党的十八大确定全面建成小康社会。2012 年 11 月在参观《复兴之路》展览时，习近平提出"两个一百年"的战略蓝图，即"到中国共产党成立 100 年时全面建成小康社会，到新中国成立 100 年时建成富强民主文明和谐的社会主义现代化国家"。[④] 党的十九大提出两个"奋斗十五年"。目前来看中国已经完成了"四步走"的第一步，将结束第二步，从现在开始到 2050 年还有三个阶段要完成，因此中国参与全球公共产品供给也需要建立在这三个阶段基础上，具体如下：

第一步，确立短期目标，即 2020 年前重点提升国内公共产品与区域公共产品供给。这一阶段仅剩下两年多时间，提出系统性的供给战略则没有必要，当然重点是扎实基础，进一步提升本国国内公共产品供给，促进正在开展的"一带一路"、亚投行倡议深化升级，形成早期收获成果，总结经验，同时也要防止战线铺展太快太长，以至于不符合我国国力。第二步，在中期规划（2030 年前）时，要注重从区域走向全球。这是中国国力再升一个层次的阶段，特别是当中国在 2030 年实现关键性崛起后，供给重点就可以从区域公共产品转移到全球公共产品上，这个过程需要良好对接，初步构成一个国内、区域、全球联动的立体层次，全球视野进一步打开，大国格局成型，为全面供给全球公共产品做好准备。

---

① 胡鞍钢、鄢一、魏星：《2030 中国：迈向共同富裕》，中国人民大学出版社，2011 年版，第 30 页。

② 邓小平：《建设有中国特色的社会主义》，载《十二大以来重要文献选编（中）》，人民出版社，1986 年版，第 512 页。

③ 胡锦涛：《在纪念中国共产党成立九十周年大会上的讲话》，人民出版社，2011 年版。

④ 《"两个一百年"引领前行的时代号召》，《人民日报（海外版）》2016 年 1 月 18 日。

第三步，长期规划（2050年前）阶段，届时中国的实力与视野必将是全球性的，甚至是全人类性的，当人类技术有了更高层次突破后，世界依然会面临今天人们面对的难题，但是也会产生大量新问题，因此中国需要带领全世界思考与应对新问题、新挑战。这一阶段的全球领导大国会进一步超脱国家利益约束，站在人类和谐与文明高度，思考人类命运共同体的未来。上述“三步走”战略是相辅相成的，与中国的崛起进程一致。

七、展望全球公共产品供给的“三步走”战略

如上所述，从“两个一百年”两个“十五年”战略目标进程出发，我们可以大致设想一个中国供给全球公共产品的远景路线图。具体从公共产品供给内容上看：（1）目前到2020年为一个阶段，中国重点消化与升级现有的区域公共产品与国内公共产品倡议，3年内可以助推“一带一路”对联合国议程对接、加强国内的大气治理与环境保护；尝试建立东亚地区防灾预警体系合作机制，进一步强化对民生领域的支持。（2）2010—2030年的近10年里，公共产品供给的重点是加速落实联合国2030议程，进一步夯实区域性公共产品并对全球公共产品进行投入规划，例如可以建设全球高铁网络、建成亚太自贸区、建成世界电子贸易与支付平台、建立全球大数据研发中心等，这一阶段可以发挥中国基础设施的传统项目优势与新兴技术领域优势，将区域合作拓展至全球层次。（3）2030—2050年的20年内，是中国外交的长远布局，届时中国顺利完成“两个一百年”计划，在全球层面上的影响力与实力首屈一指，这时的世界会面临更多碎片化、多元化的治理问题，中国可以在预防大规模自然灾害；应对小行星撞击地球与太阳风暴等天文灾害方面发挥领导作用，同时推动对全球网络空间秩序、人工智能建立统一规范；在航空航天上，建立月球、火星实验站，加强跨国联合研发。

时间维度上的近期—中期—长期设想，与空间维度上的国内—区域—全球供给次序结合在一起，构成立体式的全球公共产品供给路线图

（参见表1-5）。简言之，中国供给公共产品的步骤必须与自身实力消长保持一致，同时在一定阶段积极发挥比较优势，致力于创新公共产品供给模式。除了在传统领域继续贡献外，还要开拓新的供给领域，这样有利于避开与霸权国的激烈竞争，增加中国供给新产品的空间。①

表1-5 全球公共产品供给“三步走”战略构想

阶段	2020年前（小康社会建成）	2030年前（联合国议程实现）	2050年前（“两个一百年”目标达成）
目标	强化国内公共产品，优化区域公共产品成果	走向全球层面重点布局优势领域的公共产品供给	崛起成世界强国，全球领导力全面提升，关注人类命运与地球未来
优势	联合国议程的支持	自身经验与区域领导国地位	命运共同体深化，全球领导力获认可
重点	国内层次+区域层次	跨区域层次+全球层次	全球层次
举例	“一带一路”对联合国议程对接；大气治理与环境保护；建成小康社会；区域防灾预警体系合作	建立全球高铁网络；建立亚太自贸区；世界电子贸易与支付平台；建立全球大数据研发中心等	预防大规模自然灾害；阻击小行星撞击地球与太阳风暴危害；新兴领域全球规范制定（网络空间秩序、人工智能伦理委员会）；火星实验站

（一）2020年前以收获区域治理成果为主

在未来短期内（2020年左右），中国应尽量回避与其他大国正面竞争，而是以循序渐进的方式强化国内治理同时升级区域公共产品，让“一带一路”、亚投行、金砖国家等平台更加制度化、网络化，以区域治理为依托，积累高层次的治理能力与思路，为全球治理做准备。因此，

① 也可以根据政府的换届周期划分短期（5年）、中期（10年）与长期（15—20年）的时间刻度，本章的“三步走”时间更加宏大，也更符合中国崛起的节奏。对于全球治理阶段的划分在笔者的另一篇文章中也有所涉及，可参见王逸舟、曹德军：《铁肩担道义：中国参与联合国治理的新路径、新愿景》，载中国联合国协会：《联合国70年：成就与挑战》，世界知识出版社，2015年版，第475—487页。

2017—2020 年的 3 年时间，我们需要做的还是夯实基础，继续用好已有平台，例如国际经济与金融组织架构（亚投行、亚金行、“一带一路”、博鳌亚洲论坛、大连夏季达沃斯）、地区安全治理格局（上海合作组织、亚信会议、西山论坛）、文化价值类共享理念（亚洲新安全观、命运共同体）建设等。

第一，将“一带一路”与联合国 2030 年可持续发展议程做好对接。“一带一路”是目前中国最具规模的公共产品供给行动，从区域层次来看，一带一路”是跨区域的公共产品。中国主办的“一带一路”国际合作高峰论坛是中国致力于将“一带一路”制度化的重要做法。2020 年是中国落实 2030 年可持续发展议程的重要节点，“一带一路”的内部制度化可以与外部合作相统一。与“2030 年可持续发展议程”进行对接可以最大限度地发挥中国倡议的国际效能，促进多方共赢。除了与联合国大会、联合国粮农组织、联合国教科文组织等专业平台对接之外，也需要积极利用相关平台，[①] 比如“77 国集团 + 中国”南南合作平台、二十国集团（G20）平台，以及金砖国家等。在杭州峰会上，中国就曾呼吁 G20 成员国在落实“2030 年可持续发展议程”方面先行一步，将“落实 2030 年可持续发展议程，消除贫困，实现共同发展”列为 G20 的四大重点工作领域之一。[②] 这都是中国将现有倡议与联合国议程对接的尝试，后面三年可以继续拓展。

第二，坚持和平发展，维护区域稳定与和平。继续致力于政治解决国际和地区热点问题，发挥弥合分歧、劝和促谈的建设性作用。短期内需要继续参与伊朗、叙利亚、南苏丹、阿富汗等问题解决进程，同各国合力应对恐怖主义、网络安全、公共卫生、难民等全球性挑战。特别是在朝鲜半岛无核化方面，需要进一步优化“双轨并行”思路和“双暂停”倡议，致力于在缓解半岛紧张局势、推动重启接触对话方面贡献中

① 张春、高玮：《联合国 2015 年后发展议程和全球数据伙伴关系》，《世界经济与政治》2015 年第 8 期，第 88—105 页。

② 曹嘉涵：《“一带一路”倡议与 2030 年可持续发展议程的对接意义、挑战与方向》，载张宁、李永全主编：《丝绸之路经济带和欧亚经济联盟对接研究》，社会科学文献出版社，2017 年版，第 55—69 页。

国更多正能量。[①] 2016年1月朝鲜第四次核试验后，中国曾支持联合国安理会通过将朝鲜的主要出口商品以及运输方式、资金运作渠道全面纳入制裁范围的第2270号决议。当然，制裁不是最终的解决方案，未来谈判需要取得实质性进展。比如，中国可以考虑建立并强化中、俄、朝的三边对话机制。鉴于六方会谈已事实上陷入僵局，中、俄、朝三边对话机制更能发挥实际作用，而且能够充分体现中国坚持朝半岛问题和平手段政治协商解决的立场，中俄对等关系也有助于中国在朝半岛问题上恢复话语权。[②] 因此，除了加快“一带一路”升级，更应该在区域安全问题上积极有为，将“亚洲新安全观”落到实处。

（二）2030年前以布局全球治理架构为核心

“古有指南针、造纸术、火药、印刷术四大发明，现有高铁、支付宝、共享单车、网购新四大发明”，这句话是2017年中国网络上的流行语。尽管略有夸大，但是这的确描述出了中国未来的创新潜力。这里所谓的“新四大发明”是外国媒体对中国领先世界的新型消费产品或消费模式的总结。[③] 在中程架构上（2030年前），中国可以发挥在这四个领域以及其他新兴领域的比较优势，尝试创设全球高铁网络、搭建新型金融治理平台，引领创新经济发展潮流，对全球治理进行升级，设计新型的全球公共产品形态。

第一，搭建全球互联互通网络，升级“一带一路”。届时“一带一

---

① 王毅：《党的十八大以来中国外交的新成就新经验》，《党建研究》，2017年第6期，第23—26页。

② 该思路部分借鉴了中国社会科学院亚太研究所高程研究员的提法，其有关观点在学术会议中阐述。

③ 需要指出的是，尽管这些四大发明看起来都是企业提供的商品，不是严格意义上的公共产品。但是这些商品与消费有一个共同特点，即“共享”。我们需要辩证地理解公共产品与私人产品的关系。实际上，公共产品与私人产品的界限不是绝对的，在某些时代是私人产品的东西在未来就会转化为公共产品。例如知识产权期限内的创新技术是私人产品，但过了保护期限，就变成了公共产品，可以被任何人使用与消费。往往人类重大公共产品的雏形都是一些企业创新的结果，例如互联网。刘远举：《“新四大发明”见证中国经济转型》，《新京报》，2017年9月1日。

路”将扩展成万物互联的全球网络体系，通过互联网、物联网的软联通与高铁网、公路网、航空网、管道网、港口网等实体网络相互融合，推动全球走向更紧密的共同体。① 目前，中国的高铁已经与泰国、巴西、墨西哥、俄罗斯等多个国家和地区实现了合作，中国高铁“走出去”外交辐射非洲、亚洲、欧洲、美洲、大洋洲等区域。② 党的十八大前后中国重点推进了印度尼西亚雅加达—万隆的高铁、中老铁路、巴基斯坦拉合尔橙线轻轨、匈塞铁路、中泰铁路、马新高铁、中俄高铁、英国高铁等近20个境外铁路项目合作，在非洲也建立了“四纵六横”铁路网格局，匈塞铁路塞尔维亚段项目成为中东欧“16+1”合作旗舰项目。2017年6月，全球运行能耗最低、具有完全自主知识产权的中国标准动车组“复兴号”正式通车，这将构成中国未来的比较优势。③ 当前高铁的1.0版本时速为350—500千米左右，从上海到伦敦需要40个小时左右（对比中欧班列需要16天，海运需1个多月）；到2030年，可能将高铁升级到2.0版本，每小时可以达到3500~5000千米，届时从北京到上海只需要20分钟，从北京到纽约也可能只需要四五个小时。④ 随着“泛亚铁路”（Trans-Asian Railway，TAR）计划的推进，2030年中国可以主导构建联通五大洲的全球高铁网络，为建立网络化新型全球关系打下基础。

第二，建立全球大数据分享中心，打造信息共同体。大数据与互联网密不可分的关系决定了大数据具有开放基因，因此建立大数据分享中心是必然趋势。由于开放数据是指任何人可以自由获取、免费使用的数据，因此它是一种新型公共产品。⑤ 2009年，美国率先开放国家数据平台网站data.gov后，英国、加拿大等发达国家也纷纷宣布政府数据开放计划，开放政府数据迅速成为全球共识。2015年国务院印发的《促进大

---

① 陈文玲：《“一带一路”将如何重塑全球新经济》，《第一财经》，2017年5月15日。

② 关于“高铁外交”的前景论述，请参见徐飞：《纵横”一带一路“：中国高铁全球战略》，格致出版社、上海人民出版社，2017年版。

③ 《“复兴号”具有完全自主知识产权》，中国经济网，2017年6月26日。

④ 《中国高铁刚走出国门，中国飞车又要来了》，金桥智库，2017年9月2日。

⑤ 高奇琦：《大数据公共治理：思维、构成与操作化》，《人文杂志》2016年第6期，第103—111页。

数据发展行动纲要》中明确提出，在2018年底前建成国家统一的数据开放平台，2020年逐步实现交通、医疗、卫生、环境、气象、企业登记监管等领域数据向社会开放的目标。按照这种开放进度，2030年可以建成亚洲或全球大数据分享中心，到时中国就成为世界的知识中枢之一，源源不断地向全球供给数据信息，为全球治理提供大数据支持。全球大数据中心可以跨国合作，也可以中国单独供给，因为到2030年中国将具备领先的数字化能力。其实在2017年的今天，中国企业在大数据方面已经处于世界前列。例如由中国电商制造的“双十一”狂欢节，在2016年的一天里创造了交易额1207亿元人民币的世界纪录；物流方面再次刷新全球纪录，共产生6.57亿元物流订单；支付方面，支付宝实现总支付10.5亿笔，同比增长48%；支付峰值达到12万笔/秒，也刷新了全球流量峰值纪录。[①] 而拥有近9亿用户的微信一天产生的海量数据容量比人类有史以来的所有纸质书容量还要大。因此，中国已经具备驾驭大数据的能力，在未来条件成熟时可以转化为造福地区和全球的公共产品。

第三，促进贸易与投资，打造亚太贸易与物流网络。在2030年前的中期规划中，中国可以在统一的自贸试验区规则标准下，推动与越来越多的亚太国家和地区签订自由贸易协定，最终建成亚太自贸区网络。[②] 实现亚太自贸区的第一个小步骤是将碎片化的区域自贸区网络整合起来，同时将薄弱的区域纳入网络中来。例如，可以建设上海合作组织自贸区，将中亚国家纳入亚太经济繁荣圈内。这需要分阶段实现，本着由易到难、逐步推进的原则，扩展现有的经济合作机制。在上合组织框架内，目前已经形成的有中哈霍尔果斯国际边境合作中心、阿尔泰区域合作区和中吉乌三国次区域经济合作区等数个次区域经济合作组织。中国可以依托这些次区域经济合作区，选择重点合作领域，分阶段、分地区进行；以

---

① 阿里研究院：《贸易的未来：跨境电商连接世界》，2016年中国跨境电商发展报告，2016年9月，第4—5页，http://i.aliresearch.com/img/20160901/20160901101059.pdf。

② 王力等：《肩负历史重任的中国自由贸易试验区》，载王力主编：《中国自贸区发展报告（2017）》，社会科学文献出版社，2017年版，第13页。

点带面，形成具有实质性合作内容的产业、区域。[①] 此外，2014 年 11 月亚太经合组织领导人非正式会议启动亚太自贸区进程，推进亚太关系进 3.0 时代。建设亚太自由贸易区被称之为“亚太经合组织之梦”，中国现在已经成为积极的推动者。该自贸区一旦建成将成为世界最大规模的自贸区，在世界经济贸易中将发挥引领性作用。2030 年前，中国可利用多边会议场合，积极为亚太经济一体化谋划新愿景，共同打造开放、包容、均衡、普惠的区域经济合作架构。

（三）2050 年以关怀全人类命运为导向

在远景设计上（2050 年左右），未来 30 多年中国应着眼引领全球价值，强化中国倡议的感召力和凝聚力。特别是立足长远，在“高边疆”领域中国要敢为人先，这需要我们具有一定的想象力，引领人类未来整体发展方向。作为全球领先的大国必然是有前瞻性想象力的大国，思考未来，就不得不从当下的技术变革与人类社会发展趋势去一叶知秋。2016 年，谷歌公司开发的人工智能机器人 AlphaGo 打败了世界围棋高手，这是人工智能发展史上的一个历史性时刻。根据预测，人工智能会在 20—30 年普及。[②] 在未来的三十年里，科技的进步速度与对人类的影响不可估量。届时可能 30 年的技术变革速度超越过去 100 年里的变革，这种更加剧烈、更加颠覆性的变革需要全新的应对方案。到 2050 年，中国已经完成民族伟大复兴，必须站在人类最高点思考这些难题，贡献更高级的公共产品形态。

第一，倡导全球价值观，建成命运共同体。2050 年的国际社会物质异常发达、现实网络与虚拟网络交错纵横，人类文明有了很大提升，届时全世界主权观念与民族意识持续淡化，人类面临地球外的威胁越来越

---

① 张恒龙：《上合组织自贸区是落实丝绸之路经济带与欧亚经济联盟对接的当务之急》，载张宇、李永全主编：《丝绸之路经济带和欧亚经济联盟对接研究》，社会科学文献出版社，2017 年版，第 192—198 页。

② 《谷歌机器人打败韩国围棋高手，人工智能再掀讨论高潮》，搜狐网，2016 年 3 月 10 日。http：//www. sohu. com/a/62736344_119536。

多，那时有望超越“文明冲突”，建成命运共同体。在这个异常发达又异常具有风险的2050年，中华大地当之无愧成为全人类最好的居息之所，这里有传承五千多年的包容文化，更有世界领先的经济、文化、政治与军事水平。不难预见，复兴之后的中国必将改变世界，中华文明将构成世界的主流价值观，融汇古今中西诸文化之精华。在现代版的“唐朝盛世”里，中华文明更加有创造力、包容力与渗透力。走向全球的中国带给世界的不仅是互联互通的网络技术，也应该是对人类命运的关注。这时，作为整体的人类将面临诸如小行星撞击地球、太阳风暴等天文性自然灾害，海平面的上升也不可避免地造成可用土地减少、物种灭绝等问题，中国要以人类大家庭的权威者、服务者身份，提出解决方案。不论届时人类的语言与文化差异还有多大，全球的命运共同体意识必将进一步深化。中国需要提出全新的普世价值理念，以凝聚世界，增加全球治理信心。[①] 在这种新型的全球关系互动模式中，倡导包容、融合、聚合的“东方智慧”将发挥引领作用。

第二，在“高边疆”领域实现人类大合作。在30—50年时间里，人类可能遭受来自自然与外太空的各种威胁，人类需要更高级的公共产品。在外太空炸毁一个旧卫星会导致连锁反应，从而威胁到轨道上运行的大多数卫星。如今轨道上运行着1100多颗有源卫星，其中约有60%用于通信，还有约2500颗不活跃卫星，这都是现实的太空威胁。此外，外太空治理还包括预防小行星撞击。太阳系内分散着数以亿计的残片碎块，小至鹅卵石大小，大至直径上千千米，这些星体都有可能撞击地球。[②] 英国学者杜肯·斯蒂尔发现，大约有1500颗直径1千米的小行星已经或正在掠过地球的轨道。[③] 近地小行星和地球相撞只是时间问题，一旦小行星体量过大冲入地球大气层而没有融化，其碎片就会对地球造成重大危害。也有科学家警告说，一颗名为“阿波菲斯”的390米为宽小行星

---

① Qin Yaqing, “Rule, Rules, and Relations: Towards a Synthetic Approach to Governance”, *The Chinese Journal of International Politics*, Vol. 4, No. 2, 2011, pp. 117 – 145.

② ［美］斯科特·巴雷特：《合作的动力：为何提供全球公共产品》，黄智虎译，上海人民出版社，2012年版，第23页。

③ 李异鸣：《人类灭种的10种可能》，新世界出版社，2012年版。

可能在2036年和地球相撞，释放出比广岛原子弹爆炸高10万倍的能量。[①] 2050年中国将成为太空强国，并且建成众多中国太空基地。那时，中国应对太空灾难的能力也将领先世界，可以主导建立全球预警系统，对正在飞往地球的星体进行预警和阻击。[②] 此外，太阳风暴达到高峰也会对地球通信设备造成灾难性影响。1989年3月13日，太阳风暴曾经席卷加拿大北部，造成该地区9万个家庭停电9个多小时。[③] 这些公害需要全世界共同应对，而中国责无旁贷。

第三，应对极端自然灾害，中国可做出更多贡献。英国宇宙学家马丁·里斯（Martin Rees）预言，在未来200年人类将面临多种灾难，其中大型地震、全球变暖、超级火山喷发以及超级病菌侵袭等在50年内将可能发生。[④] 一场超级火山的爆发强度将极具威力。有研究认为，当岩浆升到地壳中后又无法突破时，就有可能爆发超级火山。过去数年间，卫星图像显示在地表之下约16千米处存在着剧烈的熔岩运动。科学家已经发现，美国黄石国家公园的火山有孕育超级火山喷发的可能，一旦成真将危及大部分人类生存。[⑤] 此外，全球变暖对地球的影响是长远的、难以估计的。随着海洋温度不断升高，极端灾难天气会越来越多，当空气聚集到一个极点就会发生超级飓风。与之并发的还有可能是海平面大幅下降或下降所导致的大量海洋生物灭绝，这将对自然界食物链产生严重影响。按照目前全球干旱、洪涝等自然灾害频发的趋势，还有科学家指出，如果人类不能够遏止全球变暖，在未来百年内，地球上绝大部分生物将会灭绝。[⑥] 另一种威胁来自病菌在全球范围内的繁衍和泛滥，以及由此产生的异化与变种。生化武器的危害离人类并不遥远，在20世纪60年代，随着抗生素和抗滤过性病原体的发明，人类认为已经永远征服了各种传染疾病。但是，病毒基因抗体的升级，让病毒的破坏性更强。

---

① 《地球或面临七大灾难》，《西安日报》，2014年12月9日。

② 《开启太空“新长征”，中国准备了哪些利器?》，新华网，2016年4月21日。

③ 《2014年是太阳风暴活动峰年阿媒解析其对人类影响》，中国网，2014年1月22日。

④ Martin Rees, *Our Final Hour: A Scientist's Warning*, Basic Books, 2004.

⑤ 《地球或面临七大灾难》，《西安日报》，2014年12月9日。

⑥ 《未来百年人类面临7大灾难》，搜狐科学，2010年8月，http://it.sohu.com/20100816/n274235063.shtml。

中国现在大力开展基因工程、疫苗研发与生命科学研究，在技术上需要进一步与他国合作，为应对这些顽疾发挥联合效应。

第四，关注智能科技伦理，倡议伦理规范。除了云计算、大数据之外，人工智能（AI）与智能商品也将成为未来30年大趋势。人工智能赋予了机器一定的视听感知和思考能力，不仅会促进生产力的发展，也会产生伦理问题。① 早在20多年前，IBM公司开发的超级计算机“深蓝”就击败了世界象棋冠军，震惊世界。如今，IBM的电脑问答系统Watson、谷歌开发的AlphaGo与无人车、苹果公司开发的语音助手Siri，以及其他各种人脸识别技术都昭示人工智能的未来趋势。在不远的未来，大部分商品会智能化、万物联网等将深刻改变人们的生活方式。② 可以毫不夸张地说，二三十年后的世界规则将有突破性变革，中国需要提前布局，提升未来服务全球社会的能力。根据乌镇智库数据显示，2016年美国、中国、英国三国人工智能企业数量占全球的66%，其中中国发展速度非常抢眼。③目前人工智能发展已经被纳入中国国家战略，2017年7月国务院在《人工智能发展规划》中称，到2030年中国人工智能理论、技术与应用总体将达到世界领先水平，成为世界主要人工智能创新中心。④ 但是对于人工智能的伦理担忧，也是需要面对的新问题。有报告认为，到2030年计算机或机器人将拥有和人类大脑一样的储存容量和处理速度，甚至能完全代替人类思考。那么具有极强决定能力的机器人是否会取代人类？或者是否被极端分子用于犯罪、战争或屠杀？新兴领域的伦理价值需要全人类去思考，但中国在2050年已经成为世界科技领头羊，因而更需承担责任倡议创设人工智能伦理规范，以委员会的形式，对新兴科技可能造成的风险进行评估、监督与检查，确保人类整体安全。

---

① 所谓人工智能，是人类在利用和改造机器的过程中所掌握的物质手段、方法和知识等各种活动方式的总和，主要包括机器人、语言识别、图像识别、自然语言处理和专家系统等。

② 《刘强东：第四次零售革命将来临　将又一次超越互联网》，凤凰科技，2017年7月10日，http：//tech. ifeng. com/a/20170710/44650274_0. shtml。

③ 乌镇智库：《乌镇指数：全球人工智能发展报告（2017）：框架篇》，2017年10月，第7页，http：//h5. iwuzhen. org/pdf/AI－Overview. pdf。

④ 《国务院关于印发新一代人工智能发展规划的通知》，中国中央政府网站，2017年7月8日，http：//www. gov. cn/zhengce/content/2017－07/20/content_5211996. htm。

八、结　语

在全球化时代，大国崛起的模式不再是世界大战，而是通过供给全球公共产品、提供高质量社会服务而获得认可，实现世界权力的和平转移。国际社会正期待一个更具有服务能力和全球关怀的中国角色。总结党的十八大以来中国丰富的全球实践，我们跳出传统经济学的消费侧理论框架，从供给侧的竞争性与选择性分析中国参与全球公共产品供给的优势和挑战。在世界科技日新月异的形势下，中国不仅需要继续提供传统公共产品，还应该着眼未来供给新型全球公共产品。在时间维度上，我们设计了短期—中程—长期的三步走供给战略蓝图；在空间维度上，中国也需要遵循国内—区域—全球的层次递进发展，下好“先手棋”。整体而言，我们认为党的十八大以来中国的全球公共产品供给已经初具格局，取得初步效果，但还存在各种不足与挑战。着眼未来，中国供给公共产品时还需要继续坚守三种策略：

第一，“渐进式合法化”策略。即积极参与已有的国际框架，例如联合国、世界银行、国际贸易组织等，不挑战现有国际秩序，而是在参与中体现中国的影响力，也只有更深层地介入、承担更多的责任，中国崛起才有合法性。纵观世界历史，崛起并非一个短期过程，而是战略性长期过程，因而需要合法性与耐心。中国具有几千年文明，对待权力转移与时空转化问题更有耐心。中国需要继续嵌入现有国际体系，渐进地改变不合理体系。

第二，“改革与创新并举”策略。近年来，中国更加主动地构建新型公共产品。例如，推进东亚自由贸易区、亚洲基础设施投资银行、丝路基金、金砖国家开发银行、亚洲金融合作协会、上海合作组织能源俱乐部、上海合作组织自由贸易区、金砖国家等多边合作机制。这些措施在不抵制、不挑战国际上现存的多边机构的前提下，积极培养、创造新的国际合作的空间和平台，是中国特有的改变世界体系权力结构的“增量方式”。[①] 同时，中国也对现有体系进行改革与完善，比如，积极参与WTO框架多边谈判及世界银行、货币基金组织、联合国等传统国际机制，增加旧体制的包容性与合法性。因此2008年之后，可以看到旧体系与新体系共同治理的情形，姑且可以称为“双规转型”，这其实是中国国内改革常用的思路。

第三，倡导“制造同意”策略。全球化时代国家之间的生存与利益相互依赖，一个崛起大国要获得更多国际影响力，就需要赢得民心。在现代化国际社会中，小国与中等国家的自我权利意识与平等意识更加强烈，当大国通过吸引的方式发挥影响力时，其领导地位就更受欢迎。例如，二战后美国创立布雷顿森林体系与实施马歇尔计划，受到世界欢迎。反之，当大国通过强制的方式发挥影响力时，其领导地位就缺乏合法性。例如美国粗暴使用武力和经济强制的手段来推行世界领导地位时（伊拉克战争、阿富汗战争与叙利亚战争），其国际领导的合法性则大为削弱。[②] 当前，中国应该理解其他国家的想法和担忧，通过外交的、和平的、他国可以接受的方式去追求国家利益，在领导方式上要注重平等相待而不是居高临下。[③] 从党的十八大以来的全球公共产品研究中，我们可以得出一个朴素的道理，即崛起的中国能够为世界带来多大红利，就能获得世界多大的尊重与认可。为此，坚持供给全球公共产品就是“制造同意”的有效捷径。

---

① 王正绪：《“再全球化”时代的中国选择》，《中国新闻周刊》2014年第2期，第30—32页。

② 陈志敏、周国荣：《国际领导与中国协进型领导角色的构建》，《世界经济与政治》2017年第3期，第15—34页。

③ 陈志敏、常露露：《权力的资源与运用：兼论中国外交的权力战略》，《世界经济与政治》2012年第7期，第4—23页；张清敏：《理解十八大以来的中国外交》，《外交评论》2014年第2期，第1—20页。

/第二章　金砖合作、全球治理与中国角色/

刘　毅*

“金砖国家”（BRICS）概念的建构与演变被认为是21世纪以来国际经济观点成功塑造国际政治现实的最佳案例。2001年，高盛集团首席经济学家吉姆·奥尼尔（Jim O’Neil）首次提出BRICs这一投资概念时，以巴西、俄罗斯、印度、中国为代表的新兴大国群体处于积累状态。据奥尼尔预测，至2050年远期时段内，金砖四国将在经济规模、增长速度、人均收入、国际贸易、货币流动等领域成为“超过西方六国的强大经济体”，因而具有重要的国际投资潜力。事实上，2001—2006年全球经济力量对比形势已经开始出现明显变化，新兴国家在世界经济与国际政治领域迅速崛起，金砖概念成为新兴国家与发展中大国的指代词，开始具有特定的象征含义。①

高盛集团在提出“金砖”概念之初，实际上并未涉及这一合成词的国际政治意义。金砖概念迅速“占领”政策领域的根本原因，仍在于其国际政治契合性。这主要包括：新兴大国的国际政治地位迅速上升，拥

---

* 刘毅，法学博士，国际关系学院国际政治系副教授。2007－2016年在北京大学国际关系学院取得本科、硕士、博士学位。主要研究领域为全球治理与中国外交。目前已出版学术专著1部，译著1部，编著3部，主持和参与社科基金等课题多项。在《世界经济与政治》《国际政治研究》《国际问题研究》《国际安全研究》、Welt Trends等专业期刊发表论文20余篇。

① Jim O’Neil, *Dreaming with BRICs*: *The Path to* 2050, The Goldman Sachs Group Inc.，2004。关于金砖国家在新兴大国与发展中国家群体中的代表性，萨库尔（Ramesh Thakur）认为，金砖国家虽然在战略利益、价值理念、政策偏好等诸多方面并不具有同质性，而且在经济动能、人口规模、军事实力、地缘影响、全球扩展等方面迥异于其他大部分发展中国家，但是由于金砖国家在平衡西方力量的全球影响、合理表述非西方国家的利益立场方面具有特定一致性，包括在涉及具体全球议题的南北分异方面持有较为稳定和明确的态度，它们仍然可以正当地成为新兴国家与发展中世界的主要代表。Ramesh Thakur，“How Representative are BRICS，” *Third World Quarterly*，Vol. 35，No. 10，2014，pp. 1791－1808.

有更多实力和意愿，参与国际秩序塑造和新议程设置；传统西方国家在国际秩序中的地位相对下降，但在很大程度上并未全面反对现有国际秩序的渐进变革与权力分享方案；[①] 后美国时代的霸权秩序呈现多元化发展状态，特别是2008年金融危机对国际政治的冲击，引发有关现存国际秩序合法性的论争，为金砖国家合作兴起与制度化发展提供了必要的“机会窗口”；[②] 新兴大国与传统西方大国围绕各种全球议题和地区问题，确实存在功能化合作的可能空间与广泛需求，这意味着各方有可能通过相互合作，改进当前全球治理状况；等等。

一般认为，金砖合作正式成型的主要标志是2009年由俄罗斯主办的首届金砖国家领导人会晤。此次峰会着重强调新兴大国在协同应对金融危机、推动实现国际金融制度改革方面的合作立场；此后2011年的金砖国家领导人会晤，在中国等主要国家的努力下，吸收南非成为正式成员，金砖合作机制的代表性得到有效提升；此后，金砖机制进一步迈向实质化、战略化，特别是在2014年正式启动新开发银行、金砖应急储备安排。表2－1大致归纳出金砖国家合作的正式化进程。

表2－1 金砖国家领导人会晤及宣言（2009—2016年）

	主办国家	峰会主题	宣言要点
2009	俄罗斯	《叶卡捷琳堡联合声明》	支持二十国集团峰会在应对金融危机方面发挥的作用，承诺推动国际金融机构改革，体现新兴大国应有地位
2010	巴西	《巴西利亚联合声明》	强调共同愿景与全球治理，推进经济贸易共同发展，倡议召开财长与央行行长会议等机制化措施

---

① Oliver Stuenkel, *The BRICS and the Future of Global Order*, London: Lexington Books, 2015, pp. 4－25. 广义上，以新兴国家为主要特色的国际机制还有很多，包括著名的二十国集团（G20）、IBSA对话论坛（印度、巴西、南非）等等。它们与金砖国家合作机制共同构成全球治理重要实践主体。就新兴大国代表性、典型性而言，金砖合作机制的意义可能较为突出和显著。

② Oliver Stuenkel, *The BRICS and the Future of Global Order*, London: Lexington Books, 2015, pp. 26－35. Amitav Acharya, *The End of American World Order*, Cambridge: Polity, 2014.

续表

	主办国家	峰会主题	宣言要点
2011	中国	《三亚宣言》 “展望未来，共享繁荣”	推出具体行动计划，致力于维护和平，促进国际关系民主化，加强经贸合作。吸收南非成为金砖国家成员
2012	印度	《德里宣言》 “金砖国家致力于全球稳定、安全与繁荣的伙伴关系”	发挥金砖国家在促进全球经济复苏等方面的积极作用，努力扩大新兴国家份额权重，维护国际与地区稳定
2013	南非	《德班宣言》 “金砖国家与非洲——致力于发展、一体化与工业化的伙伴关系”	支持现有的全球治理架构，寻求建立金砖国家全方位协调机制，推进非洲等发展中地区的一体化进程
2014	巴西	《福塔莱萨宣言》 “包容性增长的可持续解决方案”	深化金砖国家各领域协调，正式建立金砖开发银行，深化伙伴关系，寻求互联互通，共同应对全球问题
2015	俄罗斯	《乌法宣言》 “金砖国家伙伴关系——全球发展的强有力因素”	维护国际秩序的公平合理发展，支持联合国在维护和平、促进发展方面的作用。强化金砖国家金融合作
2016	印度	《果阿宣言》 “打造有效、包容、共同的解决方案”	聚焦经济与安全主题，强化金砖国家长效合作，提升金砖机制整体影响力，深入讨论国际安全与反恐议题

资料来源：根据历次金砖国家领导人会晤宣言汇总整理（外交部网站 http://www.fmprc.gov.cn）。

作为新兴国家合作的重要平台，金砖合作机制进展取决于核心国家的投入积极性与外交主动性。各成员国在不同阶段或不同议题上，对金砖合作机制整体保持较高的参与兴趣和支持力度。① 这一点决定金砖机

① 例如，关于俄罗斯与中国的积极态度，参见 Cynthia Roberts, “Russia's BRICs Diplomacy: Rising Outsider with Dreams of an Insider,” *Polity*, Vol. 42, No. 1, 2010, pp. 38 – 73. Joseph Y. S. Cheng, “China's Approach to BRICS”, *Journal of Contemporary China*, Vol. 24, 2014, pp. 357 – 375.

制从“起始务虚”到“渐进务实”的发展趋向。作为金砖合作机制核心国家之一，中国发挥的实际作用相对更积极和显著。对中国而言，主动参加以金砖合作为代表的新兴国家俱乐部，具有特殊的实践意义，涉及外交创新与外交变革层面，包括主动适应和塑造外交形势、开展创造性的外交实践等。金砖合作已成为新兴大国外交的重要实践领域，对应于中国新外交的具体进展。

总体上，国内外学界对金砖合作机制的关注程度较高，而且体现出较强的差异性与多元化思路。国外研究的总体关注点在于：金砖合作机制对当前霸权体系与西方“自由主义秩序”的冲击及后果，包括非西方大国基于金砖合作如何改变全球治理格局等具有某种“冲突性”指向的议题。[①] 国内研究基本出发点涉及金砖合作的积极意义、包容性增长与经济合作的扩展、全球治理转型与发展中国家地位提升等内容。[②] 质言之，现有金砖合作研究存在的问题主要包括：（1）研究视角的“区隔性”，缺乏相对整合的分析框架，未能就金砖合作的基本特点及其国际政治意义，给出相对全面的统合分析，已有观察角度相对零散或碎片化；（2）研究立意的“独断性”，较多体现出政治与意识形态的潜在影响，缺乏不同立意的相互映衬或平衡对比；（3）研究思路的“封闭性”，缺乏有关金砖合作的前瞻性、针对性、关联性研究，未能充分展示金砖合作机制的多元含义与国别外交指向，特别是对具体国家外交变革的多重意义。[③]

---

① 例如，可见 Mihaela Papa, “BRICS’ Pursuit of Multipolarity: Response in the United States,” *Fudan Journal of Humanity and Social Science*, Vol. 7, No. 3, 2014, pp. 363 - 380. Robert J. Lieber, “The Rise of the BRICS and American Primacy,” *International Politics*, Vol. 51, No. 2, 2014, pp. 137 - 154. Matthew D. Stephen, “Rising Powers, Global Capitalism and Liberal Global Governance: A Historical Materialist Account of the BRICS Challenge,” *European Journal of International Relations*, Vol. 20, No. 4, 2014, pp. 912 - 938.

② 例如孙溯源主编：《金砖国家与全球治理》，上海人民出版社，2016 年版；徐秀军：《制度非中性与金砖国家合作》，载《世界经济与政治》，2013 年第 6 期，第 77—96 页；王友明：《金砖机制建设的角色定位与利益融合》，载《国际问题研究》，2015 年第 5 期，第 116—128 页。

③ 此类分析视角强调新兴大国外交变革与外交参与的互动关系。相关研究可参见王逸舟：《创造性介入：中国外交新取向》，北京大学出版社，2011 年版，第 105—112 页；王逸舟：《创造性介入：中国之全球角色的生成》，北京大学出版社，2013 年版。

对此，本项研究初步讨论金砖合作与中国外交的内在关联，考察金砖国家战略合作的国际政治意义，特别是中国在其中发挥的现实作用；结合金砖合作的机制化、战略化进程，探讨“金砖路径”对中国外交创新的特定含义及潜在问题。

一、金砖合作缘起的动力学

金砖国家合作进展分析总体上属于当前新兴大国国际战略研究范畴。既有研究针对金砖合作的起因、动力以及主要进展趋势等议题展开讨论。研究者注意到，金砖合作是相关国家在“地缘与国家特征存在较大差异”的基础上展开的，这也是新兴大国间开展各类合作的共同制约因素，金砖合作则在很大程度上超越了这种“异质性”。

（一）金砖合作“实质化”及其动因

金砖合作动因的讨论主要围绕两个层面展开。其一是基于某种“应对式”“避险式”分析思路，主要关注金砖合作兴起的“挑战性”动因与形势逻辑，包括针对即时或长期问题的国家间协调应对。① 其二是基于某种“动力式”“收益式”理解，主要关注金砖合作的“报偿情况”、增量预期或主动调整，涉及合作的内外动能。

基于前一种分析视角，金砖合作缘起被认为是“挑战与应战”的过程，即新兴国家合作应对国际体系压力与自身发展困难。例如，任琳、尹继武针对金砖国家合作动因的层次性质，区分了“外生功能因素”与“外生规范因素”，讨论金砖国家在面对“系统外部环境”“国际体系权力”“国际制度环境”等客观压力时，如何通过国际政治互动结构与未来认知，主动决定合作，参与治理变革，在自主性基础上完

① Joseph Y. S. Cheng, “China's Approach to BRICS,” *Journal of Contemporary China*, Vol. 24, 2014, pp. 357 –375.

善国际规范。[1]

在分析金砖国家面对的客观外部挑战时，研究者主要关注新兴国家面临的国际经济政治秩序压力与“制度非中性”的消极影响。[2] 徐秀军指出，一方面既有国际秩序包括系统环境与制度体系并未给新兴国家带来合理的发展空间，而是明显偏向西方发达国家的传统利益与权利需求，这导致以金砖五国为代表的新兴国家长期面临较大外部压力，较难独立实现共同诉求并体现国际意志；另外，现有的全球秩序与国际制度安排也存在较多不合理、不公正成分，经常以损害新兴国家发展权益为基础；研究者普遍注意到，随着新兴国家实力提升与影响力迅速扩大，现有国际体系权力结构与全球治理安排已经不能充分体现全球实力分布的最新变化，而且由于体系结构固有缺陷与不平衡，更容易导致系统性的国际风险；国际权力利益均衡被打破，对原有治理方式的合法性造成不同程度冲击，引发国际机制及合作形态的变迁转型。

金砖合作的外部动因关键在于：新兴国家保有的国际制度权力与国际经济贡献之间存在较大落差和非对称情形，特别是在现有国际规则制定、修改与执行方面，新兴国家的话语权严重不足或缺乏实效。樊勇明指出，这一现象既是新兴国家共同关心的议题，也是传统西方国家以外的所有国家都极为敏感和关注的事项。特别是金融危机背景下，新兴国家依托自身崛起实力，为合力应对金融失衡与经济风险做出较多贡献，得到世界各国包括西方国家的认可。[3] 在此基础上，金砖国家试图改变不利的国际旧秩序，提升本国以及新兴国家群体的国际话语权和代表性，成为金砖合作缘起的重要动因。

在第二种分析视角下，金砖合作动因研究转向“动力”框架。此类研究认为，金砖合作的关键原因还在于新兴国家积极进取的“国际

---

① 任琳、尹继武：《金砖国家合作的起源：一种理论解释》，载《国际政治研究》，2015年第5期，第102—128页。

② 徐秀军：《制度非中性与金砖国家合作》，载《世界经济与政治》，2013年第6期，第77—96页；徐秀军：《新兴经济体与全球经济治理结构转型》，载《世界经济与政治》，2012年第10期，第49—79页。

③ 樊勇明：《全球治理新格局中的金砖合作》，载《国际展望》，2014年第4期，第100—116页。

利益一致性”以及对组织化合作回报的共同预期。金融危机之后，新兴国家进一步看到此前本国经济与国家实力发展的重要意义与国际政治后果，开始在经济实力崛起与全球治理变革之间建立必要的联系；基于新建立的“自信感”，主动寻求相互合作与利益融汇，在协力改革现有治理体系基础上，改善新兴国家发展面临的共同外部环境。① 金砖合作兴起的关键环节则在于：金砖国家之间围绕国际地位目标与全球利益形式，形成相对一致的认知共识。根据任琳、尹继武的归纳，此类同质性或“共同性”主要包括：关于国际制度“不满足”的一致理解；在相互依存基础上协同应对共同问题的需求；“地位共识”（寻求权责一致与国际权力结构公正化）、“身份共识”（从属于新兴国家的共同定位与期待）、“利益共识”（利益互动和再界定，合理寻求更大的国际利益份额）。② 类似主观要素有利于新兴国家间形成“积极的报偿文化”，就“合作利益增进”形成潜在的一致预期，针对全球治理改革议题生成大致相似的国际理念与方案设想，为合作利益扩展提供必要的内生动力。③

关于“动力”框架的一个例证是：全球金融危机逐渐淡退背景下，发达国家对新兴国家的需求急迫度下降，新兴国家乃至发展中国家的经济成就相对弱化，全球经济增长普遍乏力。发达国家开始转变此前对金砖合作的认知态度，对金砖合作的消极评价不断涌现。对此，梅涵兰（Mihaela Papa）认为，金砖合作本身并未消退，反而取得一系列新进展，在更多的议题领域出现“实质化”发展新动向，这一趋势意味着金砖合作具有相对独立的内生动力。④

---

① 徐超：《金砖国家的金融合作：动因、影响及前景》，载《国外理论动态》，2015 年第 12 期，第 14—21 页。

② 任琳、尹继武：《金砖国家合作的起源：一种理论解释》，载《国际政治研究》，2015 年第 5 期，第 102—128 页。

③ 黄薇：《金砖国家合作：基础、动力与进展》，载《国际经贸探索》，2014 年第 12 期，第 46—59 页。

④ Mihaela Papa, “BRICS’ Pursuit of Multipolarity: Response in the United States,” *Fudan Journal of Humanity and Social Science*, Vol. 7, No. 3, 2014, pp. 363 – 380.

（二）战略经济与全球治理的差异

关于金砖合作的进展趋势，研究者主要关注其具体定位的变化，包括作为经济合作机制、发展合作机制、全球治理机制的不同定位。① 对此，有两种基本表述方式：一是基于“战略经济”分析路径，关注金砖国家参与全球经济过程中的合作与竞争；二是基于“战略外交”分析方式，关注金砖合作在全球治理、战略协调等国际政治层次议题，讨论金砖合作的国际政治意义。

以“战略经济”为核心指向的研究主要关注相关国家在“金砖框架”基础上开展的经贸金融合作及其经济意义。主要的研究思路包括：关注金砖国家在经济贸易等功能化领域取得的最新进展；关注相关国家在货币国际化、国际金融机制改革、应对经济挑战等方面做出的合作努力；关注金砖国家在经济贸易等领域的竞争与冲突现状，包括此类竞争对金砖合作的不利影响；关注金砖合作的经济路径及其与西方经济治理理念的基本差异等。② 帕特里克·邦德（Patrick Bond）认为，经济因素及过程是金砖合作赢得显著影响力、成为全球经济治理领域核心概念的基本要件；即使金融危机消退，金砖合作的经济基础也“一直是问题的关键”。③ 在发展经济学语境中，金砖合作被视为“南南合作”的重要成果。金砖国家的经济增长本身成为发展中国家联合自强的基本条件；金砖国家的新兴援助方式对西方对外援助的“依附与干涉”模式构成本质

---

① Jing Gu, Alex Shankland and Anuradha Chenoy, *The BRICS in International Development*, New York: Palgrave MacMillan, 2016.

② 卢锋：《金砖五国合作的背景和前景》，载《国际政治研究》，2011 年第 2 期，第 1 – 21 页。Cornel Ban and Mark Blyth, "The BRICs and the Washington Consensus," *Review of International Political Economy*, Vol. 20, No. 2, 2013, pp. 241 – 255. Leslie Armijo and Sean Burges, "Brazil, the Entrepreneurial and Democratic BRIC," *Polity*, Vol. 42, No. 1, 2010, pp. 14 – 37.

③ Patrick Bond, "BRICS within Critical International Political Economy," in A. Cafruny et al. (eds.), *The Palgrave Handbook of Critical International Political Economy*, New York: Palgrave MacMillan, 2016.

挑战;[①] 金砖国家对非援助与发展合作被认为是一种“国家战略”，具有经济与非经济多种含义。[②]

以“全球治理政治”为分析视角的研究主要关注金砖合作如何促进国际体系变革、增强全球治理的合法性。刘鸣认为，现存国际治理体系具有明显的“霸权治理”特点，以霸权国、西方发达国家为核心成员的国际经济治理机制（及正式机构）主要反映传统西方国家的利益需求，新兴国家在尚无可能完全推翻既有治理格局的前提下，主要通过引入新型合作架构与非正式机制等方式，建立“合作治理”的初步模式。[③] 杨洁勉指出，此类模式具有内在包容性、多元化与开放性，既反映出新兴大国寻求进入全球治理中心圈层、增加国际治理影响力、扩大新兴国家群体有效协调的积极尝试，也反映新兴国家参与全球治理改革的复杂情形，包括对既有国际机制过度变革的审慎态度，以及对新兴国家承担过多国际责任的某种担忧。[④] 为此，金砖合作很大程度上体现了相关国家对国际治理民主化、合作治理效度的基本诉求，包括对原有国际治理体系弊端与“变革惰性”的竞争性改进思路，但也并非对现存治理体系的完全颠覆。[⑤] 伊安·泰勒（Ian Taylor）认为，基于先易后难、重点突破、凝聚共识、渐进创新的治理路径与变革形式，可能是金砖合作不断取得

---

① Jing Gu, Alex Shankland and Anuradha Chenoy, *The BRICS in International Development*, New York: Palgrave MacMillan, 2016. Thomas Muhr, “Beyond BRICS: Ten Theses on South – South Cooperation in the Twenty – First Century”, *Third World Quarterly*, Vol. 37, No. 4, 2016, pp. 630 – 648.

② Giles Mohan, “Emerging Powers in International Development”, in A. Cafruny et al. (eds.), *The Palgrave Handbook of Critical International Political Economy*, New York: Palgrave MacMillan, 2016. Ian Taylor, *Africa Rising and BRICS: Diversifying Dependency*, Oxford: James Currey Publishers, 2014.

③ Liu Ming, “BRICS Development: A Long Way to a Powerful Economic Club and New International Organization,” *The Pacific Review*, Vol. 29, No. 3, 2016, pp. 443 – 453. Jonathan Luckhurst, *G20 since the Global Crisis*, New York: Palgrave MacMillan, 2014.

④ 杨洁勉：《二十国集团的转型选择和发展前景》，载《国际问题研究》，2011 年第 6 期，第 50—60 页；亦见韦宗友：《新兴大国群体性崛起与全球治理改革》，载《国际论坛》，2011 年第 2 期，第 8—14 页。

⑤ Dani Rodrik, “What the World Needs from the BRICS,” http://www.project – syndicate.org/commentary/the – brics – and – globaleconomic – leadership – by – dani – rodrik（登录时间：2016.12.23）。

成果、赢得更多合法性的主要原因之一。① 金砖战略合作研究具体进展见表2－2。

表2－2　金砖战略合作研究进展

	主要进展	可能存在的不足
动因研究	将金砖合作的缘起与体系压力、秩序失衡、制度非中性等结构要素建立自然联系，对金融危机的变革意义予以肯定	外部归因与应对式思维，体现特定因素或倾向，有较强的主观色彩，对新兴国家的实际地位评估可能缺乏平衡性
动力研究	重视新兴国家的能动性与行动自主性，将新兴国家视为某种有内在团结倾向的利益与身份共同体	较少关注新兴国家之间的认知差异性与利益分布不平衡，缺乏基于此类差异性的新兴大国外交战略研究
战略经济	关注经济地位以及经济实力对金砖合作的关键意义，主要围绕经济贸易与金融合作等专门议题展开讨论	较少或未重点考察其他实力侧面的作用，包括不同领域实力间作用的交互情况，对全球治理多元面向的关注不足
治理政治	关注金砖合作的国际政治意义，将其作为考察金砖机制基本定位、改革路径与自我更新形式的主要前提	关于金砖机制对国际体系的变革或维护意义的讨论尚未统一，较少涉及金砖合作与国家对外战略的结合研究

资料来源：作者自制。

综上所述，关于金砖国家合作现象的讨论主要涉及动因与动力、经济与政治进展等思路。关于金砖合作动因研究在分析维度上相对全面，具有较多普适化、形式化内容。本质上，金砖合作与此前发展中国家一般合作形态相比，仍具有其特殊性与特定含义，或有必要继续考察核心国家与特定主体对金砖合作启动的积极效应。金砖国家合作研究的经济与政治视角统一于全球治理变革的国际实践。事实上，从属于国际政治论述领域的金砖合作现象本身具有内在的政治中心性（intrinsically political centrality）。金砖合作的经济与政治内涵之间具有某种可转换性质

① Ian Taylor, "BRICS and Capitalist Hegemony," in Steen Christensen and Li Xing (eds.), *Emerging Powers, Emerging Markets, Emerging Societies: Global Responses*, New York: Palgrave MacMillan, 2016, pp. 55－84.

（非区隔）：既有研究或者将二者分立论述，关注不同领域的合作进程；或者对金砖合作的经济与政治层面融合论述，不作明确区分，同时有必要进一步讨论经济、政治内涵之间的有机联系与转换机制。

二、金砖战略合作的两种前景

关于金砖合作的国际关系意义及发展前景，国内外学界关注点存在某些差异。一般而言，金砖合作前景评估主要分为“积极观点”与“不同意见”两种类型。国外研究的分析视角更侧重“冲突性”或“取消性”视角，国内研究普遍关注“合作性”“建设性”内容，不同的分析视角体现出不同价值立意对金砖合作研究框架设定的基本影响。

（一）金砖战略合作的积极前景

金砖合作意义与趋势的积极分析大致涉及“规范式理解”与“设定式理解”两类。基于规范式理解，金砖合作本身有特定的实质意义，预期将实现重大变革；基于设定式理解，金砖合作具有显著象征含义和建构价值，但未必迈向一种根本挑战或解构。

金砖合作积极前景的“规范式理解”主要关注金砖现象的内在逻辑与本质化含义，包括金砖合作可能引发的全球变革。莱斯利·阿米霍（Leslie Armijo）讨论了作为一种“分析范畴”的金砖国家概念，认为金砖国家合作可能构成某种独立于新自由主义制度与西方价值的理解类型。[①] 迪帕克·纳亚（Deepak Nayyar）认为，虽然金砖合作在某种意义

---

① Leslie E. Armijo, “The BRICs Countries as Analytical Category: Mirage or Insight,” *Asian Perspective*, Vol. 31, No. 4, 2007, pp. 7 – 42. Mihaela Papa, “BRICS’ Pursuit of Multipolarity: Response in the United States,” *Fudan Journal of Humanity and Social Science*, Vol. 7, No. 3, 2014, pp. 363 – 380. 该研究指出，美国学界对金砖合作现象的忽视或贬低具有自我误导性质；金砖合作的意义是真实的，至少提出新兴大国设计公共物品、引导国际事务、创设知识理念、改进全球治理的新议程。

上并未脱离西方市场化逻辑，但从经济现实主义角度分析，仍具备有竞争力的预期前景与政治经济影响力。[①] 周方银指出，金砖合作因其在结构意义上的广泛影响，成为新兴国家扩展共同利益空间不可替代的重要平台。[②] 某些研究也认识到金砖合作对国际秩序的重构意义，但主要是基于"西方式观念"或"隐含的他者思维"得出相应结论，未看到金砖合作本身具有更深层的积极含义，包括可能的知识贡献。[③] 首先是功能合作层面。金砖国家围绕经贸、金融、能源、气候、反恐等方面开展"共享式合作"，逐步扩大成果，在具体合作过程中协调处理可能的竞争因素与矛盾，积累新兴国家合作的可用经验；[④] 其次是战略协作层面。樊勇明指出，金砖国家通过合作应对共同风险，证明新兴国家能够形成某种"国际战略力量"，使发达国家认识到新兴大国的战略价值与解决问题的实力；[⑤] 其三是知识理念层面。作为一种整体知识单元，金砖合作强化了发展中国家对共同利益与共同身份的正向预期，同时提高了新兴国家寻求国际话语权的期望值，包括对自主发展模式的信心、对"边缘者心态"的扬弃、对新兴国家合作精神（例如包容性发展与合作治理）的认可；等等。[⑥]

另一种有关金砖合作前景的积极理解注意到金砖合作的象征含义与

---

① Deepak Nayyar, "BRICS, Developing Countries and Global Governance," *Third World Quarterly*, Vol. 37, No. 4, 2016, pp. 575 - 591. Karoline Postel - Vinay, *The G20: A New Geopolitical Order*, New York: Palgrave MacMillan, 2014.

② 周方银：《金砖合作机制能走多远》，《学术前沿》2014 年第 11 期，第 84—95 页。

③ 对此参见梅涵兰对美国学界相应研究的论述，Mihaela Papa, "BRICS' Pursuit of Multipolarity: Response in the United States," *Fudan Journal of Humanity and Social Science*, Vol. 7, No. 3, 2014, pp. 363 - 380. Jochen Prantl, "Taming Hegemony: Informal Institutions and the Challenge to Western Liberal Order," *The Chinese Journal of International Politics*, Vol. 7, No. 4, 2014, pp. 449 - 482.

④ 欧阳峣：《中国与金砖国家外贸的共享式增长》，《中国社会科学》2012 年第 10 期，第 67—86 页；另见卢锋：《金砖五国合作的背景和前景》，载《国际政治研究》，2011 年第 2 期，第 1—21 页。

⑤ 樊勇明：《金砖国家合作与亚洲多元发展》，《复旦学报（社会科学版）》2013 年第 6 期，第 151—157 页。

⑥ 杨鲁慧：《金砖国家：机制、特质、转型》，《理论视野》2011 年第 11 期，第 58—61 页；王厚双：《金砖合作对全球经济治理体系与机制创新的影响》，载《亚太经济》，2015 年第 3 期，第 3—8 页。

价值规定，超越此前对金砖合作价值的实态化理解。基于“设定式”思路，玛丽安·富卡德（Marion Fourcade）认为金砖合作具有显著的象征意义；只有通过象征与政治视角才能充分理解金砖合作前景。① 其象征意义主要是：基于各自发展议程，金砖国家通过保持国内发展、增强区域实力、扩展对外影响、重塑全球治理，在同等（不利）条件的国际体系中赢得最大化效用，获得新的政治经济动能，这一路径被证明具有现实可行性。② 尼尔·达根（Niall Duggan）认为，金砖合作取得积极成就，很大程度上是基于对现有国际秩序的实际维护和有效适应，这意味着金砖合作对霸权秩序的“平权化行动”可能并非革命性、激进式的，而是对“强权秩序同一性”的象征回应，以寻求相对公正有效的改进方案，并与传统强国开展更有利的合作。③ 马克·马丁斯（Marco A. Martins）认为，金砖国家的合作治理观念与偏好并不极端，而是符合新兴大国身份自主性，与全球治理实际能力相匹配。合作的象征性与金砖国家复杂的身份有关。金砖国家并非传统意义上的挑战力量，也不是单纯的秩序维护者，而是基于具体情境的临时集体认同，仍有不确定性。④ 金砖合作的积极前景可以预期，其前提是相关国家认识到合作的象征意义，明确认同方向，避免可能的混淆或笼统化理解。

（二）金砖战略合作的不同评价

金砖合作前景的非正面评价反映出不同价值立意的分歧与争论。对金砖合作进程的负面评价注意到新兴国家开展合作面临的现实困境与挑

---

① Marion Fourcade, “The Material and Symbolic Construction of the BRICs,” *Review of International Political Economy*, Vol. 20, No. 2, 2013, pp. 256 – 267.

② Sotiris Petropoulos, “The Emergence of the BRICS: Implications for Global Governance,” *Journal of International and Global Studies*, Vol. 4, No. 2, 2013, pp. 44 – 48.

③ Niall Duggan, “BRICS and the Evolution of a New Agenda within Global Governance,” in Marek Rewizorski (ed.), *The European Union and the BRICS: Complex Relations in the Era of Global Governance*, New York: Springer, 2016, pp. 11 – 25.

④ Marco A. Martins, “The BRICS in the Global Order,” in Marek Rewizorski (ed.), *The European Union and the BRICS: Complex Relations in the Era of Global Governance*, New York: Springer, 2016, pp. 27 – 37.

战；对金砖合作趋势的负面评价主要关注新兴国家合作面临的深层次矛盾与价值冲突。①

在进程意义上，研究者主要讨论了金砖合作面临的核心难题，主要包括合作前提与内部整合困境。鲍勃·戴维斯（Bob Davis）认为，金砖国家合作的国际政治意义主要是建立在经济持续高速增长基础之上，这种情况不可能一直维持。② 舍尔·萨默（Ruchir Sharma）等学者也指出，新兴国家并非全都是国际秩序变革的赢家，过于长久的“新兴”与“崛起”并不存在；事实上金砖国家目前只有中国维持了相对显著的经济增长率，金砖合作的意义因此可能正在流失。③ 此外，金砖合作面临内部利益分歧与利益差异的挑战。凯塔琳娜·卡里柯瓦（Katarina Kralikova）指出，由于金砖国家启动合作的“偶然性”，相关国家的合作基础仍是短期利益而非牢固的“共享价值”，因此在克服国内外挑战、解决根本利益分歧、开展协作治理等方面缺乏可持续的动力。④ 梅涵兰等研究者也认为，由于采取相对松散的初始形式，金砖国家合作可能难以突破“博弈联合”（bargaining coalition）状态而实现高度协调的“意愿共同体”，也不太可能就具体议题开展跨区域实质合作。⑤ 约瑟夫·奈（Jo-

---

① Ray Kiely, *The BRICS, U. S. Decline and Global Transformation*, New York: Palgrave MacMillan, 2015.

② Bob Davis, “BRICS Fade as Engine of Growth,” *The Wall Street Journal*, 2013. 1. 1. William I. Robinson, “The Transnational State and the BRICS: A Global Capitalism Perspective,” *Third World Quarterly*, Vol. 36, No. 1, 2015, pp. 1 – 21.

③ Ruchir Sharma, “Broken BRICS: Why the Rest Stopped Rising,” http: //www. foreignaffairs. com/articles/138219/ruchir – sharma/broken – brics（登录时间：2016. 12. 19） Francesca Beausang, *Globalization and the BRICs: Why the BRICs Will Not Rule the World for Long*, New York: Palgrave MacMillan, 2012.

④ Katarina Kralikova, “BRICS: Can a Marriage of Convenience Last,” European View, Vol. 23, 2014, pp. 243 – 250. Michael Glosny, “China and the BRICs: A Real but Limited Partnership in a Unipolar World,” *Polity*, Vol. 42, No. 1, 2010, pp. 100 – 129. Daniela Donno and Nita Rudra, “To Fear or Not to Fear: BRICs and the Developing World,” *International Studies Review*, Vol. 16, 2014, pp. 447 – 452.

⑤ Christian Brutsch and Mihaela Papa, “Deconstructing the BRICS: Bargaining Coalition, Imagined Community, or Geopolitical Fad,” *The Chinese Journal of International Politics*, Vol. 6, 2013, pp. 299 – 327. Harsh V. Pant, “The BRICS Fallacy,” *The Washington Quarterly*, Vol. 36, No. 3, 2013, pp. 91 – 105. Mark E. Schaefer and John G. Poffenbarger, *The Formation of the BRICS and Its Implication for the United States*, New York: Palgrave MacMillan, 2014.

seph S. Nye）对此评论认为，金砖合作的核心国家在发挥其引领作用方面相对迟疑，而且呈现某种“不连贯性”，可能导致合作进程缺乏必要的组织化凝聚因素。[①]

在趋势意义上，相应分析认为金砖合作面临若干潜在矛盾，将导致其发展潜力受到限制。首先是金砖合作的理念定位。扎奇·莱迪（Zaki Laidi）指出，本质上，作为新兴大国的金砖国家普遍强调主权与本国制度特殊性，不同程度反对霸权治理与西方价值；但在具体合作方式与思路方面，尚未摆脱既有的秩序的深刻影响，金砖合作影响力的扩展趋势甚至可能依赖既有的制度安排与治理体系，形成某种共生关系。[②] 马修·斯蒂文（Matthew D. Stephen）认为，首先金砖合作趋势的混合性表明新兴国家与西方主导国际秩序之间同时存在张力与勾连因素，新兴合作体系内部也存在某些分裂或牵制力，导致合作进展的合力较弱。[③] 其次是金砖国家面临外部压力的弹性。李形、罗伯特·利伯（Robert J. Lieber）等学者指出，既有国际治理体系的特殊性在于其相互依存、相互适应的弹性化特征；金砖合作对现有秩序的变革未必能触及深层要素，相应合作进展或对现有秩序的有效挑战经常被“中性化”（neutralized）。[④] 此外，有研究者讨论了金砖国家与西方国家的常态化竞争，考

---

① Joseph S. Nye, “BRICS without Mortar,” Project Syndicate, 2013. 4. 3, http://www.project-syndicate.org/commentary/why-brics-will-not-work-by-joseph-s-nye（登录时间：2016. 12. 23）。类似的论点可见 Scott L. Kastner, Margaret M. Pearson and Chad Rector, “Invest, Hold Up, or Accept: China in Multilateral Governance,” *Security Studies*, Vol. 25, No. 1, 2016, pp. 142-179. Alison Bradley, “China and South Africa: Emerging Powers in an Uncomfortable Embrace,” *Journal of Contemporary China*, Vol. 25, 2016, pp. 881-892.

② Zaki Laidi, “BRICS: Sovereignty Power and Weakness,” *International Politics*, Vol. 49, No. 5, 2012, pp. 614-632. Rich Marino, *The Future BRICS: A Synergistic Economic Alliance or Business as Usual*, New York: Palgrave MacMillan, 2014.

③ Matthew D. Stephen, “Rising Powers, Global Capitalism and Liberal Global Governance: A Historical Materialist Account of the BRICS Challenge,” *European Journal of International Relations*, Vol. 20, No. 4, 2014, pp. 912-938. Anders Aslund, “Now the BRICS Party Is Over, They Must Wind Down the State's Role,” *Financial Times*, 2013. 8. 22.

④ Li Xing, “Conceptualizing the Nexus of Interdependent Hegemony between the Existing and the Emerging World Orders,” *Fudan Journal of Humanity and Social Science*, Vol. 7, No. 3, 2014, pp. 343-362. Robert J. Lieber, “The Rise of the BRICS and American Primacy,” *International Politics*, Vol. 51, No. 2, 2014, pp. 137-154.

虑到西方国家固有的消极策略（如分化、打压、无意义妥协或观望等），金砖国家合作的建设性进展可能面临较大阻力。① 金砖合作前景见表2－3。

表2－3　金砖合作前景研究进展

	主要进展	可能不足
规范理解	将金砖合作视为一种具有独立意义的国际政治分析范畴，讨论其在功能合作、战略协作、知识理念等方面的实质意义	较多关注金砖合作的正面意义与类型化、普遍化含义，关于金砖合作的特定含义如国别或区域含义的讨论尚弱
设定理解	认识到金砖合作作为一种集体身份实践的象征意义，进而讨论金砖机制对国际秩序的非实质性、非极端化含义	较少关注金砖合作含义的时空性质与可能的多样化政治经济后果，存在因果反置或同义重复等可能问题
进程评价	注意到金砖合作面临的实际难题及挑战，兼顾分析的全面性与视角的多元化，涉及某些问题具有现实意义	潜在的意识形态定位，基于冲突性、反向而行的前提展开讨论，可能缺乏某些必要的建设性
趋势评价	注意到金砖合作的复杂性与连带性，考虑多元因素综合影响，避免单一思路或单一维度的简单判断	较难理清基本线索或评价重点，未能明确区分金砖国家自身与外部体系压力之间的主次关系

资料来源：作者自制。

综上所述，关于金砖合作前景的讨论主要涉及积极与消极两方面，为金砖合作研究提供了多种可能视角，也存在若干不足与问题。首先是研究结论的预设性（独断性），既有研究多数在假设或预设“冲突前提”情况下得出结论，可能并未考虑预设条件之间固有的冲突性。例如庞中英认为，新兴国家对国际秩序变革确实有明显的影响，但并非根本意义上的替代；金砖合作本身也不意味着国际秩序新旧转型的必然性。金砖国家尚未具备充分的实力掌握全球治理主导权，金砖国家参与的全球治

① 周方银：《金砖合作机制能走多远》，《学术前沿》2014年第11期，第84—95页；辛仁杰、孙现朴：《金砖国家合作机制与中印关系》，《南亚研究》2011年第3期，第86—99页；赵斌：《新兴大国气候政治群体化的形成机制》，《当代亚太》2013年第5期，第111—138页。Mark R. Brawlwy, “Building Blocks or a BRIC Wall: Fitting U. S. Foreign Policy to the Shifting Distribution of Power,” *Asian Perspective*, Vol. 31, No. 4, 2007, pp. 31－43. Zachary Keck, “China and the BRICS: Unavoidable Hegemony,” *The Diplomat*, http://thediplomat.com/2013/03/china－and－the－brics－unavoidable－hegemony.

理并非必然具有反西方意义。[①] 对于金砖合作最新进展（如正式设立金砖开发银行与应急储备机制等）的评估通常仍是基于西方视角与价值偏好。其次是评价标准的单一性（至善论）。张春认为，金砖合作前景判断经常进入线性思维渠道，特别是以“进步论”或“无用论”作为单一尺度，实际上金砖合作本身具有复杂的非线性含义，其进步意义与局限性都是真实的，不能相互否定，应该以全面具体的方式，考察金砖合作对新兴国家的特定意义。[②]

三、中国外交创新的金砖路径

金砖战略合作是当代中国外交创新的重要步骤，有助于中国在新兴国家群体中扩大影响力，实现某种形式的“引领”地位。事实上，中国外交需要一种特定的参与路径，以合理的方式充分发挥作用；这一路径应体现为符合自身发展定位、相对稳定且有活力的形式。[③] 更重要的是，这一路径应具有现实性，能够在其中体现某种“议程主导权”，兼顾各国利益且具有较强代表性（积极的共事国）。根据现有研究，主要新兴大国都有各自的“主导外交”战略需求，在实践中体现为不同的权力路径。[④] 王逸舟指出，最近几年也是中国外交创新“最密集、最有力度的

---

① 庞中英：《要有不同于西方的全球治理方案——金砖合作与世界秩序的转型》，《学术前沿》2014 年第 9 期，第 26—35 页；另见秦亚青：《全球治理失灵与秩序理念的重建》，《世界经济与政治》2013 年第 4 期，第 4—15 页。

② 张春：《新兴大国与非洲关系的理论意义》，《阿拉伯世界研究》2013 年第 2 期，第 106—119 页。

③ 王颖、李计广：《G20 与中国》，《现代国际关系》2012 年第 6 期，第 44—49 页。

④ 例如巴西的“两轮外交”、俄罗斯的“全方位外交”、印度的“东进西突”外交、南非的“非洲领导国”外交等。Kristen Hopewell, “Different Paths to Power: The Rise of Brazil, India and China at the World Trade Organization,” *Review of International Political Economy*, Vol. 22, No. 2, 2015, pp. 311 - 338. Cynthia Roberts, “Russia's BRICs Diplomacy: Rising Outsider with Dreams of an Insider,” *Polity*, Vol. 42, No. 1, 2010, pp. 38 - 73. George Gilboy and Eric Heginbotham, “Double Trouble: A Realist View of Chinese and Indian Power,” *The Washington Quarterly*, Vol. 36, No. 3, 2013, pp. 125 - 142.

时期”之一，特别体现出奋发有为的大国外交努力。[①] 因此，目前研究核心问题可能是诉诸何种形式的“主导外交”，讨论“金砖路径”的可行性与可用性。

（一）金砖合作对中国外交创新的意义

关于金砖合作与中国外交的关联研究主要涉及两个层面：一是对即时或当下含义的探讨；二是对深层次互动或塑造意义的分析。其中心议题是：关注中国参与金砖合作的外交效应与外交变革；讨论金砖合作对中国参与多边治理外交、设置新兴大国外交议程、逐步提高“全球大国”外交认同的积极意义。

基于前一种思路，研究者讨论了金砖合作对中国外交“外向化”发展的意义。主要包括：（1）金砖合作是中国独立参与多边治理外交进程的重要平台。[②] 金砖合作有利于中国扩展全球经济外交决策的便利空间。通过金砖外交平台，中国能够在国际经济治理、气候治理、安全治理等热点议题上提出特定倡议，并以风险可控、代价较小、相互尊重的方式展开多层次外交实践，体现国家能力与国际责任的平衡。（2）金砖合作也是中国提供国际公共物品的积极实践。[③] 杨洁勉认为，基于金砖外交平台，中国不仅可能寻求有效方案维护新兴大国的发展利益，还可以力所能及增加国际贡献，在金融合作、发展援助、资源与能源保障、自由贸易、非传统安全等诸多议题领域提供有特色的国际公共物品，并针对贡献方式、议程设置、责任协作、利益关联等开展积极探索，稳妥应对外部期待，提升外交亲和力。（3）金砖合作是中国开展新兴大国外交、

① 关于中国外交创新的代表性论述，可见王逸舟：《创造性介入：中国外交的转型》，北京大学出版社，2015 年版；陈志敏：《中国的外交创新是否需要外交革命》，《世界经济与政治》2014 年第 12 期，第 37—51 页。

② 蒲俜：《金砖国家机制在中国多边外交中的定位》，《教学与研究》2014 年第 10 期，第 52—59 页。

③ 杨洁勉：《金砖国家合作的宗旨、精神与机制建设》，《当代世界》2011 年第 5 期，第 22—23 页。

协调既有伙伴关系的外交学习过程。[①] 朱锋认为，金砖合作形式仍以“议题联盟”为主，合作机制化建设意味着各国增强战略互信与多边主义团结，学习恰当管理利益竞争与分歧的有效方式。(4) 金砖合作是中国整合外交资源、提升战略能力的可行选择。[②] 金砖外交有助于扩展全球治理领域的战略空间，稳固关系框架，初步建立外交资源投入与配置途径。基于本国优势与需求，以功能合作带动全面协调与“包容式改进”，实现合作利益最优化。[③]

基于后一种思路，既有研究讨论了金砖合作对中国外交理念创新（主动融入和塑造外交环境）的促进含义。孙仁柱（Injoo Sohn）认为金砖合作是中国积极融入外部世界的“主动外交”，反映了中国对国际体系的积极认同与价值态度，这种态度仍介于“风险规避”与“对抗同化”之间，但已经体现出更多积极成分。[④] 孟加里·米勒（Manjari C. Miller）指出，金砖外交表明中国在国家客观实力增强的基础上，逐步扩大了对全球规范、制度设计与国际责任的认同，并通过此类“外向化”过程“反求诸己”，改变集体信念与内部认知（domestic beliefs）。[⑤] 金砖外交已成为一种基于相互构成性与互动性的身份实践，同时作为中国新兴大国身份的自我标识。以金砖合作进展为基础，既有助于理解中国外交创新的深层定位问题，也能反映当前中国的“发展中国家外交”“多

---

① 朱锋：《新兴大国的合作机制建设》，《当代世界》2010 年第 11 期，第 7—10 页。

② 朱锋：《新兴大国的合作机制建设》，《当代世界》2010 年第 11 期，第 7—10 页。此项研究中，涉及关于合作战略的基本观点，即中国在开展新兴大国合作时，未必开始就过度强调“战略需求”或战略目的，应该低起点、低姿态，逐步强化合作习惯。

③ 朱杰进：《金砖国家合作机制的转型》，《国际观察》2014 年第 3 期，第 59—73 页；汤凌霄：《国际金融合作视野中的金砖国家开发银行》，《中国社会科学》2014 年第 9 期，第 55—74 页；王永中、姚枝仲：《金砖国家峰会的经济议题、各方立场与中国对策》，《国际经济评论》2011 年第 3 期，第 74—83 页。

④ Injoo Sohn, “Between Confrontation and Assimilation: China and the Fragmentation of Global Financial Governance,” *Journal of Contemporary China*, Vol. 22, 2013, pp. 630 – 648.

⑤ Manjari C. Miller, “The Role of Beliefs in Identifying Rising Powers,” *The Chinese Journal of International Politics*, Vol. 9, No. 2, 2016, pp. 211 – 238.

边外交”“主场外交”等具体外交实践创新。①

（二）金砖外交与中国的新兴大国引导力

关于中国对金砖合作的“引导力”与形式选择，已有研究主要讨论两种基本路径，分别以“软合作”与“硬机制”为中心，反映中国对金砖合作的不同角色定位。

其中，“软合作”定位主要涉及金砖外交的“间接引导”方式。② 对此，提莫·基维马基（Timo Kivimaki）、石之瑜等学者讨论了“中国特色”治理方式与影响力发挥路径。主要特征包括：合作中强调本国独立性与自主性，避免强制干涉；基于集体主义合作观的协商偏好而非单边行动；基于历史经历的弱式合作观；以解决问题为主的应对式外交或非主动合作等。③ 以金砖合作为代表的渐进式合作外交强调开放性、包容性与平等性、实践合理性，实现外交影响力的自然生成与转化。④ 金砖外交的软合作思路主要包括：以经济为主的软机制建设；围绕共同议题的菜单式合作；面向重点议题的集中化解决；非正式会晤与对话机制；合作信息透明度与可辨识性质；等等。⑤ 此类合作思路表明：金砖合作具有显著的非对抗性质，事实上的主导国希望以“团体中一员”方式，维持某种外交“缓冲”空间，比较稳妥地赢取国际治理改革成果。对此

---

① 赵可金：《中国国际战略中的金砖国家合作》，《国际观察》2014 年第 3 期，第 44—58 页。该研究提出，中国的“金砖外交平台”要新，通过合作外交“增量”带动存量，提升金砖外交活力。

② 复旦大学金砖国家研究中心：《全球发展中的金砖伙伴关系》，上海人民出版社，2015 年版。Dirk Nabers, “Power, Leadership and Hegemony in International Politics: The Case of East Asia,” *Review of International Studies*, Vol. 36, No. 4, 2010, pp. 931 – 949.

③ Chih – Yu Shih and Chiung – Chiu Huang, “Preaching Self – Responsibility: Chinese Style of Global Governance,” *Journal of Contemporary China*, Vol. 22, 2013, pp. 351 – 365. Timo Kivimaki, “Soft Power and Global Governance with Chinese Characteristics,” *The Chinese Journal of International Politics*, Vol. 7, No. 4, 2014, pp. 421 – 447.

④ 关于金砖实践模式的讨论，可见高尚涛：《实践理论与实践模式：中国参与金砖国家机制进程分析》，《外交评论》2015 年第 1 期，第 55—68 页；牛海彬：《金砖国家合作的评估与前瞻》，《华东师范大学学报（哲学社会科学版）》2013 年第 4 期，第 117—123 页。

⑤ 相关论述可见李扬主编：《金砖四国与国际转型》，社会科学文献出版社，2011 年版。

辛西娅·罗伯茨（Cynthia Roberts）认为，“软机制”路径具有初期合作的积极意义，但是以部分放弃合作速度、深化程度、稳定性、整合性为可能代价。随着金砖合作“超预期”发展，上述积极平衡可能被打破，需要诉诸新的引导路径。①

金砖合作的“硬机制”路径强调相对明确的外交引导力或领导权，包括合作外交的机制化、实体化、价值化过程。辛提亚·奎利科尼（Cintia Quiliconi）等研究者讨论了“领导权”对于外交战略形式的关键意义：合作外交的领导权主要涉及行动能力、领导意愿、责任意识、超越视野、外部接受等综合因素。② 郭达安（Michael Glosny）指出，作为一种长期设计的金砖合作需要某种形式的引领者，引导建立某种规范性、约束性的运作规程，建立常设机构与组织规则，提出明确的合作纲领与治理目标，以此提高合作稳定度与连续性，稳固共同利益基础。③ 金砖合作硬机制化的重要内容还包括共同价值文化的构建。研究者讨论了金砖合作文化与“金砖精神”的可能内涵，包括金砖外交的价值定位及其申明问题。研究认为，制度化建设不仅是深化金砖合作的关键议程，也是主导国有效发挥自身影响力的过程。④ 启动“硬机制化”的金砖合作可能面临某些现实风险，例如对外部潜在威胁、内部分歧显著化、外交投入与责任分担、集体决策难题、凸显脆弱性等。最常见问题还在于金砖合作启动“硬机制化”的时机与限度、发展阶段、现实需要程度与可行性考察等。中国外交创新的金传路径具体见表 2 - 4。

---

① Cynthia Roberts, “Challengers or Stakeholders: BRICs and the Liberal World Order,” *Polity*, Vol. 42, No. 2, 2010, pp. 7 - 22. Esther D. Brimmer, “Is Brazil a Responsible Stakeholder or a Naysayer,” *The Washington Quarterly*, Vol. 37, No. 3, 2014, pp. 135 - 151.

② Cintia Quiliconi, Marcelo Saguier and Diana Tussie, “BRICS: Leadership in the Making,” in Stephen Kingah and Cintia Quiliconi (eds.), *Global and Regional Leadership of BRICS Countries*, New York: Springer International Publishing, 2016. Yan Xuetong, “Political Leadership and Power Redistribution,” *The Chinese Journal of International Politics*, Vol. 9, No. 1, 2016, pp. 1 - 26.

③ Michael Glosny, “China and the BRICs: A Real but Limited Partnership in a Unipolar World,” *Polity*, Vol. 42, No. 1, 2010, pp. 100 - 129.

④ Joseph Y. S. Cheng, “China's Approach to BRICS,” *Journal of Contemporary China*, Vol. 24, 2014, pp. 357 - 375.

表 2－4　中国外交创新的金砖路径研究

	主要进展	可能不足
当前意义	注意到金砖合作与中国外交战略之间存在的实践关联性，基于外交进化观分析中国参与金砖合作的外交创新意义	在考察金砖合作的外交含义时，较多侧重功能层面，在现实层面，观点相对碎片化，可能缺乏理论或战略意义的讨论
深层塑造	从外交认同与理念创新、身份互动与认知变革等角度论述金砖合作的积极意义，并深入至外交创新定位与方向等问题	较多集中于外交本身展开身份认同方面的讨论，与金砖合作论可能稍有距离，论证焦点间较分散，缺乏整合
软合作化	注意到金砖合作的软路径与中国特色外交方式的可能关联，以此作为考察金砖外交特点的基本出发点	就软路径本身的分析而言，金砖外交发展是否具有充分可持续性，仍待进一步考察和分析，尚未得出定论
硬机制化	充分考虑金砖合作中的外交领导权、价值构建与制度化问题，作为金砖外交研究的关键考察点	提出了有价值的问题，尚未展开进一步的风险论证与方案设计，仍需考察硬机制的可行性及其对中国外交的适当性

资料来源：作者自制。

综上所述，金砖合作与中国外交创新的关联研究主要涉及“金砖路径”的可行性与可用性两个层面。关于金砖合作对中国外交创新的意义，研究者注意到二者在当代外交变革与内外互动过程中的积极吻合关系，包括这一合作机制对中国外交创新的便利含义与适时性质。这表明：对金砖外交意义的理解“不能仅看某些经济数据或发展指标”，应该注意到整体战略影响及对合作国外交的创新含义，基于这一前提开展进一步研究。关于金砖外交路径的讨论主要涉及机制化过程中的领导者问题。此类讨论仍应注意不同路径之间的平衡及其现实根源，包括金砖合作中的“被领导者”意愿问题，进一步论证某种适应中国特点的金砖外交引导方式。

四、金砖外交面临的挑战与应对

关于“金砖外交”的主要挑战与可能的应对思路，既有研究的前提包括：中国作为新兴大国，其外交影响力处于上升通道；西方国家在很大程度上承认中国等新兴大国的国际治理参与权与地位变化；金砖合作实践能够提高中国的外交能力和外交质量，作为一种可行的外交创新路径，具有实际意义和战略价值。① 此类前提表明，解决金砖外交面临的挑战和问题，总体具有可能性与可预期性。

（一）金砖外交的困境与挑战

相应研究主要涉及结构层面的挑战与国家层面的具体问题。结构意义上的分析关注金砖外交面临的客观限制；单元意义上的分析则关注金砖外交自主性的可能限度，包括合作结构的潜在问题等。

在结构意义上，金砖外交面临挑战首先源于外部压力或外部“替代者”。研究指出，金砖合作一方面受到旧有全球治理主导力量（包括发达国家、金融机构、经济贸易制度等）施加的正面或负面限制，同时也受到成员国外部复杂状况的影响。金砖国家在对发达国家经济政治互动关系中的依赖程度各异，实际上超过成员国相互间依存度，一定程度影响了金砖合作的稳定性。② 这实际上反映出金砖国家在实力基础、规则体系、治理理念之间尚存在某种错配，对合作利益的协整性造成不利影

① 黄仁伟：《新兴大国参与全球治理的利弊》，《现代国际关系》2009 年第 11 期，第 21—22 页；马莉莉：《金砖国家合作机制发展基础与选择》，《国际问题研究》2012 年第 6 期，第 50—61 页；欧阳峣、易先忠：《新兴大国的增长与转型：金砖国家经济研究》，上海人民出版社，2015 年版。

② 此类观点强调经济合作基础对金砖国家关系的优先意义。具体可参见复旦大学金砖国家研究中心：《全球发展中的金砖伙伴关系》，上海人民出版社，2015 年版。

响。① 黄仁伟指出，金砖合作的结构性挑战还涉及地缘政治安全的差异考虑，包括中俄及中印间不同程度的信任问题、地理远隔导致的目标差别。② 达尼艾拉·唐诺（Daniela Donno）指出，金砖合作最关键的结构性挑战可能在于其权力结构配置与扩容问题，特别是合作机制内部实力的非对称性可能导致利益不平衡，在扩员、主导权、机制化等问题上面临潜在冲突。③

在国家层面，金砖合作面临的内部差异因素成为研究者的关注重点。这些差异可能包括国内治理与价值观基础、经济结构、资源基础、贸易重点、发展需求等方面，特别是经济与战略发展不平衡加剧分化，削弱了各国合作互补性的积极意义。这也导致金砖国家围绕具体议题的受益程度存在较大差异，甚至出现相互摩擦或冲突。④ 金砖国家在地区战略、经济转型、国际治理等诸多领域存在利益不一致性，加剧了各国在外交政策、共同倡议方面的兴趣差异。此外，杰弗里·亨德森（Jeffrey Henderson）等注意到各国外交偏好与外交定位的差异，包括各国对金砖合作“领导式结构”的不同态度。⑤ 金砖国家间的差异与潜在分歧并未否认各国在相应层面上的共性基础、认知一致性与利益的汇合点，而且可能为进一步合作提供多元化动力或动因，这取决于金砖国家的积极意愿与外交创造性。

（二）可能的回应与实践拓展

既有研究主要关注两个层次的回应思路：一是如何应对金砖外交的

---

① 徐秀军、冯维江、徐奇渊等：《中国与金砖国家金融合作机制研究》，中国社会科学出版社，2016 年版。

② 黄仁伟：《金砖国家崛起与全球治理体系》，《当代世界》2011 年第 5 期，第 24—27 页。

③ Daniela Donno and Nita Rudra, “To Fear or Not to Fear: BRICs and the Developing World,” *International Studies Review*, Vol. 16, 2014, pp. 447 – 452. Graham Allison, “China Doesn't Belong in the BRICS,” *The Atlantic*, 2013. 3. 26.

④ 王友明：《金砖机制建设的角色定位与利益融合》，《国际问题研究》2015 年第 5 期，第 116—128 页。

⑤ Jeffrey Henderson, Richard P. Appelbaum and Suet Ying Ho, “Globalization with Chinese Characteristics: Externalization, Dynamics and Transformations,” *Development and Change*, Vol. 44, No. 6, 2013, pp. 1221 – 1253. 臧秀玲：《后危机时代金砖国家合作机制的发展困境及其突破》，《理论视野》2015 年第 8 期，第 65—69 页。

现实挑战，这属于解决问题（problem - solving）；二是如何实现新目标与新拓展（goal - driven）。

在解困层面，研究者首先讨论如何围绕各国共同发展需求，务实开展功能化合作，解决各自面临的直接问题，稳定共同的长远利益基础；围绕新兴大国与发展中国家的实际定位，在发展合作、经济治理等方面做好“协调者”与“改革者”，提高金砖合作框架在区域和全球范围的实际影响力与代表性。① 其次是中国在金砖合作进程中的议题战略。李巍等论者认为，中国可以通过主动设计和影响合作议题、保持议题集中度与开放度的平衡、提出更多“议题式合作”备选方案、提供必要的“合作公共物品”等建设性方式，发挥实际的外交引领作用。② 孙溯源进一步指出，基于在金砖合作中的核心地位，中国需要强化主体能力，成为合作资源的供给者与调配者，做到予取结合，促进务实合作向治理合作的“包容性改进”。③ 此外，应平衡有重点地协调金砖国家内部关系、金砖国家与其他新兴国家的关系、金砖国家与发达国家的关系等，适应金砖各国当前对战略合作与全球治理的积极态度，及时解决可能的国家间歧见。④ 适应目前阶段金砖战略合作的“软机制”特点，应合理设定合作预期，确定改革分期目标与不同阶段重点，逐步完善从金砖国家理

---

① 郭宪纲：《中国外交新亮点：与新兴国家合作的探索与实践》，《国际问题研究》2010年第1期，第5-9页。

② 参见李巍：《金砖机制与国际金融治理改革》，《国际观察》2013年第1期，第33—40页；洪邮生：《全球经济治理力量重心转移：G20与大国战略》，《现代国际关系》2012年第3期，第38—46页。

③ 孙溯源主编：《金砖国家与全球治理》，上海人民出版社，2016年版。Robert Crane, *Building Bridges among the BRICS*, New York：Palgrave MacMillan, 2015.

④ 参见潘兴明、周鹤：《三种维度下的金砖国家关系考察》，《俄罗斯研究》2015年第5期，第112—136页。关于金砖各国合作战略与全球治理观研究，可参见左品：《巴西参与G20全球经济治理的角色与行为评析》，《拉丁美洲研究》2015年第10期，第13—19页；刘春杰：《俄罗斯对金砖国家机制的利益诉求》，《俄罗斯东欧中亚研究》2016年第4期，第28—40页；贾中正：《俄罗斯与金砖国家的经济联系研究》，《俄罗斯研究》2015年第5期，第138—159页；杨雷：《俄罗斯的全球治理战略》，《南开学报（哲学社会科学版）》2012年第6期，第38—46页；徐国庆：《南非加入金砖国家合作机制探析》，《西亚非洲》2011年第8期，第93—105页；黄海涛：《南非视野下的全球治理》，《南开学报（哲学社会科学版）》2012年第6期，第64—73页。李冠杰：《试析印度的金砖国家战略》，《南亚研究》2014年第1期，第119—142页。

念影响力到赢得实际合作利益的现实转换渠道，回应和解决有关金砖合作进程“停滞”或“弱化”的质疑论点。①

在开拓层面，研究者注意到金砖合作机制改革的速度与方式等问题。徐秀军指出，金砖合作应保持必要的开放性与包容性，可以考虑“BRICS + N”或“新兴七国集团”等类似扩容形式，将新兴国家更多融入合作关系圈内，容纳共同的利益关切。② 张海冰则指出，金砖合作当前任务仍是扩展经济实力和利益纽带，强化现有机制建设和行动能力，落实区域和全球治理的影响力度，围绕“嵌入式变革”与“补位式变革”设计改革目标，并以内涵式发展为主。③ 研究指出金砖外交的升级与优化不应寻求“绝对平等”或平衡，而应在无差别基础上有重点推进，基于目标的层次性与优先性，实现机制化建设的动态均衡与灵活转换，不拘泥于“软硬路径”之争。④

此外，研究者进一步讨论了中国金砖外交的系统化思路与不同权力路径设计问题，包括如何借助其他合作平台，形成联动机制；⑤ 如何超越简单经济考虑，基于关系网络基础，提升中国金砖外交的“直达权力”“通达权力”“居间权力”与“借势权力”；⑥ 如何基于金砖合作资源的竞争性与复杂性，将本国意愿嵌入集体偏好；⑦ 如何扩展金砖外交

---

① 蔡春林、刘畅、黄学军：《金砖国家在世界经济中的地位和作用》，《经济社会体制比较》2013 年第 1 期，第 40—50 页。

② 徐秀军：《制度非中性与金砖国家合作》，《世界经济与政治》2013 年第 6 期，第 77—96 页。

③ 张海冰：《世界经济格局调整中的金砖国家合作》，《国际展望》2014 年第 5 期，第 16—29 页。

④ 关于无差别路径，可参见徐崇利：《新兴国家崛起与构建国际经济新秩序：以中国的路径选择为视角》，《中国社会科学》2012 年第 10 期，第 186—204 页；马莉莉：《金砖国家合作机制发展基础与选择》，《国际问题研究》2012 年第 6 期，第 50—61 页。

⑤ 关于这方面论述，可见邹志强：《全球经济治理变革对中国与新兴国家合作的启示》，《世界经济与政治论坛》2014 年第 4 期，第 72 - 127 页。Matthias vom Hau, James Scott and David Hulme, “Beyond the BRICs: Alternative Strategies of Influence in the Global Politics of Development,” *European Journal of Development Research*, Vol. 24, No. 2, 2012, pp. 187 - 204.

⑥ 庞珣：《全球治理中的金砖国家外援合作》，世界知识出版社，2016 年版。

⑦ Dane Rowlands, “Individual BRICS or a Collective Bloc,” *Cambridge Review of International Affairs*, Vol. 25, No. 4, 2012, pp. 629 - 649. Edward D. Mansfield, “Rising Powers in the Global Economy,” *International Studies Review*, Vol. 16, 2014, pp. 437 - 466.

的全球治理关联性，在多极世界基础上扩展金砖合作新空间等。①

综上所述，关于金砖外交面临的挑战与回应问题，研究者的关注点涉及结构层次、国家层次、问题解决、目标拓展等方面（见表2－5）。已有研究充分考虑到金砖外交与金砖合作面临的实际问题，相对全面地考察了不同思路的差异性。在分析中国外交创新的金砖路径与具体步骤方面，现有研究仍然缺乏确切的理论化设计，包括差异化路径之间的基本比较与实践论证，这可作为进一步研究方向。

表2－5　金砖外交面临挑战与应对研究

	主要进展	可能不足
结构层面	基于某种整体、求异的视角观察金砖合作面临的可能挑战，侧重客观意义上的限制因素与不利影响	关于金砖合作面临结构性挑战的可讨论点相对比较普遍，未能充分结合具体国家的外交实践与外交需求特殊性
国家层面	注意到金砖合作在单元层次上面临的若干困难，包括外交实践与外交能动性因素的可能影响	关于金砖各国对于机制化合作的不同外交战略，尚需进一步理论分析与实践论证，并与中国金砖外交进行对比
问题解决	在解决问题、应对挑战等方面，较多关注金砖外交的现实维度，包括中国可以发挥能动性的具体思路	关于金砖外交的建议具有比较明显的政策自觉性或应用指向性，较多涉及方向性、宏观性的讨论，可行性论证不足
目标拓展	提出关于金砖外交的概念化设计与目标，较多关注金砖合作的事务化、功能化，并考虑到不同路径的平衡问题	关于金砖合作进程的拓展问题，讨论可能缺乏超越性，且未能结合外交创新的战略与进程展开充分的理论化考察

资料来源：作者自制。

① 参见陈志敏：《多极世界的治理模式》，《世界经济与政治》2013年第10期，第4—23页；张胜军：《全球深度治理的目标与前景》，《世界经济与政治》2013年第4期，第55—75页。

五、金砖合作的研究议程

金砖战略合作与中国外交创新是当前中国外交研究领域重要的知识生长点。其关键意义在于：通过中国外交视角观察新兴大国合作的战略思路与积极进展；基于金砖合作现状与趋势，分析中国新外交的影响力战略以及可能的机遇挑战。此类研究的核心问题是：中国在金砖合作中如何发挥适当的外交“引领”作用，推动实现本国作为新兴大国的外交创新目标。这一核心问题将金砖合作视为中国主动参与全球治理、提供合作外交特色方案的便利渠道，基于“中国优先”与内外平衡的基本前提，在多样化的治理方案之间提出中国特色国际议程，以恰当方式统合中国外交战略与金砖合作逻辑。

其一，在中国外交创新的理论设计与实际过程之间建立有效联系，突破既有研究可能的碎片化、主观化、分隔化问题。通过详细研究中国在金砖合作过程中的外交战略与外交经验，可以得出外交创新的若干基本路径与方式，也有助于理解金砖外交的实际定位与战略优先性，包括恰当评估中国外交创新的实现程度与有效度、不同路径与机制可能的效果差异性与情境适应性等。

其二，将金砖合作视为中国主动参与全球治理、提供合作外交特色方案的便利渠道，基于“中国优先”与“内外平衡”的基本前提，在多样化治理方案之间厘清基本逻辑，提出有效的路径设计，克服此前研究“普遍化”“一般化”乃至缺乏中国相关性的诸多问题。具体论证针对当前中国参与全球治理、推进新兴大国外交的实践，兼顾中国特色与国际议程，以恰当的方式统合中国式外交传统与金砖合作基本逻辑。

其三，基于理论、战略、实践等多个层次，综合考察金砖外交的国际政治意义，并合理分析此类外部含义对中国外交创新的实际作用及方式。此项分析议程着力突破以往研究出现的因果分置、错置或倒置等情形，注重以金砖外交进展为基本出发点和分析点，落实到中国外交创新的战略思路及实践效度研究，体现外交创新理论与实践的有机联合，避免可能的单一化、绝对化、区隔化视角。

既有研究针对金砖合作的全球治理含义、金砖国家合作战略、金砖合作的国际政治后果、金砖国家合作的基本前景等议题展开。而中国外交创新的金砖路径研究仍需结合多领域理论成果，包括外交战略、国际政治经济等研究思路，展开综合分析；拓展中国的新兴大国外交实践空间，提升合作引领战略的可行性。

其一，基于金砖合作战略，讨论中国外交的“定位困境”。所谓“定位困境”需要基于一种积极改进的视角看待。应该看到，金砖合作并非中国外交战略的唯一内容，而只是中国新兴大国外交的关键内容。但是在战略实施过程中，仍然面临较多实际的定位难题，例如：如何看待新兴大国合作的实际地位与效用、是否应该加大对新兴合作进程的外交投入力度、中国的新兴大国外交应该基于怎样的前提和基础来展开、金砖外交的实际目标定位应如何确定，等等。

其二，基于金砖合作实践，讨论中国外交的“多层联动”。当前中国外交创新作为一项客观政治进程，面临国家战略层面的外交设计需求。通过具体外交实践，讨论中国推动新外交战略升级的可行经验，是当前中国外交研究的关键问题之一。包括如何看待中国外交在国家层面与国际层面的基本互动形式、怎样突破“融入”与“抗争”的简单视角，分析中国与当前国际秩序的复杂关系与多元互动、当前的外交多层联动机制能否满足中国的国际战略需求，等等。

其三，基于金砖合作比较研究，讨论中国外交的“实践突破”。在讨论中国外交创新的突破点问题时，容易出现两个误区：一是主观认为外交创新与国家实力地位上升之间是同步联动关系，忽略具体国家外交战略的独立作用与可能影响；二是过于强调特殊性，忽略新兴国家间不同外交路径的平衡与相互影响。因此需要基于某种“外交战略比较”视角，考虑中国外交创新的金砖路径如何可能，以及是否具有突破意义。通过考察不同新兴国家的外交战略设计，有助于理解中国金砖外交的适当思路与可能走向。

实际上，从理论层面讨论金砖合作的国际政治意义与国别外交含义，仍具有学理上的必要性。一方面，关于金砖合作的兴起与发展，仍存在较多争议论点与不同看法，而基于不同观点，可知有关金砖合作价值与前景的判断差异很大；另一方面，就金砖合作自身而言，也面临不同发展选择。做出合理选择的前提是：确定金砖合作本身具有哪些确切的全球战略含义，特别是如何定义、在何种论域中定义、基于怎样的前提视角定义和理解金砖合作目前取得的实际进展及全球影响，进而确认金砖合作的可持续性，澄清可能的理解误区。

关于金砖合作"不确定性"的理解，主要是从国际经济角度出发，强调经济增长的支撑含义与核心作用。① 事实上，由于金砖国家近年来经济发展差异很大，一些国家发展速度不再像金砖概念形成初期时那样显著，甚至出现波动或停滞（例如近年来俄罗斯或巴西面临的经济问题），金砖国家发展方式的吸引力也受到不同程度的挑战。其中关键问题还包括：中国作为金砖国家集团的核心成员，一方面正积极应对经济下行压力，适应国际经济新常态，稳定金砖国家的经济基本面；另一方面，正面临总体外交的战略化发展过程，探索运用金砖国家合作杠杆，将各国"经济能量"更有效地转化为外交能量，实现国家目标。中国在这一过程中的战略选择及其实践绩效，在很大程度上决定了金砖合作的前景。

金砖合作"不确定性"的另一来源在于：金砖国家在合作定位方面仍有模糊之处，包括经济定位、政治定位之间的不确定性，寻求合作利益与制衡权力之间的差异等。就目前来看，金砖合作的主要内容仍是经济贸易、金融合作、气候应对及相应立场沟通等，在某些"唱衰金砖"的观察者看来，"经济合作"功能化特征表明金砖合作面临进一步深化的困境。本质上，新兴大国试图在全球范围内广泛协调立场，形成某种一般意义上的变革模式，对现有霸权国主导的国际秩序进行"改良"，这些目标都具有"政治要素"或政治指向性质；特别是在新兴国家崛起、西方国家陷入多重危机的整体背景下，金砖合作的"秩序变更效应"更加显著；对"多极化"的普遍赞赏、对西方国家潜在的批评态

---

① Harsh V. Pant, "The BRICS Fallacy," *The Washington Quarterly*, Vol. 36, No. 3, 2013, pp. 91 – 105.

度，包括对外部干涉的警惕、对传统主权观念的保持，也使金砖合作带有非西方化的标志含义。但是，尽管金砖国家存在特定的“共同目标”，其合作基础仍是经济利益，而尚未转化为显著的国际政治协作平台。即使在金砖国家内部，仍存在某些政治或外交目标方面的“不一致”甚至“不协调”，金砖国家与西方也存在不同程度的复杂关系，对实现金砖集团进一步融合、实现全球秩序全面转型而言，可能并非有利因素。

此外，金砖合作“不确定性”的来源，一定意义上还包括合作条件的“脆弱性”。[①] 观察者注意到金砖国家之间明显的异质性，特别是在经济结构、价值观念、历史文化及国内政治等方面，相似程度较弱；在联合解决具体问题方面的行动力并不显著，其主要是一种利益联系，而非“价值观同盟”；金砖合作缘起本身也具有很大程度的“偶然性”，缺乏充分的实践基础，只是在各自或共同应对金融危机、开展经贸合作过程中，建立起形式联合，开展“议题驱动”的特定合作。整体上看，金砖国家间团结与信任状态并未充分实现，它们并不试图全面推翻西方主导的全球治理方案，这也体现出新兴国家群体在处理南北关系方面的复杂态度和“现状化”倾向。

理解金砖国家合作，必须基于一种政治的视角。事实上，金砖国家通过合作，试图将已有经济权力转化为国际影响力。新兴国家的经济发展并不能自动转化为政治实力，需要其他机制的辅助，特别是积极的外交参与及外交革新、提供更多的国际公共物品与全球治理方案、将经济力量转化为政治亲和力与特定思想理念，以此改变他国外交观念及行为等。另一方面，进一步扩大既有经济权力，需要更理想的政治影响力作为要件，否则可能面临瓶颈。另外，经济权力被新兴国家视为扩展本国在区域或跨地区领导权（regional leadership）的基础。通过“金砖合作”等类似机制，新兴国家尝试在区域和全球不同层次上发挥可能的联合影响，作为主动参与多层次事务、扩展国际政治影响力、应对来自地区或全球挑战的有效途径。

---

① Katarina Kralikova, “BRICS: Can’a Marriage of Convenience Last,” *European View*, Vol. 23, 2014, pp. 243 - 250.

对此，金砖国家开始主动设计合作发展战略，“像政治实体一样去行动”，努力创设成员间合作机会与组织发展条件。2011 年 4 月，南非被接纳加入金砖国家集团，体现出金砖国家的战略考虑与政治思路。由于南非在人口、经济规模等方面与此前的金砖四国存在很大差距，其主要优势在于区域影响力及其在非洲大陆的代表性。因此，它体现出金砖国家对非洲的关切，特别是关心金砖集团如何成为有影响力的全球实体，通过有意设计全球战略，扩展全球代表性。绝大多数金砖国家在全球政治中并非具有历史渊源的活跃参与者，作为地区或全球角色主要是源于近年来崛起的经济力量，相对缺乏在西方主导的全球治理体系中发挥政治影响的成熟经验；而且，中国、印度、俄罗斯等国家在地区事务中也面临可见的挑战及限制，在系统性地扩展外交权力、大规模提供国际公共物品等方面，实际上仍比较谨慎。更关键的情况是，金砖国家普遍面临艰巨的国内改革与治理议题，若想在全球治理既定格局中发挥更积极、更显著的角色，需要克服更多的困难和挑战。

对金砖合作现状与前景的若干质疑，对新兴国家全球议程的改进及完善而言确实具有启示意义，也表明金砖合作继续提升的巨大潜力。但在另一方面，对于金砖现象的国际政治意义，相应质疑仍然具有片面性：金砖合作本身作为一种分析概念和分析范畴，其实际意义超越了经济层次，或带有某种“政经分离”内涵；金砖国家可以代表新兴国家发展趋势与整体存在，并实现积极的全球治理效应。这表明，金砖概念作为一种象征，很大程度上决定了国际社会如何看待新兴国家的影响力以及新兴市场的发展潜力。对此，金砖国家也充分认识到国际认知与世界舆论的重要性，强调金砖国家在“维护国际秩序稳定与公正、增加新兴经济体声誉和影响力”方面可以发挥的重要作用。

第一，作为一种分析范畴（analytical category），金砖国家的国际含义超越了单纯的经济实力层面。[①] 即使最初这一概念带有“经济标签”性质，并长期作为世界经济需求增长与消费增长的“引擎”，其经济发

---

① Leslie E. Armijo, “The BRICs Countries as Analytical Category: Mirage or Insight,” *Asian Perspective*, Vol. 31, No. 4, 2007, pp. 7 – 42.

展出现某种放缓迹象并不意味着前景的暗淡化。事实上，“金砖褪色论”并未真正认识到金砖合作现象的独立意义，特别是对相对经济规模或经济增长率的片面认识，无益于理解“新兴国家”在当代国际政治中建立起独立影响和实际地位的核心机制。作为独立的分析概念，金砖国家具有整体意义，其在全球治理与国际政治中的影响力，部分来源于经济发展的更高速度和质量提升，如国际经济、国际政治合作议程提供新的选项与机会，以及有吸引力的国际政治条件；作为一种整体的概念集合以及关键行动者，其目的在于推动实现一种有别于传统治理格局的新国际政治。对金砖国家而言，经济崛起是政治崛起的前期条件，但并非全部条件。新兴国家经济力量作用的发挥终究会进展到“日常政治”“可持续”“可巩固”层次上。

第二，金砖国家具有确切的“代表性”，作为新兴国家与发展中国家的典型代表，它们在国际政治行为方式、资源运用、利益诉求和政策目标等方面，具有很大程度上的共性特征与整合意义，成为当代南北关系中不可缺少的关键行为者。[①] 理解金砖国家的代表性，不能完全诉诸金砖集团内部异质性，这些差异与金砖合作已有外部影响力之间并不等同，金砖国家的“代表性”也不排斥新兴国家多样化发展；所谓代表性，不同于个别成员在单一领域的发展轨迹，而在于整体决策偏好或集体利益诉求，包括政策优先事项等。特别是在平衡西方国家治理垄断地位、共同成为新治理规则设计者方面，金砖国家与其他新兴国家具有统一的兴趣指向，并且付诸实际行动，进而形成全球理念市场的一种特定认同结构。

此外，金砖集团也是一个恰当可行的全球治理运作平台，能够合理体现或推进实现成员的国际政治利益。[②] 参见表 2 - 6 所谓“恰当可

---

① Ramesh Thakur, “How Representative are BRICS,” *Third World Quarterly*, Vol. 35, No. 10, 2014, pp. 1791 - 1808.

② Michael Glosny, “China and the BRICs: A Real but Limited Partnership in a Unipolar World,” *Polity*, Vol. 42, No. 1, 2010, pp. 100 - 129. 在此项研究中，郭达安认为中国在金砖合作中，大致属于相对超脱的状况；中国作为世界第二大经济体、最大的外汇储备持有国、安理会常任理事国、核武器拥有国，在国际社会中实际地位显著，可发挥作用的空间较广，因而对金砖合作需求相对较小；事实上其他金砖国家对于中国在其中发挥积极作用的需求更明显。

行”意味着：金砖合作一方面寻求扩展新兴大国的全球治理空间，巩固发展中国家的国际政治影响力；另一方面并不试图激烈反对目前的全球治理格局，而是在既有秩序中扩展新的崛起路径与利益内容。通过推进金砖合作，成员国可以进一步交流国际关系与全球治理经验，基于一种群体而非单独的身份来应对发达国家可能的压力，提高与西方国家的谈判地位。同时，金砖合作使成员国找到一种恰当表达发展中国家关切的方式，更易于受到外部世界重视。总体而言，金砖合作兴起必然性在于：成员国对于全球治理的需求和目标指向具有相当程度一致性，共同致力于减少秩序结构的消极限制，在可能条件下寻求更好的方式，实现积极利益。

表 2－6　金砖合作与中国战略外交面向

	横向战略（对应本章第六部分分析）	纵向战略（对应本章第七部分分析）
重点	以“全球治理”为核心的战略扩展	以“战略引领”为核心的外交革新
方式	渐进，非革命方式，主动参与全球治理	引导合作，非直接控制，基于功能合作
内容	提供全球治理公共物品，实现包容式改进	协调关系、明确战略重点、提升治理绩效
特征	增量思维，象征治理与实质改进相结合	通过引导合作治理，塑造战略外交实力
不足	如何切实赢得外部认同与内部整合	如何获得有效手段并保持合作动力

资料来源：作者自制。

本项研究将“当代中国战略外交”的基本内涵大致划分为横向战略与纵向战略。在横向意义上，中国战略外交特点是积极扩展合作领域及治理范围，基于金砖合作等新兴国家可行方式，提升外交影响的全球力度，以此落实本国外交的国际化、战略化定位；在纵向意义上，中国通过参与和支持金砖合作进程，完成了一次重要的“外交练习”，特别是探索建立全球治理的可行路径，在其中发挥外交引领与国际影响力，学习“管理国际机制”的战略经验，为新兴的合作机制提供有效动力，并且避免合作治理机制内部可能出现的不信任或“不团结”现象。战略外交的学习和完善过程意味着：中国在深度参与全球治理的动态实践中，逐步实现外交形态的成熟化。例如，金砖新开发银行（New Development Bank，NDB）成立和当前进展，被认为是中国金砖外交的重要合作成果，在战略外交实践中具有典型意义。

新开发银行由金砖国家共同倡议建立，初始目的是便于成员之间结算和贷款，保障贸易和资金流通。2013 年 3 月金砖领导人峰会决定建立金砖开发银行，适应成员间不断扩大的合作规模及融资需求；2014 年 7 月《福塔莱萨宣言》宣布，金砖银行总部设立于上海，银行理事长、董事长、行长将由金砖各国代表轮流担任；初始授权资本 1000 亿美元，由各国平均出资。2015 年 7 月正式启动。作为金砖合作机制实质成果之一，金砖银行为成员国进一步密切合作关系提供有力保障，将专注于提供资金、支持新兴国家基础设施与经济发展项目，作为既有金融机构的必要补充。成立金砖开发银行符合中国战略外交的横向与纵向内涵。作为突破口，金砖银行可以扩展中国参与全球治理的有效途径，有利于中国发挥经济实力优势，真正成为全球经济治理的重要行为者；另一方面，以金砖银行为基础，中国得以体现其在金砖合作中的战略重要性，为引领和扩展更多新兴合作机制、有效提供国际公共物品，积累必要的实践经验。

六、合作治理与横向扩展

金砖国家参与全球治理进程，已成为国际秩序变革完善的重要动力因素之一。讨论这一问题的基础在于：承认作为整体的金砖国家能够发挥特定的系统性影响力，并看到金砖合作从侧重经济治理、务虚为主的对话论坛，转向政治经济治理并重、务虚与务实相结合的全方位协调机制，稳步推进机制化。此外，金砖合作对于当代全球治理的特定含义还在于：它以一种新型方式融入治理系统之中，赢得广泛重视与普遍接受。

事实上，西方国家并未激烈反对金砖国家进入全球治理体系的核心层，以金砖国家为代表的新兴大国在接受现有治理规则背景下，以渐进而非革命方式实现变革，突破了现实主义理论"冲突"逻辑、自由主义理论的"同化"思路、激进主义理论"反体系"思想，体现出特定的治理创新意义。①

（一）金砖合作的全球治理含义

在全球化深入发展与国家权力不断扩散的背景下，当代国际政治的新议题、新方向持续涌现，经济和金融自由化、通信、交通运输和信息技术革命等因素的迅速发展，为国际政治的权力关系确立了新的互动条件，在事实上形成一种超越实体国家的"领域间多极化"趋势。② 金砖国家适应这一趋势、认识共同优势与挑战，从全球层次理解和实践新兴国家的积极责任，并成为"全球化"的重要支撑力量。故此，金砖国家的崛起受到自由国际主义者或全球主义者的赞赏。③

在理解金砖国家对于当前全球治理的现实作用时，"全球公共物品"视角具有重要价值。全球公共物品（global public goods）是国际秩序与全球治理的基础要素，由国家、国家集团或国际组织面向国际社会提供的"非竞争""非排他"产品，在全球治理领域内，广泛存在的各类国际机制、国际制度，多数属于公共物品总体范畴，但并不是纯粹的"国际公共物品"，而是带有隐含的"非中性""准入性"或连带性质，直接或间接体现了公共物品提供者的利益意志等内容。目前在全球治理领域

---

① Patrick Bond, "BRICS within Critical International Political Economy," in A. Cafruny et al. (eds.), *The Palgrave Handbook of Critical International Political Economy*, New York: Palgrave Macmillan, 2016. 依附理论认为国际体系特征是不平等、不公正的统治依附结构，发达国家位于核心，发展中国家则位于边缘，依附关系难以打破。激进主义认为这种依附关系属于一种结构性矛盾。但激进理论只能提出规范性诉求，并未提出国际秩序可选模式。金砖国家治理从实践上回应了激进主义对既有秩序的批判。

② 孙溯源：《金砖国家与全球治理》，上海人民出版社，2016 年版。

③ Robert J. Lieber, "The Rise of BRICS and American Primacy," *International Politics*, Vol. 51, No. 2, 2014, pp. 137－154.

最重要的国际公共物品（地区稳定、国际机构、经济金融、环境、发展、防扩散等）多由美国等西方国家主导，以金砖国家为代表的新兴国家正在通过共同合作等方式，联合回应“搭便车论”“责任论”等批评论断，超越了原有狭隘“公共物品”范畴，体现了全球公共物品供给权力转变与格局的多元化。事实上，基于长时段历史观，“全球公共物品供给”的权力中心存在调整和转变的持续过程，在地区空间、议题领域、供给形态、收益形式等不同层次上，霸权国家或核心国家的供给重点存在调整，主导国家与其他国家围绕全球治理议题展开合作与协调，是全球公共物品发挥实际治理作用的基本前提。

基于公共物品视角，金砖国家参与全球治理的重要契机既包括新兴大国群体自身的崛起与经济发展，也包括国际环境的即时变动，国际金融危机的冲击即是一例。在主流国际机制部分失灵背景下，金砖国家合作兴起，以金融治理以及经济治理为核心的新兴国家合作成为全球治理的有效途径。由于以往国际政治互动形成的治理架构（全球公共物品）在合法性与有效性等方面出现不同程度问题，传统治理方式改革进程加速，主导国家与新兴国家之间的合作空间扩大，金砖国家通过各种形式的合作机制表达共同立场，寻求构建有代表性、更公平、更具包容性的全球治理模式，其合作进程的发展趋势包括：从原则声明表态到采取实际行动；从国际经济事务到国际政治热点；从相互间务实合作到积极参与全球治理议程；从国内改革到区域合作联动；等等。①

金砖国家参与全球治理的创新形式在于：寻求一种有效补充路径，而非全面替代的方式，其远期目标仍是实现全球治理结构民主化，以及和平、安全、发展、协调等共同价值，推进多边主义与务实合作，避免对抗与冲突。这种方式被称为“包容性改进”，亦即“做加法不做减法”，基于合理的预期目标与探索式路径，采取共同发展的非零和博弈形式。这意味着：金砖合作对全球治理结构是一种“增量式”改进，总体维护已有全球治理理念共识与价值基础；金砖合作机制化也是全球治

① 孙溯源：《金砖国家与全球治理》，上海人民出版社，2016 年版，第 3—12 页。

理形式的创新过程。[①]

（二）金砖合作的深层治理议题

金砖合作的“包容式改进”特征具有形式创新意义，其内在治理理念也体现出新兴国家的普遍特点，与西方国家主导的全球治理方式存在实际差别。[②] 一般认为，当前的全球治理理念较多反映西方国家偏好与设定，带有“自由霸权主义”、新自由主义若干特征。目前全球治理的核心价值仍是自由主义、市场规则与霸权治理的结合形态，寻求超越国家边界的资本管理与市场扩张、商品贸易自由流动、全球范围的个人意识形态、经济资源的市场化配置等。通过既有国际机构与国际制度，霸权国家及发达国家对全球经济、政治施加实质影响力，由此保持西方世界对全球治理议程及进程的主导权力。

基于此类思路，全球治理被认为是一种“单向度”的线性治理过程，这种情形显然并不全面。在当前全球化纵深发展背景下，国际秩序多元化、权力来源广泛化趋势同时存在，各种重叠而有差异的全球治理主体构成一种多层次、多样态的互动体系，“全球治理”本身已成为新兴国家、后发国家以及非西方国家更加关注和支持的广义概念，它代表了一种以更广泛的方式理解“国家崛起和权力转移”的思维方式，不同于此前权力转移的“冲突性”“零和性”“斗争性”特点。金砖国家积极参与、完善全球治理进程，表明当前治理秩序在很大程度上具有可变革、可完善的开放性质，同时也表明当前世界政治性质及主导规则大致能够提供国际权力变动与有序变革的基本空间。

与此相对应，金砖国家参与全球治理表明，新兴国家通过跨国一体化与区域间合作，已越来越密切地融入自由主义的跨国政治经济结构。

---

① Oliver Stuenkel, *The BRICS and the Future of Global Order*, London: Lexington Books, 2015, pp. 4 – 25.

② Matthew D. Stephen, "Rising Powers, Global Capitalism and Liberal Global Governance: A Historical Materialist Account of the BRICS Challenge," *European Journal of International Relations*, Vol. 20, No. 4, 2014, pp. 912 – 938.

新兴国家在当前全球治理总体架构中的地位正逐步提升，并且对既有治理机制形成某种依赖关系，新自由主义的全球治理结构背景则为新兴国家提供了某种积极激励条件，足以使其适应和运用发展优势，赢得广泛的合作影响力。[①] 理解金砖国家与全球治理的互动关系，必须从全球化背景下的国际政治经济互动网络与跨国一体化背景出发。这一互动关系既包括新兴国家对主导治理结构的影响，也包括新兴国家对既有治理体系和治理机制的依赖。金砖国家与全球治理其他重要主体之间也存在密切关联与互动关系。

金砖国家参与全球治理的现实动力机制包含两个层次，即经济动力与战略动力。就经济动力而言，金砖合作的兴起被认为是全球化的直接产物，新兴国家直接受益于全球经济合作的宏观进程，特别是基于新兴大国在金融危机中的实际表现，为全球经济增长做出了重大贡献。[②] 金融危机影响逐步扩散之后，世界各国尤其是西方国家与新兴国家都认识到原有治理机制存在严重问题，通过形成更加均衡多元的治理结构、增强治理机制的开放协调性质，将是走出治理危机的可行路径。如果没有新兴国家经济需求与经济力量的支撑，世界经济衰退程度将是不可想象的。

另一方面，深度参与全球治理进程、逐步提升国际话语权及影响力，也是金砖国家普遍的政治诉求与战略目标。虽然金砖国家之间存在不同程度的异质性，但其基本主张仍相对一致和明确：在经济政治越来越相互依存的全球化（西方化）世界中，维持本国战略判断与国家行动的独立性、自立性。[③] 但这一主张又不同于激烈反对现有霸权秩序或明确的不合作态度，不同于“绝对主权观”或“反西方联盟”，而是以尊重现有秩序合理性、寻求有效融入和逐步改进为前提。金砖国家希望作为一

---

① Marco A. Martins, “The BRICS in the Global Order,” in Marek Rewizorski (ed.), *The European Union and the BRICS: Complex Relations in the Era of Global Governance*, New York: Springer, 2016, pp. 27 – 37.

② Liu Ming, “BRICS Development: A Long Way to a Powerful Economic Club and New International Organization,” *The Pacific Review*, Vol. 29, No. 3, 2016, pp. 443 – 453.

③ Zaki Laidi, “BRICS: Sovereignty Power and Weakness,” *International Politics*, Vol. 49, No. 5, 2012, pp. 614 – 632.

种集团实体，增强集体声音与战略对话能力，促进全球治理结构平等化、民主化，具体路径仍是以议题联盟、共识合作、多边主义为基础。①

金砖合作的制度化进程体现出经济动力与战略动因的整合含义。一方面，金砖国家发展银行的成立，为成员国提供了新的发展平台，既包括基础设施建设与金融投资条件的改善，也包括整合成员国发展优势与资金需求，基于特定金融机制加强相互联系与项目合作，为不同区域内新兴国家协调发展重点、实现互补合作、促进公平竞争，提供可能的机制化路径。另一方面，金砖发展银行的意义还在于，以实际合作行动推进国际金融机制与货币机制的改革进程，为新兴国家争取更大的全球经济影响力和实际操作权。新兴国家与传统西方国家的密切联系，并不能完全解除本国面临的外部限制。对金砖国家特别是中国而言，寻求有利的国际环境与发展条件极为重要。以机制化合作为契机，金砖国家需进一步扩展本国战略联合关系，在全球治理进程中获得相对优势。

（三）金砖合作的治理象征意义

在全球治理领域内讨论金砖合作的意义，不仅涉及实体层面，还延伸至象征内涵。事实上，金砖国家已经成为新兴大国或非西方大国的指称词汇，具有特定表征含义。一方面，讨论金砖合作的治理象征含义有助于全面认识“崛起国家”的实际含义与地位，特别是在经济崛起基础上如何进一步理解新兴大国的国际政治效应；另一方面也有助于理解新兴大国参与全球治理的特殊方式，包括实际路径与影响类型等。②

首先，以金砖国家为代表的新兴大国崛起超越了简单的物质层次，具有特定的理念内涵与类型化含义。③ 此前有关新兴国家崛起分析的突

---

① Daniela Donno and Nita Rudra, “To Fear or Not to Fear: BRICs and the Developing World,” *International Studies Review*, Vol. 16, 2014, pp. 447 – 452.

② Marion Fourcade, “The Material and Symbolic Construction of the BRICs,” *Review of International Political Economy*, Vol. 20, No. 2, 2013, pp. 256 – 267.

③ Manjari C. Miller, “The Role of Beliefs in Identifying Rising Powers,” *The Chinese Journal of International Politics*, Vol. 9, No. 2, 2016, pp. 211 – 238.

出问题在于：过度重视崛起国的经济和军事的相对实力，片面强调物质能力等因素，而对于国家如何成为公认的崛起国，以及崛起国本身的构成要件缺乏深入考量。事实上，新兴大国获得“崛起国”的标签，需要具备来自外部和内部的双重信念（belief），物质实力（经济和军事力量）是崛起过程的起始前提，但不是全部条件。新兴大国通过参与全球治理并发挥实质作用、体现其国家实力与治理能力的匹配关系，有助于构建国际合作治理机制外部和内部对本国的新兴大国地位的特定评价。

金砖国家作为“崛起国”的标签，一方面源于综合国力特别是经济实力与经济影响力成规模增强，以及国家利益的全球扩展，另一方面则是由于这一过程获得广泛的认可。其中包括：国际社会对金砖国家的崛起地位予以证实；金砖国家作为新兴大国群体代表的实际地位得到国内力量积极认定与总体支持。金砖合作进程的启动和机制化发展，也可以视为金砖国家积极尝试塑造外部和内部信念的过程。

金砖国家“象征治理”具有其特定内涵，符合有关新兴大国崛起信念的基本要素。其中包括：符合金砖国家实力与利益全球化趋势；符合金砖国家的内外认同与大国追求；符合新兴国家实际物质力量增长情况与国际治理结构制约；符合国际影响力战略的角色定位。金砖合作的象征意义在于，以经济力量的崛起为基础，扩展有关本国发展战略的积极信念，在跨国合作与一体化方面确立基本政治隐喻（metaphor）和国际叙事，使其成为连贯而有意义的共同治理主体，嵌入全球治理改革议程与结构框架。①

本质上，“金砖国家”身份属于一种国际社会的集体认同，这种认同本身具有功能指向，作为新兴大国合作群体，“金砖认同”不仅指向本体层面，也涉及“应该如何、为何如此”等功能层面的规则与规范。金砖合作的象征含义涉及一种“角色适当性”的建构，即：基于适当目

---

① Marion Fourcade, “The Material and Symbolic Construction of the BRICs,” *Review of International Political Economy*, Vol. 20, No. 2, 2013, pp. 256 – 267.

标，确立角色立场与团体类别，并形成相应的角色预期。

确认金砖国家在全球治理中的象征含义，有助于理解金砖合作进程的可持续性质与潜在动力机制。作为新兴大国联合发展的典型方式，金砖国家强调构建全球治理的广泛共识与协调，采取共同措施强化新兴国家在全球治理议程中的集体地位，在共同关心的国际和地区问题上加强合作。通过务实开展相应政策、落实经济发展与政治合作承诺，金砖国家逐步树立并巩固其在国际政治中的集体地位，强化金砖集团对成员国的吸引力和凝聚力；成员国通过加入金砖合作进程，获得更大的国际政治引导权。① 另一方面，金砖合作的象征意义还在于：其预期目标设计及演进方向具有现实性，基于“改革派”而非“修正派”立场参与全球和区域事务，支持既有治理框架，以自身发展为国际社会提供新的合作机会。

金砖国家在全球治理进程中的象征含义具有特殊性质：它不同于传统意义上的政治军事联盟或反体系结盟，而是具有某种“国家共同体”特征（具体见表2-7）。研究者区分了国家间联盟（coalition）与国际共同体（community）两种战略形态，据此明确金砖合作定位。金砖集团作为“国家共同体”的形式特征包括：基于共同或相近目标，对国际体系以及全球治理形势变动做出回应；注重“改善”而非“替代”逻辑，主动创设合作与发展条件；对于原有治理体系的认可与开放态度，致力于通过议题联合的方式，增强现有机制治理效果。综合而论，金砖合作形式具有渐进、兼容、协调、稳健等普遍特点，不同于此前具有破坏性质的强制崛起，也不同于现有西方国家的霸权路径。金砖国家作为全球治理规则的支持者与变革力量，兼有实体意义与象征含义。

① Christian Brutsch and Mihaela Papa, "Deconstructing the BRICS: Bargaining Coalition, Imagined Community, or Geopolitical Fad," *The Chinese Journal of International Politics*, Vol. 6, 2013, pp. 299 - 327.

表 2-7 联盟与共同体的战略形态差异①

	外交战略目标	政策优先选项	可能态度行为
国家间联盟	提升成员在国际体系中的博弈实力地位	确立联盟姿态，并实现联合风险最小化	多元与竞争式姿态，修正与寻求变革方略
国家共同体	确立共同的理想目标，应对国际体系变动	确立共享机会，并给予共同规范化表述	团结与共进，可以做出牺牲或持原谅态度

七、合作治理与纵向战略

金砖国家合作具有较强的中国相关性。一方面，中国作为金砖合作的核心国家之一，在其中发挥着重要的支撑作用，包括提供资金、资源、项目、倡议、机制建设等若干来源。另一方面，中国对于金砖机制始终保持积极的支持态度，将金砖合作视为新兴大国外交创新与“外交战略化”的可行路径，在参与全球治理与国际秩序变革过程中，进一步扩展了外交关系与国际影响。特别是，在金砖合作过程中，新兴大国尝试探索符合本国特点与国际地位的治理机制、管理方式、政策行动等内容。确定新兴大国在全球治理中的引导战略，其重点并非“改变和塑造另一国的具体行为”，领导目标不同于“确立某种政治等级地位或意识形态威权”，而是在给定的合作关系中，基于宏观、非正式的战略互动模式，协调相互关系、确立合作重点，建立更有效的集体行动模式，提高和改进金砖合作的治理绩效。因此，金砖合作的“战略引导”问题具有重要的理论和实践意义，它有助于理解中国的新兴大国合作思路，讨论中国外交创新的金砖路径及其实践特色。

① Christian Brutsch and Mihaela Papa, “Deconstructing the BRICS: Bargaining Coalition, Imagined Community, or Geopolitical Fad,” *The Chinese Journal of International Politics*, Vol. 6, 2013, pp. 299 - 327.

（一）金砖合作的战略引导问题

作为全球治理结构的改进力量，金砖国家集团不同于普遍意义上的发展中国家联合组织或区域合作组织，金砖合作不仅是基于客观属性或由客观环境定义的一种跨区域的联合类别，而且是具有全球治理规范意义的协进力量。金砖国家的全球影响力扩展是一种复合相互依赖条件下外部秩序引导与内部关系调和的动态过程。

在这个意义上，金砖国家集团的“引导战略”或“领导方式”是具有关键意义的理论议题。[①]“领导权”理论视角有助于理解金砖合作的国别含义以及主导国家的战略特征。国际合作的“领导权”有多种可能的表述方式，相对通用的辨认方式包括：考察领导权的结构、功能、形式等基本面向，理解新兴大国领导权的可能情形。

第一，结构层面的领导权主要包括“治理机制与结构”“议题导向与领域”“空间扩展与吸引力”等具体要素。[②] 理解结构意义上的领导权，主要是基于一种跨区域、跨领域的全球宏观背景，分析主导国家取得或发展国际合作领导权的可能路径。“治理机制与结构”涉及行为者在开展合作过程中可能形成的相互关系及相互协调，在扩展合作范围、增加治理能力与治理深度过程中，确认并体现行为者的实际贡献，确认合理的利益配置结果，并促使治理机制本身具有动态适应与可调整性质，建立机制间交互模式等。新兴国家合作机制的主导国家、主体力量及其引导战略有效性，将在很大程度上决定此项机制的发展潜力，保证机制

① Li Xing, "Conceptualizing the Nexus of Interdependent Hegemony between the Existing and the Emerging World Orders," *Fudan Journal of Humanity and Social Science*, Vol. 7, No. 3, 2014, pp. 343 - 362.

② 关于金砖合作领导权的结构分类，可参见 Cintia Quiliconi, Marcelo Saguier and Diana Tussie, "BRICS: Leadership in the Making," in Stephen Kingah and Cintia Quiliconi (eds.), *Global and Regional Leadership of BRICS Countries*, New York: Springer, 2016.

发展的可持续性与合作治理效果。[①] 第二个维度涉及“议题导向与领域”，在合作机制中确认主导方向与可行路径，通过具体议题方式增强合作参与者与机制行动者之间的凝聚力。在机制出现可能的离心倾向时，寻求新的共同兴趣与共同利益领域，对合作进程及相应机制进行再整合与结构化改造等。领导权的另一维度涉及“空间扩展与吸引力”，即主导国家在治理机制建设方面，采取合理策略措施，扩大治理机制的影响力度与影响范围，在与其他机制重叠的治理领域内提出新的可行倡议与方略，以及在新兴领域或地域内，创设必要条件，发展合作治理机制的有效影响力。新兴大国发挥结构领导权的主要内容是：在既定合作关系中，基于宏观战略互动模式，协调相互关系、确立合作重点，建立更有效的集体行动模式，提高和改进合作治理绩效，并以此确认本国在合作治理进程中的主导地位。

第二，功能层面的领导权主要涉及公共产品与全球责任议题。[②] 根据集体行动理论，合作机制的有效运行离不开主导国家的贡献，特别是领导国家提供的机制公共产品，在合作进程启动、维持、发展等各个阶段，都具有关键意义。基于全球治理领域公共产品的支持作用，参与国可以获取稳定的合作环境、可靠的收益机制、明确的资源支撑，因而有动力进一步投入合作进程，减少合作风险与不确定因素。主导国家成为合作治理机制的稳定器，其他国家则成为可能的贡献者。提供和管理公共产品的能力及其有效性，成为领导国保持其主导地位、履行合作责任的重要条件，这也是主导国家提供公共产品的激励因素。除此以外，合作治理机制的主导国在实力基础上之所以有意愿提供各种公共产品，主要是由于公共产品供给能够为本国带来更多实际收益。这一情形意味着，合作公共产品的供给具有“非纯性质”，与供给国利益息息相关。公共产品供给国的身份对主导国家的重要意义在于：建立合作声望与信誉、

---

① Cintia Quiliconi, Marcelo Saguier and Diana Tussie, “BRICS: Leadership in the Making,” in Stephen Kingah and Cintia Quiliconi (eds.), *Global and Regional Leadership of BRICS Countries*, New York: Springer, 2016.

② Inge Kaul, *Global Public Goods and International Cooperation*, London: Oxford University Press, 1999.

确立行为规范与团体标准、形成合作制度依赖、保证本国对合作进程的影响力与决定权、维持合作进程的“规模效应”等。合作治理的收益只能通过与“公共产品”相联系的方式才能实际生效，因而主导国提供公共产品的意愿具有可预期性。合作治理机制本身也默许主导国家利益的合法性。

新兴大国并无取代当前全球治理运行机制的意图，而是试图对其中存在的缺陷与不足加以完善。新兴合作机制的主导国致力于维护合作框架、提供合作条件，发挥其经济、政治、资源优势，拓展外交手段，提供问题解决方案，从而影响全球治理议程及决策。

第三，形式层面的领导权主要涉及主导国塑造合作治理的基本方式。一方面，主导国家需要考虑合作的内部与外部条件，确定合作机制的现实定位，另一方面，引导战略本身体现了成员国对合作治理效果、目标、速度、进度的期望，反映了主导国特定偏好特征。例如，“交易导向”与“变革导向”是两种常见的类型区分方式。[①] 在合作治理过程中，主导国家寻求以利益交换或短期协调为基础，调整治理策略与合作关系，不涉及直接的塑造或大幅度变更，面对共同问题时首先诉诸既有框架或解决方案的效果，此类领导权方式接近“交易导向”；主导国寻求建立更基本的合作准则与治理框架，基于特定价值目标或战略整合方案，对既有环境和治理条件进行充分的调整与修正，或寻求新的替代方案，此类领导权思路更接近“变革导向”。[②] 随着新兴大国更加积极地参与多边组织与全球治理进程，此前由霸权国家与发达国家主导、相对“守成”的国际治理格局出现新的变革迹象。金砖国家合作与新治理参与者的兴起并不意味着“交易型领导”的衰落，新兴大国治理合法性在于：融入和适应“交易型”领导秩序，与既有治理格局之间形成相互依存和镶嵌关系，通过经济相互依赖与政治对话协作等方式，嵌入秩序运行过程。

① Cintia Quiliconi, Marcelo Saguier and Diana Tussie, “BRICS: Leadership in the Making,” in Stephen Kingah and Cintia Quiliconi (eds.), *Global and Regional Leadership of BRICS Countries*, New York: Springer, 2016.

② Jochen Prantl, “Taming Hegemony: Informal Institutions and the Challenge to Western Liberal Order,” *The Chinese Journal of International Politics*, Vol. 7, No. 4, 2014, pp. 449 – 482.

对于金砖合作本身而言，主导国需要兼顾“交易型”务实战略与“变革型”扩展战略，特别是合理平衡不同国家主体的现实需要与政策目标，强化共识合作基础。

（二）中国的新兴大国合作战略

中国在新兴大国合作进程中的关键地位，一方面源于经济力量崛起与国际政治权力资源的丰富化，另一方面也是由于近年来中国外交的战略化与主动化发展，即在深度融入国际秩序的同时，主动探索符合本国特点的全球治理战略与大国合作路径。[①] 以金砖合作、人民币国际化与国际金融机制改革、“一带一路”合作战略与亚洲基础设施投资银行、二十国集团峰会等国际实践为标志，中国积极探索全球治理改进方案与战略选择范围，通过多元化战略规避风险，与原有机制保持合作关系的同时避免过度依赖。中国主导推进积极的合作治理战略，有着相对有利的国际条件。

一是全球治理的多中心化趋势。当前全球治理“非西方化”趋势与原有格局分化同时存在，由于现代化进程的普遍扩展，国际事务复杂化程度增强，单个或几个国家已难以实现对国际社会的全面支配，多中心或“无中心”全球化正在成为国际政治现实。此前的“绝对霸权”或“超级大国”概念，正在逐步转向“治理主导者”“机制创新者”以及具体议题领域内的优势国家。新型全球治理权力机制的生成，意味着主导国“绝对优势”难以重现，新兴大国可以在具体领域发挥更大的作用。

二是全球治理价值观念的理性化。价值观念的去极端化、去意识形态化，是当代全球治理的重要进步。合作治理并未消除理念与价值的差异性，但这种差异的特殊性或重要性被弱化，诸多共识性的规范、规则和原则，例如“合作主义”“自由国际主义”等理念同样体现出新兴大国的现实诉求。当代国家间认同已超越狭隘的“地方式”逻辑，进入多

---

① Injoo Sohn, “Between Confrontation and Assimilation: China and the Fragmentation of Global Financial Governance,” *Journal of Contemporary China*, Vol. 22, 2013, pp. 630 - 648.

元开放的全球化语境。新兴大国与传统大国围绕共同问题开展治理合作，无须为反对特定国家而连带否认全球治理的基本效能。[①]

三是“去霸权化”趋势的发展。由于全球治理途径与方式多元化、国家间关系的冲突思维相对减弱，新兴国家有可能通过协调合作、寻求共同利益的方式，构建有共识规则、理性规范和制度化的大国关系状态，进而维系良好的国际治理形态与治理文化。“去霸权化”意味着，当前全球治理总体框架更多转向“共同治理”与“合作治理”，而非“冲突治理”，大国并不是为了“反对某个国家或某种力量”而参与全球治理，更多是基于共同问题开展集体行动，实现共同利益与共同安全，建立相对稳定、具有合法性的国际治理秩序。

中国推进金砖合作进程并在其中发挥主导作用，其意愿也是基于对全球治理的积极认可与内在需求。在利益国际化与全球治理过程密切关联的条件下，对外部资源和国际政治环境的重大需求，决定了当代中国外交的“外向化”与“战略化”转变。一方面以金砖合作等类似机制为基础，适应新兴大国国际地位，承担与实力相匹配的国际责任，成为当代中国外交创新的明确方向。另一方面，金砖合作机制具有充分的可行性与可塑性，能够提出适合更多国家利益期望的治理目标，成为中国新兴大国战略外交的可选路径。[②] 金砖国家虽然在双边层面上仍存在某些矛盾、冲突和竞争，但通过建立某种合作与协调机制，能够有效抑制相应问题的负面效应；同时，金砖国家处于相似阶段，相互间存在广泛的经济政治利益关联性，都面临着国内发展与外交变革的共同目标，在增强全球治理影响力方面有着类似兴趣和利益基础，特别是在意识形态方面并无严重壁垒，在面对来自发达国家的竞争压力时，容易达成相近共识。

当前全球治理领域的关键问题是治理需求迅速增长与治理机制应对相对不足。当前世界政治经济仍面临具体困难，各国经济增长动能减弱，

---

① Barry Buzan, “The Logic and Contradictions of Peaceful Rise as China's Grand Strategy,” *The Chinese Journal of International Politics*, Vol. 7, No. 4, 2014, pp. 381 –420.

② Joseph Y. S. Cheng, “China's Approach to BRICS,” *Journal of Contemporary China*, Vol. 24, 2014, pp. 357 –375.

金融泡沫风险积聚，贸易保护主义重新抬头，政治外交冲突多发，全球治理难题一方面正在得到有效应对，另一方面不断涌现的新问题与新挑战，凸显了各国协调建立全球治理长效机制的必要性。目前，中国在引领和参与全球治理方面具有充分的实力和意愿，已经成为推动新兴大国合作机制的关键力量。自2010年来，中国经济总量保持世界第二，近5年国内生产总值年均增长近7%，明显高于同期全球2.4%的年均增速，对世界经济增长的贡献率超过25%。目前，中国作为加快创新发展方式，推进供给侧结构性改革，培育政治经济新动能，巩固的世界经济稳定者作为地位。中国致力于推动国内治理改革与外交创新，重视以金砖合作为标志的战略外交实践平台，有意愿深度参与全球治理，探索提供机制类国际公共物品，体现了与新兴大国发展状态相契合的治理理念。

金砖合作进程为中国探索引领国际事务与合作治理提供了重要的实践经验。中国开始逐渐熟悉并适应作为全球治理的“主持人”“攒局者”、国际秩序维护者、建设者及负责任大国的身份，应对一系列涉及本国利益与国际利益的复杂议题。[①] 以金砖合作为基础，中国正不断扩展并重新定义外交利益的内涵，将国际合作治理纳入新兴大国的外交战略总体规划；通过金砖合作进程，能够检验外交变革与外交国际化的现实进展，承担作为全球治理引导者的大国责任。

（三）金砖合作治理与中国特色

金砖合作进程体现了大国参与多边治理的普遍特征，同时也带有主导国家的具体特点。就普遍特征而言，包括发达国家与新兴国家在内的主要国家在参与国际合作治理时往往面临“如何投入资源”“如何分配优先度”“如何避免风险”等成本收益问题，例如多边合作的参与兴趣、在合作中的实际角色与地位、与其他成员的关系、为实现集体行动而做出贡献的意愿，甚至包括有意采取措施导致合作情况复杂化、接受既有

① Jonathan Luckhurst, *G20 since the Global Crisis*, New York: Palgrave MacMillan, 2014.

安排或反对合作决定等。[①] 一般认为，影响国家多边合作治理行为的因素主要包括“对于外部选择优劣情形的判断”以及“对自身不可或缺程度的判断”。外部选择是指合作的机会成本，涉及如果停止合作或消极投入，其替代结果如何。对外部选择的判断决定行为者在协商成本和收益分配方面的可用杠杆。关于自身不可替代性的判断决定对参与者贡献的价值配置与评估。依据此项合作逻辑，国家对合作治理机制的投入情形是：（1）如果国家面临较差的外部选择，将会更有意愿参与、支持、投入和维护合作治理机制，做出相应让步，新兴国家或崛起国尤其如此；（2）如果国家面临较好的外部选择，并且本国在合作治理机制中的地位并非不可或缺，则倾向于消极合作或“搭便车”；（3）如果国家的外部选择较优，并且本国在合作治理机制中的关键地位不可替代，则倾向于提高要价，甚至破坏合作。

这一分析带有“美国式”强势治理合作的典型特征。中国在参与或引导金砖合作时，也在很大程度上面临类似问题。但另一方面，金砖合作之于中国具有特定战略内涵，这决定了中国的合作治理战略并不以美国式理解为全部基础。如前所述，中国参与全球治理几乎是自身发展进步的唯一选择，但本国在单独塑造合理有利的全球治理条件方面，仍面临较多难题，缺乏更有效的手段或便利路径。更关键的问题是：中国崛起的宏观战略目标相对较高，致力于在全球范围内发挥更积极、更显著的引领作用，这一战略目标在某种程度上与全球治理主导国家类似。由此可以理解中国对金砖国家合作以及类似机制的明显兴趣。[②] 总体而言，中国参与引领金砖合作的具体方式带有自身特点。这些特点处于动态调整中，符合当代中国外交的基本特质。其一是平等诉求与公平理念。以平等和共同利益为基础，是中国外交的核心理念。引领金砖合作治理的预期目标首先是实现平等关系与公平合作，联合新兴大国共同实现更公平的国际治理秩序。其二是注重自我省察与完善。中国对外关系注重体

---

① Scott Kastner, Margaret Pearson and Chad Rector, “Invest, Hold Up, or Accept: China in Multilateral Governance,” *Security Studies*, Vol. 25, No. 1, 2016, pp. 142 – 179.

② Timo Kivimaki, “Soft Power and Global Governance with Chinese Characteristics,” *The Chinese Journal of International Politics*, Vol. 7, No. 4, 2014, pp. 421 – 447.

现自我责任与义务，妥善处理国内治理问题，避免给外部造成麻烦，同时强调各国“自修其政”，以相互支持、解决问题为目标，实现合理的示范效果。[①] 其三是注重说服而非强制。关注“政治解决”而非武力干涉，强调集体主义、协商谈判的方式，尽量不采用单边制裁等简单化方式。其四是注重务实关系的构建与维系。基于合作治理的引领权力并不指向“意识形态霸权”或价值扩张，其重点在于发展外部关系，开展务实合作，营造良好的外交环境与国际政治生态。其五是强调自治与相互尊重。避免外部干涉是中国参与全球治理进程的重要原则之一。中国对全球治理的引领过程具有包容性、开放性，但仍未真正实现主体性或主动性。作为负责任的大国，中国更多强调履行自我责任，而不是直接要求他国履行负责任国家的义务。这种内省、防御心态同样体现在金砖合作进程中。总体而言，中国参与引领金砖合作治理，既带有普遍特点，又体现个性特征，处于自我调适与探索状态。这一过程从属于当代中国外交变革总体过程，也是中国成为“全球大国”的必要路径。

八、峰会文件的案例分析

从 2009 年首次会晤至今，金砖国家领导人峰会成为金砖合作的标志性事件，也是金砖国家系统总结合作治理成果、表述共同立场、提出合作倡议、制订年度计划的重要场合。在研究金砖合作与中国外交创新相关议题时，历次金砖会晤发布的官方宣言文件及领导人主题讲话具有明确的案例价值。为此，本章选取 2009—2016 年度金砖合作宣言及中国领导人主题演说文本，展开分析。

此项分析也符合本章有关中国战略外交“双重心”结构的区分，特别是以“全球治理”为核心的横向扩展、以“战略引领”为核心的纵向革新。宣言及演讲文件的纵向比较体现出金砖合作的总体进展趋势及其

① Chih - Yu Shih and Chiung - Chiu Huang, “Preaching Self - Responsibility: Chinese Style of Global Governance,” *Journal of Contemporary China*, Vol. 22, 2013, pp. 351 - 365.

治理效应的深入过程。

（一）横向扩展：新兴大国强化合作治理

金砖国家领导人会晤官方宣言文件总体以“全球治理”为核心价值，涉及成员国在参与全球治理进程、表达特定的治理立场、推进治理变革、扩展治理范围和议题领域的积极趋势，同时也涉及金砖合作治理在功能领域的实际进展。

根据金砖峰会文件整体情况（参见表2－8），金砖合作总体特点包括：一是内容不断丰富，涉及内容快速扩展，特别是自2014年之后，出现了一次较大的内容扩充过程，当年宣言文件中较多涉及新发展银行及其他实质性的合作治理成果，对金砖合作的关注领域展开全面表述；二是“全球治理”始终是金砖合作最关键的内容，所占比例一般为70%至80%，其中不仅包括金砖国家对当前全球治理状况的一般观点立场，也包括改进治理的合理化建议、金砖国家可能贡献等建设性表述；三是金砖合作治理的行动计划日益明确和丰富，从原则性条款转向实质性规划，项目数量明显增加。

表2－8 金砖峰会宣言文件内容整体情况

年份	宣言名称	总条目数	全球治理相关条目	全球治理内容比重	行动计划项
2009	《叶卡捷琳堡联合声明》	16	13	81%	0
2010	《巴西利亚联合声明》	30	23	77%	3
2011	《三亚宣言》	32	22	69%	23
2012	《德里宣言》	50	40	80%	17
2013	《德班宣言》	47	34	72%	18
2014	《福塔莱萨宣言》	72	54	75%	28
2015	《乌法宣言》	77	62	81%	72
2016	《孟买宣言》	110	86	78%	112

资料来源：根据历次峰会宣言文件统计（外交部网站资料 http：//www. fmprc. gov. cn/web/zyxw/）

根据金砖峰会宣言文件涉及议题（表2－9），金砖合作治理主要演进特点是：一是议题范围逐年扩展，最初治理议题集中于重大事项与宏观内容，如联合国的作用、国际货币与金融秩序调整、气候议题、发展援助等，后续议题逐步转向具体化、功能化形式；二是体现新兴大国的基本诉求与国家特点，特别是对现有全球治理的完善建议及实际行动；三是从应急性质转向自主性质，初期合作关注金融危机、气候变化等应时性质议题，随后金砖峰会更关注具有实质意义、与金砖国家自身发展存在更密切关系的一系列共同治理议题，这意味着金砖合作治理的主动性、主体性等特点逐步增强。

表2－9　金砖峰会宣言涉及治理议题分布

年　份	2009	2010	2011	2012	2013	2014	2015	2016
支持联合国的作用	●	●	●	●	●	●	●	●
联合应对金融危机	●	●	●	●				
改革国际货币体系	●	●	●	●	●	●	●	●
推动世界贸易谈判	●	●	●	●	●	●	●	●
援助极端贫困国家	●	●	●	●	●	●	●	●
转变经济增长方式	●	●			●		●	●
能源稳定与多元化	●	●	●	●		●	●	●
应对全球气候变化	●	●	●	●	●	●	●	●
非传统安全各议题	●		●	●		●	●	●
和平解决国际争端	●			●			●	●
反对国际恐怖主义	●	●	●	●	●	●	●	●
促进科技创新合作	●		●	●			●	
安理会改革与优化		●	●	●	●	●	●	●
国际秩序的多极化		●	●					
新兴经济体的作用		●	●	●		●	●	●
金融市场合作监管		●	●		●	●		
落实千年发展目标		●	●	●	●	●	●	●
推动农业领域合作		●		●		●	●	●
机制间合作与交流			●	●	●	●	●	●

续表

年　份	2009	2010	2011	2012	2013	2014	2015	2016
关注地区局势动荡			●	●	●	●	●	●
呼吁发达国家调整			●		●	●	●	●
国际金融架构改革			●	●	●		●	●
强化成员相互贸易				●				●
推动跨国人文交流				●		●	●	●
网络信息安全规范					●	●	●	●
地区问题有效应对					●	●	●	
成立金砖开发银行					●	●	●	●
基础设施建设合作					●	●	●	●
成员相互政策协调						●	●	●
金砖合作的机制化						●	●	●
强化全球政治协调						●	●	●
推进人权领域合作						●	●	●
协商解决冲突热点						●	●	●
平等利用国际空间						●	●	●
人口教育卫生合作						●	●	●
反腐败及国际合作						●	●	●
反对单边干预制裁							●	●
知识产权国际合作							●	
促进国际公平竞争							●	
全面开展禁毒合作							●	●
支持推进维和行动								●
协力推进区域整合								●
推动国际裁军进程								●
反洗钱及相关合作								●
环保及灾害的防控								●

资料来源：根据历次峰会宣言文件整理（外交部网站资料 http：//www. fmprc. gov. cn/web/zyxw/）

根据金砖合作宣言涉及治理领域的分布情况（图 2－1），金砖合作治理的“议题引导”效应相对明显，其特点包括：一是主要集中于政治与外交、经济与金融、环境与发展、非传统安全、科技与人文等主要领域；二是对政治与外交领域的关注程度较高，近年来，体现出金砖合作的政治外交性质，包括其对全球事务的政治方案设计；三是对功能领域如科技合作、教育及人文交流、人口政策、医疗卫生等领域的关注度迅速提升，近年来成为仅次于政治与经济的第三领域，合作治理领域总体分布更加均衡。

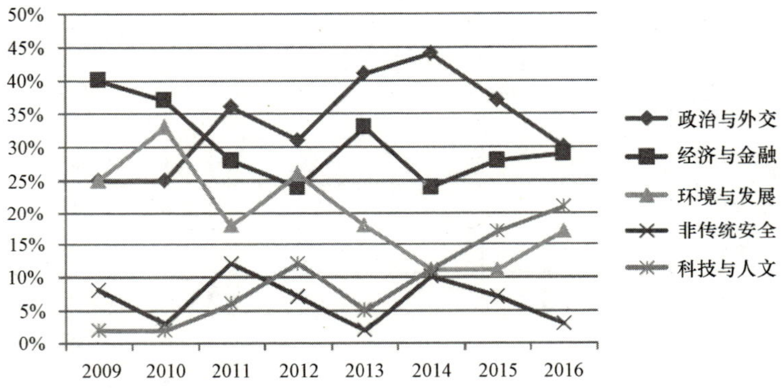

图 2－1 金砖峰会宣言涉及治理领域分布情况

资料来源：本研究根据历次金砖峰会宣言文件统计

根据峰会宣言有关功能领域合作项目概括（表 2－10），金砖合作的具体项目成果数量迅速增长，从早期的合作治理项目以经济类为主，政治类协商合作逐渐增强，到随后的技术和功能领域项目居于主导地位，文化领域交流项目增加。整体来看，金砖合作的重点正在转向具体领域，相对缺乏统一的管理引导机制。如何确定金砖合作的战略方向，发挥其在全球治理领域的关键影响力，仍是金砖合作横向扩展面临的可能问题。中国在其中的角色与作用在于：全面支持功能领域合作，作为拓展全球治理影响力的手段；同时发挥可能的战略协调作用，提升合作治理绩效。

表 2－10　金砖峰会宣言涉及功能合作成果

年份	功能领域主要合作项目（文件列出的每年新增项目）
2009	提议加强科技和教育合作，参与基础研究和研发高技术
2010	政治类：安全事务高级代表会议、四国地方法官交流项目 经济类：财长和央行行长会议、金砖国家发展银行间会议、国家统计部门负责人会议、国际竞争力大会、合作社会议、工商论坛 技术类：农业部长会议、建立四国农业信息库系统、节能与清洁能源技术合作 文化类：智库研讨会
2011	政治类：金砖国家外长会晤、金砖国家事务协调人或副协调人会议、常驻国际组织代表非正式会议、友好城市暨地方政府合作论坛 经济类：编纂联合统计手册，深化发展银行间金融合作 技术类：农业合作专家工作组会议、食品安全研讨会、卫生部长会
2012	政治类：城市化论坛、环境和气候问题研讨会 经济类：金融论坛、贸易部长会议、经贸联络小组中期会议、金砖国家经济研究报告、证券交易所联盟 技术类：金砖国家科技高官会 文化类：金砖国家青年政策对话
2013	政治类：常驻外交代表团磋商，商议设立虚拟秘书处，在公共外交、反腐败、国有企业合作、旅游、能源、体育赛事、禁毒等领域开展合作 经济类：金砖国家工商理事会会议、统计部门负责人会议 技术类：农业专家组会议、人口事务官员会议、科技部长会议，开展可持续发展、环境、气候领域磋商 文化类：智库理事会会议、智库论坛
2014	政治类：反腐败专家会议 经济类：电子商务专家研讨会 技术类：教育部长会议、社会保障部长会议、禁毒专家会议

续表

年份	功能领域主要合作项目（文件列出的每年新增项目）
2015	政治类：外交政策磋商、中东北非局势磋商、外空行为安全磋商、金砖国家议会论坛、维和对话、反腐败高官会议、金砖工会论坛、国际发展援助高官会议，长期战略报告、共建金砖国家联合网站 经济类：金砖开发银行、财金渠道会议、工业化问题高级别会议、国库体系现代化大会、经济伙伴战略高级工作组会、竞争机构负责人会议、贸易和投资合作框架、企业家论坛、税收部门负责人会议、银行间合作机制行长年度会议、应急储备安排筹建工作组会 技术类：法律部门负责人会议、反洗钱行动特别工作组负责人会议、能源安全监管部门负责人会议、环境部长会议、教育工作组会议、应对传染病国际会议、禁毒部门负责人会议、海关问题专家会、青年峰会、青年科学家论坛、青年事务部门负责人会议、青年外交官论坛、科技融资方会议、劳工和就业部长会、能源和能效工作组会议、社会保障体系论坛、人口部长会、人口问题研讨会、社会和劳动问题专家会、信息通信安全工作组会、通信部长会议、信息通信技术合作工作组会、灾害管理研讨会议、灾害管理机构负责人会议 文化类：文化部长会议、公民社会论坛、记者论坛、金砖国家学术论坛、全球高校峰会、网络大学和金砖国家大学联盟组建会议
2016	政治类：外交政策对话、地方机构会议、反恐工作组会、女性议员论坛 经济类：国有企业改革治理论坛、开发银行会议、出口信用机构负责人会议、出口信用研讨会、中小微企业会议、出口信用保险机构技术研讨会、国际仲裁机制研讨会、债券市场研讨、知识产权会议、反洗钱工作组会议、开发银行间合作工作组会议、新开发银行理事会议、投资流动研讨会、银行间合作机制年会、应急储备安排工作组会、统计机构负责人会议、基础设施融资研讨会 技术类：科技创新部长会议、能源部长会议、农业研究平台专家会、地理空间技术应用工作组会、肺结核及艾滋病防治研讨会、非传染性疾病研讨会、技术工作专家组会议、海关署长会议、技能发展研讨会、健康论坛、节能与能效工作组会议、禁毒工作组会、金砖国家商品展、数字峰会、金砖国家水论坛、水资源可持续开发保护及利用研讨会、通信部长会议、通信技术展览和企业间会议、卫生高官会、卫生监管体系研讨会、药品可及性研讨会、灾害管理部长会议、防灾减灾工作组会 文化类：大学联盟成员会议、旅游大会、媒体论坛、手工艺人交流会、智慧城市论坛、网络大学国际董事会议

资料来源：根据历次峰会宣言文件整理（外交部网站，http：//www.fmprc.gov.cn/web/zyxw/）

（二）纵向变革：中国特色战略的外交进展

中国的外交影响与战略设计对金砖合作而言意义深远。本质上，参与金砖合作进程从属于中国外交变革的总体范畴。金砖合作既反映了当代中国战略外交的发展变迁，同时也是中国特色外交向前推进的基本路径之一。以金砖领导人会晤主旨讲话为样本，可以获知中国当代战略外交的形势判断与倡议思路，以及中国正在发挥的积极作用。

根据金砖峰会领导人发言内容（表2－11），中国对金砖合作治理基本定位为：一是应对世界形势重大变化，寻求新外交应对方案，强调全球治理变革的必然性与可实现性，将金砖合作视为一种外交变革机遇；二是强调金砖合作的政治经济意义，超越初期有关经济合作的单一设计，更多关注治理规则、全球治理价值以及新兴国家集体认同等政治层面的广泛内涵；三是带有一定的“战略理想主义”色彩，更多强调金砖合作的机遇和成果，从正面意义理解和界定合作进程，寻求解决问题而非推卸责任或制造问题。

表2－11　金砖峰会中国领导人演讲分析

年份	峰会演讲标题	国际形势认知
2009	金砖四国领导人会晤讲话	多极化与全球化；各国相互依存；对话与合作成为国际主流；金融危机延伸；经济衰退显著；南北差距扩大；非传统安全问题严峻。金砖国家面临共同任务
2010	金砖四国领导人会晤演说	主要经济体经济衰退、民众受到严重影响；金砖四国正共同推进世界经济复苏、尽快走出金融危机；世界经济基础失衡，存在不确定因素；全球问题涌现，经济治理结构深层问题仍然突出。应从战略高度推进金砖合作
2011	展望未来、共享繁荣	世界发展与变革迅速推进，多极化深入发展，全球经济治理经历深刻转型；新兴国家面临发展机遇；国际热点问题涌现；气候、能源等全球问题凸显，金融危机深层影响仍未消除

续表

年份	峰会演讲标题	国际形势认知
2012	加强互利合作、共创美好未来	国际和地区热点问题涌现，世界经济面临不确定因素，发展问题突出，和平与繁荣仍是时代潮流。新兴国家与发展中国家成为促进南南合作、南北合作的重要力量，有助于提高全球治理有效性
2013	携手合作、共同发展	当前全球威胁与挑战层出不穷，金砖国家为实现和平与国际公正、推动国际关系民主化，寻求稳定共赢的国际环境，存在广泛的共同利益
2014	新起点、新愿景、新动力	金砖国家在重大问题上共同发声、贡献力量，成为推动世界经济增长、完善经济治理方式的积极建设者。金砖国家各领域合作全面展开，给各国带来实际好处
2015	共建伙伴关系、共创美好未来	当代世界处于深度调整阶段，金砖国家秉持公正理念、维护正当的国际关系准则，进一步完善全球治理机制，扩展合作领域，体现新兴国家应有的话语权
2016	坚定信心、共谋发展	世界经济形势仍然脆弱，某些国家政策内顾倾向加重，逆全球化趋势涌现，地缘政治与非传统安全问题严峻，金砖国家面临复杂环境，机制化建设取得积极成果

资料来源：根据历次峰会中国领导人讲话整理（外交部网站，http://www.fmprc.gov.cn/web/zyxw/）

根据金砖峰会演说相应倡议内容（表2-12），中国有关金砖合作治理的基本预期包括：寻求国家间平等与公平治理目标，在此前提下积极提升新兴大国合作治理的战略力度；更多强调本国发展状况与合作贡献，基于“自我责任观”的相应内涵，引导金砖合作治理议程；强调政治协商与外交协调关系，以相互尊重而非直接冲突的方式，解决利益矛盾或热点问题，以此体现战略外交的基本政治价值；以经济开放与务实合作为重要手段，为各国带来实际合作利益与治理效果，避免合作治理流于形式。

表 2－12　金砖峰会讲话与中国倡议落实

年份	中国倡议	中国作用
2009	增强政治信任，用好现有机制，扩大相互间交流；深化经济合作，全面提升合作水平与质量；推进人文交流，促进相互理解；提倡发展经验的相互借鉴与共同改进；推动国际金融体系改革，从体制机制上提供国际经济发展的保障	争取率先从经济危机中复苏，通过解决自身面临的结构性问题，增强国家竞争力；注重发展问题的国际贡献与国际合作，确保粮食安全、能源资源安全、公共卫生安全。中国采取有效措施应对国际金融危机挑战，体现负责任大国作用
2010	从战略高度明确金砖合作方向，以政治互信为基石，以务实合作为杠杆，以机制建设为保障，以互利共赢为目标，以开放透明原则为前提。各国应坚持互利平等、相互尊重、增强协调，合力解决结构失衡问题	中国发展任重道远，仍需长期努力。中国以和平发展为根本选择，以自身的发展与对外合作为基础，做出重大国际贡献。以开放与共赢为基本原则，中国积极推进开放性经济，扩大投资合作、实现负责任的发展
2011	全力维护世界的和平稳定，避免暴力战争，坚持联合国宗旨原则，平等协商解决争端，实现共同安全；共同的事情共同解决，构建公平有效的全球发展体系、公正包容的货币金融体系；加强交流；强化伙伴关系	中国为世界经济复苏做出重要贡献，同时也面临诸多挑战。中国的发展与世界进步之间存在联动性。世界各国通过分享中国发展的机遇，将不断扩展新领域及成果。中国重视在金砖合作中发挥支持作用
2012	在已形成的多层次、宽领域合作架构基础上继续坚持共同发展与共同繁荣，平等协商，协同推进已有共识，积累合作的条件，坚持务实高效原则。同时强化与世界各国的交流分享。推动治理结构优化	中国已取得显著的发展成绩，也面临进一步发展的挑战，将继续围绕和平与发展的主题，坚持互利共赢的开放战略，在实现自身发展同时致力于促进世界共同发展。中国将坚定支持金砖国家合作
2013	坚持和平发展、合作共赢、平等民主、兼容并蓄。发挥建设作用，推进公正合理的国际秩序，为世界和平稳定提供制度保障。推动建设全球发展伙伴关系，共同参与制定国际议程，将各国共识转化为实际行动	加强同金砖国家的合作是中国外交政策优先方向之一。中国致力于增进金砖合作动力，完善合作架构，基于“开放的发展”“合作的发展”等方式，与金砖各国共同塑造良好的国际环境

续表

年份	中国倡议	中国作用
2014	发展金砖国家间更紧密、全面、牢固的伙伴关系，形成特定的合作伙伴精神，包括开放包容合作共赢的理念。主要方向是推进经济可持续增长、全方位合作、塑造有利的发展条件，提升道义感召力	中国以自身的改革发展为世界经济增长创造更多机会，中国外交有原则、讲道义，积极引导大国关系和谐化，参与和扩展金砖国家各领域合作成为中国外交的优先领域和重要行动目标
2015	进一步深化金砖伙伴关系，引领全球发展。金砖伙伴关系包括：维护世界和平与公正，构建共同发展的利益共同体与多元共存的文明共同体。提升全球治理的集体力量	中国通过一系列治国理政新方略，协调推进各项外交战略目标。当前中国以自身发展与改革建设为基础，推进金砖合作全面升级，提升金砖国家整体战略影响力
2016	金砖国家要继续作为全球治理变革进程的参与者、推动者、引领者，推动国际秩序的合理化，共建开放世界、应对共同挑战	中国一直作为金砖合作的坚定支持者，将其与外交事业建立密切联系，以实际行动支持各领域取得务实成果

资料来源：根据历次峰会中国领导人讲话整理（外交部网站，http：//www. fmprc. gov. cn/web/zyxw/）

总体上，金砖峰会宣言及主旨演说的文本案例以全球治理为核心指向，有助于理解当代中国外交的战略化、外向化、国际化趋势，也成为主旨讲话与峰会宣言之间可能的契合点。具体来看，中国战略外交与金砖合作治理的对接可能存在若干阶段，包含不同路径关系：从外向内阶段（2009—2011 年）表示中国战略外交的外源动因性质；由内转外阶段（2012—2014 年）表示战略外交发展的“纵向路径”对“横向扩展”的可能影响；而内外结合阶段（2015 年以来）意味着中国战略外交逐渐成形，包括对合作治理领域以及功能定位的明确认知、对金砖合作“引领”问题的战略自觉。

九、金砖合作的前沿议题

综上所述，金砖合作是新兴大国推进“外交国际化”“治理全球化”的过程。中国、俄罗斯、巴西、印度、南非作为主要的新兴大国，采用多边合作方式支持全球治理体系变革，承诺“与联合国等重要的全球治理机构合作，共同应对全球挑战与威胁”。金砖合作治理升级面临机制整合、合作制度化、治理效应评估等关键问题，这些议题对全面认识金砖合作前景与趋势而言，具有重要的前瞻意义。

（一）治理政治与金砖国家整合

治理政治（politics of governance）意味着，国家间合作的治理机制带有国际政治与国家战略的多重框定，体现出机制化演进的特殊形态。[①]金砖合作目前仍处于非正式、多元化的国家间组织形态，面临国际政治的多重牵制。例如，美国对于金砖合作的态度相对消极，并不支持金砖国家作为全球治理的关键主体地位。金砖合作的制度化进展也被视为对美国全球治理权力的冲击或制衡，由此受到某些外部限制。就内部而言，金砖合作受制于成员国之间政治关系与经济合作状况，特别是各自国家利益分布与权力利益指向的差异性。由于金砖国家对“多极世界”与“全球治理权力多元化”持有普遍支持态度，因此金砖合作具有广泛的整合基础；金砖国家倾向于通过集团化、组织化形式，扩展本国在全球治理及国际机制中发挥作用的领域范围，但就进一步开展多边行动与集体化协调而言，仍面临具体问题。金砖合作治理的实体化升级能否实现预期的效果，一方面取决于成员国在功能化领域的合作成果与政治协调力度，另一方面也取决于核心国家的引导能力与意愿水平。

---

① Mark E. Schaefer and John G. Poffenbarger, *The Formation of the BRICS and Its Implication for the United States*, New York: Palgrave MacMillan, 2014.

作为金砖合作关键国家，中国的合作治理战略具有重要意义。金砖合作升级与中国外交创新过程互有重叠。一方面，中国希望通过金砖合作打开多边外交局面，提升国际合作声誉与可信度，以此作为推进国家实力转向国际影响力的可行路径。另一方面，以金砖合作为基础，中国可以进一步扩展与发展中国家、新兴国家的双边关系，对于提升经贸合作实际水平有所助益。事实上，中国外交的“战略化”发展趋势表明，经济贸易或具体功能化目标仍然关键，但“战略考量”与战略外交逻辑日益凸显。基于相对优势地位与外交空间，中国对金砖合作的实际需求可能并不高于其他国家。对金砖国家整合议程而言，其国际政治目的不是为整合而整合，主要是寻求更好的合作平台与治理能力，合力应对外部竞争与消极影响，建立更加持续稳固的外交关系环境。因此，对于金砖整合的前景认识带有复杂多线程性质，区别于单一的功能化理解。

（二）金砖合作制度化与实质化

本质上，金砖合作制度化、实质化进程，是新兴国家主动参与全球治理、推进国际秩序积极变革的重要步骤。金砖合作对全球治理的意义大致分布在“主权国家正式结构”“区域或区域间环境”“全球政治外部环境”三个层次，并在不同层次之间相互组合。对全球治理而言，金砖合作一方面改善国家治理，扩展跨区域合作与关系整合，同时增强对国际体系与治理秩序的平衡力度。[①] 在这个意义上，金砖合作的全球治理含义在于，通过协调博弈，参考国际准则，确定不同层次上的国家集体行为规范及其有序化发展的制度条件，合作解决各国面临的共同问题。

自 2009 年金砖合作正式启动以来，其核心议程一方面主要围绕经济与金融合作议题展开，包括促进全球经济复苏、“实现强劲、可持续、均衡的全球增长”等总体目标，并围绕推动全球治理机制改革展开，金

① Marco A. Martins, “The BRICS in the Global Order,” in Marek Rewizorski (ed.), *The European Union and the BRICS: Complex Relations in the Era of Global Governance*, New York: Springer, 2016, pp. 27 - 37.

砖合作成员国也将机制本身定位于“经济金融领域对话与合作的主要平台”。另一方面，金砖合作议程有所扩大，围绕发展议题、跨国问题、地区热点问题、非传统安全议题的对话增多；同时在决策方向、做出承诺、履约表现等方面都有所增强，制度化进程与金砖国家合作绩效提升正在同步推进。围绕全球热点问题与新兴国家共同挑战等议题，金砖国家凸显了其利益与兴趣的同质性，成员国认识到开展合作的当前价值及后续意义，在具体领域和外交政策层面建立基本的互动网络与各层次合作机制，初步开创了制度化合作领域。① 这些互动关系网络与机制化合作体现出新兴国家的共同理念与自我认同，表明全球治理规则正在超越狭义霸权主导模式，转向新的多元复合治理模式。② 金砖合作议程为全球秩序平衡提供了新的动力。当然，金砖合作治理“实质化”尚未最终实现，其进展方式与实际进度并不取决于霸权国的潜在意愿，而主要由金砖国家的国际战略定位与自身发展需要决定。

（三）金砖国家合作的治理效应

金砖合作进程的领域分布正在实现多元化发展，在经济、科技、文化、发展、社会等具体领域内，金砖国家各部门横向合作关系全面展开、知识交流、专家级互动与政策支持成为新的合作生成点。③ 金砖合作治理的动员能力，包括跨国政策协调与功能领域的协调机制已初步建立并发挥作用。金砖合作机制对发达世界的影响、对现有治理机制“公害物品”（global public bad）进行修正与改革的积极努力，具有广泛的全球意义，超越了简单的大国政治博弈逻辑。④ 在一定意义上，金砖合作治理效应逐步超越了单纯的经济增长层次，形成了更高层面的整合需求与塑

---

① Ray Kiely, *The BRICS, U. S. Decline and Global Transformation*, New York: Palgrave MacMillan, 2015.

② Jonathan Luckhurst, *G20 since the Global Crisis*, New York: Palgrave MacMillan, 2014.

③ Jing Gu, Alex Shankland and Anuradha Chenoy, *The BRICS in International Development*, New York: Palgrave MacMillan, 2016.

④ Cynthia Roberts, “Challengers or Stakeholders: BRICs and the Liberal World Order,” *Polity*, Vol. 42, No. 2, 2010, pp. 7 - 22.

造能力，是这一机制真正实现发展的基本前提。[①] 本质上，关于金砖发展前景与治理绩效的评估需要客观现实的认知视角，基于发展标准确定合理期望值，避免过度解读或片面否认。[②]

从另一角度看，金砖国家并非全球治理变革故事的全部。金砖五国是顺应这一整体趋势的重要力量之一，为发达世界、发展中国家与新兴力量间开设了共同对话的新空间。事实上，发展中国家（南方国家）是一个具有高度多样化内涵的政治范畴，南方国家意味着一种广义的社会历史建构。新兴大国的分化整合进程并非一种线性发展趋向，它们基于一种共同参考框架、寻求更公平合理的国际秩序条件，以此获得与现实相称的影响力与“独立发展能力”，不必然契合所谓“反西方”立场。[③] 金砖国家建立并维持合作共识的过程充满挑战性，但合作方向明确，演进过程体现出新兴国家的内在活力。对于金砖合作现实效应的理解，现实主义的消极论点与自由主义理想评价都存在某些偏差。对于新兴大国而言，金砖合作的前瞻意义与变革内涵本身具有自足意义，其关键在于打破西方与非西方治理壁垒，在全球治理领域内重新确定原则、规范、规则及决策程序，提供了有效的改革机会。

2017 年 9 月，金砖国家领导人峰会在中国厦门召开，此次会晤的主题是“深化金砖伙伴关系，开辟更加光明未来”。[④] 厦门会晤致力于进一步深化金砖合作与全球治理的联动关系，扩大人文交流，推动合作治理机制建设。金砖国家倡导“共同、综合、合作、可持续”的新型安全观念，协调相互行动，支持通过对话协商与和平方式解决分歧；以宏观经

---

① Niall Duggan, “BRICS and the Evolution of a New Agenda within Global Governance,” in Marek Rewizorski (ed.), *The European Union and the BRICS: Complex Relations in the Era of Global Governance*, New York: Springer, 2016, pp. 11 – 25. Mihaela Papa, “BRICS’ Pursuit of Multipolarity: Response in the United States,” *Fudan Journal of Humanity and Social Science*, Vol. 7, No. 3, 2014, pp. 363 – 380.

② Francesca Beausang, *Globalization and the BRICs: Why the BRICs Will Not Rule the World for Long*, New York: Palgrave MacMillan, 2012.

③ Matthias vom Hau, James Scott and David Hulme, “Beyond the BRICs: Alternative Strategies of Influence in the Global Politics of Development,” *European Journal of Development Research*, Vol. 24, No. 2, 2012, pp. 187 – 204.

④ 相关内容参见金砖领导人厦门峰会官方网站，http://www.fjfao.gov.cn/ztzl/jzhwzt/。

济协调与结构性改革为基础，推进合作发展方式创新，扩大金融合作规模与贸易流动性。中国作为金砖合作的关键支持者与引领者，将金砖机制作为外交创新与发展的重要助力，从“纵向引领”与“横向扩展”两方面出发，致力于协同创新，建设开放的治理环境、应对全球挑战、深化伙伴关系与治理变革，实现外交战略化发展目标。

另一方面，根据“横向”与“纵向”分析框架，金砖合作治理进一步扩展可能面临的不足或隐患主要涉及外部竞争与内部整合方面。就外部竞争而言，金砖合作能否提出有竞争力和创造力的全球治理方案，对国际经济和政治议题发挥独特的影响力，对既有的国际和地区治理议程加以改善和扩展，需要进一步明确并落实。目前来看，金砖合作的成果更多分布在功能领域，而在实质性的宏观治理领域影响力尚有较大提升空间；在内部整合方面，金砖国家如何克服相互间存在的客观竞争甚至冲突关系，找到新的合作动力与凝聚力，则是金砖集团克服潜在隐患甚至“逆机制化风险”的关键。在功能领域合作基础上，应充分认识金砖政治经济合作中可能存在的困难与挑战，在合作关系内部整合方面，注重利益纽带、协商调节与战略引领并重，避免因国家间关系短时波动影响长期合作前景，是金砖整合的关键议题，也是中国战略外交的题中之意。

第三章　从跟进到创造性介入的中国北极外交

徐庆超*

一般地，北极多用于指称北极地区（Arctic region），而不单指北极点（North pole）。在地理学意义上说，北极地区是指北极点以南和北极圈（北纬66°34′）以北的广大区域，总面积约为2100万平方千米（精确计算结果为2073万平方千米），包括北冰洋及其岛屿、北美大陆和欧亚大陆的北部边缘地带，北极圈内陆地部分（包括岛屿）占800万平方千米。美国、加拿大、俄罗斯、挪威、瑞典、芬兰、冰岛和丹麦（格陵兰）八国（A—8，简称“北极八国”）是“环北极国家”（Circumpolar Nations），① 美国、加拿大、俄罗斯、挪威和丹麦（格陵兰）五国（A—5，简称“北极五国”）则是北冰洋沿岸国。

20世纪70年代末，作为全球变暖的重大影响之一，北冰洋海冰面积的消融显著加速，引发了全球性的持续关注和强烈反应。中国与北极地区的相关性和互动性，究其本质，在于二者同向且同步进行中的变化性。新中国成立，特别是改革开放以来，中国的最大变化是综合国力的上升使其利益关注视角从地区走向全球，从低地走向高地，从本土走向新疆域，而全球影响急遽外溢中的、变化中的北极是中国全球视野中的战略高边疆之一（与极地并称的其他三大高边疆通常是指网络、深海和空天）。中国与北极因气候变化、全球治理和地缘政治和大国外交等，

---

* 徐庆超，女，法学博士，北京大学国际关系学院博士后（已出站）。主要研究领域包括：北极研究、外交转型和公共外交。现供职于中国科学院大学人文学院、中国科学院国家创新与发展战略研究会，兼“察哈尔学会”研究员、“国际极地与海洋门户”研究员。曾被公派到日本九州大学留学，及到美国塔夫茨大学弗莱彻法律与外交学院访学。

① 北极问题研究编写组：《北极问题研究》，北京：海洋出版社，2011年版，第1—6页。

更紧密地连结在了一起，中国—北极这一新的共生体系在全球大系统中正逐步生成。对此，我们务必要有所认识。

那么，人们迄今关于北极已做了哪些有益的知识积累？北极与中国的关联在现有研究中主要体现为哪些议题？中国北极外交的脉络是什么？是否存在一以贯之的中国北极政策话语？党的十八大以来中国针对北极的外交投入有哪些？如何概括和评价中国的北极外交现状？怎样理解创造性介入外交与中国的北极参与？为较好地回答这些问题，本章将以与“变化中的北极与不确定的中国外交”相关的文献综述作为研究起点，重点探讨过去五年来的中国北极外交实践，并将落脚点放在关于创造性介入在北极地区的适用性及其场景推演的讨论上，以期得到一些有启发性的研究新发现。

一、对现有文献的大致扫描

20 世纪 90 年代末以来，在应对全球气候变化的背景下，中国对北极的研究从最初的地理学、物理学、动力学等自然科学领域，逐渐扩展至经济学、政治学和战略学等社会科学领域，其中包括一些跨学科、跨领域的交叉研究。认识的变化及一些其他相关因素的推动，使中国于 2006 年底开始申请北极理事会观察员资格，并最终于 2013 年 5 月正式成为北极理事会永久观察员。一段时间以来，中国在北极的活动，无论是科学考察，还是商业经营，抑或是外交修睦、政治磋商等，均成为国内外同行的重要研究议题。然而，与中国近年已然常规化的大规模北极科考，以及经营范围和市场空间不断拓展的经济活动相比，国内外同行的研究兴趣已逐渐从“低政治”转向“高政治”。具体而言，他们更为关切的实质性问题是：中国北极政策的制定依据和目标是什么；有没有一个确切的时间表；中国在北极有着怎样的长远打算和战略规划；中国在北极不断增强的存在感和参与度可能会给北极国家和其他利益相关者，以及地区和全球格局带来什么样的影响？围绕这些问题，本章将就目前国内外同行所做的一些值得注意的相关研究成果①，加以梳理、分析和比较，考察其优点与不足，为进一步研究奠定文献基础和知识积累。

（一）变化中的北极：从地区到全球

截至目前，尽管科学家们对于北极冰融的速度并未达成广泛共识，但在北极地区正在发生的最为显而易见的事实性变化就是海冰在极速消融。2007 年，联合国政府间气候变化专门委员会（IPCC）发布的评估报告称："近 100 年来，北极平均温度几乎以两倍于全球平均速率的速度升高……1978 年以来的卫星资料显示，北极年平均海冰面积以每十年 2.7%（2.1% 至 3.3%）的速率退缩，较大幅度的退缩出现在夏季，为每十年 7.4%（5.0% 至 9.8%）"②。2008 年北极理事会发布的《北极气候变化影响评估》报告，以及 2011 年北极监控与评估项目报告《北极地区的雪、水、冰和永冻层》等一系列研究，均表明北极地区温度升高和海冰加速融化这一现实和未来趋势。这是全球变暖现象在北极地区的显著反映，也是气候变化在全球范围内的突出表现，极大地提升了北极

---

① 这里援引或提及的中文文献绝大部分来自中国知网（CNKI）且发表于 2006 年底至 2016 年底，英文的则以 ProQuest 数据库为主，辅之以 JSTOR、SAGE 及 Google Scholar 平台的相关文献，对发表时间无特别限定，但因主题关系，其重点也是最近 10—20 年的。另，有国内外同行的文章涉及中国北极研究状况并作了评价，主要包括：David Curtis Wright, China's Growing Interest in the Arctic, *Journal of Military and Strategic Studies*, VOLUME 15, ISSUE 2, 2013; David Curtis Wright, The Dragon Eyes the Top of the World: Arctic Policy Debate and Discussion in China, *China Maritime Study*, No. 8. Newport, RI: U. S. Naval War College (Aug. 2011); Iselin Stensdal, Coming of age? Asian Arctic research, 2004 - 2013. *Polar Record* January 2015, pp. 1 - 10; Iselin Stensdal, Asian Arctic Research 2005 - 2012: Harder, Better, Faster, Stronger, *FNI Report* 3/2013; Anne - Marie Brady, Polar Stakes: China's Polar Activities as a Benchmark for Intentions, *China Brief*, Volume XII, Issue 14. (July 20, 2012); Linda Jakobson, "China prepares for an ice - free Arctic", *SIPRl Insights on Peace and Security*, No. 2 (March 2010); Linda Jakobson and Jingchao Peng, China's Arctic Aspirations, *SIPRI Policy Paper*, No. 34 (Nov. 2012); 赵华、匡增军：《中国学者的北极问题研究——基于中国国际政治类核心杂志（2007 - 2016）》，《战略决策研究》2017 年第 4 期，第 69—102 页；王晨光：《中国北极人文社科研究的文献计量分析——基于 CSSCI 期刊的统计数据》，《中国海洋大学学报》（社会科学版）2017 年第 2 期，第 78—84 页。

② 联合国政府间气候变化专门委员会第四次评估报告第一工作组报告：《气候变化 2007：自然科学基础》，《世界环境》2007 年第 2 期，第 13—22 页。

地区的全球关注度，并显示出该自然过程已逐渐突破区域性而具有的全球性影响。概言之，气候变化将北极从地理意义上的地区概念，发展成为一个多维意义上的全球概念。

1. 北极气候变化的物理生态和环境意义

1992 年，《联合国气候变化框架公约》将气候变化问题设定为“人类共同关注事项”。北极理事会（Arctic Council）的“短期气候驱动因子”工作组在一份报告①中指出，人类生产的黑碳排放到地球大气圈里，随着风的变化而转移到北极地区。黑碳增加污染成分，而且渐渐地覆盖于冰上，因而增加太阳光对地面的影响，地球变暖现象加速。黑碳被视为对地球变化影响最有代表性的恶性成分之一。在北极地区，这种人为气候变化最为明显。北极是大气海洋物质能量交换的重要地区之一，在全球大气气候系统形成和变化中起重要作用，在 2015 年巴黎气候变化大会上，与会代表决议将世界气候温度的上升控制在 2℃以下。② 在此意义上，北极地区海冰消融、气候剧变等物理变化带给全世界的生态和环境影响，成为国内外同行相关北极研究的起点，他们基本认同北极气候变化的真实性和严重性。

Robert W. Corell 认为，北极正在经历地球上最为快速和严峻的气候变化，未来 100 年内目前已开始的一些变化也将持续或加速。通过促使地表温度和海平面的升高，以及对海洋过程和洋流的潜在改变等，北极地区的气候变化也将对世界其他地区产生影响，而这种影响既是物理的和生态意义的，也是经济和社会意义的。③ TimoKoivurova、Terry Fenge 以及 Bernard Funston 指出，气候变化尤其对北极地区敏感的动植物和环境带来了严重影响。④ 北极问题研究编写组认为气候、生态和环境变化是

---

① Arctic Council Task Force on Short – lived Climate Forces, (2011), An Assessment of Emission and Mitigation Options for Black Carbon for the Arctic Council, Arctic Council.

② Hellström Gefwert, Helena, Klimatavtal klubbat i Paris, Available, http://www.regeringen.se

③ Robert W. Corell, Challenges of Climate Change: An Arctic Perspective, *Ambio*, Vol. 35, No. 4, The Royal Colloquium: Arctic under Stress: A Thawing Tundra (Jun., 2006), pp. 148 – 152.

④ TimoKoivurova, Limits and Possibilities of the Arctic Council in a Rapidly Changing Scene of Arctic Governance, *Polar Record*, Vol. 46, Issue 2 (April 2010), pp. 146 – 156. Fenge, Terry & Funston, Bernard, (2015), The Practice and Promise of the Arctic Council.

北极之最大变化，而北极海冰的快速减退、北极气候增暖和气候系统各圈层的急剧变化等，构成了对我国和全球气候有重大影响的北极过程。① 刘慧荣的北极研究以气候变化为主要分析视野和切入角度，并将气候变化看作北极成为全球性议题的重要原因，她认为："气候变化对北极的影响是十分严峻的，但北极地区气候变化绝不仅仅是一个地区性问题，而是全球性议题。"② 在她看来，北极主权与航道争端、北极生态法律危机、北极资源开发与管制问题等都是由气候变化所引起的，而最终的解决之道——"北极全球共治"也是气候变化所提供的契机。Annika E. Nilsson 对北极气候变化的理解凸显了环境政治学视角，她认为，1987 年以来的北极环境运动出现了从"低政治"向"高政治"的转变，环境在将北极塑造为全球关注点方面发挥了至关重要的作用。这一转变主要是受到两方面相互联系的发展的驱动：一方面是越来越聚焦于国家利益议题的国际环境协议谈判；另一方面是北极地区在日益激烈的关于稀缺资源的全球竞赛中不断凸显的重要性③。

2. 北极气候变化的经济商业和社会意义

目前，北极航道主要有三个：以北方海航道（Northern Sea Route，NSR）为代表的东北航道（Northeast Passage，NEP）、西北航道（Northwest Passage，NWP）和穿极航道（Transpolar Passage，TPP）。北极冰盖加速消融的趋势，使北极航道的商业化前景变得极为广阔。以东北航道为例，2012 年通航时间已延长到 5 个月（7 月中旬到 12 月上旬），全年共有 46 艘船只通行，货运量上升到 126 万吨。④ 北极全面通航的可行性不断增加，该地区巨大的资源能源储备，以及地区开发对北极原住民生产生活所带来的影响等，一并使北极气候变化的全球性意义在经济和社会

---

① 北极问题研究编写组：《北极问题研究》，海洋出版社，2011 年版，第 1 页。

② 刘慧荣、陈奕彤：《北极法律问题的气候变化视野》，《中国海洋大学学报》（社会科学版）2010 年第 3 期，第 1—5 页。

③ Annika E. Nilsson, The Arctic Environment—From Low to High Politics, Heininen, Lassi. (Ed.). (2012). *Arctic Yearbook* 2012. Akureyri, Iceland: Northern Research Forum, pp. 180 – 194.

④ 杨剑：《北极航道：欧盟的政策目标与外交实践》，《太平洋学报》2013 年第 3 期，第 41—50 页。

层面得到了阐释。

正如 Geneviève King Ruel 所分析的，北极地区自然资源开发急剧地改变着世界之巅的地缘政治学，使北极成为全球公众瞩目的中心，媒体也将北方议题前置或放到中心位置，而媒体的兴趣就是北极地区冰盖快速融化、蕴藏尚待开发的自然资源，以及北极航道开通在即的产物。[①] Scott G. Borgerson 确信，北冰洋开放常规通航和进行有利可图的自然资源开发，已不再是一个单纯的假设，而只是时间问题，全球变暖也使北极国家间围绕领土和资源开始了新一轮争夺[②]。郭培清强调，北方海航道"一旦大规模开通，将大大改变当今世界贸易结构，进而改变世界政治经济格局，形成以欧洲、北美、俄罗斯为主体的超强环北冰洋经济圈。控制了北极航道，就等于控制了世界未来的经济走廊"。[③] 张侠等人评估了北极航线的海运经济潜力，认为北极航线有利于节省国际贸易海运成本，对我国沿海产业地区产业分工和经济发展战略布局有很大影响。[④] 李振福认为，北极航线的开通关系到未来全球经济格局、北极国家间的利益冲突，以及全球地缘政治格局的变化，有必要建立北极航线问题的国际协调机制，这也是北极问题国际协调的切入点[⑤]。

北极原住民是指在西方移民到来之前，就已世代在北极地区繁衍生息的原始民族。北极理事会认定的现有原住民民族为 24 个，目前，在北极圈附近，大约生活着 42 万原住民。北极气候变化所连带产生的社会意义，主要是指海冰消融对北极原住民传统生活方式、文化认同、政治参与等方面的挑战。潘敏将研究对象聚焦到了北极的原住民，她以因纽特

① Geneviève King Ruel, The (Arctic) Show Must Go On: Natural Resource Craze and National Identity in Arctic Politics, *International Journal*, Vol. 66, No. 4, The Arctic is hot, part II (Autumn 2011), pp. 825 - 833.

② Scott G. Borgerson, Arctic Meltdown: The Economic and Security Implications of Global Warming, *Foreign Affairs*, Vol. 87, No. 2 (Mar. - Apr., 2008), pp. 63 - 77.

③ 郭培清、管清蕾：《北方海航道政治与法律问题探析》，《中国海洋大学学报》（社会科学版）2009 年第 4 期，第 2 页。

④ 张侠、屠景芳、郭培清等：《北极航线的海运经济潜力评估及其对我国经济发展的战略》，《中国软科学》2009 年第 2 期，第 86—93 页。

⑤ 李振福：《北极航线问题的国际协调机制研究》，清华大学出版社，2015 年版，第 1—37 页。

人为中心，从其自治运动、经济形态、社会问题、北极治理四个方面，分析北极原住民的生活实态及全球变暖对其生活的影响。[①] Helga Haftendorn 认为，如果在北极地区的国家和原住民能够紧密合作并拥有充分的可行制度，那么他们将会更好地处理气候变化带来的各种挑战。与此同时，他们不得不面对解决一个基本悖论或难题，即：在不限定北极国家主权或原住民自治权的情况下，北极治理如何能够得到加强。

3. 北极气候变化的政治法律和安全意义

2007 年 8 月 2 日，俄罗斯北极科考队将一面一米高的钛合金国旗插入北极点附近 4260 米的北冰洋底。这一举动被认为是“俄积极准备将北冰洋约 120 万平方千米海域据为己有的意图和行动”[②]，并引发了其他北极国家和相关利益方的强烈反应和严重关注。美国国务院副发言人称俄罗斯以插旗宣示主权的做法没有任何法律效力。加拿大外长批评说这不能支持俄罗斯对北极的领土要求。丹麦和挪威等国一边不认可俄罗斯的做法，一边却加以仿效，采取具体措施加强了各自对所属北极地区的管辖和监控。在全球变暖、北极海冰大面积消融形势加剧的情况下，俄罗斯的“北冰洋插旗事件”使北极国家间原有的主权争端和外大陆架划界，以及相关的法律和安全问题，得到了进一步凸显，原本矛盾被激化了。

第一，关于北极国家间主权争端的研究，具体包括三大类问题[③]：一是领土主权问题。比如，美国、加拿大关于西经 141 度线是否作为美国海上边界的争议，挪威对于斯匹茨卑尔根群岛的主权权利，以及加拿大和丹麦关于汉斯岛的归属之争；二是海洋划界问题。包括：冰岛和挪威就冰岛与扬马延岛区域的划界争议、丹麦和挪威就格陵兰和扬马延区域的划界争议、俄罗斯和挪威关于巴伦支海的划界争议、美国和俄罗斯关于白令海和楚科奇海的划界争议、美国和加拿大关于波弗特海的划界争议；三是 200 海里外大陆架问题。北冰洋沿岸国向联合国大陆架界限

---

① 潘敏：《北极原住民研究》，时事出版社，2012 年版，第 108—301 页。

② 王郦久：《北冰洋主权之争的趋势》，《现代国际关系》2007 年第 10 期，第 17—21 页。

③ 贾宇：《北极地区领土主权和海洋权益争端探析》，《中国海洋大学学报》（社会科学版），2010 年第 1 期，第 6—10 页。

委员会提交或明确表示将提交关于其200海里之外大陆架的划界案，形成沿岸国的国家管辖海域与属于国际海底区域之间的“划界”问题，主要声索国包括：俄罗斯、挪威、丹麦、美国、加拿大等。

国内外同行所做的一些相关案例研究，主要涉及对争端起因的研究和对争端解决方式的研究。概括起来，现有研究认为主要有三个原因导致了北极国家间的主权争端，即：北极地区重要的地缘战略地位、北极地区丰富的自然资源和能源开发潜能、北极航线通航的潜在商业价值。至于北极国家间主权争端的解决，可归纳为以下三种代表性观点：其一，王郦久、刘慧荣等主张遵照《联合国海洋法公约》（UNCLOS）来处理，而Stephanie Holmes则认为，在2007年，为控制北极自然资源、航运能力和军事机会而开展的国际争斗急剧增多，仅有《联合国海洋法公约》显然不够，避免不必要纠纷的最好方法就是促使达成一个多边的专门性的《北极条约》(Arctic－Specific Treaty)。较理想的情况是，该条约不仅能够快捷地解决北极国家间的大陆架划界问题，同时还保留了《联合国海洋法公约》中关于纠纷水域管制的核心要素；[①] 其二，王秀英、黄志雄等建议参照《南极条约》来制定《北冰洋公约》或《北极条约》类似文件予以规制。Catherine Emmett和James Stuhltrager也持这一主张，他们的共同研究着眼于石油开发和保护过程中的北极环境问题，检验并评估了关于北极石油生产的法律框架，认为建立《北极条约》对于监管和强制施行现有框架中的法规是必要的；[②] 其三，曾望等认为，应坚持《斯瓦尔巴德条约》（Svalbard Treaty）模式，以保持北极的自由、和平、中立地位。

第二，与北极国家间主权争端密切相关的，是北极地区的国际法律地位问题。众所周知，北极地区并非严格意义上的国际法概念。与《南极条约》及其一系列条约、协定所形成的“南极条约体系”确定了冻结

---

① Stephanie Holmes, Breaking the Ice: Emerging Legal Issues in Arctic Sovereignty, *Chicago Journal of International Law*, Vol. 9, No. 1 (Summer 2008), pp. 323－351.

② Catherine Emmett and James Stuhltrager, After the Ice Melts: The Need for a New Arctic Agreement, *Natural Resources & Environment*, Vol. 26, No. 2, oil & gas: POST－DEEPWATER HORIZON (Fall 2011), pp. 33－36.

南极主权主张、和平利用南极的基本原则不同，北极地区的法律秩序呈现为“不成体系性”[①]。总的来看，国内同行们普遍认为不应按“无主之地”或依照“扇形原则”来认定北极的法律性质。[②]

站在中国的立场上，国内同行以北极法律秩序的走向问题作为研究突破口，作了深入的研究和探讨。目前，他们的主要观点大致可分为以下三类[③]。一是参照“南极条约体系模式”或“斯瓦尔巴德群岛条约模式”，构建未来北极的法律体系。从缓和或解决争议的角度出发，学者们认为不应使北极再次成为“国际热点”或所谓的“世界战争策源地”，而应借鉴已然成功的南极和斯瓦尔巴德群岛的经典案例，在域内域外国家的共同努力下，“搁置争议、共同开发”，寻求各方利益汇合点，谋求共同利益的最大化。然而，当前北极地区所面临的环境条件似乎又不允许完全照搬《南极条约》和《斯瓦尔巴德条约》的做法。二是“另起炉灶”，建立独有的《北极条约》，构筑“北极特定模式”的法律体系。成立于1996年的北极理事会从北极国家高层论坛向国际组织发展的可能趋向，使研究者们认为根据北极特殊的自然环境、人文地理和经济社会发展情况，针对一些棘手问题，比如环境保护、资源的开发利用、开辟新航线，以及北极地区是否军事化等，在北极国家和国际社会协商一致的基础上，可以通过缔结系列议定书及其附件的方式，最终结成稳固的“北极条约体系”。三是以现有国际海洋法为基本制度框架，形成“发展海洋法公约模式”。以《联合国海洋法公约》为代表的国际“硬法”（hard law）构建了北极法律规制的主体框架，当前北极法律规制具有明显的“软法”（soft law）特征。因此，未来在习惯法和条约之外，北极应积极发展以国家间和地区系列决议、声明和宣言等政策文件为主要体现的“国际软法”，增加就具体争议问题解决的灵活性和协商性，从而

① 刘慧荣、董跃：《海洋法视角下的北极法律问题研究》，中国政法大学出版社，2012年版，第222页。

② 刘慧荣主编：《北极地区发展报告（2014）》，社会科学文献出版社，2015年版，第13—15页。

③ 贾宇：《北极地区领土主权和海洋权益争端探析》，《中国海洋大学学报》（社会科学版），2010年第1期，第6—10页。

秉持联合国宪章精神，尽力维护北极地区的和平稳定。

第三，关于北极气候变化所引发的安全讨论，既有全球视角的普遍性关注，也有基于本国和地区利益的特别关注。夏立平采用综合安全的概念，剖析了北极环境变化对全球安全可能产生的重大影响，认为，北极环境变化将使北极“成为全球新的关键战略竞技场之一”，将加剧北极国家对主权和资源的竞争和争夺，给北极地区带来毁灭性的生态灾难。[①] 陆俊元分析称，随着全球气候变暖加速，北冰洋和整个北极地区的自然环境与社会环境正在发生巨大改变。预计 21 世纪气候变化具有导致地球系统发生大规模不可逆变化的可能性，从而产生洲际和全球范围的影响。未来北极地区的环境将继续深刻改变，影响到北极地区、北半球甚至世界的战略结构，对包括中国在内的有关国家和地区产生深远战略影响。[②] 有鉴于“俄罗斯有 1/3 的领土位于北极圈内，大部分海岸线面向北冰洋，北极冰盖融化对俄罗斯影响重大”。[③] 万楚蛟从地缘政治安全、海权和能源的角度，对北极冰盖融化给俄罗斯带来的战略性影响作了分析。

2012 年，来自美国、俄罗斯和加拿大的学者在《原子科学家简报》的“全球论坛”专栏上针对同一主题“北极 2030：气候变化的结果是什么?”，给出了“美国的回应”“俄罗斯的回应”和“加拿大的回应”，并展望了 2030 年北极的军事、外交、环境和经济状况。[④] George Backus 认为，除非尽可能多地了解那些潜在风险，否则美国不能有效地解决变暖中的北极所可能带来的不确定性。Rob Huebert 认为，气候变化的影响

① 夏立平：《北极环境变化对全球安全和中国国家安全的影响》，《世界经济与政治》2011 年第 1 期，第 122—133 页。

② 陆俊元：《北极环境变化对中国的战略影响》，《人文地理》2014 年第 4 期，第 98—103 页。

③ 万楚蛟：《北极冰盖融化对俄罗斯的战略影响》，《国际观察》2012 年第 1 期，第 65—71 页。

④ George Backus, Arctic 2030: What are the consequences of climate change? The US response. *Bulletin of the Atomic Scientists*, Vol 68, No. 4 (2012), pp. 9 – 16. Rob Huebert, Arctic 2030: What are the consequences of climate change? The Canadian response. *Bulletin of the Atomic Scientists*, Vol 68, No. 4 (2012), pp. 17 – 21. Yury Morozov, Arctic 2030: What are the consequences of climate change? The Russian response. *Bulletin of the Atomic Scientists*, Vol 68, No. 4 (2012), pp. 22 – 27.

最终迫使加拿大不得不严肃对待北极的安全需求。未来的几十年里，加拿大不仅要在越来越复杂的环境中为国际安全提供保障，而且必须优先考虑生活在北方的加拿大人的安危问题。Yury Morozov 指出俄罗斯在北极地区国际合作中有待实现的三项主要任务：一是该地区的边界所有问题应遵循 1982 年各方缔结的《联合国海洋法公约》；二是为保持地区和平稳定，环境和其他挑战应该由北极国家联手解决；三是飞越北极的空中交通和经由俄罗斯北方海航道的航行应基于北极国家间的同意而受辖于国际法。Wilfrid Greaves 基于安全化理论，对加拿大因纽特人和挪威的萨米人在安全概念上的不同表达和理解作了比较，他发现，因纽特人将环境和社会挑战也看作是安全问题，认为北极安全概念强调的是环境保护、保留文化认同，以及原住民政治自治权的维护，而萨米人通常不会使用安全化的语言去讨论环境和社会议题，也不将环境和社会议题看作是对他们生存和幸福的威胁。①

（二）北极全球治理：从封闭到开放

尽管不同研究报告对“无冰的北极”（ice – free Arctic）的出现时间有着不同的预测②，但北极气候变化及其在生态、经济、社会、政治、法律和安全等诸多方面所引发的效应和影响，实际上就是北极地区的全球化进程。这一方面使北极在世界范围内的重要性得以凸显，但另一方面也为北极地区带来了一系列新的全球性问题和挑战。正如 Oran R. Young 所说，由于气候变化和我们通常冠之以“全球化”的那些因素的相互作用，北极已经成为一个极具活力的社会生态系统。其结果就是出现了一系列重要进展，它们强调北极进程与全球体系的关联性，并为保

① Wilfrid Greaves, Arctic (in) Security and Indigenous Peoples: Comparing Inuit in Canada and Sámi in Norway, *Security Dialogue*, Vol 47, No. 6, September 2016. pp. 1 – 20.

② 美国海军研究委员会（Naval Studies Board）在 2011 年的报告称，北极无冰期的到来可能在 2030 年。IPCC 在 2007 年的报告研究表明，一个无冰的北极将会出现在 2040 年，而其 2013 年的报告又建议将预期时间延至 2070 年。转引自 George Backus, Arctic 2030: What Are the Consequences of Climate Change? The US Response. *Bulletin of the Atomic Scientists*, Vol 68, No. 4 (2012), pp. 9 – 16.

持北极圈内可持续的人与环境的关系而产生了新的治理需求。[①] 然而，在北极与全球系统的互动关系中，“从近期看，全球对北极的影响还是要远远大于北极对全球的影响。这就需要北极域外行为体，尤其是非北极国家应将注意力集中于为北极的未来承担责任而不仅仅是追逐资源和航道利益”[②]。由此可见，在现实的治理需求和繁重的治理任务面前，北极治理（Arctic governance）主体已不再仅仅局限于北极五国或北极八国，北极治理从理念到行为，都在经历从封闭到开放的转变。国内外同行关于北极治理结构、机制、模式，以及当前北极全球治理体系的支柱性平台——北极理事会（Arctic Council）等所进行的一般性研究和案例研究，也可以证明这一点。

1. 治理挑战与北极理事会的作用

北极治理挑战有地区性的、领域层次的，比如北极航运治理、气候治理、传染病治理、核污染治理、渔业治理，以及油气开发活动治理等，也有全球性的、综合层次的，比如北极治理的国际法依据、规则制定及组织形式等。王传兴分析了北极治理的复杂性，认为北极治理领域处于传统安全议题与非传统安全议题相交织的状态，北极安全议题自冷战结束以来，在层次上得到深化，在领域上得到拓宽。[③] 卢静指出当前北极治理的无体系性和碎片化特征，包括：应对具体问题而形成的“分而治之”的治理模式，不同主体坚持不同的甚至相互冲突的治理规范，个别议题领域如渔业治理还存在制度“空隙”，以及相同议题的不同规制间甚至存在互相矛盾的治理目标。[④] Oran R. Young 认为，北极治理的挑战主要涵盖下列五个主题：北极变化的内在动因、在回应治理议题时合法利益相关者的认同问题、以政策制定为目的的北极议题框架、关于制定北冰洋国际协议的呼吁，以及将北极作为一个整体来制定综合法律条约

① Oran R. Young, Arctic Governance—Pathways to the Future, *Arctic Review on Law and Politics*, Vol. 1, No. 2 (2010), pp. 164 - 185.

② 杨剑等著：《北极治理新论》，时事出版社，2014 年版，第 4 页。

③ 王传兴：《北极治理：主体、机制和领域》，《同济大学学报（社会科学版）》2014 年第 2 期，第 24—33 页。

④ 卢静：《北极治理困境与协同治理路径探析》，《国际问题研究》2016 年第 5 期，第 62—76 页。

的建议。[①]

面对诸多的北极治理挑战和现有困境，在加拿大的倡议下成立于1996年的北极理事会被认为是北极治理框架的一个核心支撑平台，为北极国家间以及域内外国家间的国际合作提供了广阔空间。因此，北极理事会的成长、发展及其作用等也是国内外同行们讨论的议题。Timo Koivurova 和 Leena Heinämäki 讨论了原住民在北极理事会的参与问题，他们认为，建立在“软法”基础上的北极理事会，对北极原住民而言，是比他们所认为的国际法更可靠的实现他们政治目标的工具，因为国际法严格限制原住民在国际法特别是条约和习惯法制定过程中的参与机会。[②] Haftendorn 强调，北极理事会的核心作用应是充当国家间/跨国协议网络的枢纽，该地区的机构和组织应能协调与安全相关的所有环北极活动，以其灵活性进一步强化北极治理体系。[③] 郭培清对北极理事会的发展及其作用给予了积极评价，认为该理事会“从最初的三级架构不完整、对其成员没有法律约束力的高级论坛，一步步向着正规的、有强制力的国际组织转变。在不断的探索与实践中，北极理事会或有望成为北极地区的核心区域机制，在北极合作的未来发展中发挥重要作用，成为区域治理的创新典范”。[④] 程保志也高度认可北极理事会在北极全球治理中的创新性作用，认为该理事会“通过灵活运用科学评估、软法指引与‘硬法’规范这种‘三位一体’的治理手段，创造性地应对北极地区因气候变化所产生的各种挑战，从而为其由一个政策塑造型的政府间高级论坛转变为政治决策型的国际组织打下坚实基础”。[⑤] 陈玉刚在肯定北极理事

---

① Oran R. Young, Arctic Governance—Pathways to the Future, *Arctic Review on Law and Politics*, Vol. 1, No. 2 (2010), pp. 164 – 185.

② Timo Koivurova and Leena Heinämäki, The Participation of Indigenous Peoples in International Norm – making in the Arctic, *Polar Record*, 42 (221): 101 – 109 (2006).

③ Helga Haftendorn, The Case for Arctic Governance: The Arctic Puzzle, University of Iceland, Institute of International Affairs, Centre for Arctic Policy Studies, 2013, http: //ams. hi. is/wp – content/uploads/2014/04/TheCaseForArcticGovernance. pdf.

④ 郭培清、卢瑶：《北极治理模式的国际探讨及北极治理实践的新发展》，《国际观察》2015年第5期，第56—70页。

⑤ 程保志：《试析北极理事会的功能转型与中国的应对策略》，《国际论坛》2013年第3期，第43—49页。

会积极意义的同时，也指出了它在推动国际合作方面的局限性，认为“随着形势的发展，它又在一定程度上变成了北极国际合作进一步深入和拓展的障碍，特别是其近些年来表现出的主导甚至垄断北极事务的倾向。在争议地区的法律地位还没有明确前，北极理事会设定的参与条件，以及其表现出的内部形成条约并要求国际社会接受的趋势，不利于广泛意义上北极国际合作的发展”。[①]

2. 北极治理的机制化与模式探讨

1920 年签订的《斯瓦尔巴德条约》，为北极全球治理的机制化奠定了迄今为止最为重要的国际法基础。关于北极治理的机制安排，在全球层次上，比较有代表性的是国际海事组织（IMO）和国际北极科学委员会（IASC），前者作为政府间国际组织努力促成了具有法律约束力的《极地规则》（Polar Code），后者则是目前具有广泛影响力的非政府组织，现有 22 个成员，包括 8 个北极国家和 14 个非北极国家的科学院或研究理事会，它为各国开展科学外交、推动科学家们的共同研究提供了重要平台；在地区层次上，尽管前述的“北极理事会及其附属相关组织是处理北极事务重要的高层论坛，但它也不是域外国家参与北极事务的唯一路径。其他路径还包括成员众多的政府间组织、非政府组织和针对特殊问题领域的公私伙伴（public/private partnership）系统和非正式论坛等”，[②] 比如北极五国协商机制和巴伦支欧洲—北极地区合作（Barents EURO - Arctic Region），后者包括两个层面的机制安排：一是巴伦支欧洲—北极理事会（Barents EURO - Arctic Council）；二是巴伦支地区理事会（Barents Regional Council）。不同层次的机制形成过程，就是北极治理的机制化、体系化、全球化的过程。基于以上安排和各自框架下的实际行动，国内外同行作了相关的模式研究和评估。

国内同行关于北极治理机制的代表性观点，可归纳为以下四个：一是北极治理的“阶梯性递进”结构。赵隆论述了北极区域治理范式、北

---

① 陈玉刚、陶平国、秦倩：《北极理事会与北极国际合作研究》，《国际观察》2011 年第 4 期，第 17—23 页。

② 杨剑等著：《北极治理新论》，时事出版社，2014 年版，第 4—5 页。

极多边治理范式和北极共生治理范式，以及三者所构成的“阶梯性递进”结构的内在逻辑，批驳了北极问题“南极条约化”的范式误区。[①]二是北极理事会的“域内自理化”趋向。肖洋认为，环北极国家确定的“外部排他、内部协商”北极事务治理模式，推动了北极理事会“域内自理化”趋势的发展，具体分为域内“组织化”和组织“威权化”两个阶段。[②] 三是“协同治理”模式。面对现有北极治理的制度“碎片化”所导致的有效性不足问题及北极争端加剧的现实挑战，卢静主张，新的北极治理模式应当走协同治理的路径，即通过推动多元主体共同参与、促进制度间有效互动、发挥北极理事会的协同平台作用和培育共同体的价值共识，实现北极事务中的合作共赢。[③] 四是“命运共同体机制”。在对现有基于地缘政治理念、区域治理理念和全球治理理念的北极治理机制进行评估和反思的基础上，丁煌、朱宝林提出，“命运共同体”理念对北极治理的机制创新具有重要的指导价值，有利于在北极形成和谐共生、合作共赢的新机制，从而实现对北极治理的进一步优化。[④]

国外同行从各自秉持的不尽相同的治理概念出发，对现有北极治理机制和模式提出了自己的看法。[⑤] Gisele M. Arruda 指出，尽管关于治理的概念较为散乱且模糊不清，但治理的跨学科特性，以及在完全碎片化的、多维的、变化的现实中对于效率的执着追求应该是被接受的。治理概念的另一个重要因素就是控制模式的多元性，以形成新的政治模式、新的经济体系和新的发展模式来应对更大范围的风险和机遇。当前北极治理的关键性挑战在于创造或使现有的支持架构现代化，以及发展出更适合的宏大治理结构，包括政策、规制和金融框架，以应对快速变化的

---

① 参见赵隆：《北极治理范式研究》，时事出版社，2014 年版。

② 肖洋：《北极理事会“域内自理化”与中国参与北极事务路径探析》，《现代国际关系》2014 年第 1 期，第 51—64 页。

③ 卢静：《北极治理困境与协同治理路径探析》，《国际问题研究》2016 年第 5 期，第 62—76 页。

④ 丁煌、朱宝林：《基于“命运共同体”理念的北极治理机制创新》，《探索与争鸣》2016 年第 3 期，第 94—99 页。

⑤ 参见 Gisele M. Arruda, Arctic Governance Regime: the last frontier for hydrocarbons exploitation, *International Journal of Law and Management*, Vol. 57, No. 5, 2015, pp. 498 – 521.

新现实，以及国家和市民社会的新交集。因此，新的北极治理体系必须是实现公平效率的工具，而不是施行技术控制、经济霸权或殖民欺诈的工具，同时必须承认正式的宪法秩序与其实际呈现方式之间的差距。Levi Faur 认为，对治理机制化的理解既是思维问题，也是将治理活力设定为国家中心还是社会中心的问题，而有效的治理可为国家行为体提供更好的参考，同时也为公开行为提供广泛的反思形式。Bevir 承认治理是一个非常难界定的术语，但他更倾向于一个不那么阶层化的治理模式，以便公私行为体都能在其中发挥作用。另外，Michael Hoel、Steven R. Carpenter、Jay Lubchenco、Brian Walker 及 Sergey A. Zimov 等人的共同研究认为，北极治理机制应该更有弹性和适应力。①

3. 机制运转绩效评估与治理前景

在日益增加的北极治理挑战面前，对现有北极治理机制和模式的有效性的评估，直接关系到人们对北极全球治理前景的判断。2016 年是北极理事会成立 20 周年，此间关于北极理事会的改革命题，比如是否将其升级为政府间国际组织，是否进一步吸纳域外国家并扩大它们的参与权，以及是否有必要增加对军事安全议题的公开讨论等，均成为国内外同行讨论的焦点。

Olav Schram Stokke 和 Geir Hønneland 认为，判断一个机制的影响力和作用应从三个层面看：一是效用（effectiveness），即机制是否具有减缓和消除特殊问题的效果；二是政治动员力（political mobilization），即机制在参与和决策的模式上是否有所变化；三是地区构建（region building），即机制是否有助于强化地区民众之间的“功能性联系”和凝聚“散乱的地区意识”，也就是说是否有助于构建一个政治性地区。② Timo

---

① F. Stuart Chapin, III, Michael Hoel, Steven R. Carpenter, Jay Lubchenco, Brian Walker, Terry V. Callaghan, Carl Folke, Simon A. Levin, Karl – Göran Mäler, Christer Nilsson, ScottBarrett, Fikret Berkes, Anne – Sophie Crépin, Kjell Danell, Thomas Rosswall, David Starrett, Anastasios Xepapadeas and Sergey A. Zimov, Building Resilience and Adaptation to Manage Arctic Change, *Ambio*, Vol. 35, No. 4, The Royal Colloquium: Arctic under Stress: A Thawing Tundra (Jun., 2006), pp. 198 – 202

② Olav Schram Stokke and Geir Hønneland (eds) International Cooperation and Arctic Governance: Regime Effectiveness and Northern Region Building. London and New York: Routledge, 2007, pp. 13 – 26. 转引自：杨剑等著：《北极治理新论》，时事出版社，2014 年版，第 145 页。

Koivurova 探讨了在北极治理场景快速变化中的北极理事会的局限与未来可能性，认为该理事会正站在一个十字路口，“变化中的北极”的新形象已经制造出这样的现实，即：北极被认为是全球气候变化的早期预警系统，它正经历着快速的转型，对全世界所有国家而言，经济机会遍布北极地区。考虑到北极冰融的风险，由不同北极行为体所提供的各式治理之策将不太容易形成一个新的治理安排，因此北极理事会可能会继续作为政府间主导性的北极合作平台而存在于我们中间。[①] Oran R. Young 认为，气候变化导致北极正逼近一个“临界点”（tipping point），而“混乱时代的北极治理”，与制定一个单独的北极条约相比，目前各方应致力于推进一种“实用主义时尚”（pragmatic fashion），比如，通过维持甚至加强北极理事会的有效性来实现有效的北极治理，而不是指望将北极理事会变成一个在各类议题上都能做出决定并强制执行决议的国际组织[②]。

对于人类而言，安全与否，既是一种本能关切，也是一种终极关怀。北极治理的前景如何，归根结底，取决于人们中的大多数是否认为拥有安全感，或者说，取决于人们对北极未来是和平稳定还是冲突混乱的主观预期。鉴于冷战时期北极作为美苏争霸的角逐场的历史记忆，以及北极国家间的一些现实矛盾和冲突，在关于北极全球治理前景的新近研究中，结合北极治理机制的现存缺陷，很多讨论是围绕着北极地区的安全环境，特别是“该地区将来是否会陷入一种‘新的冷战’（New Cold War）”这一问题而展开的。

Gisele M. Arruda 从能源安全问题的角度探讨了北极治理机制，认为北极独特的自然生态系统、原住民的存在以及商业利益，将要求产生一种最负责任的开发、外交、规则和政策制定的创新发展模式。然而，最新的地缘政治发展情况表明，北极地区有成为地缘政治冲突新极点的潜

---

① TimoKoivurova, Limits and Possibilities of the Arctic Council in a Rapidly Changing Scene of Arctic Governance, *Polar Record*, Vol. 46, Issue 2 (April 2010), pp. 146 – 156.

② Oran R. Young, Arctic Governance – Pathways to the Future, *Arctic Review on Law and Politics*, Vol. 1, No. 2 (2010), pp. 164 – 185.

在风险，即卷入主要超级大国的自然资源和能源争夺之中。[①] Eva Ingenfeld 指出，目前北极生态系统被一些因素威胁着，其中一个重要的威胁就是北极国家为保护各自获取北极资源和领土的权利而采取的“以防万一”（just in case）政策，而北极的未来取决于所有利益相关者的可持续使用北极并创新治理框架以保护那里的环境和人的能力。[②] 夏立平等人认为，环北极国家在北极地区的军事存在对全球战略格局的重要性进一步上升，可能导致“零和博弈”，北极冰盖融化的前景对全球生态安全形成重大潜在威胁，需要国际社会努力寻求“博弈安全”。[③] 唐尧从俄美紧张关系的加剧和北极东北航道的开通等角度出发，认为环北极国家对北极战略和经济利益的诉求直接引发了该地区的“再军事化”。[④] Reginald R. Smith 站在美国的立场上强调，和其他北极国家相比，美国在采取必要措施捍卫其北极核心利益方面已经被落在了后面。有鉴于此，美国必须带头打造一种新的多边伙伴关系范式，包括推进一种新的宽泛意义上的军事伙伴关系范式，以使美国显要地出现在北极政治舞台上，而不是制造下一个冷战。[⑤] 马建光等分析了俄罗斯在北极地区实施以军事硬实力建设为先导的威慑战略，认为这加剧了北极地区的军事化。[⑥] Steven G. Sawhill 则看到了北极国家间军事合作对避免“新的冷战”的积极作用，认为美国、俄罗斯和挪威在 1996 年签订的《北极军事环境合作宣言》框架下所开展的合作是成功的，它将冷战遗留下来的核废料问题的

---

① Gisele M. Arruda, Arctic Governance Regime: The Last Frontier for Hydrocarbons Exploitation, *International Journal of Law and Management*, Vol. 57, No. 5, 2015, pp. 498 - 521.

② Eva Ingenfeld, "Just in Case" Policy in the Arctic, *Arctic*, Vol. 63, No. 2 (JUNE 2010), pp. 257 - 259.

③ 夏立平、苏平：《博弈理论视角下的北极地区安全态势与发展趋势》，《同济大学学报（社会科学版）》2013 年第 4 期，第 26—32 页。

④ 唐尧：《论北极地区再军事化的新动向及其特征》，《江南社会科学学报》2015 年第 2 期，第 44—49 页。

⑤ Reginald R. Smith, The Arctic: A New Partnership Paradigm or the Next "Cold War"? *JFQ*, Issue 62, 3rd Quarter 2011, pp. 117 - 124.

⑥ 马建光、孙迁杰：《论北极地缘政治博弈中俄罗斯的威慑战略》，《上海交通大学学报》（哲学社会科学版）2017 年第 1 期，第 14—21 页。

解决置于国际多边合作框架内，有助于清理北极地区的冷战遗产。[①]

（三）中国参与北极：从单一到多元

1925年，当时的段祺瑞政府代表中国加入了《斯瓦尔巴德条约》。根据该条约，中国的船舶和国民可以平等地享有在该条约所指定地域及其领水内捕鱼和狩猎的权利，自由出入该条约所指范围的水域、峡湾和港口的权利，从事一切海洋、工业、矿业和商业活动并享有国民待遇等。1982年，中国作为签约国之一加入《联合国海洋法公约》，中国的船舶和飞机享有在环北极国家的专属经济区内航行和飞越的自由、北冰洋公海海域的航行自由、享有公约所规定的船旗国的权益。《斯瓦尔巴德条约》和《联合国海洋法公约》及北极理事会的永久观察员地位，一并成为中国在北极地区进行常规性科学考察、在涉北极国际组织或论坛中参与相关国际规则制定，以及从事资源能源开发等商业活动的国际法依据和行为约束框架。在此基础上，中国在北极已开展的一些重要活动包括：中国分别于1999年、2003年、2008年、2010年、2012年、2014年、2016年和2017年，进行了8次大规模的北极科考；中国积极参加与北极航行和环境生态保护相关的国际规则的制定和讨论，包括《联合国海洋法公约》《联合国气候变化框架公约》《京都议定书》《国际捕鲸管制公约》《生物多样性公约》等；中国加入的重要的涉北极国际组织或论坛主要包括：国际海事组织、国际北极科学委员会、北极理事会等；2013年夏，中国远洋公司“永盛号”商船从中国港口出发，经白令海峡，穿越北极东北航道，顺利到达荷兰鹿特丹港；2017年8月，“雪龙”号科考船首次完成北冰洋中央航道穿越并在该海域开展作业。

2015年，《中华人民共和国国家安全法》明确将极地列为国家安全的重要内容，要求坚持和平探索和利用极地，维护我国在极地的活动、

---

① Steven G. Sawhill, Cleaning - up the Arctic's Cold War Legacy: Nuclear Waste and Arctic Military Environmental Cooperation, *Cooperation and Conflict*, Vol 35, No. 1, pp. 5 - 36, http://journals.sagepub.com/doi/pdf/10.1177/00108360021961986.

资产和其他利益的安全。归结起来，中国对北极地区活动的参与大致经历了这样的历史过程，即：首先是通过缔结国际条约获得合法权利，然后是积极介入若干重要的涉北极国际组织和论坛，再是政府组织开展大规模的北极科考，接着是在北极地区的投资兴业，直至目前国家层面的战略考虑和谋划。在这一过程中，中国在北极地区活动的参与手段和路径上，明显地体现出由单一到多元的特征。

冷战结束之后，特别是2010年中国超过日本成为仅次于美国的世界第二大经济体以来，中国作为崛起大国的国际定位日渐夯实。因此，中国在北极的诸多活动和外交进展，愈益引发国际社会特别是北极国家的关注和热议，其中既有期待和欢迎，也包括一些争议和质疑。截至目前，国内外同行关于中国参与北极的研究，大致涉及中国参与北极相关活动的身份问题、中国的北极政策和战略，以及中国参与北极活动的风险、挑战及影响等几个议题，现将大致情况分述如下。

1. 近北极国家还是非北极国家?

国内同行大多倾向于从地缘角度阐释中国北极参与的身份建构问题，以论证中国与北极在地缘环境、地缘经济和地缘政治方面的接近、关联与契合。陆俊元试图从区位、交通、资源角度，分析北极地区在世界格局中的战略地位与价值、梳理当今北极国际竞争新特点、解析制约北极国际关系运行的地缘政治格局及其特征、分析北极国家新的北极战略及各国在北极地区的活动特点，进而指出北极对我国的战略意义，并提出中国应对北极形势变化的政策举措。[①] 陆俊元与张侠的新近研究，[②] 综合运用了地缘政治学、地缘经济学、政策科学等方法，分析了中国在北极地区和北极事务中的合法权益、合理利益、肩负责任，为中国的北极战略和政策建言献策。车福德将研究聚焦到“北极角逐的主角”——美国、加拿大、挪威和丹麦，特别是就俄罗斯、美国和加拿大的潜在冲突作了分析和预判，揭示北极地区大国关系的新动向。[③] 何奇松以气候变

① 陆俊元：《北极地缘政治与中国应对》，时事出版社，2010年版，第15—345页。

② 陆俊元、张侠：《中国北极权益与政策研究》，时事出版社，2016年版，第208—413页。

③ 车德福编：《经略北极——大国新战场》，航空工业出版社，2016年版，第7—36页。

化为背景对北极地缘政治演变作了历时性的论述，认为北极将可能重回冷战对抗的“原点”。[①] 叶江认为，在地缘政治理论的作用下，后冷战时期的北极区域治理始终存在明显的排他性，这将对中国的北极参与造成负面影响。[②] 李振福等人在系统梳理以往国际关系理论的基础上，从地缘的角度出发，结合物理学中分子之间的作用原理，提出了“地缘势”理论。该理论用“相对距离”的概念刻画国家间关系，认为国际体系中国家关系的演变过程即国家间相互作用进而使彼此的“相对距离”趋于“最优相对距离”的过程，当体系中各国之间均到达“最优相对距离”时，体系将处于平衡状态。[③] 另外，赵宁宁、欧开飞在对俄、美、欧三方在北极事务上的核心利益诉求和政策工具的选择进行对比分析基础上，评估了北极地缘政治发展态势。[④]

至于中国到底应以何种“名分”去争取在北极活动的最大身份权益，国内同行的代表性观点和政策主张主要有以下五个（详见表3－1）。第一，“近北极机制”和“近北极国家”。柳思思依据“环北极机制”提出了“近北极机制”，并给出了判别“近北极机制”国家的三项标准。依据其标准，“近北极机制”的重要成员除了环北极国家外，还包括中、日、韩以及欧盟。[⑤] 至于“近北极国家”的概念，则被认为是张侠提出来的。[⑥] 第二，“大北极”“大北极国家”与“大北极国家网络”。李振福关于大北极国家的选取原则，主要是从基本界定指标和竞争性界定指标两个角度，以空间距离、资源距离、人文距离、经济距离、政治距离、海运距离和H－F（History－Future）距离等7种具体距离指标作了综合

① 何奇松：《气候变化与北极地缘政治博弈》，《外交评论》2010年第5期，第113—122页。

② 叶江：《试论北极事务中地缘政治理论与治理理论的双重影响》，《国际观察》2013年第2期，第32—38页。

③ 李振福、王文雅：《地缘势理论及其北极问题应用研究》，《社会科学论坛》2016年第9期，第171—200页。

④ 赵宁宁、欧开飞：《全球视野下北极地缘政治态势再透视》，《欧洲研究》2016年第3期，第30—43页。

⑤ 柳思思：《“近北极机制”的提出与中国参与北极》，《社会科学》2012年第10期，第30页。

⑥ 陆俊元：《北极地缘政治与中国应对》，时事出版社，2010年版，第339页。

评估。[①] 第三，“国际公共品提供者”和“泛北极共同体”。2014 年，丁煌撰文称，中国应努力构建“国际公共品提供者”的身份，作为参与北极治理的重要路径。[②] 2016 年，丁煌从建构主义角度，提出“泛北极共同体”概念并作了解释。[③] 第四，“北极利益相关者”/“北极重要利益攸关方”。这是继“近北极国家”之后为外交部所采用的关于中国北极身份的官方表达，王毅部长和汪洋副总理分别在 2015 年和 2017 年的北极国际会议上称“中国是北极的重要利益攸关方”。王新和从国家利益视角分析认为，“北极利益攸关方”具有一定的实用性和可塑性。[④] 阮建平也认为，“北极利益攸关者”更符合目前的北极政治环境及其未来的治理趋势，有助于中国参与北极事务，[⑤] 孙凯、董利民等也认同在国际上以英文“Stakeholder”一词界定中国的北极身份。第五，以“地图话语”对中国—北极关系进行重构。何光强认为，通过地图进行话语重构也是中国参与北极事务的重要路径，并提出中国—北极关系可分为“自然地缘”“双重利缘”和“潜在义缘”的“三缘”关系。[⑥]

表 3－1　中国争取北级身份权益的主张

提出者/支持者	概念主张	主要内容
柳思思 张侠	近北极机制 近北极国家	“近北极机制”国家必须符合如下标准：（1）地理位置上属于北半球国家；（2）地缘政治上与北极密切相关；（3）经贸上高度关注北极航道

① 李振福：《大北极国家网络及中国的大北极战略研究》，《东北亚论坛》2015 年第 2 期，第 31—44 页。

② 丁煌、赵宁宁：《北极治理与中国参与——基于国际公共品理论的分析》，《武汉大学学报（哲学社会科学版）》2014 年第 3 期，第 39—44 页。

③ 丁煌、张冲：《泛北极共同体的设想与中国身份的塑造——一种建构主义的解读》，《江苏行政学院学报》2016 年第 4 期，第 76—83 页。

④ 王新和：《国家利益视角下的中国北极身份》，《太平洋学报》2013 年第 5 期。

⑤ 阮建平：《“近北极国家”还是“北极利益攸关者”——中国参与北极的身份思考》，《国际论坛》2016 年第 1 期

⑥ 何光强：《中国—北极关系的表达与分析：世界地图的视角》，《国际政治研究》2017 年第 3 期，第 38、47 页。

续表

提出者/支持者	概念主张	主要内容
李振福	大北极、大北极国家 大北极国家网络	“大北极国家”是指在空间、资源、人文、经济、政治等诸多方面与北极关系密切的北半球国家。大北极国家构成的外围界线的向北范围，直至北极点的区域称为“大北极”。“大北极国家网络”由大北极国家组成，自组织形成的相互影响和相互作用的非正式关系集合体
丁煌	国际公共品提供者 泛北极共同体	“泛北极共同体”是指：（1）共同体的基点在于泛北极共同体的成员国具有共同的价值取向；（2）共同体的任务在于使北极治理中的政治互信更加强化、经济纽带更加牢固、安全合作机制更加深化；（3）共同体的行动逻辑在于建构一种互助的康德文化，将他助和自助融为一体
王新和 阮建平 孙凯 董利民	利益相关者 重要利益攸关方	与北极地区具有利益相关性的任何国家不论地理位置如何，都有权参与讨论可能影响到自身的议题及决策
何光强	中国北极身份的地图学表达	根据关系性质和缘起，中国—北极关系分为“自然地缘”“双重利缘”和“潜在义缘”的“三缘”关系

基于有差别的国家利益考虑，与国内同行的相对复杂研究不同，大多数的国外同行倾向于将参与北极事务的行为体/利益相关者简单地划分为两类：国家行为体和非国家行为体，国家行为体又分为北极国家和非北极国家，而中国，被理所当然地认为是非北极国家，也是北极利益相关者之一。Eva Ingenfeld 正是这一两分法的支持者。尽管北极利益相关者的结构极其复杂，可以通过若干不同的层次得以延伸，比如国际的、地区的（环北极的）、国家的和本地的。但总体上，存在着两个主要的

利益相关者群体，即：北极国家和非北极国家。北极国家均在北极圈以北拥有领土，并且都是北极理事会成员。非北极国家越来越认识到“无冰的北极”的发展潜能，并把目光投向了北极。尤其是中国，非常看重新海路，意在缩短中国与欧洲的商业路线并绕过受海盗影响的地区。其他的利益相关者则包括北极的原住民、国家集团如欧盟，以及非政府组织如“绿色和平组织”（greenpeace）等。大部分非国家行为体的活动都限于当地和国家层次，因为在更高层次上的行为体主要是北极国家。[①] Gisele M. Arruda列举了北极的利益相关者，包括：北极五国即北冰洋沿岸国，非沿岸的北极国家（冰岛、瑞典和芬兰），亚洲国家（中国、日本、韩国），北大西洋公约组织（NATO）成员国和欧盟国家。非北极国家试图通过获得北极理事会的观察员身份，以及与北极国家保持战略伙伴关系——如中俄，来显示自己在该地区的存在。[②]

2. 眼前利益驱动还是谋划长远？

在Leiv Lunderen看来，亚洲国家包括中国，同所有卷入北极事务的其他国家一样，是受了商业本能的驱使，也受到了诸如气候变化、可持续发展和加强科学研究等更宽泛意义上的全球事务的驱动。[③] David Curtis Wright将中国在北极的利益领域作了一个优先性排名，从强到弱依次为：航路、能源和自然资源、科学研究和气候变化。他认为，在可预见的将来，中国将在北极地区保持低姿态（low profile）；中国将会努力影响北极决策和事务，无论是否是北极理事会成员；中国可能会反对北极五国关于大陆架延伸的申请；为了自身在北极的权利和利益，中国将会继续或真或假地因为一些细枝末节的事情而动怒和敏感；中国将继续对北极事务发表评论；中国将不会在北极建立军事基地但可能会

① Eva Ingenfeld, “Just in Case” Policy in the Arctic, *Arctic*, Vol. 63, No. 2 (JUNE 2010), pp. 257 - 259.

② Gisele M. Arruda, Arctic Governance Regime: The Last Frontier for Hydrocarbons Exploitation, *International Journal of Law and Management*, Vol. 57, No. 5, 2015, pp. 498 - 521.

③ ［挪威］列夫·伦德：《序二：北极亚洲利益的北欧视角》，载杨剑主编：《亚洲国家与北极未来》，时事出版社，2014年版，第3页。

部署潜艇。[1] Christopher Weidacher Hsiung 认为，中国不断增长的石油和天然气需求正迫使它向海外寻求新的进口来源，而蕴藏着丰富石油、天然气等资源的北极地区刚好可以发挥这样的作用。北极地区油气生产的高昂成本和挑战，中国油气进口选择的增加，中国经济增长的减速，以及北极地区的安全发展动态等，均影响了中国参与北极能源资源发展的动机和可能性。[2] 国内同行[3]也不否认，中国参与北极经济活动有其内在动因，比如：为拓展新的经济空间参与北极航道利用、为保障中国经济安全积极拓展海外能源供给、为国家中长期发展进行知识储备和技术创新。

近年来，中国在北极不断强化的各类参与活动，被普遍认为是国家主导或推动的本国利益实现方式。然而，时至今日，中国政府一直没有出台任何一份完整的、权威的北极政策文件，这在一定程度上使国内外同行对于中国北极战略和政策的研究兴趣上升，同时也导致了相关认知的分化、模糊不清，以及若干的重叠、交叉。总的来看，国内同行以建言性研究为主，而国外同行则偏向做定位性、预测性研究。

2010 年和 2012 年，Linda Jakobson 曾发表过两份关于中国北极政策的研究报告，对中国北极政策作了经验性的定位和预测。在 2010 年题为《中国为无冰的北极做准备》的报告中，Jakobson 认为中国对因气候变化所引起的北冰洋冰融结果的关注正在增加。由于中国经济对外贸的依赖，北极夏季通航及由此导致的更短航线和可获取未开发的能源资源的前景，使中国政府向北极研究投入了更多的资源。中国官员也已经开始思考什么样的政策能够帮助中国从无冰的北极环境中获益。在 2012 年题为《中国的北极愿望》的政策论文中，Jakobson 称有一些非中国的观察者将中国的北极行为描述为“坚定而自信的”（assertive）。中国想成为北极秩序的一部分，并希望能够对关于北极该如何治理的讨论和决定产生影响。

---

① David Curtis Wright, “China’s Growing Interest in the Arctic,” *Journal of Military and Strategic Studies*, Volume 15, Issue 2, 2013.

② Christopher Weidacher Hsiung, “China and Arctic Energy: Drivers and Limitations,” *The Polar Journal*, Volume 6, Issue 2, Oct. 2016.

③ 杨剑等著：《北极治理新论》，时事出版社，2014 年版，第 297 页。

作为非北极国家，中国必须依赖外交合作、科学参与的积极影响及投资来推动其北极利益的实现。她将中国低调（low - key approach）的北极政策及其成就概括为以下内容：首先，加强了中国应对北极气候变化对本国粮食生产和极端天气的影响的能力；其次，以合理成本获取进入北极航线的权利；最后，强化了中国作为非北极国家获取北极资源和渔场的能力。[①] Olga V. Alexeeva 和 Frédéric Lasserre 承认中国已成功地成为北极舞台上的主要行为体之一，尽管中国并没有在地理意义上进入该地区。但近年来中国已经逐渐发展出并实施了连贯的北极政策以获取在该地区的利益。一方面，中国启动了庞大的极地科学研究项目，推动与政策相关目的的北极知识扩散。另一方面，通过在关于北极及其世界作用的国际辩论中扮演积极角色，中国已与北极国家建立了持久的经济和政治关系。[②]

3. 冲突预期还是合作共治前景?

目前有一种观点颇有市场，即："中国正在采取具体的外交步骤以确保自己成为北极博弈中的一个玩家，……中国为获取北极利益已投入了大量的人力、机构和海军资源，未来中国还会这么做，而且会以更快的速度推进"。[③] 依据这一观点，在国际金融危机、欧美等自由世界秩序遭遇前所未有大挑战的背景下，与中国以何种身份参与北极活动、出于何种动机进入北极等问题相比，中国在北极不断强化的事实性和实质性存在、当前所处方位以及可能对北极未来的影响及相应对策等问题，对于国内外同行而言，无疑具有重要的研究价值。综观相关判断，可归纳为两大类倾向和态度。

一是持谨慎、警惕甚至质疑的态度，认为中国北极行为的累加或导致潜在的冲突和对抗。Roger W. Robinson, Jr. 认为，中国真正的目的是要拥有极大的影响力——如果不是完全控制的话。为防止这一可能的前景出现，北极理事会成员国应施行审慎的对抗外交（discreet counter di-

① Linda Jakobson and Jingchao Peng, China's Arctic Aspirations, *SIPRI Policy Paper*, No. 34 (Nov. 2012).

② Olga V. Alexeeva and Frédéric Lasserre, The Snow Dragon: China's Strategies in the Arctic, *China Perspectives*, No. 2012/3.

③ David Curtis Wright, The Dragon Eyes the Top of the World: Arctic Policy Debate and Discussion in China, *China Maritime Study*, No. 8. Newport, RI: U. S. Naval War College (Aug. 2011).

plomacy)，包括执行适当的军事计划。[①] David Curtis Wright 认为，美国的决策者应该清醒地意识到中国最近对于北极事务的兴趣并不是会很快消失的一种想象或是一时的政治风潮，而是一个严肃的、崭新的、刚起步的政策方向。[②] Rob Huebert 称，在现在的北极地区，人们正在看到的是由于中国这一国际体系中日趋强硬的国家的到来而变化着的地缘政治现实，即大国博弈（great game）正重返北极地区，加拿大对此应有所警觉。[③] 在 2013 年决定是否接受中国等几个国家为北极理事会观察员的瑞典基律纳（Kiruna）会议上，加拿大和俄罗斯曾一度持强烈的反对立场，加之中国长达七年的漫长申请周期，这些都说明一些北极国家对于中国参与北极事务的消极认识并不是没有出处的。

二是在平衡利弊之后，对中国加大北极参与持较客观、偏正向的看法，更看重合作的互利效应。Frédéric Lasserre 对中国在北极之于加拿大的潜在威胁和冲突做了研究，认为与中国建立密切关系、支持其他亚洲国家成为北极理事会的观察员，有利于在合作讨论中突出加拿大的议程。在北极理事会框架内与中国接触对于推进加拿大在该地区的利益是一个好机会，因为中加在很多领域——科学研究、海运环境章程和海事条约解释以及需要在多边机制中开展合作以达成国际妥协的其他议题上——的利益是重叠的。[④] 对于“中国增加在北极的存在会损害加拿大北方利益”的评估，Adam P. MacDonald 认为，其最终结论可能有赖于对中国在国际体系中所有行为所做的全球性分析，因为比起在北极的实际活动

① Roger W. Robinson, Jr., China's "Long Con'" in the Arctic, *MLI Commentary*, Sep. 2013. http://www.macdonaldlaurier.ca/files/pdf/MLIChina'sLongConInTheArctic09 - 13Draft4 - 1.pdf.

② David Curtis Wright, The Dragon Eyes the Top of the World: Arctic Policy Debate and Discussion in China, *China Maritime Study*, No. 8. Newport, RI: U.S. Naval War College (Aug. 2011), https://www.usnwc.edu/Research - Gaming/China - Maritime - Studies - Institute/Publications/documents/China - Maritime - Study - 8_The - Dragon - Eyes - the - Top - of - .pdf.

③ 转引自：ROBERT SIBLEY, Arrival of China in Arctic puts Canada on alert, https://d3n8a8pro7vhmx.cloudfront.net/cdfai/pages/44/attachments/original/1412115981/Arrival_of_China_in_Arctic_puts_Canada_on_alert.pdf? 1412115981.

④ Frédéric Lasserre, China and the Arctic: Threat or Cooperation Potential for Canada? *China Papers*, No. 11, June 2010, http://citeseerx.ist.psu.edu/viewdoc/download? doi = 10.1.1.475.2735&rep = rep1&type = pdf.

和政策，中国力量的增长显然更多。尽管中国对加拿大及其北极利益造成了一系列挑战，但也要承认中国的更多参与也有很多潜在好处，包括在科学研究和投资上会有一个强大的合作伙伴，以及通过吸纳域外行为体使现行的地区秩序合法化。[①] Vijay Sakhuja 着重研究了中国与冰岛的北极合作，认为中国在实践中的北冰洋政策和战略，对冰岛而言是一个机会。因为 2008 年国际金融危机之后，是中国而不是美国和欧盟，在困难时期向冰岛提供了真诚的帮助，使得中冰两国建立起了非常紧密且实用的双边关系，这一关系的基础就是政治约定、自由贸易协议，以及为未来横跨北极海路而作的战略性基础设施投入。[②]

与国外同行不同的是，国内同行对中国参与北极国际合作将取得实质性进展的前景抱有乐观的积极态度，并站在中国立场上提出了具体的北极合作路线图。一是国家/政府层次的政治性磋商与合作。加强与北极五国/八国及其他利益相关者之间的国家关系、通过一系列政治性安排推进与中国相关的多双边北极合作，被认为是中国政府应予以足够重视的一项重要北极议程。孙凯、郭培清、刘慧荣、李晗斌、肖洋等人[③]分别从中美、中俄、中印、北极理事会亚洲观察员国、东北亚国家、中加、中日韩，以及中日韩俄等双多边关系的角度，探讨了中国在政府层面构建北极域内外合作关系网络的机遇、挑战及战略选择等。

二是国际组织/论坛层次的区域合作机制。张侠、屠景芳、陈玉刚、

---

① Adam P. MacDonald, China as an Emerging Arctic Player: Compromising Canada's Northern Interests? *Canadian Naval Review*, Vol. 12, No. 2 (2016) .

② VIJAY SAKHUJA, China's Arctic Calculus and Iceland, *SSPC Issue Brief*, No. 3, September 2011, http://sspconline.org/issuebrief/ChinasArcticCalculusandIceland.

③ 参见孙凯、郭培清：《北极治理机制变迁及中国的参与战略研究》，《世界经济与政治论坛》2012 年第 2 期；孙凯、杨松霖：《中美北极合作的现状、问题与进路》，《中国海洋大学学报》（社会科学版）2016 年第 2 期；孙凯、王晨光：《国家利益视角下的中俄北极合作》，《东北亚论坛》2014 年第 6 期；郭培清、董利民：《印度的北极政策及中印北极关系》，《国际论坛》2014 年第 5 期；刘慧荣、陈奕彤：《北极理事会的亚洲观察员与北极治理》，《武汉大学学报（哲学社会科学版）》2014 年第 3 期；李晗斌：《东北亚国家北极事务合作研究》，《东北亚论坛》2016 年第 5 期；肖洋：《北极理事会视域下的中加北极合作》，《和平与发展》2015 年第 2 期；肖洋：《中国参与北极事务的竞争对手：分析框架与应对理》，《和平与发展》2016 年第 4 期。

宋秀琚、郭培清、孙凯、白佳玉、程保志等，[①] 从不同角度分析了北极国际合作的历史、现状、中国加入北极理事会的利弊，以及中国参与其中的可行进路等。杨剑等探讨了亚洲国家对于北极国际合作机制的关注及各自的观点。[②] 另外，杨剑、于宏源聚焦于科学家团体对北极治理在议程设定及知识和规制上的作用分析。[③]

三是与北极原住民团体/组织的沟通协作。早在北极理事会成立之初，就有六个原住民组织作为永久代表参与其中。潘敏研究了因纽特民族与北极治理及中国参与的问题，认为中国应重视培育与原住民组织的合作关系。[④] 叶江、彭秋红和陆俊元也各自就北极原住民在北极治理中的作用和影响，以及中国参与北极地缘经济应照顾原住民权利的问题作了探讨。[⑤][⑥]

（四）现有研究的评估：亮点和盲点

对现有研究的评价，大概至少包含这样三个指标：第一，现有研究对于相关问题域知识增量的多少；第二，现有研究对于相关学科理论贡

---

① 参见张侠、屠景芳：《北极经济再发现下的国际合作状况研究》，《中国海洋法学评论》，2011 年第 2 期；陈玉刚、陶平国、秦倩：《北极理事会与北极国际合作研究》，《国际观察》2011 年第 4 期；何光强、宋秀琚：《创造性介入：中国参与北极地区事务的条件与路径探索》，《太平洋学报》2013 年第 3 期；郭培清、孙凯：《北极理事会的“努克标准”和中国的北极参与之路》，《世界经济与政治》2013 年第 12 期；白佳玉：《中国北极权益及其实现的合作机制研究》，《学习与探索》2013 年第 12 期；程保志：《试析北极理事会的功能转型与中国的应对策略》，《国际论坛》2013 年第 3 期。

② 参见杨剑等著：《北极治理新论》，时事出版社，2014 年版。

③ 杨剑、于宏源：《中国科学家群体与北极治理议程的设定——基于问卷的分析》，《国际关系研究》2014 年第 6 期，第 37—49 页；于宏源：《知识与制度：科学家团体对北极治理的双重影响分析》，《欧洲研究》2015 年第 1 期，第 21—34 页。

④ 潘敏：《论因纽特民族与北极治理》，《同济大学学报（社会科学版）》2014 年第 2 期，第 34—41 页；潘敏：《论中国参与北极事务的有利因素、存在障碍及应对策略》，《中国软科学》2013 年第 6 期，第 12—21 页。

⑤ 叶江：《试论北极区域原住民非政府组织在北极治理中的作用与影响》，《西南民族大学学报》（人文社会科学版）2013 年第 7 期，第 21—26 页。

⑥ 彭秋红、陆俊元：《原住民权利与中国北极地缘经济参与》，《世界地理研究》2013 年第 1 期，第 37 页。

献的大小；第三，现有研究对于相关政策智力支持程度的强弱。这里以这三个指标为基准，分别就现有研究中的突出亮点和可能盲点，作一定性分析和总结，并提出后续相关研究的可能方向。

1. 突出的研究亮点

现有中国北极政策研究的学术贡献主要在于增量，而非存量，毕竟这是一项新的研究议程，在具体研究议题、方法和视野等方面皆有待进一步完善。

一方面，从整个北极研究的知识增量上看，中国北极政策研究本身俨然是一个研究亮点。基于北极地区在各北极国家政治外交议程中的优先地位，来自西方特别是北极国家的北极研究，很长一段时间以来都是其传统且强势的研究领域，占有强大的学术话语权，在总体上引领了全球范围内的北极研究事业。然而，与中国崛起同步，其中与中国北极政策相关的研究，只能算是一个新兴研究领域，也是一个新的知识增长点。以专业国际期刊《北极 Arctic》为例，若将文档类型限定于文章、专题文章、评论、时评、会议论文、文献评论和统计/数据报告，根据 ProQuest 平台数据库查询结果，从 1997 年 1 月 1 日至 2016 年 12 月 31 日，该期刊共有同行评审文献 1201 篇，而以"China，Arctic"为检索词所显示的文献数量仅为 34 篇。也就是说，在去过的 20 年时间里，《北极 Arctic》杂志关于中国与北极的文献量占北极研究总文献量的 2.38%。从这个意义上说，现有关于中国北极政策的研究本身，就是对更广范围内既有北极研究的一种丰富和拓展，至少在研究视角上确实如此。

另一方面，现有北极研究对国际关系领域制度主义理论的发展也有所贡献。20 世纪 90 年代中期以来，Oran R. Young 基于经验主义所建构的北极治理理论，不仅引起国际学术界的广泛关注和讨论，而且成为国内同行从事北极治理研究的主流分析框架和研究基点，以论证"中国参与北极的主要方向是在北极全球治理中发挥建设性作用"的可能性。这在一定程度上促成了上海地区北极研究网络的成型，奠定了其相对于青岛等地社会科学领域北极研究的后发优势和特色。另外，Neumann 关于北欧地区建构（region building）的理论文章，在欧洲北极地区也引发了广泛的讨论。①

2. 可能的研究盲点

归根结底，现有研究的盲点或曰最大不足在于理论与经验之间的差异、不甚匹配甚至冲突。至今，我们还没有合适的理论工具来解释或预测中国的北极政策，一些论点和判断与中国北极外交实践不符、相脱离。具体而言，有以下几点。

第一，将中国北极外交纳入中国北极活动的较大范畴内，没有对中国在北极的外交进展做出过专门论述。现有文献中关于中国北极活动的讨论，往往是指中国在北极的科考活动、在国际海事组织和北极理事会的参与、在格陵兰岛等地所进行的商业投资类活动，以及与北极国家的双边或多边外交关系等。其中也涉及中国外交的进展，比如中国与冰岛的北极合作框架协议的达成、中俄关于北极事务的不定期磋商等，然而，"中国北极外交"还没有作为一个独立的概念出现。在中国诸多北极活动中，哪些直接属于外交进展或为中国外交所推动而发生的？这些外交进展又产生了什么样的实际影响？应如何界定中国的北极外交？这些都是现有研究所忽视或还没有解决的问题。

第二，现有研究中出现了若干关于中国在北极推行科学外交、经济外交的内容，但基本都只是流于概念运用，特别是关于中国在北极的外交进展的讨论，既不完备，也不深刻。如前所述，尽管现有研究中包含了中国与冰岛、丹麦（格陵兰）、俄罗斯、加拿大、挪威等北极国家间的政府外交，但关于中国在北极地区面向非政府组织、特定原住民组织及企业等所开展的非政府外交和公共外交，并没有被涵盖其中。换言之，目前中国在北极的外交进展研究，只涉及国家层面的，而没有涉及更广泛的社会和市场层面。在近年中国北极投资增加迅速的新形势下，中国在北极的外交活动必然扩展至地方政府、媒体和社会团体及普通公众等不同层面。显然，现有研究没有跟得上这一现实需求。

---

① Leif Christian Jensen, *International Relations in the Arctic: Norway and the Struggle for Power in the New North*, 2016, London & New York: I. B. Tauris, p. 6.

3. 后续研究的方向

现有研究的突出亮点，为今后的研究提供了经验性的知识基础和较实用的理论工具。同理，现有研究的可能盲点，客观上也为今后的研究开拓学术新空间制造了合适的契机、激发了后来者新的创作灵感。得益于现有研究的长处并受教于现有研究的不足，从学术创新的角度看，这里提供的后续研究方向及其可能包含的创新点主要有以下四点：

第一，国内不同行为体（包括核心决策者、相关政府部门、学术界、企业界、主流媒体、普通公众）对于中国北极政策取向的差异化立场。正如前述，中国北极政策研究在现有北极研究中占比很小，很多研究议题事实上都处于空白状态，比如关于中国北极外交概念、内涵、构成及其影响的深入研究几乎没有，对中国在北极外交新进展的论述较为零散。根据调研所得，新的研究应该建立在对中国国内不同北极行为体认知的差异化分析基础上，以推进贴近现实的研究进步。

第二，建立起中国涉北极的政治话语分析框架，进而探讨中国北极政策体系。现有研究经常引用中国代表团在一些重要国际场合上的正式或非正式发言——从刘振民、胡正跃，到张明、王毅，再到高风，用以说明中国政府在北极问题上的立场和态度。但截至目前，相关讨论只限于引用，而没有成型的分析框架，对中国北极政策的建言也仅限于某一方面，比如中国如何参与北极理事会、中国如何与北极国家在应对气候变化上的合作，以及中国如何协助治理北极环境污染等。事实上，基于外交学的新发展，中国的北极政策应该是成体系的，中国北极外交应被视作是一个立体多维的、与外界交互作用的系统，必要的话语分析正是深化相关研究的重要路径。

第三，“一带一路”倡议与中国北极战略的兼容性问题。目前已有特别是离政策圈较近的国内外同行包括刘慧荣、张侠、陆俊元、李振福、胡鞍钢、Nengye Liu，Nielson、Øystein Tunsjø、Heidar Gudjonsson 等陆续对“一带一路”与中国北极战略进行联合研究。值得一提的是，胡鞍钢明确提出要开发“一带一路一道”（北极航道）建设的战略内涵与构想。[①] 决策部门尚未对此做出正面回应，但官方已经用一些实际行动表明，中国加快了对北极航道开发利用的步伐。比如，2017 年 7 月，习近平在莫斯科表示，俄罗斯是中国推进"一带一路"建设的重要伙伴，中俄要开展北极航道合作，共同打造"冰上丝绸之路"，落实好有关互联互通项目。这些新动向表明，"一带一路"倡议与中国北极战略的联合研究将是一个新的并可积极拓展的研究动向，在未来几年或成为较大的研究增长点。

第四，比较视野下的国别和地区研究暨北极地区的北欧国家研究。在现有的中国北极研究中，较多的是对各北极国家或其他利益攸关者北极政策的描述性或阐释性研究，这固然必要，但问题是导致读者"知其然不知其所以然"，不明白为什么这些国家的北极政策是这样的而不是那样的，各个国家之间、北极国家与非北极国家之间的政策差别得不到合理的解释。归根到底，这是缺乏对北极国家内在性认知的必然结果。中国如果要增加在北极地区的实质性存在特别是地区影响力，那么就必须加大这方面的研究。从长远看，这既有利于补齐中国国内的欧洲研究（目前以西欧和欧盟研究为重）短板，也有利于推动中国北极研究占领学术新高地，使北极研究实现真正的学科化、规范化。

二、五年来的北极外交实践

承接前述关于现有中国北极政策研究的大致优势与不足，下文将结合党的十八大以来的五年实践，专门讨论中国的北极外交。严格地讲，1999 年中国政府组织的第一次大规模赴北极科考是中国北极事业起步的重要时间节点，也是中国在北极地区进行科学外交的肇始。近 20 年来，广义的中国北极外交涵盖首脑外交、政府外交、非政府外交、政党外交、科学外交、气候外交、经济外交、能源外交、公共外交等不同的外交形

---

① 胡鞍钢、张新、张巍：《开发"一带一路一道"（北极航道）建设的战略内涵与构想》，《清华大学学报（哲学社会科学版）》2017 年第 3 期，第 2—9 页。

态，其行进脉络可分为三段（参见图 3－1“中国北极外交的行进脉络”）：第一阶段是 1999—2006 年，系初期观察阶段；第二阶段是 2006—2012 年，系争取资格阶段；第三阶段是 2012—2017 年，系积极作为阶段。

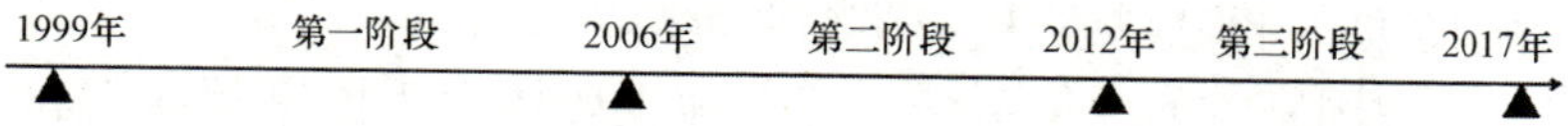

图 3－1　中国北极外交的行进脉络

党的十八大之后中国外交转型进入到新阶段，或可概括为在以下十个方面的重要体现，即：一是从“韬光养晦”到“奋发有为”的理念转型，二是从独善其身到包容共享的价值转型；三是从配合融入到主导塑造的角色转型；四是从低调中庸到高扬特色的风格转型；五是从地区经营到全球布局的视野转型；六是从内政导向到全球治理的定位转型；七是从国家外交到全民外交的主体转型；八是从被动参与到主动谋划的行为转型；九是从大国关键到周边首要的布局转型；十是从双边主导到主场多边的形式转型。北极是新一轮中国外交转型的重要实验场，这一时段内的北极外交有着承前启后的重要性，是一次从政策到战略的跨越，对北极全球治理产生的影响超过以往任何时期，因此值得予以专门研究。

（一）政策话语演变

但对研究者来说可以运用政策话语分析法，让读者通过对近些年来中国涉北极话语的变化和演进，大致把握关于中国北极政策的若干方向性线索。因为通常“政策话语被理解和分析为能够框定和限制政治思维和行为可能性的公开的散漫的实践”,[①] 或可从中发现关于中国北极外交的认识论基础，并窥探到指导和约束中国北极外交的实践指南。

① Leif Christian Jensen, *International Relations in the Arctic: Norway and the Struggle for Power in the New North*, 2016, London & New York: I. B. Tauris, p. 1.

关于中国北极政策话语的构建涉及多个行为主体，事实上有官方的和非官方的之分，前者包括被授权的政府官员和国家领导人等，后者则包括未经授权的学者、(自)媒体、企业家或一般意义上的公众人物等。经调研发现，目前国内各界对于中国北极政策的理解和认识存在差异，有的甚至是对立冲突的，而他们分别代表各自的部门、群体或个人利益，这是我们进行中国北极政策话语研究的基点。

这里以中国官方的政策话语表述，即主要体现为国家领导人和相关部门负责人等在涉北极国际会议或重要媒体上的演讲和发言为研究对象，通过对言论发表的时间、场合、媒介、时任职务身份及主要内容等，勾勒中国最近这些年的北极政策话语演变情势。中国北极政策话语公开对外表达的时间最早可追溯至2009年，时任外交部部长助理的胡正跃在出席挪威年度北极事务论坛“北极研究之旅”活动上，做了题为“中国对北极事务的看法”的发言。此后，中国的其他外交官员和若干国家领导人陆续在其他场合也做了类似主题的发言、讲演或采访，详细情况可参见表3-2。

表3-2　中国涉北极政策话语（2009—2017）

年月/期	场合媒介	人物及其时任职务	演讲题目/受访主题	主要的立场、观点和主张
2009年6月	“北极研究之旅”	胡正跃，外交部部长助理	中国对北极事务的看法	中国支持包括海洋法在内的现行北极法律秩序，认为该法律秩序需要因应形势落实与细化，渐进发展。中国尊重北极地区国家根据国际法享有的主权权利和管辖权，愿就北极相关问题与各方互利合作，为北极地区的和平、稳定和可持续发展而努力

续表

年月/期	场合媒介	人物及其时任职务	演讲题目/受访主题	主要的立场、观点和主张
2010年7月	“北极研究之旅”	刘振民，外交部部长助理	中国对北极合作的看法	北极国家和非北极国家发展合作伙伴关系的基本要素：（1）承认和尊重彼此权利是北极国家与非北极国家合作的法律基础；（2）相互理解、相互信任是北极国家与非北极国家合作的政治保障；（3）共同研究和解决跨区域问题是北极国家与非北极国家合作的主要方向；（4）北极的和平、稳定和可持续发展是北极国家与非北极国家合作的共同目标
2013年第1期	《国际问题研究》	唐国强，前中国驻挪威大使	北极问题与中国的政策	中国的北极政策应该是其整体外交政策的一部分，基本思想应该是：本着“和平利用、造福人类”的精神，在相互尊重、加强理解和信任的基础上与北极国家和整个国际社会发展正常的共赢合作关系，共同维护和促进北极的和平、稳定和可持续发展，使北极地区成为和谐世界的一部分
2013年第20期	《中国经济周刊》	高风，外交部气候变化谈判特别代表	开放北极成本高，一定要慎重	中国在北极的最主要目标：（1）认识北极；（2）保护北极；（3）可持续利用

续表

年月/期	场合媒介	人物及其时任职务	演讲题目/受访主题	主要的立场、观点和主张
2015年10月	“第三届北极圈论坛大会”开幕式	王毅，外交部长	中国参与北极事务的三大政策理念	中国是北极的重要利益攸关方，参与北极事务秉承尊重、合作与共赢三大政策理念。尊重是中国参与北极事务的重要基础；合作是中国参与北极事务的根本途径；共赢是中国参与北极事务的最终目标
2015年10月	“第三届北极圈论坛大会”国别专题会议	张明，外交部副部长	中国的北极活动与政策主张	中国是北极的重要利益攸关方，在北极问题上坚持六项具体的政策主张：（1）推进探索和认知北极；（2）倡导保护与合理利用北极；（3）尊重北极国家和北极土著人的固有权利；（4）尊重北极域外国家的权利和国际社会的整体利益；（5）构建以共赢为目标的多层次北极合作框架；（6）维护以现有国际法为基础的北极治理体系
2016年8月	北极理事会成员国、观察员国及国际学术代表北极问题研讨会	徐宏，外交部条约法律司司长	北极经济发展潜力与国际互动	关于加强北极国家与国际社会的良性互动的看法和建议：（1）加强政治互信；（2）坚持相互尊重；（3）尊重经济规律；（4）注重统筹兼顾；（5）谋求合作共赢。中国将一如既往地秉持尊重、合作、共赢的基本原则，负责任地参与北极开发，为北极的可持续发展贡献中国智慧和中国力量

续表

年月/期	场合媒介	人物及其时任职务	演讲题目/受访主题	主要的立场、观点和主张
2017年1月	联合国日内瓦总部	习近平，国家主席	共同构建人类命运共同体	要秉持和平、主权、普惠、共治原则，把深海、极地、外空、互联网等领域打造成各方合作的新疆域，而不是相互博弈的竞技场
2017年3月	第四届“北极—对话区域”国际论坛	汪洋，国务院副总理	共同开创北极美好新未来	中国秉承尊重、合作、可持续三大政策理念参与北极事务。中方倡议：加强北极生态环境保护；不断深化对北极的科学探索；依法合理开发利用北极资源；完善北极治理体制机制；共同维护北极和平与稳定
2017年5月	第五届中国—北欧北极合作国际研讨会开幕式	高风，外交部北极事务特别代表	促进中国和北欧国家在北极的务实合作	呼吁各方共同描摹北极未来“尊重、合作、共赢、可持续”的和谐蓝图，并称中国愿从以下三个方面加强与北欧国家间的合作与交流：一是积极参与涉北极多边机制；二是持续开展涉北极双边对话；三是拓展北极合作领域，丰富北极合作方式

通过表3-2的简单梳理，我们可以归纳出关于中国北极政策话语的以下几点认识：

第一，相关的话语是断续的。这首先在于并不是每年都有相应的政策话语表达，也没有一定的规律可循。而且更为重要的、上述话语未能体现出来的是，中国关于自身的北极身份界定经历了变化。在2015年“第三届北极圈论坛大会”之前，外交部曾一度以前述国内学者提出的

“近北极国家”（Near - Arctic State）概念作为中国北极身份的官方表述；但在此之后，“北极的重要利益攸关方”（Important Arctic Stakeholder）成为中国对外表达北极身份的统一口径。用词的变化也反映出中国北极话语在过去8年间的断续性、间歇性，可见，这很难说是有关方面“谋定而后动”的结果。

第二，其间的逻辑是连贯的。尽管每个人在具体场合的措辞稍有不同，但贯穿始终的是一个共同的逻辑或曰核心思想，即：尊重、合作、共赢、可持续。这比选择用哪一个词来定位中国身份更为重要且更具有实质性意义，“尊重”即表示中国对北极国家身份、权利、利益和地位的完全认可而非提出挑战；“合作”是指中国要在现有规则和框架下参与北极治理而非改变现状；“共赢”表明中国北极参与的最终目的是“美美与共，世界大同”而非零和博弈；“可持续”强调中国真正关心的是北极地区的长远、健康发展而非为攫取小利的短视行为。

第三，中国方案是不确定的。党的十八大以来的中国，正在积极定义其全球角色，明确表示要积极参与全球经济治理体系，而北极治理是全球治理的一部分，中国在北极治理各领域投入更多也是题中之意。然而，截至目前，中国在北极治理问题上还没有提供有影响力的可行方案，讲得更多的还是原则。这说明，中国的北极治理经验还有待进一步丰富。其中尤为关键的问题是，如何将加大北极外交实践与国内既定政治议程相联系而不是相脱离，相促进而不是相违背。

第四，总思路是日渐清晰的。最近两三年来，中国关于北极政策话语的发声较以往更多，发言人的层次也更高，包括国家主席习近平和国务院副总理汪洋，尽管表中所列习近平的演讲并不是专门针对北极的，但毫无疑问地将北极涵盖其中，特别是强调包括在北极地区采取“合作而非博弈”的方针。这表明，在前述的中国北极政策话语逻辑链中，合作是最核心、最符合宗旨的，也是当前中国基于自身综合国力、北极地区国际关系格局以及各方需求等，所能找到的“最大公约数”。可见，合作的精神和原则是中国北极参与的总思路，这一点在实施“一带一路”倡议的背景下越来越明确。

（二）实际外交投入

这里的“投入”，既是指国家在外交人员、外事机构和机制，以及专项经费上的配备、设置和拨付，也包括外交部门代表国家针对各行为对象所付诸的有意识行为和活动。作为国家职能部门，从外交部门的角度看，前一类付出是结构性的、体制上的，在通常情况下都是相对静态给定的因素；后一类付出则既是器物性的、技术上的，更是精神和精力上的，是较为动态可变的因素。借用王逸舟关于中国外交四大类影响因子的分析，① 通过反推，我们认为以上四个方面的交叉组合，一并构成中国在北极外交上的实际投入。

广义地讲，中国北极外交的行为主体包括党、政、军、企、民等，其行为对象是指对象国的相应部门、组织或企业等；狭义地讲，中国北极外交的行为主体仅指在各行为主体中处于核心地位的外事部门所开展的政府外交和非政府外交，② 其行为对象具体主要包括政府、（类）国际组织、非政府组织、专家学者和普通公众及企业等。本章集中于对狭义的中国北极外交的考察和分析，在此意义上，中国北极外交是指外交部门主导或授权开展的以北极国家、涉北极（类）国际组织、非政府组织、社会专家学者和普通公众及企业等为对象的有针对性活动，目的是以和平手段增进中国与各行为对象的友好合作关系，服务于国家在北极的利益和关注需求。依据行为对象标准，现将党的十八大以来不同形态的中国北极外交作一简要概述。

---

① 构造和影响中国外交的主要因子分为如下四类：结构性因子、器物性因子、个体性因子和体制变革因子，参见王逸舟：《中国外交影响因子探析》，载赵进军主编《新中国外交60年》，北京大学出版社，2010年版，第41—58页。

② 非政府外交是指非国家（非政府）行为体之间以及它们与国家（政府）行为体之间的互动与交往活动，是处理相互之间关系的科学和技巧。相对于政府外交而言，非政府外交有两层含义：其一从国家层次上是指相对于狭义的政府外交的其他官方外交、半官方外交、民间外交等的广义外交；其二从国际层次上是指相对于国家行为体外交的非国家行为体的对外交往行为。当然，还可以从譬如经济外交、科技外交、文化外交、军事外交等不同领域来论述中国的北极外交，但相比较而言，本章的划分更为简单、清晰、实用。

1. 政府外交：中国与北极国家的关系

中国与北极八国的政府间关系，是传统意义上中国北极外交的主轴。进一步夯实和丰富中国与北极国家间的双边关系，是中国北极外交奋发有为的基本面和立足点，而关系的亲疏以高层互访的频次，以及政府间声明、宣言、备忘录、协议及条约的有无或多寡等为主要考量指标。从目前的情况看，中国与北极国家间的关系图谱由三个板块构成：第一个板块是中国与美国、加拿大这两个美洲国家的关系；第二个板块是中国与俄罗斯的关系；第三个板块是中国与芬兰、瑞典、挪威、丹麦、冰岛这五个北欧国家的关系。

对21世纪以来的中国外交而言，大国是关键。在构建新型大国关系的时代语境中，中国与美国、俄罗斯的关系也一直被当作是处理大国关系时的重中之重。尽管这两对双边关系的发展不均衡、时有波折，但总的来说还是平稳、可控的。2017年4月，习近平访问美国时与特朗普举行海湖庄园元首会晤，并在技术经停美国阿拉斯加州时表示要拓宽双边合作领域。中国与俄罗斯的政府间关系则被奉为大国关系的典范，被认为已超出双边范畴而具有了地区和全球意义，两国在北极地区的务实合作在“一带一路”框架下正不断得以充实、增进，共同打造“冰上丝绸之路”是双方在2017年达成的最新合作动议。中国和加拿大自20世纪70年代初建立外交关系以来，两国关系的发展总体上较为积极，特别是最近两年有了较大进展。2016年，两国总理实现了互访，且是中国总理时隔13年后对加拿大的首次访问，双方同意启动两国总理间的年度对话机制。

芬兰、瑞典和丹麦同为欧盟成员国，使中国和北欧国家的关系与中欧共同致力于打造和平、增长、改革、文明四大伙伴关系有交叉及被覆盖的可能，加之与挪威和冰岛两国的关系，在总体上仍显低调、平缓，这与中国外交的总体布局设计及相关能力投放密切相关。中国和丹麦在2008年决定建立全面战略伙伴关系，近年来两国在格陵兰地区的商贸合作渐成全球媒体关注焦点，2017年5月丹麦首相访华。2012年，温家宝总理分别访问了冰岛和瑞典，前者是两国建交41年来中国总理的首次访问并促使冰岛在次年成为与中国签订自由贸易协定的首个欧洲国家，后者是中国总理28年来首次访问瑞典。翌年，冰岛总理访华。2015年，瑞典首相访华。中国和挪威的关系自2016年年底重回正轨后，两国在各领域积蓄了六年的合作潜能得到激发，正如2017年4月挪威首相埃尔娜·索尔贝格（Erna Solberg）访华时表示的，北极、海洋、创新、海事等领域有望成为挪中两国的重要合作领域。2017年4月，习近平访问芬兰暨中国国家主席首访北欧国家，此访将两国关系提升到新水平，并框定双方在北极科研等领域的合作。同年6月底，来华出席大连达沃斯论坛的芬兰总理西比莱（Juha Sipilä），与中国签署了涵盖清洁技术、数字化、教育、能源、冬季运动及旅游等领域总计达几十亿欧元的54个合作协议及意向，成果数量创历史纪录。此间，瑞典首相斯特凡·勒文（Stefan Lfven）在出席大连会议外还访问了北京、香港等6个城市，共签署了18份合作协议，其中9份商业协议、9份政府间协议，使两国的经贸关系得到巩固。

至于中国与各北极国家的关系定位及相互在北极地区的合作等，可参见表3－3。

表3－3　中国北极外交之政府间外交（2012—2017）

	北极国家	关系定位	指导文件或北极合作领域
中国	俄罗斯	全面战略协作伙伴关系	中俄《关于进一步深化全面战略协作伙伴关系的联合声明》（2017年）；资源能源开发、北极航道合作、共同打造“冰上丝绸之路”
	美国	合作伙伴关系	中美经济合作百日计划；能源、渔业
	加拿大	战略伙伴关系	中加《联合声明》（2016年）；双方同意启动中加自由贸易协定探索性讨论，并积极支持两国有关机构尽早启动能源、外交政策等领域二轨对话
	挪威	友好关系*	中挪《关于双边关系正常化的声明》（2016年）；推动经贸、文化、科教、极地等领域互利共赢合作

续表

	北极国家	关系定位	指导文件或北极合作领域
中国	丹麦（格陵兰）	全面战略伙伴关系，系中国欧盟全面战略伙伴关系的补充。	《中丹联合工作方案（2017—2020）》（2017年）
	芬兰	新型合作伙伴关系，系中国欧盟全面战略伙伴关系的补充。	中芬《关于建立和推进面向未来的新型合作伙伴关系的联合声明》（2017年）；北极海洋产业、北极地质学、海洋与极地科学研究（包括北极天气和海冰监测与预报等）、环保技术、航运、海上安全（包括船舶监控及报告、信息通信技术）和旅游业等领域的经济和科技合作
	瑞典	友好关系*，系中国欧盟全面战略伙伴关系的补充。	中瑞《关于在可持续发展方面加强战略合作的框架文件》（2012年）；加强在气候变化领域的双边务实合作，共同提高低碳发展和适应气候变化能力。
	冰岛	友好关系*	中冰《关于北极合作的框架协议》（2012年）、《中国国家海洋局与冰岛外交部海洋和极地科技合作谅解备忘录》（2012年）、《关于在上海建立中国—北欧北极合作研究中心和在冰岛建立联合极光观测台的合作谅解备忘录》（2012年）、《关于全面深化双边合作的联合声明》（2013年）、《中华人民共和国政府与冰岛政府自由贸易协定》（2013年）

注：表格为作者依据外交部网站的相关信息，自制而成。其中，“*”是指目前该双边关系既没有明确定位也没有显见的冲突，故均以友好关系代为表示。另，芬兰、瑞典和丹麦都是欧盟成员国，中国与它们的双边关系也是中欧全面战略伙伴关系的组成部分，故这里对中丹、中芬、中瑞（典）关系作了相关说明。

2. 国际合作：中国参与涉北极组织等

考虑到北极国际合作的实际，即政府间平台较一般意义上的国际组织所发挥的作用和产生的影响都更大一些，因此，这里使用了界定更为宽泛的“涉北极组织”而非严格的“国际组织”概念。所谓“涉北极组织”是指，由北极国家发起或为关键性参与方的、以处理北极事务为主要职能的国际组织、政府间平台或非政府组织。据此，目前国际上较活跃的涉北极组织包括：联合国国际海底管理局、联合国大陆架界限委员会、国际海事组织、北极理事会、国际北极科学委员会、巴伦支欧洲—北极理事会、世界气象组织、“北极前沿大会”“北极圈论坛”“北极—对话区域”国际论坛，以及北极原住民发起的非政府组织（比如，因纽特人北极圈理事会、阿留申人国际协会、俄罗斯北方土著人民协会、萨米理事会、伊努伊特北极圈会议、哥威迅国际会议）等。这些涉北极组织在不同层次和领域上，以非政府组织外交为主要形态，共同为北极治理塑造工作机制、搭建组织框架、提供合作平台。

早在20世纪90年代初，冰岛方面出于自身利益考虑，曾试图游说中国参与相关的涉北极组织、出席北极国际会议，但当时并没有得到其所期望的反馈。直到后来，看到日本、韩国等其他亚洲国家对北极事务的积极态度和活动，中国终于决定要“跟上去”，不想“被落后太多”，但因为不像日本和韩国需求急切，所以也不想推进得太快、太高调，于是选择渐进地参与一些涉北极组织当中。可见，参与涉北极组织与否，是一个双向选择的结果，自愿是大前提。作为一个域外国家，在过去的近二十年时间里，中国对参与涉北极组织的态度经历了一系列变化，从犹疑不决到有限参与，再到积极融入。纵向看，中国参与涉北组织的总趋向还是积极、配合的，但也是有原则、有取舍的。对中国来说，参与涉北极组织的最大原则就是互利、互助，基本目标是和平、合作，底线是不冲突、不对抗。

参照以上定义，截至目前，中国重点参与的涉北极组织有三大类：一是联合国框架下的国际海底管理局、政府间气候变化专门委员会；二是专门性国际组织类的国际海事组织、国际北极科学委员会；三是属于政府间高端平台的北极理事会、“北极前沿大会”“北极圈论坛”及“北极—对话区域”国际论坛等。其中，中国目前较为倚重北极理事会框架来参与国家间的北极合作。在北极理事会内，中国参加了六个工作组中的四个，与域外国家有关的都参加了，但北极圈内的项目都没有参加，因为后者在政治上比较敏感。尽管没有独立的发言权、只有旁听权和不定期的代表所有观察员发言的机会，但自2013年获得北极理事会观察员资格以来，中国还是积极地参与北极理事会的相关会议和活动，如出席北极理事会高官会议、部长级会议等。另外，近年来中国也积极参与其他政府间平台，比如，“北极前沿大会”“北极圈论坛”“北极—对话区域”国际论坛，以及中国—北欧北极合作研讨会等。如前所述，如果说中国出席挪威、冰岛和俄罗斯主办的政府间平台是捧场性质的，那么中国—北欧北极合作研讨会则是中国作为主办方之一邀请北极国家前来捧场的重要场合。有时，持久的存在就是最大的意义。不得不说，有来有往之间，中国开展北极国际合作的主动性、自主性有所增加，这是一个进步。然而，北极国家不允许中国跳过它们的政府直接与其原住民组织建立联系或洽谈合作事宜，俄罗斯、加拿大对此尤其在意，这就导致中国与北极原住民组织的关系比较疏离，拉低了中国对涉北极组织的总体参与度和认可度。不过，该特点也可能只是阶段性的。随着涉北极组织对中国贡献的渴求度提升，以及中国自主建立涉北极组织能力的提高，这一状况在未来或有改观。

3. 民间外交：中国在北极的社会参与

“国之交在民相亲”，无论是从历史上还是从理论上讲，民间外交都是新中国外交不可或缺的重要组成部分。特别是在新中国成立伊始，老一辈领导人和外交人所推动的高效卓越的民间外交，曾在中国外交史上留下了浓墨重彩的一笔，比如中日民间外交，以及后来的各类衍生品，包括乒乓外交、熊猫外交、体育外交、棒球外交，等等。这里的“民间外交”，是指中国在北极进行的具有外交意义的社会参与，它以当地媒体、社团组织、社会精英和普通公众为主要交涉对象，在外交形态上，相关活动可分别或交互称之为媒体外交、人文外交和公共外交等，不一而足。与传统政府外交所不同的是，作为非政府外交一种的民间外交，不突出地体现为政府行为，而是以大致彼此对应的行为体间的交往为显著特征。然而，以此为据，在作为中国战略新疆域的北极地区——目前有30多个行政区、1000多万人口，至少直到今天，我们还是很难找到很多强有力的事实来证明中国民间外交的勃兴，及其发挥着的举足轻重的作用。可以说，以社会参与为主要体现的民间外交或许还停留在关注层面，而要前进到利益层面，从目前情况看中国似乎是力有不逮。

基于北极原住民这一特殊群体的存在，以及相关原住民组织在北极理事会等重要政府间平台上作为“永久参与方”的特殊地位和使命，中国在北极开展民间外交的对象也可以大致划分为两类：一类是北极国家的主流社会及人群；另一类是北极国家的原住民及其组织。如前所述，前一类民间外交对象是西方文明及其核心价值的接受者、执行者和传播者，生活在北极国家的发达地区、身处成熟的现代社会；而后一类民间外交对象更多地忠实于本民族的语言、文化、宗教和信仰，聚居于地广人稀的北极国家的落后地区、置身不断经受冲击的传统社会。各类人群都有自己支持的媒体、社团组织、社会精英和普通公众，但毫无疑问，在政治、经济和社会地位上，前者明显处于强势，后者委实居于劣势。中国若要在北极地区开展有效的民间外交，离不开对这两类对象的深入研究和深度接触，唯此，才可能达到在对他们深刻理解基础上开展友好合作的目标。中国人与这两类对象在文明属性上的陌生感和殊异性，尤其是历史交往不多所导致的隔阂感和疏离性，成为现代中国在北极地区开展民间外交所面临艰巨挑战的历史文化根源。加之前述北极国家的政府对中国与原住民组织直接交往的警惕和敏感，以及它们对中国“大熊猫外交”的些许微词，使得中国在北极地区开展民间外交的实际困难很多。

不过，中国至少也有两个可资利用的潜在优势。一是中国大兴安岭地区的鄂伦春族与因纽特人在民族文化和生活习惯等方面的相近性，这一点已有相关研究可以佐证。1995 年，徐力群和潘蓉以“文化比较中国的鄂伦春与北极地区的爱斯基摩（即因纽特，作者注）”为课题，进行了为期两年的环北极八国考察。这是一项国内较早关注到北极地区原住民的比较研究，但其成果形式主要是 1998 年出版的摄影文集《在地球顶部——风雪格陵兰》，但课题应有的社会科学研究价值不及预期，尽管其在研究问题和研究方法上的探索性仍然值得称道。今后，此类研究亟须得到更多的支持。二是北极国家的主流社会与其原住民的矛盾性，使其自治运动、平权斗争等均需要域外力量不同程度的理解和支持。在主流社会里对原住民权益持保护的立场和观点，很大程度上是基于西方的人权观念，以及多数强势族群对少数弱势族群的常见同情心、同理心，他们强调原住民的历史特殊性和而今的独特性。然而，总的来看，北极理事会主导的现有北极治理机制所关注的重要议题“涉及气候、环境、资源、安全等方方面面，却唯独缺乏对于原住民生存现状的直接关怀，以及对他们在北极的未来的充分考虑。”[①] 这意味着，中国可以在关系原住民的民生问题上发挥建设性作用，以间接方式支持原住民的政治和社会运动。近年来，中国与丹麦格陵兰自治政府的良好互动，也可以扩展至民间层面的交流互助。

4. 企业外交：中国北极外交的新面向

21 世纪初，经过反复论证，“走出去”战略正式上升为中国的国家发展战略之一，并在“十一五”期间得到全面落实。在过去近二十年的时间里，国家对企业走出去的鼓励和支持力度不断加大，使中国企业的海外投资在领域、规模、效益等各方面均获得了长足发展，“海外中国”已初具规模。近些年来在北极地区从事投资经营活动的中国企业，既有大型的国有企业，也有跨国民营企业，还有一些中小企业，它们的投资领域从能源开发、航道利用到国际海运，再到商务旅游、公关咨询等，正走向规范化、常态化、多元化。在海外投资版图不断扩大的趋势下，这些企业行为正逐步成为中国在北极加大外交投入、拓展外交领域、构筑外交网络的新动力、新方向、新起点。基于重要性和关注度，这里主要选取中国企业在北极能源、航道及海上运输领域投资运营的若干典型案例，借以管窥中国企业在北极活动的外交维度。

案例一：中国企业在格陵兰的矿业投资

作为丹麦王国的海外自治领土，格陵兰岛是当今世界第一大岛，面积 216 多平方千米，其中约 83.7% 的领土长年为冰雪覆盖，年平均气温在 0℃ 以下，最低气温可至 –70℃。该岛也是世界上最大的矿岛，成矿

① 潘敏：《北极原住民研究》，时事出版社，2012 年版，第 299 页。

条件良好，有着储量丰富的铜、铁、铅锌矿、镍矿、金矿、铀和稀土资源。近年来，中国在丹麦格陵兰地区的矿业投资，因所涉的项目大、金额高且大多具有历史突破性和争议性，而备受海内外瞩目。中国能源企业在北极地区的第一单大生意是在2009年完成的，尽管它们在海外寻找能源并对格陵兰矿业产生兴趣的历史可追溯至此前的十年以上。2008年8月，江西中润矿业有限公司与英国北欧矿业（Nordic Mining）公司达成股权战略合作框架协议，获得了格陵兰东部334平方千米铜矿和西南部54平方千米金矿的勘探权和20%的股份，该项目在2009年经江西省发展和改革委员会核准，最终完成立项。2011年，江西铜业集团公司通过合资形式加入了该项目。2012至2013年，在江西矿业的带动下，中国企业投资格陵兰矿石的兴趣和意向达到了历史高点。

然而，事情在2013年起了变化。因为在总计拥有5万多人口的格陵兰，一些当地媒体对数以千计的中国工人跟随企业涌入格陵兰采矿过分地敏感和担忧，而制造了一场“舆论骚乱”，有人诬称“中国要买下格陵兰”“中国人要占领格陵兰”，并渲染“中国威胁论”，而后愈演愈烈，终酿成政治危机，以一届政府的轰然倒台而落幕。这件事为潜在的中国投资者拉响了政治警报，他们的投资积极性受到严重打击，因而变得更加谨慎且低调。同年，格陵兰政府宣布取消对铀矿的开采禁令，并表示依然欢迎那些愿意承担投资风险的中国企业，并寄希望于用中国资本增强他们摆脱对丹麦财政依赖的能力。其时适逢中国政府对新的“一带一路”倡议的全球性推进，这些因素共同发挥作用，其结果就是中国投资在北极地区重新活跃起来，使一些重点项目取得了关键性进展，详情如表3－4所示。

表3－4　中国企业在格陵兰矿业的投资（2013—2017）

合作企业	项目名称	意向时间	中企角色
中国有色矿业集团有限公司（CNMC）& 澳大利亚 Ironbark	在北纬83° Citronen Fjord 锌铅	2013年达成无约束力协议	拥有开采权

续表

合作企业	项目名称	意向时间	中企角色
CNMC& 澳大利亚格陵兰矿产和能源公司（Greenland Minerals and Energy，GME）	格陵兰岛南部 Kvanefjeld 铀—稀土	2014 年达成无约束力协议	负责建设和融资
俊安集团（GN）& 英国伦敦矿业公司（London Mining）	格陵兰岛西部 Isua 铁矿	2015 年初	特许开采权总投资 23.5 亿美元
盛和资源 &GME	格陵兰岛南部 Kvanefjeld 铀—稀土	2016 年	12.5% 股份，或达 60%

值得注意的是，表 3－4 中所列的三家中国企业，均与中国政府有着不同程度的关联。其中，俊安集团是一家实力雄厚的民营企业，资产总额已超过 60 亿美元，年营收超过 70 亿美元，全球雇员总数将近 1.2 万人，总部设在天津。它是目前中国最大的煤炭和铁矿石进口商之一，也是国内首批取得铁矿石进口和焦炭出口资格的企业之一，最近几年其海外业务增长很快，在俄罗斯、南非和澳大利亚等国均有矿产收购项目。俊安集团能够打败四川鑫冶矿业投资股份有限公司等当时强有力的竞争对手，拿下格陵兰岛的最大矿山项目，与其强大的公关能力不无关系。格陵兰工业与矿产资源部副部长约恩·斯科夫·尼尔森（Jorn Skov Nielsen）曾在 2013 年中国国际矿业大会上透露，英国伦敦矿业公司在得到他们的开采许可之后，就在积极寻找中国合作伙伴，并与中国国土资源部的领导进行过商讨。而俊安集团早年在山西经营矿业时，就有着良好的政府关系，且与格陵兰政府的关系也很好。中国有色矿业集团有限公司是国务院国有资产监督管理委员会管理的大型中央企业之一，在实施国家“走出去”战略上一直扮演着排头兵的角色。而不太广为人知的盛和资源的最大股东（约占 20% 的股份）是中国地质调查局成都地质调查中心（即成都地质矿产研究所），系国土资源部的下属单位。可见，中国政府近年对大型企业投资格陵兰的支持力度加大，并收到明显成效。

案例二：中远“永盛”轮等的北极航行

中国远洋海运集团有限公司（简称“中远集团”）在2015年由中国远洋运输（集团）总公司与中国海运（集团）总公司重组而成，总部设在上海，是中央直接管理的特大型国有企业。截至2016年12月31日，该集团在经营船队综合运力排名世界第一，其中，集装箱船队规模居世界第四，而干散货自有船队运力、油气船队运力以及杂货特种船队载重等均居世界第一。① 成长为“全球公司”是该集团发展的四大战略维度之一，而探索北极是其中的一个新兴方向。2012年11月，中远集团召开“北极航线探索实践和商业利用研讨会”，并成立了北极东北航道商业开发和利用领导小组；同年12月，“中远试水北极东北航道项目”正式启动。经过这四年多的积极进取，中远集团已成为中国企业在开辟北极航道、拓展国际航运服务方面不折不扣的领头羊，特别是为今后“黄金水道”的常态化商业航行准备了生动的中国案例。

从2013年8月至2016年8月，中远集团共陆续完成了三次北极航行，② 而且每次在路线选择、目标任务和完成方法等不同方面都有新突破，具体可参见表3－5。在此，重点交代第一次北极航行的相关情况。2013年8月15日，中远集团“永盛”轮首航北极东北航道。该航道全程约2936海里，主要行经线路包括：穿过白令海峡向西航行，经过楚科奇海、德朗海峡、东西伯利亚海、新西伯利亚群岛北部、拉普捷夫海、维利基茨基海峡、喀拉海、新地岛北部、巴伦支海，到达挪威北角附近，最终前往欧洲各港口的航道。同年9月10日，该船靠泊目的地港荷兰鹿特丹港，成为历史上首个穿越北极航道抵达欧洲的中国商船。此行总航程为7931海里，航行27天，比传统的经马六甲海峡、苏伊士运河的航线缩短航程2800多海里，航行时间减少9天，为实现中远航运“打造全球综合竞争力最强的特种船公司，成为大型工程项目设备运输的领导

---

① 中国远洋海运集团有限公司网站，http：//www. cosco. com/col/col6858/index. html.

② 2017年8月1日，中远海运特种运输股份有限公司的“莲花松”轮装载着中国首次出口欧洲的三台地铁盾构机和40件风电设备，自连云港出发执行中远集团的第四次北极航行。预计先后有6艘船完成6个航次，主要承运设备、钢材和纸浆。截至2017年9月初，此次航行正在进行中，故暂不纳入本章内容。

者”的战略目标迈出了坚实的一步。

表 3－5　中远集团的三次北极航行（2013—2016）

序次	航行时间	参与船舶	路线选择	任务突破
1	2013. 8. 8—9. 10	“永盛”轮	从江苏太仓港出发，西行北极东北航道到达鹿特丹港	创历史的单程首航
2	2015. 7. 22—8. 18；2015. 9. 5—10. 3	“永盛”轮	去程：从江苏江阴港出发，穿越北极东北航道抵达瑞典瓦尔贝里港。回程：从德国汉堡港启航，穿越北极东北航道回到天津港	往返双向通行。首次没有引水在船；首次参加破冰船引导的编队；首次通过桑尼科夫海峡；首开中国商船东行北极东北航道的历史先河；首次无引水和破冰船的协助下独立航行
3	2016. 7. 16—8. 14	6 艘次船舶（“永盛”轮、“夏之远 6”轮、“天禧”轮、“祥和口”轮、“祥云口”轮），“永盛”轮往返，其他 4 船单程。	“永盛”轮、“夏之远 6”轮先后从国内启程开展北极之旅，“天禧”轮、“祥和口”轮则从欧洲出发，反向穿越北极东北航道回国。“祥云口”轮从青岛港出发，自东往西通过北极东北航道，前往北极圈内的俄罗斯萨贝塔港	采用“永盛＋”模式，即“永盛”轮继续采用“北极往返”的形式航行，另有 4 艘船利用冰区航行窗口期实施单航次单向航行，扩大北极东北航道商业化运营的规模，初步建立常态化运营模式

注：表格为作者依据中远海运特种运输股份有限公司提供的材料自制而成。

三年三次的北极航行，不仅使中远集团积累了该行业其他中国企业所没有的冰区航行经验，而且收到了显而易见的经济效益。根据中远集团关于成本—收益的初步测算，2016 年该集团的“永盛＋”项目的 6 艘次船舶较走传统航线合计共节省航程 32137 海里，节省航行时间 108 天，节约燃油 4077 吨。其中，“夏之远 6”轮、“祥和口”轮、“祥云口”轮

3艘半潜船节省的航程和航行时间分别为7550海里、28.5天，7455海里、24天，7455海里、24天，合计占到了节省总航程和总时间的70%左右。航程和航行时间的节约，不仅可以节省船舶燃料费用、过运河费用、保安费用、人员费用和船舶损耗等各类费用，降低企业经营成本，同时也大大减少了船舶燃油消耗和二氧化碳排放，能够提高能源效率、减少环境污染，远洋船舶从中国到欧洲走北极东北航道单航次能耗下降约35%。①

近年，中远集团也在积极利用北极航线开拓新的国际市场，并取得新的进展。作为北极“永盛+”项目的一部分，2016年8月，中远航运“天禧”轮装载着29200吨纸浆，取道北极东北航道，从芬兰科特卡港启航回国，这标志着中远集团通过揽取芬兰纸浆项目而正式进军北欧的纸浆运输市场。2017年3月，中远海运特种运输股份有限公司通过了芬兰芬宝（Botnia）公司的可持续发展供应商审核，正式进入其优质供应商名单。这对于中远集团北极航行的可持续性，意义重大。

然而，总的来看，中远集团基于战略考虑正在举集团之力做的北极运营，也存在突出的现实困难。其中，目前最大的困难就是装卸和受载的货源不足，新的海外市场还不足以支撑北极航行需求，现在只能主动去各处（比如国内的鞍钢、中船重工等公司）要货，有时甚至变成“为走而走”的硬任务。在“无冰的北极”何时能够真正到来尚不确定，且北极部分水域只有在夏季的一段时间内处于可通航状态的情况下，中远商船如何充分利用北极“无冰期”的30多天盈利，则是今后一段时间内的重大挑战，毕竟航行成本只会随着船舶逐次损耗的增加而增加，不会减少。

案例三：中国企业参与亚马尔LNG项目

亚马尔（Yamal）液化天然气（Liquefied Natural Gas，LNG）项目位于俄罗斯西北部北极圈内的亚马尔半岛，该岛的大片面积被永冻层覆盖，但依托南塔姆别伊斯克凝析气田，它拥有极其丰富的天然气储量，是目

---

① 关于中远集团北极航行的相关数据等信息，均由中远海运特种运输股份有限公司向作者提供，特此致谢。

前全球首例极地天然气勘探开发、液化、运输和销售一体化的项目。亚马尔 LNG 项目总投资 270 多亿美金，现有股东为：拥有 50.1% 股份的俄罗斯诺瓦泰克（Novatek）公司、各持 20% 股份的法国道达尔（Total S. A.）公司和中国石油天然气集团公司（简称“中石油”），以及购买了 9.9% 股份的中国丝路基金，详见图 3－2。2014 年初，中石油与具有自主出口权资质的诺瓦泰克公司签署了战略合作协议，加入了该项目。2015 年 12 月，在中俄两国总理的见证下，中国丝路基金与诺瓦泰克公司签署股权转让协议，这标志着亚马尔 LNG 项目成为该基金在油气领域的首个投资项目。亚马尔 LNG 项目的目标是将俄罗斯北极地区埋藏的天然气通过液化，由三列火车以每年 1600 万吨的总液化规模经北极东北航道分别运输供应给欧洲和亚洲市场，尤其是中国。因为“在下一个五年（即 2013—2018 年，作者注），中国的油气需求将以每年 12% 的速度增长，届时将吸纳亚马尔 LNG 项目全球供应量的 1/3”。[①] 按照计划，第一列火车将于 2017 年年底投入运营，而总能力的全部实现则要等到 2021 年。

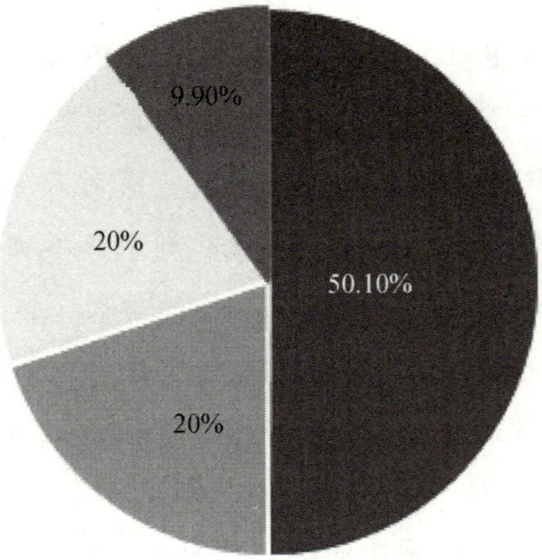

图 3－2　亚马尔 LNG 项目的股东及股权分配

---

① Ilya Arkhipov, Jake Rudnitsky and Anna Shiryaevskaya, Novatek to Bring CNPC Into Yamal LNG to Gain China Foothold, access to the website on March 11, 2017, https: //www. bloomberg. com/news/articles/2013－06－21/cnpc－to－join－novatek－s－yamal－lng－project－with－20－stake.

对中国而言，亚马尔 LNG 项目承载着北极能源开发、北极航道利用和北欧市场开拓等多重功能，关系到中国经济增长新驱动，以及战略意义上的国家安全问题。除了中石油之外，中国海洋石油总公司（简称“中海油”）通过其所属的海洋石油工程股份有限公司（简称“海油工程”），也对亚马尔 LNG 项目的推进做出了贡献。2014 年 7 月，海油工程通过参与国际竞标，成功签下了其中 36 个核心工艺处理模块、总重约 18 万吨的分包建造合同，合同金额超过百亿元人民币。这是中国企业首次承揽 LNG 核心工艺模块，填补了国内此类业务的空白，将使海油工程跻身国际 LNG 模块化工厂建造的“第一梯队”承包商行列。在此之前，中国企业参加国际 LNG 项目的建造，基本上都是承担管廊建造等辅助性工作。任务模块由海油工程陆续承建完成后，交由中远海运特种运输股份有限公司负责运输。2016 年 4 月、6 月和 8 月期间，中远航运的“祥云口”轮、“泰安口轮”和“祥和口”轮分别在中海油青岛码头将海油工程为亚马尔 LNG 项目生产的模块批次滚装上船，并顺利送达北极圈内的目的地。①

另外，需要补充的是，以上三大类案例所涉及的中国企业在北极地区的投资经营活动，因其规模和影响所致，外交部门通过其牵头的北极事务部级协调机制对相关情况是了解的，尽管不一定全面和及时地跟进。但至少在大型中资企业进驻北极之前，与当地政府、企业同行、社会组织及精英群体等的沟通和协调，须知会、报备中国外交部，且需要前方领事馆的支持和配合。即使是中小企业在北极国家的投资兴业，也在相应的中国驻外使领馆有备案，并被给予必要的帮助。在此意义上，中国在北极地区的企业外交是有一定基础的，而且未来也将有很大的施展空间。

① 关于亚马尔 LNG 项目的相关数据等信息，主要由中国海油所属海洋石油工程股份有限公司、中远海运特种运输股份有限公司提供，部分来自维基百科词条，Yamal LNG”，https://en.wikipedia.org/wiki/Yamal_LNG。

（三）若干总体评价

对近年中国北极外交的总体评价，“利益—关注”维度[①]构成我们的主要分析视角和方法。在该分析框架下，我们发现：

纵观2009年以来的中国北极政策话语，基本上是以模糊、中庸和低调为主要特点，代表们在国际场合讲得更多的是关于北极合作的原则、精神、理念等，偏抽象而非具象。这些在精神内核上一以贯之的话语表述，有利于外界从宏观上把握中国北极诉求的主观愿景，但对中国到底在北极地区想要什么、将要做什么等中、微观的利益问题依然无解，甚至还产生了误解。但从关注的维度看，这些中国北极政策话语既表达了自身关注也引起了外界关注。一方面，通过这些政策话语，外界至少应该确信一点，即：今天的中国依然是一个北极域外国家，但不再可能是北极治理的“局外人”，而是一个“北极重要的利益攸关方”。另一方面，在谈到中国的北极政策话题时，尽管有不同的甚至是偏差的理解，不完全符合中国预期的正面、积极和友善，但西方学术界和媒体界较高频次地引用，足见他们对中国在北极作用的关注和重视。

纵观前文关于中国在北极实际外交投入情况的概述，我们认为，无论是在物质性投入还是非物质性投入上，中国北极外交在实践层面为将来所预留的空间还是很大的。比如，负责中国北极涉外事务的外交部在工作人员、机构和机制及专项经费上的配置显得较为简单，甚至简陋。除了“中国北极事务特别代表”是一项专设机制并有专职人员行使职责之外，其他的部内人员都是兼顾北极相关事务，且不为特别代表所独立指挥，他们主要在召开年度涉北极的部际协调会议时发挥作用。更值得

① 依笔者管见，中国的北极诉求可概括为“利益—关注”两维度，一是利益，按照时间先后和主观认识，可分为近期（3—5年）的现实利益、中期（5—10年）的可见利益和长期（10年以上）的潜在利益；二是关注，按照程度强弱和实际反应，可分为极度关注且全力投入、密切关注且切实推进、积极关注且重在谋划。这两个维度是交织的也是平行的，二者的关系可归纳为三句话，即：利益关乎力量投放，关注即为目光投向；关注的对象是利益，利益生成始于关注；利益是现实的也是想象的，关注是聚焦的也是游离的。

注意的是，迄今为止外交部在涉北极事务上并没有所谓的“专项经费”，但每年要做出相应的预算。预算基本上就是关于每年固定出席的国际会议费用，除此之外的“其他”事项特别是中央批示的重大事项，基本上都是“一事一报”。客观地讲，中国在诸如人员、机构、机制和经费上的静态外交投入，尚未实现与北极国家同等完备的机制化水平，而且与日本、韩国、印度和新加坡等同为北极理事会观察员的域外国家相比，也没有体现出在国内政治中的优先性。中国作为一个世界大国，这些均与其大国外交的风范不甚匹配，均亟待加强。

前文依据行为对象标准，从政府外交、国际合作暨非政府组织外交、民间外交和企业外交层面对党的十八大以来的中国北极外交作了概述。现就各层面的情况，分别给予综合评价。

在政府外交层面，依托中国总体外交的“伙伴关系网络”，中国与各北极国家的双边关系总体上处于积极良好的状态，一些新的大型项目正在推进中。比如，在2017年4月习近平访问芬兰期间，双方就建设北极海底光缆项目进行了探讨。俄罗斯总统普京在出席全球首艘北极专用（ARC7冰级）破冰LNG（液化天然气）船的庆祝仪式上，也表示期待与中国、法国和其他国家一起发起新的北极项目。2017年7月，中俄又就共同打造“冰上丝绸之路”、进一步开发利用北方海航道达成了合作意向。即使是刚刚与中国恢复正常外交关系的挪威，无论是其首相还是商界，如挪威船东协会（Norwegian Shipowners’ Association）等，都在不同场合表达了在“一带一路”框架下和亚洲基础设施投资银行平台上，与中国共同促进欧亚大陆互联互通、加强双多边合作的强烈意向。这些均有利于从利益和关注两个维度全面推进中国北极诉求的实现。

然而，中国在北极的政府外交也暴露出明显的缺陷，即坚持“大国主导”的关系处置模式。相较北欧国家，中国更为重视与美国、俄罗斯和加拿大三个北极大国的双边关系，尤其是美国和俄罗斯一直都是中国在北极参与能力上力图赶超的目标。不过，尽管中美、中俄的双边合作地区和领域都远超出了北极范围，但北极合作在中美或中俄关系中并不占有任何优先或曰重要的地位，尤其是“中美在北极的互动仍然有限，……能够而且应该做得更多。"[①] 究其根源，在某种意义上，我们也应有这样的认识，即：在全球化、信息化时代的国际政治中，大国不等于强国，强国也是有话语权的，而强国不一定就是所谓的大国。比如，挪威、瑞典、芬兰、丹麦等虽然不是传统意义上的"大国"，仅属于"中小国家"，但它们的经济发达程度、社会文明程度，以及全球和平指数等，一直以来都在世界上名列前茅且以此闻名于世。截至目前，北欧国家基本上都是创新驱动发展的科技强国、软实力强国、重规制的地区强国，它们在北极国际秩序的生成与维护中发挥着重要甚至是关键性的作用，北极理事会等重要国际合作平台就是其作用发挥的凭借。因此，北欧国家理应成为中国通过科技创新来提高北极参与能力的重要参照系与合作伙伴，而不应被放置在多边外交场合中成为流于形式的双边"礼节性交往"。与北欧国家的北极合作将是更为合理的中国北极外交框架的重要支撑，它和中国与北极大国的关系一起成为中国北极政府外交的两大支柱，二者缺一不可。

在国际合作暨非政府组织外交层面，前文主要考察了中国参与涉北极组织的情况，可概括为以下几个特点。首先，参与类别较为全面。无论是联合国框架下的政府间国际组织，还是专门性国际组织，抑或是区域和次区域的政府间高端平台，中国都有所涉及和接触。其次，参与程度总体不高、作用有限。相对而言，中国参与到国际北极科学委员会的相关活动较早，并在北极理事会所属的2/3工作组里承担任务，也积极参与联合国政府间气候变化专门委员会的涉北极议题，但事实上中国在其中所发挥的作用并不大，或者说至少不是自身所期望的。比如，作为正式观察员，中国在北极理事会并没有发言权、也没有表决权，只有作为域外国家参与其中的所谓代表权。因此，每次出席北极理事会的会议，几乎所有的观察员都会抱怨，不只是中国，而是包括其他国家都要求拥有更多的权利、实现更大的利益。在这种氛围下，有西方学者揣测中国并不满足于在北极理事会的现有身份和地位，并称在2015年的一次北极

① Ingrid Lundestad and Øystein Tunsjø, The United States and China in the Arctic, *Polar Record* 51 (259): 392 - 403 (2015).

理事会会议上，中国想要改变理事会的规则并游说其他国家让中国获取正式成员地位。① 然而，“事实上并不是这样的”②，中国并没有公开表达过类似诉求，或许是西方人也认为现有安排与中国的大国地位不甚匹配，有进行改革和调整的必要。再次，参与有盲点且面临较大阻碍。所谓“盲点”，主要是指中国与北极原住民组织不如与北极国家的交往顺畅。中国还没有与主要原住民组织——如因纽特人北极圈理事会和萨米理事会，建立直接的官方联系，而因纽特人和萨米人的人口占全体原住民的70%强，是其中最为主要的两支。尽管原住民是北极地区的少数族群，所拥有的政治权利也有限，但作为一直特殊的力量，在全球化、信息化和该地区自治运动方兴未艾的时代条件下，他们在北极治理中有其独特的作用。比如，加拿大政府在努勒维特（Nunavut）与当地原住民合作新建了一个北极科考站（High Arctic Research Station），但中国暂时就没有这样直接的便利条件，而必须通过北极国家的政府来寻求与原住民的合作。在中国参与北极程度愈益加深的前景面前，我们务必要尽早扫除这一阻碍。

在民间外交层面，中国北极外交蕴含着巨大潜力。中国在北极开展民间外交的对象，无论是北极国家的主流社会及人群还是其原住民及其组织，目前的工作“留白”都很多，亟须被赋予实际意义、发挥真正的作用。除了原住民之外，在此再补充讨论一下针对北极国家主流社会及人群的外交活动，因为他们所代表的精英阶层主导着其国家意志，进而关系到中国在北极实际利益的达成。比如，2011 年中坤集团在冰岛购地受阻事件、2013 年丹麦媒体针对中国工人涌入格陵兰采矿而掀起“舆论骚乱”并吓跑潜在的中国投资，以及 2016 年俊安集团购买格陵兰一处被废置的海军基地（丹麦文是 Grønnedal，格陵兰文是 Kangilinnguit）的意图经当地国有广播公司 KNR 披露及丹麦首相拉尔斯·拉斯穆森（Lars Løkke Rasmussen）的干预而被叫停等案例，都从反面说明中国对当地主

---

① Commander William G. Dwyer III, China's Strategic Interests in the Arctic, *Joint Force Quarterly*, NDU Press 3rd Place Paper, 2015 Secretary of Defense National Security Essay Competition.

② 这一表态系笔者于 2017 年 3 月 23 日对中国外交部北极事务特别代表高风先生进行访谈时的求证。

流社会和精英人物的游说和说服工作还有欠缺，中国外交落地海外的社会和民意基础相当薄弱。因此，在北极的民间外交还有很大的拓展和提升空间，特别是媒体外交、公共外交等还有待系统、有序地展开，以期在关注维度上表达好中国的北极诉求。

在企业外交层面，近年来中国企业特别是大型国有和民营企业在北极地区的锐意进取，将中国北极外交推进到了奋发有为的快车道，显得活力十足。其中，中国政府各相关部门都在切实地帮助推进中国北极诉求在利益和关注两个维度上的实现。然而，从企业外交的角度看，中国企业在北极地区开展商业经营活动，还是面临着一些困难和挑战。比如，与前面提到的政府外交、国际合作及民间外交密切相关的，在中国与投资国家的政府关系出现问题，中国与原住民组织缺少直接有效的联系渠道，以及合作项目被某国家主流媒体唱衰而下马等不利情况发生时，中国企业应该如何应对？目前，中国在北极地区的投资、合作和经营等，基本上采取的都是合作形式，无论是在格陵兰地区的矿业投资，还是亚马尔 LNG 项目，即使是中远集团穿行北极航线的自主项目，也需要途径国家破冰船的引导。因此，与投资国家的政府、涉北极组织、主流社会和媒体等保持友好合作关系，是中国企业践行“走出去”战略并实现做大做强目标的必然要求。中国企业无论大小，都应具备企业外交的意识，外交部门也应予以积极的跟进、引导和帮助。毕竟，中国有实力的企业在北极地区独立承揽大型项目，也只是时间问题，而且在国家战略的助推下，将比预期来得更快一些。

总的来看，中国在北极地区的外交活动基本上均可被归之于政府外交和非政府外交（包括非政府组织外交、民间外交和企业外交等）这两类，具体参见表 3 -6。其中，政府外交是主轴、起着引领作用，与之紧密相关的国际合作暨非政府组织外交渐趋活跃、成绩显著，民间外交面临的挑战多、任务重但空间大，而严格意义上的企业外交潜能尚待激活。各组成部分发展的不均衡，意味着中国北极外交现有架构的不确定和不稳固。

表 3－6　中国北极外交框架

工作对象	外交形态		行为主体
北极国家及当地政府	政府外交		外交部门（主导或授权）
涉北极组织	非政府组织外交		
社会精英和普通公众	民间外交	非政府外交	
驻在国企业	企业外交		

综上，从 1999 至 2017 年的中国北极外交，或可大体冠之以“跟进外交”的称谓。这里的“跟进外交”，主要是指在中国总体北极战略不甚明晰和确定的条件下，在阶段性的国内发展需求和相应外部刺激的推动和影响下，我外交部门主导或授权在北极地区开展的以北极国家、涉北极（类）国际组织、非政府组织、社会精英和普通公众及企业等为对象的有针对性活动。这里的“国内发展需求”主要是指在中国经济进入新常态的发展新阶段，中国对于扩大海外市场、开掘资源能源以及占有高新科技等的迫切需求，为此，中国正以“一带一路”倡议为战略抓手，希望通过提升对外开放视野和国际合作水平打造“海外中国”，并反过来倒逼国内经济发展模式和品质的转型升级。

就中国而言，在北极的“跟进外交”的显著特征可概括为“跟着跑”、跟着北极地区的大国和强国跑、跟着积极参与北极事务的域外国家跑、跟着遭受的北极气候变化的联动影响跑。相对而言，党的十八大以来，中国在北极地区的外交活动更强调中国在利益和关注两个维度的北极诉求，较以往更积极、主动、迅速，成长得也更快，但我们目前依然没有超脱于以大国身份自居又“怕落后”的跟进思维，仍然具有鲜明的“怕吃亏”但又有选择作为的外交风格，仍然受制于实力和视野的局限而审慎地“怕卷入”。截至目前，中国在北极的跟进外交并不是自主设计、谋划和经营的结果，相反是在内外环境中较自然、平缓甚至是随意地逐渐生发出来的。正是因为我们在过去缺少对北极进行必要的顶层设计、战略规划和路径探索，才导致直到今天还继续着的跟进和紧跟。

对于北极这一战略新疆域，亟须我们的新战略、新思考、新理论、新方案、新实践，以助于中国最终实现在人类历史上前所未有的全面的、和平的、不可逆转的大崛起。

三、创造性介入外交与北极

基于以上论述，我们如何理解中国在北极现有的“跟进外交”及其工具是否有利于或足以满足中国北极的“利益—关注”诉求？而党的十八大以来新一轮外交转型语境下中国外交的改革创新对北极而言意味着什么？中国在亟须对战略新疆域经营谋划的同时是否需要树立外交新思维、践行外交新理念？与对这些问题的回答紧密相关的是同一个概念，即：创造性介入。我们以对该概念的理解为基础，以全球公域理论为视角，对创造性介入与北极的相关性、适用性和操作性等做出初步分析，并在分析中尝试解答这些问题。

（一）概念与类型

“创造性介入”（creative involvement）是王逸舟基于对新中国外交的深刻反思而提出的一个创新性学术概念，主要指的是一种新的积极态度，即在21世纪第二个十年到来之际，中国对国际事务要有更大的参与意识和新的参与手法。它是一种层次介于形而上的理论和具象的政策解释之间的引导性说明，也可以说是一种旨在激励更加积极参与国际事务、倡导创造性解决方案的对外关系思想。① 作为一项重要的研究议程，该概念提出后，引发了国内外外交学界的广泛关注和热烈讨论，涉及其思想性、规范性、可操作性、条件性及有效性等，这在很大程度上活跃了20世纪90年代中后期、特别是2010年中国成为世界第二大经济体以来学

① 王逸舟：《创造性介入——中国外交新取向》，北京大学出版社，2011年版，第21页、第4页。

界的中国外交转型研究。[①] 近些年来，中国的外交部门也开展了关于创造性介入的持续、务实探讨。

在笔者看来，以新中国成立以来的主流外交思想、理论及其实践为参照，创造性介入构成了对既往的超越、创新和预见，但在内核上又是一种继承、发扬和推进。在内涵上，创造性介入着眼于崛起中国的全球角色，是对中国在既不能照搬照抄西方经验、也不能因循传统模式的外交新态势下，如何拓展和维护本国利益这一问题的大胆反思和认真求索，强调以和平为宗旨的外交艺术的新意、创意和想象空间。在外延上，创造性介入既不排斥西方经验也不鄙夷中国的传统观念，所有可能带来启发的思想与理论创造和创新都可以拿来为我所用，但关键是要对国内外新近发生的重大问题、潮流和趋向有自己的独到理解和判断。对于崛起的中国而言，迫切需要以新的实践在外交思想、理论和观念等不同层次上对世界做出新的贡献，彰显中国特色。正如王逸舟所设想的，“创造性介入一定是有选择性的、建设性的和量力而行的，对时机、方式和内涵有精心的选取，而非简单依靠军事上的打压或直接的对抗博弈。”[②] 可见，创造性介入是对以博弈和对抗为主要特质的西方国际关系理论和思维的批判，也是对新中国历史上“极左”的意识形态外交及冷战后大体上的内向防御型外交实践的反思，本质上具有和平主义的理论品质和价值理性，并兼有策略、方法和行动上的工具理性，而非单一向度的理论空想或行为假设。

作为概念、思想和行为的“三位一体”，更好地理解创造性介入的关键，在于对其进行更好地分解与统合，既于细部看也从整体看，否则

---

① 王逸舟的相关著作包括：《当代国际政治析论》（1995）、《全球政治和中国外交》（2003）、《探寻全球主义国际关系》（2005）、《创造性介入：中国外交新取向》（2011）、《创造性介入：中国之全球角色的生成》（2013）、《中国外交十难题》（2015）、《创造性介入：中国外交的转型》（2016）。另外，章百家、牛军、崔立如、金应忠、庞中英、张清敏、苏长和、陈志敏、薛力、牛新春、赵可金，David Shambaugh，David M. Lampton，Henry Kissinger，Susan Shirk，Edward Luttwak，Kerry Brown，Alastair Iain Johnston，Michael D. Swaine，以及 Björn Jerdén，等等，也是从事中国外交转型研究的代表性学者。

② 王逸舟：《创造性介入：我心目中的中国新外交》，《世界知识》2012 年第 1 期，第 17—19 页。

任何的“一边倒”都可能使认识失之偏颇。我们认为创造性介入中的“创造性”既可能是主体受到内外环境激发和启示的主动创造，也可能是主体在内外环境压力和刺激下的被动创造，但皆为自主意识；创造性介入中的“介入”则有物质的和非物质的区别，物质介入主要是资金、物资、设备和技术手段等的显性输入，如大型工程项目式的商务对外援助。非物质介入包括（军）人、法制、规则、价值观念及意识形态等的隐性输入，如联合国框架下的维和行动和斡旋外交等见表3－7。

表3－7　创造性介入的类型学分析

外部环境 / 内部环境	物质介入	非物质介入
响应型	响应型物质介入	响应型非物质介入
倡议型	倡议型物质介入	倡议型非物质介入

（二）介入的时空

“创造性介入”概念本身有其历史和现实两大维度，但严格地讲，在迄今为止近70年的新中国外交实践中，尚未有能够完全匹配创造性介入的概念界定并直接可当作研究案例的自主活动，目前更多地还停留在“试着推导几个场景（引者注：如“两岸中程协议”“中美日对话”“驾驭南海大势”“中非新型合作”和“稀土外交”），演绎未来某个时刻中创造性介入的若干线索。”[①] 对此，我们可以从不同角度去作归因分析，这里需要强调的是，该情况至少说明：一方面，截至目前，创造性介入从概念提出到理论化构建，仍处于不断发展之中，还没有形成所谓确定和稳固的知识架构，其理论解释力还有待被检验；另一方面，“问题导向”和“实践趋向”的创造性介入思想具有鲜明的理论前瞻性、政策引导性和实践探索性，并兼具深邃的洞察力和强劲的活力，这也是它区别于其他外交理念和学术观点的最重要方面。以发展的辩证的眼光看，这

① 王逸舟：《创造性介入外交的场景推演》，《东方早报》2011年9月8日第A18版。

正反两方面都为我们运用、检验甚至完善创造性介入的知识体系，提供了较大学术空间和现实可能。在新一轮全球化方兴未艾的大背景下，与“中国在二十一世纪头二十年面临重要的战略机遇期”的总的判断相一致，我们目前也正面临着将创造性介入思想应用于外交新领域并接受新的实践检验的难得机遇。可以肯定地说，现阶段的中国外交终于迎来推行创造性介入的时间和空间。

在过去几十年里，创造性介入之所以在中国外交理论和实践中缺位，其中最主要可能也是最不可抗拒的原因，可以概括为“时机不对、条件不成熟”，即客观环境与主观能力、意愿及需求的不匹配，无论从国内外还是从主客观条件来看，大抵皆如此。新中国成立初期，在冷战大背景下，中国出于国际主义精神和意识形态考虑，曾大力支援亚、非、拉国家和地区的民族解放运动，甚至采取“输出革命”模式，这也可视为一种“介入”，但时机不对、方法不当，没有量入为出、导致难以为继。改革开放后的第一个三十年，中国重启了对外交往的门户，但始终在聚精会神搞建设、一心一意谋发展，无暇顾及也不情愿卷入他国事务，韬光养晦、有所为有所不为、不折腾等成为这一时期主导中国外交的战略和主流意识，并致使创造性介入缺乏根本的驱动力。直到2008年新一轮国际金融危机的爆发，特别是自2010年中国上升为世界第二大经济体以来，国际上关于中国外交强硬的声音逐渐增多，加之党的十八大以来推进中国外交改革创新的政策转向，最终强化了人们关于中国外交处于转型新阶段的认识，“中国新外交”正成为国内外学术界新的热议话题。所谓“中国外交转型新阶段”，起因于当前决定外交战略方针的国内因素经由量变而发生了质变，即中国崛起成为正在发生的事实，以硬实力为核心的综合国力的大幅提升使中国国际地位达到新高度，这些要求中国外交也必须随之进行调整。

总之，创造性介入是一个有着强烈时空感的概念，它在实践中的真实发生有赖于特定的时间和空间，二者必须合一。在近年来外交改革创新的政策语境中，“强起来”的中国有能力、有意愿、有需求及较好的内外环境来经营海外，并以提出新倡议的方式力主将全球化推进到新阶段，且今天世界上大多数国家和地区都希望得到中国投资、与中国开展互利合作，这些主客观因素的日渐完备和成熟，为中国创造性介入准备了最关键的机遇期。在鲜活的实践的激荡下，创造性介入理应成为中国外交工具箱中的一个选项。党的十八大以来中国外交的“奋发有为”理应辐射至全球，其中也理应包括北极这一“战略新疆域”。

（三）二者的契合

创造性介入之于北极的适用性，不仅在于前面提及的它赶上了中国外交转型新阶段而显得正当其时，而且在于一种内在契合性使二者相得益彰。这一内在的契合性，主要是指北极地区（部分）的全球公域性质与创造性介入的全球公域治理手段属性之间的高匹配度，它们互为表里。“全球公域（global commons）指国家主权管辖之外为全人类利益所系的公共空间，如公海、国际空域、外层空间、极地、网络空间等。”[①] 但也有学者认为，对于极地是否属于全球公域的问题还存在讨论的空间，[②] 因为极地由海洋和陆地组成，南极大陆的领土主权处于冻结状态，其全球公域属性尚未完全以国际法或国际条约的形式予以确定，而北极是陆地包围的海洋，北冰洋存在国际海底区域（大致在30万~300万平方千米之间）和200海里之外的公海（约300万平方千米），即可视作全球公域。基于此，这里使用了“北极地区（部分）全球公域性质”的说法。

正是北极地区作为全球公域的不完全属性，理论上对创造性介入提出了更为迫切的实践要求。因为“全球公域包含了‘自发秩序’与‘人为秩序’的理论矛盾，即全球公域内的问题与国家主权范围内的事务相互交织，使理论建构隐含着‘异化’的风险”，而最明显的“异化”就是全球公域在某些国家或组织的操纵下变成了“一己私域”。比如，北冰洋沿岸国正积极进行外大陆架扩张的诉求，并滥用北冰洋公海元规则

---

① 韩雪晴、王义桅：《全球公域：思想渊源、概念谱系与学术反思》，《中国社会科学》2014年第6期，第188—205页。

② 张侠：《极地公域与国际安全问题》，《世界知识》2015年第18期，第23—24页。

的主导权等。在北极地区全球公域遭到侵蚀并将使中国遭受越来越大的直接损害的情况下，中国务必采取积极行动阻止事态进一步恶化。要言之，中国应“积极介入，防止异化。……中国宜以多边主义为理念基础，创造性地介入全球公域治理实践，通过法制、外交手段，捍卫我国及广大发展中国家在全球公域上的合法权益。”[①] 一言以蔽之，处于外交转型新阶段的中国是时候开展以创造性介入为鲜明特色的北极外交，以取代过去近二十年来的不甚积极且缺少谋划的“跟进外交”。与其被动受难、不如主动求变。中国已经具备了有史以来的最好时机和条件，即能力、意愿、需求及内外环境等。

需要强调的是，创造性介入自身从概念到理论的局限性并不是人们将其束之高阁的充要理由。前面已有所提及，创造性介入尚未实现完备的理论形态、其解释力尚待经受检验，而且尽管提出很多新鲜命题但并没有提供相配套的解决方案，比如，中国创造性介入态度与西方大国态度之间的平衡、利益和正义的平衡问题，以及介入与“反介入”的问题等。[②] 这些局限在一定意义上是客观存在，然而，创造性介入的理论前瞻性、政策引导性和实践探索性，决定了只有实践才是验证其生命力的最好方法。因此，只要全面、准确把握好创造性介入的思想要旨——自主和平地拓展和捍卫中国主权安全和发展利益，我们就应该具备一定的外交胆识、外交自信和外交使命感予以积极推进，毕竟截至目前的中国北极外交还有很多不足和缺陷，比如，略被动的跟进思维、四平八稳的外交风格，以及模糊不清的工作日程等，这些均与急剧增加的现实需求相脱节，必须有所改进。无疑，创造性介入有助于从根本上改变不合时宜的中国北极外交的气质，转而激发人们以创新追求卓越的工作态度，为中国北极外交战略目标的实现注入强劲动力和持久活力。

---

① 韩雪晴、王义桅：《全球公域：思想渊源、概念谱系与学术反思》，《中国社会科学》2014 年第 6 期，第 188—205 页。

② 尹继武：《中国外交创造性介入理念的知识谱系和研究议程》，《国际关系学院学报》2012 年 5 期，第 65—70 页。

（四）场景的推演

中国北极参与是一个渐进的过程，对利益和关注的双实现急不得，但创造性介入将使这一过程更顺畅、用时更少，边际成本降低、参与效率提高，最终有望使中国北极战略目标的实现得更早一些。站在全球公域理论的角度，中国在该地区创造性介入的总思路可概括为“三合”，即：外交与经贸配合、官方与民间结合、中央与地方合作。具体的优先或重点介入对象包括北极国际海底区域的边界和200海里之外公海自由及其相关权利等。介入的最终目标是保障“公权力”的行使空间不被刻意压缩并积极维护扩大造福于各方的“公益”。介入的方法主要是依托现有主要机制和平台但不排除自主的机制化建设，以符合联合国宪章宗旨和原则的法制手段为主，包括签署协议、拟定规则、磋商谈判、制造同意等。针对当前对北极地区的全球公域已经或可能造成侵蚀的一些行为和观念，在未来的五至十年内，中国在北极的创造性介入外交或应有如下遵循和具体线索。

第一，海底区域管理。联合国国际海底管理局、联合国大陆架界限委员会和国际海事组织等，构成了目前关于北冰洋国际海底区域管理的联合国机制。中国的创造性介入务必以此为依据，首先使自己在这些平台上活跃起来，保证对相关协定拥有知情权、争取参与权和建言权。对于各北极国家的大陆架划界诉求，中国不便在国际组织或正式的多边场合发表倾向性意见，但可以就某些议题保持与相关国家和组织的正式或非正式的双边沟通，以保证对可能变化的敏锐捕捉，进而确保中国对海底资源的保护和利用权力。为此，在应对气候变化特别是气候融资、治理海洋污染、推进科学合作、建设海底电缆等具体优先领域，中国应该加大建设性参与力度，将自身的合作优势和潜能尽可能地激发和释放出来，贯彻公益目标指引下的外交与经贸相互配合、彼此强化的创造性介入思路。

第二，保证公海自由。在南海问题上，美国以“保证公海通行自由”为由向中国施压，这也反过来提醒我们必须保持对北冰洋公海自由问题的持续关注，并想办法捍卫相关的通行权利。目前，中国在北冰洋公海航行自由权利的国际法依据和保障是《联合国海洋法公约》和《斯瓦尔巴德条约》，但在北极航道开通正走向现实、俄罗斯和加拿大关于各自北方海航道和西北航道的管理政策可能趋向严格、走向规范，以及中国正着手建设经北冰洋联结欧洲的蓝色经济通道等新形势下，中国需要采取更多、更积极的行动以获得更多的安全感和航行权。比如，加大对北极地区海盗和恐怖主义行为的打击和防范力度、维护公海秩序，机制化与俄罗斯、加拿大两国的双多边互动与磋商、加强法律外交，以及与其他北极国家和域外国家凝聚共识、推动公海自由。

第三，搭建谈判平台。在目前最重要的北极地区政府间高端合作平台即北极理事会框架内，和其他域外国家一样，中国作为正式观察员暨重要的北极利益攸关者，并没有被赋予任何实质性权利。北极理事会高官会议和部长级会议的代表权、出席权及其所属工作组的项目参与权，大概是中国在该平台所能够拥有的全部权利。这意味着，中国成功地被纳入了北极国家的现有规制之中，活动和发挥作用空间极其有限，而且时常还要承受一些不必要的质疑和非议。对此，中国应积极作为、争取主动，在已建立的中国—北欧北极合作研究中心之外，再自行或联合其他利益攸关方搭建一个以上的区域或次区域的北极对话合作及谈判平台，譬如中、日、韩北极事务高级别对话，以服务于经济、社会、法律、安全等不同的或综合的功能，特别是要紧紧抓住经贸这一对话主题。对于北极国家间的主权和海洋权益争端，中国可以继续主张“搁置争议、共同开发”，但从长远看，这一立场不足以防止北极地区全球公域的“私有化”。中国必须现在就直面这一问题，通过搭建谈判平台既及时了解相关情况并为中长期对策的出台奠定基础，又有利于树立中国在北极地区的建设性大国形象。

第四，打破官民壁垒。这是将“官方与民间结合”的创造性介入思路落地的题中之意，主要是指两个方向上的打破与结合：一个方向是对外的，另一个方向是对内的。

对外的打破与结合，主要是针对北极国家而言的。由于北极国家对于崛起中国的警惕和戒心，它们对中国在北极地区的活动事实上是有所限制的。比如，中国政府与当地原住民组织的直接接触和沟通被认为是不友好的，中国在北极地区的大规模投资无论是否与废旧军事基地有关系都被认为是有着政治或军事目的的非纯正商业行为，以及几千名中国劳工到北极地区工作被认为是“文化殖民”或有在北极购买领土的嫌疑，等等。这些限制和困难的根源在于，中国与北极国家之间尚未建立起经得起考验的信任机制，自上而下、由官到民皆是如此。而建立相互信任机制的关键，就在于拥有畅通的联系渠道。为此，中国有必要打破目前在北极地区人为的官民沟通壁垒，形成与政府、（类）国际组织、非政府组织、社会精英和普通公众及企业等不同行为体的互联互通体系。只有建立了相互信任机制，中国与北极在各层次、各领域的合作才可能取得实效，特别是在涉及北极地区全球公域边界的保护等问题上，中国才能有更大的发言权，并为将来在更多北极事务中发挥更大作用制造同意基础。

对内的打破与结合，主要是针对进一步发掘民间外交资源而言的，其中企业和非政府组织是重中之重的载体。这就要求政府对有能力的中国企业（无论是国企、央企还是民企）和本土非政府组织（尤其是环境保护、气候治理之类的）必须进行积极地引导、鼓励和扶持，使其成为中国北极外交行为体的有益推动者。目前在北极地区从事经营活动的中国企业，或已在不同程度上得到了中国政府的支持、帮助或默许，但主要对象是大企业的大项目，不断增加中的中国中小企业的北极活动还没有被纳入政府的明确支持和关照范围，也没有被纳入中国北极外交实践的大棋盘之中，而这是值得中国政府下一步做好的事情。具体支持方式包括我驻北极国家的使领馆应将当地的市场需求、投融资动向以及合作前景等信息及时反馈给国内，以供各类企业参考。另外，公益性质的本土非政府组织因其弱小更需要政府极大扶助力度。如运用得当，非政府组织对于中国在全球公域范围内的北极目标的实现将有直接助益。比如，无论人们以怎样的立场评价，经常在国际水域对北极钻探活动进行和平抗议的“绿色和平组织”在北极开发中的作用和影响都不容低估和忽视，而这也正是中国本土非政府组织努力的方向。

第五，提供中国方案。在中国，此时比以往任何时候都更靠近世界舞台中央的新时代，其全球影响力大小很大程度上依赖于这个文明古国对全球价值贡献的多寡。北极是一个投射新观念、检验新理论、形成新价值的实验场，对于尚未完全确定其外交战略并处于初创调适期的中国而言尤其如此。在中国，涉北极方案的提出，从国内力量来源上看，主要分为中央和地方两个层次。在中国全方位对外开放格局已然形成并在逐步深化的后冷战时期，日益活跃的地方外事活动是中央外交实践的重要构成，二者形成合力已成为一种客观需要。自 2016 年 3 月以来外交部不定期举办的“省区市全球推介活动”，正反映了现阶段中国外交所体现出的这样一个发展态势。从这个意义上讲，中国在北极的创造性介入外交亟须在清晰的央—地、地—地关系定位基础上的中央和地方的鼎力合作，尤其需要充分调动后者的智慧和力量。与“中国对外关系中的地方角色”命题一样，在未来较长的一段时间内，“中国北极创造性介入外交中的地方角色”将是中国特色外交理论的全新且重要内容，接下来中国要做的就是更大胆地探索甚至“试错”。

在中央层面，目前中国提供北极方案的能力较为有限，外交成效不够显著。比如，中国也参与了一些关于北冰洋渔业等议题的国际谈判，但正如某国外媒体所评论的，总体表现得很“安静”，既不提反对意见也不提改进意见，似乎不那么专业。这在客观上说明了一个问题，即：北极对当前的中国而言，的确是新议题、新疆域，故亟须新思考、新办法。给别的国家和地区主办的国际会议等“捧场”以维系中国与它们的国家间关系，这本身是无可厚非的。然而，仅以出席、旁听、不发言的方式参与北极国际会议或谈判等，显然日益不能满足中国在北极地区的“利益—关注”诉求，而且无益于增强中国在该地区的影响力、说服力和感召力，甚至中国一贯“沉默的成本”最终可能就是使本国北极利益受损。

为避免上述不利情形的出现，一方面，中央外交代表团必须事先为出席的国际会议或谈判做好尽可能充分的准备，充分行使已有的若干象征性权利，并在此基础上积极提供专业的中国方案，体现中国作用、弘扬中国智慧，以逐步谋取一些实质性权力。另一方面，中国北极外交必须学会突出创造性介入中的地方角色，鼓励并支持其地方政府开阔思路、开展与北极（国家）相关的国际合作。比如，在积极推进“一带一路”倡议的大背景下，辽宁省已提出加快构建“辽满欧”“辽蒙欧”和“辽海欧”三条综合交通大通道，其中“辽海欧”正是该省与中远集团合作开通经过北极东北航道的线路，由大连港经白令海峡至挪威北角附近，再前往欧洲各港口，以降低运输成本。此外，诸如北京、上海、天津、河北、吉林、四川、浙江等省、市也从不同角度找到了参与北极国际合作的方式方法，有的正在落实推进中，如中俄已于2014年宣布共建距离吉林珲春60千米的俄罗斯扎鲁比诺港。在中国，各地有各地的特色外交资源、专长和优势，在近40年来的改革开放进程中，地方政府也已积累了一定的对外交往经验，现在是使其积极参与到中国北极外交事业中来的良机，以弥补目前涉北极中国方案短缺的现象。

（五）可能的风险

在中国创造性介入北极事务并可能取得重大外交进展的同时，也将会伴生一些可预见或不可预见的风险、挑战和困难。它们有可能是暂时的、很快得到解决的，也可能是较长期的、只能想办法予以缓解的，但无论如何，我们不能视而不见，必须想办法积极应对。这些风险、挑战和困难，或主要包括以下几类：

一是源自内部的政治风险。从目前的情况看，中国在北极的投资项目都是大型甚至是超大型的，且以能源类为主，用以满足当前和今后一段时间内国内巨大的能源和资源缺口，保证国家能源和经济安全。单从投资的目的来看，自然无可厚非，但此类投资通常将牵扯到很多部门、机构和组织。因此，投资决定的做出注定是一个各方博弈的过程。为保证决策科学理性和国家利益最大化，有时候就需要牺牲一些部门利益或小集团利益，并且需要顾全国内政治大局，在共识基础上做出负责任的决定，此为政治风险之所在。

二是来自外部的关系风险。创造性介入外交在很大程度上就意味着，中国在北极的姿态要从低调转为适度高调，关于北极政策和战略的态度及话语阐释等要从模糊转向清晰，中国在北极理事会等现有国际机制和框架内的活动要从可有可无到举足轻重，特别是“一带一路”背景下的大项目推进将占据更多的全球新闻版面，诸如此类。中国的此类转变可能会在一定时段内引起一些误解、猜疑甚至抗议，如曾经出现过的所谓“中国威胁论”在北极地区将沉渣泛起，并对中国与北极国家、国际组织、大企业和媒体等的关系网络造成冲击，使中国成为“挑战者”的不利形象。因此，如何处理好北极地区国际关系对中国是一个挑战。

三是内外兼有的经营风险。有鉴于北极地区特殊的地理、人文、自然环境及项目类别等因素，在北极较大额的中国投资，基本上都是长线行为，不以眼前的得失为衡量标准。然而，在中国企业北极投资成本在中短期内都不太可能回本甚至蚀本的情况下，该企业在国内或其他版块的业务势必要有能力弥补北极地区的暂时损失，以支撑其海外业务拓展。这对企业的战略定力、投资眼光及经营能力等都是很严峻的检验，毕竟盈利才是一个企业的生存之道。而中国企业的北极投资热情和能力的滑坡，也将使政府在该地区面临“无牌可打”的外交困境，进而产生政治风险，这是务必要办法规避的。

四是自我拷问的伦理风险。新中国外交从指导思想到目标宗旨，到基本原则，再到工作方针等，始终具有较浓厚的伦理色彩或曰“道德要求”。比如，革命外交所要求的阶级情怀、只予不取的国际主义对外援助、建立公正合理的国际政治经济新秩序，以及树立义为利先的正确义利观等，都是在对外关系中一以贯之的伦理价值诉求。在学术界，与中国的大国成长相应的，外交伦理也是国内外同行特别是国际关系领域的中国学者长期以来产生歧见之处。从某种意义上讲，创造性介入是对传统主权观念和不干涉内政原则的重新审视，但同时也坚决反对西方的霸权主义干涉或先发制人的军事干预和打击行为。在此情况下，确立一个逻辑自洽的外交新伦理，并在北极地区的新实践中接受检验，也是中国在北极地区开展创造性介入外交的同时必须解决的问题。

综上所述，北极在变化，中国的全球角色和作用也在变化，北极是关系中国国家安全的战略新疆域，北极治理是中国在大国成长过程中务必面对的新课题，而“新课题呼唤着新的眼光和新的理论”[①]。这就要求我们务必以发展变化的眼光看待中国与北极的共生关系这一新的现实，并采取新的举措加以妥善应对，即：一方面加强研究，另一方面加大介入。

在“人”字被大写的新时代，北极地区为新一轮的中国外交转型提供了检验新理念、确立新思维、获取新进展的适宜场所。而现阶段的中国比历史上任何时候都有能力也有需求和意愿，将对北极的“跟进外交”升级为“创造性介入外交”，以进一步切实增强中国在北极全球治理体系中的存在力、影响力和感召力。唯此，中国才有可能既推进与自身相关的北极利益包括公益的实现，又极大满足北极—中国间的双向关注需求。

古人云：“千里之行始于足下”。北极就在我们身边，行动将成就最好的理论。

---

① 资中筠主编，资中筠、陈乐民著：《冷眼向洋：百年风云启示录（上卷）》，生活·读书·新知三联书店，2000年版，“绪论”第27页。

第四章　中国引领国际规则与首都北京的贡献

戚　凯*

引言　中国应加强主导国际规则构建，大都市要发挥关键作用

改革开放以来，为适应国际潮流和国内进步，中国开始尝试适应和学会使用国际规则。① 然而，随着时间流转，国内外局势发生了很大的改变，中国不断崛起的新形势、外交新局面在敦促我们要进一步迈开步伐，不仅要适应与利用国际规则，还要主导国际规则的构建。制定和修改规则，是国际政治中最重要的权力之一。人们经常听到的所谓“国际协调”，说到底，就是某个或某些国家按照一定的想法制定出规则和程序，然后推而广之，令其他国家和国际社会接受。一方面，不管是谁构建了国际规则，只要它是促进和平与发展的，全世界当然都可以通过遵守它、利用它而使自己、使国际社会获益；但是另一方面，毫无疑问，谁构建了这个国际规则，谁就最有可能在一开始就预设一些最有利于本国政府、本国公司或本国公民的条款。因此，主导构建国际规则，是一件“既不损人又能利己”的好事情。

就中国当前具体的情况而言，首先要认识到中国正以一种前所未有的速度崛起，其政治、经济与社会影响力在全球迅速扩展，随之而来的

---

* 戚凯，男，安徽霍邱人，国际关系学博士，现任中国政法大学全球化与全球问题研究所副教授、硕士生导师。学术成果包括：独立专著、独立译著、合著（专著或编著）多本；核心期刊发表文章十余篇；主持或主创参与各级别课题多项。

① 王逸舟：《中国为什么特别需要尊重国际法》，《世界知识》2015 年第 21 期，第 58 页。

则是国际责任的加重与本国、本民族利益相关面的增加，这是中国面临的一个具有根本意义的时代背景，也是中国需要加强国际规则构建的根本原因。有两方面的力量在要求中国大力开展国际规则构建工作：一个是外部的，敦促中国政府更积极参与国际规则构建的拖曳力；另一个则是内部的，希望中国政府有所作为、维护国家和民族利益的推动力。就外部拖曳力而言，美国对中国的若干批评性言论集中反映了国际规则的传统构建者渴望中国进一步为国际规则的维护、构建贡献力量的心情。2005 年，时任美国副国务卿罗伯特·佐利克正式提出“中国需要做一个负责任的利益攸关方（a responsible stakeholder）”的说法；[①] 2014 年 8 月，奥巴马则明确提出中国扮演了“搭便车者”（free rider）的角色。[②]尽管这些说法都一度引发了中国的不悦，但也从一个侧面反映出，以美国为代表的西方世界迫切希望中国能够依托自己迅速发展的经济与政治实力为整个国际社会的稳定做出制度层面的贡献。对理论研究者们而言，考虑到全球变革的剧烈性，他们强调“大国协调机制”的重要性，期待中国能够承担起更多的责任，以帮助解决一些世界性的共同问题。[③]

就内部的推动力而言，它还可以细化为来自商业社会与政府内部的力量。对中国的商业机构投资者们而言，改革开放数十年来，中国已经成为世界第二大经济体，工厂、矿山、外劳、研发中心遍布世界各地，中国的商业与社会利益都在往一个全球化的方向扩展，各种利益都不能缺少国际规则的保护；与此同时，中国在构建国际规则方面，却依然是一个“小学生”，在多数场合里，中国投资机构只是扮演了现有国际规则的尊重者与服从者的角色，中国庞大的海外投资力量并没有获得同等比例的国际规则发言权。以海洋权益为例，中国的商船、油船遍布五大洋，然而海洋领域中有关的国际规则，不管是技术层面的，还是管理层

---

① Robert Zoellick, “Whither China? From Membership to Responsibility: Remarks to the National Committee on U. S. – China Relations,” speak in The National Committee on United States – China Relations, New York City, September 21, 2005.

② Thomas L. Friedman, “Obama on the World: President Obama Talks to Thomas L. Friedman About Iraq, Putin and Israel,” *New York Times*, August 8, 2014.

③ 〔英〕巴里·布赞：《全球性变革与国际秩序的演进》，《外交评论》2015 年第 6 期，第 20 页。

面的，绝大多数都不是中国起草制定的。国际规则构建权的缺失，给中国商业投资机构带来了相当繁多与棘手的额外负担，投资人需要花费大量的时间、精力与金钱去应对某些事实上仍存有较大争议的国际规则；[①]中国的国际商业利益要求中国必须加强参与国际规则构建。总的来说，中国崛起的时代大背景与内外因素都在敦促中国及其政府积极地加入构建国际规则的历史进程中。[②]召开构建国际规则的会议，需要实体环境予以承载，这也就意味着城市参与国际规则构建，成为国际规则构建过程中不可缺少的基础因素。当今时代，各种性质和领域的国际会议数不胜数，但是涉及构建国际规则的会议却完全不同于一般意义上的国际性会议，因为它的召开意味着整个国际社会可能会对国际规则予以修改、废止或创新，这类会议的成功与否很可能会决定整个国际社会在某些问题上的未来政策与态度，继而影响整个人类的和平与发展问题。因此，选择在何地召开商讨国际规则的会议，是一个极为重大的问题。按照国际社会的传统来看，只有世界大国、强国的首都或具有世界性影响力的国际化大都市，才能承担起如此重大的国际交往职能，这是一种资格，更是一种能力担当。

一、有关国际大都市参与国际规则构建的研究成果

大国、强国首都或者国际化大都市，要为中央政府参与国际规则构建提供必要的辅助作用，从理论角度来说，主要涉及次级国家行为体外交、国家软实力、国际大都市影响力等问题的研究，在这几个方面，业

---

① 即使对于美国这样的国际规则主导构建者而言，若干尚存争议的国际规则同样会对其国家利益产生损害。譬如，1982 年联合国通过了由一众小国主导提议的《联合国海洋法公约》，时至今日，美国仍未签署加入，其原因之一就在于该公约有关海洋权益的规定在美国引发巨大争议，反对者们担心其威胁美国利益，参见付玉：《美国与〈联合国海洋法公约〉》，《太平洋学报》2010 年第 8 期，第 88—95 页。

② 〔美〕罗伯特·基欧汉：《竞争的多边主义与中国崛起》，《外交评论》2015 年第 6 期，第 21 页。

已存在一些研究成果。

（一）有关次国家政府与非国家行为体参与国际事务的相关理论

相较于传统的国际法主体即国家与国际组织，非国家行为体在国际关系中呈现愈发活跃的趋势是随着二战后国际经济活动的全球化与复杂化而出现的。跨国公司、非政府组织等非国家行为体在国际事务中所享有的自主权不断增长，活动也更加活跃；传统的国家行为体在国际事务中则逐渐让出一些空间，非国家行为体在国际关系中的地位也逐步得到承认。次国家政府即“单一制国家中的各级地方政府、以及联邦制国家中的成员政府及其各级地方政府”。① 在传统的国际关系行为中，次国家政府并不是国际关系中的主流，其地位主要在于处理其在主权国家内辖区范围中的事务。在20世纪80年代之后，由于次国家政府与诸如跨国公司等非国家行为体之间的联系愈发密切，次国家政府也逐渐成为国际关系中的一方主体，同时国际关系学界对于次国家政府的外交研究也逐渐兴起。②

诚然，在今天的国际关系中，国家行为体、中央政府在国际交往中的核心地位仍是不可撼动的。但同时，次国家政府、非国家行为体随着全球化的发展演进，已经愈发深刻地改变着国际关系中的很多方面。在外交实践中，诸如非政府组织、跨国公司等实体越来越全方位地加入到国际政治的方方面面中来，而国内的城市也愈发频繁而广泛地作为一个个主体加入到国际交往当中。

在国内，陈志敏教授作为研究次国家行为体理论的主要代表人物，总结认为次国家政府的国际行为主要相关理论共有四种，即：地方中心论、多层外交论、市场中心论、国家中心论。③ 由美国学者詹姆斯·罗西瑙（James N. Rosenau）提出的“世界治理”理论在非国家行为体的

---

① 陈志敏：《次国家政府与对外事务》，长征出版社，2001年版，引言，第5—7页。

② 同上，引言，第9—12页。

③ 陈志敏：《全球多层治理中地方政府与国际组织的相互关系研究》，《国际观察》2008年第6期，第6—15页。

国际关系研究当中具有极其重要的意义。该理论提出，在全球化的时代，国家不再是国际关系中唯一重要的跨国行为体。由于在世界各地出现的分散化和一体化的趋势，各种各样的非国家行为体与主权国家一道，共同影响着国际关系的变化与发展。两种行为体对于分散化与一体化的各自推动作用，导致了世界政治更加复杂的变化；在这种主权行为体与跨国公司、地方政府、社团等非主权行为体的种种互动之中，国家这种传统的主权行为体在国际关系中的主导地位被削弱，国际政治也随之改变。这一理论也被称为“两枝理论”（bifurcated theory）。[①] 罗伯特·基欧汉（Robert Keohane）与约瑟夫·奈在《权力与相互依赖》中提出的复合相互依赖理论同样对于非国家行为体的研究具有不可替代的意义。该理论在解释现代国家间愈发深刻的复合相互依赖关系形成的过程中，尤其是与经济相关的问题之中，论述了非国家行为体的偏好与行为对于国家间关系以及相互依赖的重要影响。世界治理理论与复合相互依赖理论的提出，为非国家行为体参与国际事务的研究提供了理论空间。这也与第二次世界大战后的当代国际关系的发展的特点相吻合。而非国家行为体在城市这一次国家政府的层级上，参与公共外交，并对国际政治产生愈发重要的影响，也是当代国际关系发展趋势的重要体现之一。[②]

1986 年，美国学者伊夫·杜恰切克（IvoDuchacek）在其《政治的领土层面：国家之内、国家之中和国家之间》一书中，开创了次国家政府的国际行为研究之先河，提出了“平行外交理论”。该理论将“平行外交”定义为地方政府所从事的“平行于中央或中央外交的”国际活动。[③]

多层外交理论的代表人物为英国学者白里安·豪京（Brian Hocking）。该理论认为，次国家的地方政府作为一国政治体制的一部分，其作为国际关系行为体的能力不会与在它之上的主权国家等同，其与跨国

---

① James N Rosenau, Distant Proximities, Dynamics beyond Globalization, Princeton: Princeton University Press, 2003, pp. 1 – 15.

② 罗伯特·基欧汉、约瑟夫·奈：《权力与相互依赖》，门洪华译，北京大学出版社，2002 年版。

③ Ivo Duchacek, “Perforated sovereignties: towards a typology of new actors in international relations,” Federalism and International Relations: The Role of Subnational Units 1, No. 2 (1990) .

公司等其他类型的非国家行为体也不尽相同。各个地区、级别的次国家政府、主权国家以及国际体系层级，构成了一个多层次的世界，各个层次上的不同行为体的不同偏好与目标导致了称为“多层博弈”的政策形成过程。[①] 此外，在研究欧盟一体化的过程中，一些学者如加里·马克斯（Gary Marks）在解释欧盟的发展过程中，提出了多层次治理理论（multilevel governance）。他们认为，欧盟有一个多层次重叠的决策网络，而次国家政府则是这个网络中的一层。在政策建议阶段，欧盟委员会的地区和次国家政府可以形成议程和政策建议，并令其发挥影响；在政策执行阶段，次国家政府发挥的作用更明显。在全球治理的相关问题中，治理的方面与政策的形成其实也是包括次国家政府在内的各层行为体的各自目标协调的结果。[②]

地区国家理论的代表人物是日本学者大前研一（Kenichi Ohmae），其在1994年提出了地区国家理论。该理论认为，全球化的经济交往将会使国际关系行为体的划分从政治主权国家逐步过渡为被称作“地区国家”的经济单位，每一个地区国家都围绕区域内的经济中心发挥作用。在这样的国际关系结构下，地区国家将成为新的国际关系的主要行为体，主权国家则被弱化。[③] 大前研一的理论虽不普及，但是从经济交往全球化的角度探讨了国家之外的国际关系行为体的可能性。陈志敏在专著中也将其形容为“并不是一种严谨系统的关于次国家政府国际行为的理论，其所关注的重心是世界经济的游戏规则正在发生哪些新的变化。”[④] 国家中心论则是基于国际关系现实主义理论所形成的对于国际政治的分析框架。该派理论对于次国家政府的国际行为持比较消极的看法，认为主权国家仍是国际关系中的主要行为体，次国家政府的活动仍然有限，而且其对于国家外交目标的实施可能带来负面影响。同时该理论流派认

---

① Brian Hocking, Localizing Foreign Policy: Non - central Governments and Multilayered Diplomacy. Springer, 1993.

② Liesbet Hooghe and Gary Marks. Multi - level Governance and European Integration. Rowman & Littlefield, 2001.

③ Kenichi Ohmae, “The Rise of the Region State,” Foreign Affairs. 72 (1992): 78; Ken'ichi Ōmae, The End of the Nation State: The Rise of Regional economies. Simon & Schuster, 1995.

④ 陈志敏：《次国家政府与对外事务》，长征出版社，2001年版，第22—23页。

为，全球化的发展实际上有利于各国政府向地方政府推行中央集权，因此对次国家政府的权限具有弱化作用。[①]

（二）有关大国软实力、话语权与北京成果的研究

“话语权”与“软实力“（soft power），两个概念不能割裂。话语权是指社会成员就社会公共问题和国际事务自由发表意见、立场和主张的权利和资格。它主要包括“谁在说”“说什么”“怎么说”和“效果如何”等内容。[②]软实力概念由美国哈佛大学教授约瑟夫·奈（Joseph S. Nye）提出，是一个与军事实力、经济实力等硬实力（hard power）相对的概念，指的是与诸如文化、意识形态和制度等抽象资源相关的、决定他人偏好的“软性同化式实力”，换句话说，就是指通过吸引力而非强制手段，让他人自愿追求你所要的东西之能力。若干学者在这两个问题上，结合中国话语权的问题，已经做了一些探索，软实力主要包括文化吸引力、意识形态或政治价值观念、塑造国际规则和决定政治议题的能力。[③] 在软实力三要素中，最重要的是文化吸引力。一个国家的文化吸引力决定着其意识形态或政治价值观念能否被其他国家的人民广为接受，也决定着其塑造国际规则和决定政治议题的能力。联系两个概念，可以得出一个结论，即软实力特别是文化软实力强，则话语权强。因此中国如果想提升国际话语权，就必须首先展示自己的文化软实力。文化软实力的展示需要硬件设施、制度环境、人文历史等各类资源的支撑，而这些资源都集中在城市，所以说“城市是国家文化软实力的建设主体”。[④]

邱东东针对中国软实力与话语权建设的问题，就“北京论坛”这一

---

① 陈志敏：《次国家政府与对外事务》，长征出版社，2001 年版，第 18—21 页。

② 张殿军：《硬实力、软实力与中国话语权的建构》，《中共福建省委党校学报》2011 年第 7 期。

③ 张小明：《约瑟夫·奈的“软权力”思想分析》，《美国研究》2005 年第 1 期。

④ 刘士林：《城市是国家文化软实力的建设主体》，“北京论坛”演讲，2014 年 12 月 9 日。

重要现象进行了一些探讨。他指出，中国学者不但积极参加论坛，而且在论坛中也积极发出自己的声音、提出自己的观点和看法，与国际学术同行进行思想交流乃至碰撞。这些学者都充分地利用了这一东西方文明交流的重要平台，从不同学科领域代表中国学术界发出了自己的声音。北京论坛并非反对西方文明，相反，北京论坛正视西方文明在现代世界形成中做出的贡献和优点。但是北京论坛也认识到，在现行的世界体系中，不仅存在着政治和经济结构的不同，而且也存在着知识结构的差异。[①] 处于世界知识体系核心区的欧美国家力图通过军事、政治、经济实力，将所谓的“价值无涉”以及“普适性”的知识向边缘区推广。为了加入现代世界政治经济体系，处于边缘区的国家民族往往接受了西方自然科学与社会科学的概念、理论、思潮、评价标准，成为被动的知识“消费者”而非主动的知识“生产者”。其结果就是西方文明的“一家独大”导致世界文明结构被扭曲。正是看到上述两方面，北京论坛提出了“文明的和谐与繁荣”的总主题，其用意就是以其他文明来平衡文明的“一元化”带来的种种弊端。[②]

中国国内近年来有关首都国际交往中心建设研究最显著的研究成果主要来自两个机构：其一，北京对外交流与外事管理研究基地曾委托外交学院以高尚涛为负责人的科研团队开展了一项名为“国际关系中的城市行为体分析：以北京等城市为个案的研究设计”的研究项目，研究的理论部分提出了城市行为体是被建构而成的行为体这一核心假设，经验部分则选取了北京、义乌与三亚三座城市，考察它们的行为体特征与国际行为表现；[③] 其二，北京市社会科学院外国问题研究所自 2013 年以来，每年出版一次有关北京国际交往中心建设研究的蓝皮书，迄今已出版四期，其主要研究栏目包括国际组织的城市服务功能、北京国际组织的量化分析、北京国际组织推动城市软实力提升的作用分析、国际组织

① 王正毅：《成为知识的生产者》（代序），载王正毅著：《世界体系与国家兴衰》，北京大学出版社，2006 年版，第 1—2 页。

② 邱东东：《北京在展现中国软实力中的独特地位：以“北京论坛”为例》，载刘波主编：《北京国际交往中心建设研究专题（2）》，知识产权出版社，2016 年版。

③ 高尚涛等：《国际关系中的城市行为体》，世界知识出版社，2010 年版。

与城市发展定位、纽约等世界城市国际组织发展经验等，以及北京国际交往中心建设研究、北京外事管理研究、北京对外交往的现状与发展趋势分析、北京对外交往的地方法律支持研究等。[①] 不过上述两个机构的研究都存在泛泛而谈的问题，没有着重关注在中国积极参与国际规则构建的大背景下北京作为首都，特别是作为政治中心应该发挥的关键性作用。

（三）有关国际化大都市的研究

西方对国际大都市的论述最早来源于城市科学的奠基人帕特里克·盖迪斯（Patrick Geddes）。在 1915 年出版的《进化中的城市》一书中，他首次提出“世界城市”（world city）概念，同时将城市科学引入城市规划术语，开创了区域规划的综合研究。[②] 在地理学、城市发展学科与日常用语中，国际化大都市（international metropolis）的替代性表达或俗语性称呼很多，譬如“世界城市”（world city）、“全球城市”（global city）、“A 类城市”（alpha city）、“世界中心”（world center）。一般来说，国际化大都市被人们普遍认为在全球经济系统中扮演了重要的角色。全球化理论认为，全球化这一进程需要在一定的地理场域中展开，全球金融与贸易系统具有严密的层级特性，能够开展、推进较高层级的全球化事务的城市才有可能被认为具有国际化大都市的地位。国际化大都市与国际性事务之间存在着直接、密切且确然的关系，这种关系一般通过社会或经济手段体现。“全球城市”的说法最早由社会学家萨奇亚·萨森（Saskia Sassen）提出，首见于她 1991 年的同名著作。[③] 萨森提出这一概念意在区别于以往地理与城市发展学科中的“巨型城市”的概念；这两者大有不同，后者仅仅指城市的面积、人口规模等要素庞大，但未

---

① 参见刘波主编：《北京国际交往中心建设研究专题》，知识产权出版社，2015 年版；刘波主编：《北京国际交往中心建设研究专题（2）》，知识产权出版社，2016 年版，等。

② Patrick Geddes, *Cities in Evolution*, London: Williams & Norgate, 1915.

③ Saskis Sassen, *The Global City: New York, London, Tokyo*, Princeton: Princeton University Press, 1991.

必具有全球性的影响力。

总的来说，国际化大都市已经成为全球化体系中影响力的代名词。对许多国家与城市的政府、市民、企业而言，被评定为国际化大都市，并且排名靠前，不仅是政治上的成功体现，还有可能产生进一步吸引外来投资、提升城市形象、促进经济社会发展的后续收益，因此许多专业机构都会开展评定国际化大都市的工作。划分、评定国际化大都市的标准应该有哪些，在学术界仍有争议，不过人们也普遍认为一些关键性的要素是判定一座城市是否属于国际化大都市的重要标志：

（1）拥有繁荣的跨国金融服务产业，特别是金融、保险、房地产、银行、会计和市场营销行业；

（2）若干家跨国公司的总部位于此城市；

（3）拥有金融服务业的总部，至少有一家证券交易所，同时还有若干大金融机构；

（4）对周边广大地区的贸易与经济具有很强的主导能力；

（5）拥有主要的制造业中心，并且拥有配套的港口与集装箱处理设施；

（6）在日常与全球层面，具有影响很大的决策能力；

（7）拥有很强的商业、经济、文化与政治的创造力，能够实现思想与创意的集聚与碰撞；

（8）在本国范围内具有主导性的地位，同时在全球具有重要影响力；

（9）居民从事服务业或信息产业的比例较高；

（10）拥有高质量的教育机构，包括著名的大学、科研机构，并且能够吸引足够多的国际学生；

（11）拥有大量的基础设施，能够提供本国范围内部分最优秀的法律、医疗与娱乐服务。①

---

① K. O'Connor, International Students and Global Cities, GaWC, Loughborough University, 17 February 2005.

表 4－1　《外交政策》全球城市指数历次排名

城市	2014	2012	2010	2008
纽约	1	1	1	1
伦敦	2	2	2	2
巴黎	3	3	4	4
东京	4	4	3	4
香港	5	5	5	5
洛杉矶	6	6	7	6
芝加哥	7	7	6	8
北京	8	14	15	12
新加坡	9	11	8	7

数据来源：https：//www. atkearney. com/documents/10192/4461492/Global + Cities + Present + and + Future – GCI + 2014. pdf/3628fd7d – 70be – 41bf – 99d6 – 4c8eaf984cd5。

在全球城市国际影响力评估领域，以英国罗孚堡大学地理系“全球化与世界城市研究网络”（Globalization and World Cities Research Network, Geography Department, Loughborough University）的工作较为引人注目，在“全球化与世界城市研究网络”的评估体系中，城市经济影响力的所占比重最大，要超过政治与文化要素的比重。1998 年，“全球化与世界城市研究网络”调整了评估标准，其新的评价层次包括 A + +、A +、A、A –、B +、B、B –、C +、C、C –、High Sufficiency、Sufficiency 共计 12 个级别。全球化与世界城市研究网络先后于 2000 年、2004 年、2008 年、2010 年和 2012 年发布过 5 次全球国际化大都市评估结果（见表 4 – 1）。2008 年，美国《外交政策》杂志（Foreign Policy）联合一家位于芝加哥的咨询公司 A. T. Kearney、以及无党派智库“芝加哥全球事务委员会”（Chicago Council on Global Affairs），在征询了萨奇亚·萨森等专家学者的意见之后，发布了“全球城市排行榜”，并在 2010 年、2012 年和 2014 年对排名进行了更新，其评价标准及要素权重包括：商业活动，占权重比 30%；人力资源，占权重比 30%；信息交流，占权重比 15%；文化经验，占权重比 15%；全球政治参与，占权重比 10%。在这份排名中，纽约始终保持全球第一的位置，而北京则处于不断上升的趋势当中，

2012年的报告甚至预测在未来的10—20年里，北京与上海将会成为与纽约、伦敦比肩的国际化大都市。①

在上述这份排名表中，我们可以发现两个大的趋势。首先，在这4次评比当中，纽约、伦敦、巴黎、东京、香港、洛杉矶与芝加哥的变化幅度很小，它们牢牢占据了前7名的位置，特别是纽约与伦敦，长期保持第一名与第二名的位置，巴黎尽管偶有波动，但总的来说，其排名也是比较稳定的。其次，在大趋势上来说，北京的上升势头很猛，但是波动也很大。不过总的来说，北京的未来趋势是一路看涨的。

进一步细化来看，北京绝对排名的变化，以及相较纽约等城市的相对排名的变化，在其背后，都有不少的动因值得总结与归纳。

第一，纽约、伦敦、巴黎、东京、香港、洛杉矶与芝加哥在三次评比中的变化幅度如此之小，归根结底与西方世界在当前国际经济活动中所占据的主导性地位有着密切的关系。商业活动、人力资源、信息交流是全球化时代经济活动的几项最重要指标，占据了这项评估75%的权重。与此同时，西方国家，特别是其首都或经济首都在国际经济、金融、贸易、人力资源流动、信息传播领域占据了高度主导的地位，由此也决定了只要国际化大都市影响力评估的标准及权重不发生大的变化，它们的首要地位也将难以出现急剧变化。

第二，从历史发展的长远趋势来看，北京作为国际大都市的地位必将出现明显的改变，正如2012年的报告所谈到的那样，预测在未来的10到20年里，北京与上海将会成为与纽约、伦敦比肩的国际化大都市。为什么会出现这样的势头，归根结底来自于西方世界在全球经济领域的相对衰落与非西方世界的迅速崛起。正如前段时间国际货币基金组织总裁拉加德所谈到的那样，国际货币基金组织在未来要考虑将其总部从华盛顿搬迁至北京的可能性，虽然这只是一个特例及一种假设，但其背后反映了中国经济发展在全球影响力的上升及其所带来的缓慢的动能积累。

第三，但也不得不指出的是，2008年北京在该组织举行的评估中跃居历史性的最高座次，全球排名第12位，这与当年北京奥林匹克运动会

① ATKearney, 2012 Global Cities Index and Emerging Cities Outlook, 20 October 2013, p. 2.

的召开有着必然的联系。在此之前，尽管中国的经济及综合国力的崛起正在缓慢发生，但始终未能通过一个象征性的事件来实现“厚积薄发”，而北京奥运会的召开则成为了一个关键性的机遇。利用这个全球瞩目的场合，中国政府，也包括北京市政府竭尽全力向整个国际社会展示了中国的力量。尽管西方世界对于中国崛起的讨论由来已久，但北京奥运会应该说是一个真正的检验场，让西方世界第一次以最直观的方式了解了中国发展的速度与成就。然而，另一方面，2010 年与 2012 年的名次跌落也是值得注意的，在这当中，所发生的意外很多，一些不便为外界所详谈的冲突严重损坏了西方世界，特别是主流媒体与精英阶层对中国的印象，由此导致了北京国际影响力的下降。

总的来说，根据各方的评估标准来看，国际化大都市与全球化的时代背景密切相连，脱离了全球化谈国际化大都市是不现实的；国际化大都市的基本特征应该包括：在全球范围内来看，人口规模巨大或超大；与其他国家、地区与城市的联系紧密，起到交通、物流、信息等各方面的枢纽作用；拥有为全球发展设定议题的能力，经受过全球性风险的考验；以集散地的角色为全球化、一体化服务；既是本国经济发展的主要引擎，也是本地区资源流通的必经门户。①

二、大国都市与国家主导构建国际规则：历史经验与现实优势

（一）大国主导国际规则构建：首都或其他大都市的历史经验

国际社会的现行规则是历史性的产物，这些规则从来都不是天然存

---

① ATKearney, 2012 Global Cities Index and Emerging Cities Outlook, p. 5; John Friedmann, “World City Hypothesis, Development and Change,” Vol. 17, No. 1, 1986, pp. 69 – 83; John Friedmann, “Where We Stand: A Decade of World City Research,” in P. L. Knox and P. J. Taylor, eds., World City in a World System, Cambridge: Cambridge University Press, 1995, pp. 21 – 36; David Simon, “The World City Hypothesis: Reflections from the Periphery,” in ibid., pp. 132 – 155.

在的，也不可能永久有效，因此对于规则的构建与革新也是一个历史性的过程，这个过程与近代以来西方大国在全球的权势扩张是相吻合的。历史上的西方大国在每一次国际权力对比发生变动之后，都会迫不及待地要求在本国首都或其他大都市召开国际会议，特别是在国际战争中获胜的西方大国，更是如此；它们之所以如此做，一方面在于逼迫战败国割地赔款，掠夺战争胜利果实，另一方面则是借此时机对国际规则做出构建或修改，从而在更长远的时间内保障本国的利益。虽然割地赔款、强权霸凌的时代已经完全过去，但是历史上这些大国的首都或其他大都市积极利用国力强盛的时机参与构建国际规则的经验，依然是值得借鉴的。

1855 年 9 月，俄军的塞瓦斯托波尔要塞被英法联军攻陷后，克里米亚战争就基本进入尾声，法国皇帝拿破仑三世便开始积极谋划在巴黎召开国际和谈；然而，英国却希望借此良机进一步削弱俄国，从而建立英国在近东地区的绝对海权优势，这是拿破仑三世所不乐见的，于是拿破仑三世很快开始与俄皇亚历山大二世私下沟通，从而达到震慑英国、将其拉回谈判桌的目的。由于法国在整个克里米亚战争期间做出的贡献最大，因此英国、奥地利与奥斯曼土耳其均无法与之单独抗衡，战争和谈毫无意外地被安排在巴黎召开。

1856 年巴黎和会固然是一次大国战争后的媾和会议，但是由于它涉及各方如何在黑海划分势力范围的问题，因此它不可避免地带上了构建海洋航行国际规则的色彩。此前，英国曾经于 1841 年召开伦敦会议，并通过了《伦敦海峡公约》，但该公约并未解决博斯普鲁斯和达达尼尔两海峡在战时的地位问题。巴黎和会期间，法国充分利用了英国与俄国之间的矛盾，最终确定了黑海的永久中立地位，为法国政府接下来主导国际规则构建提供了极好的基础。1856 年 3 月 30 日，《巴黎和约》签署完毕后，法国借此良机，又继续拉拢各国召开新一轮的会议，就海洋航行规则问题展开了新的讨论，并最终通过了《巴黎宣言》，就和平时期与战时海洋航行规则、中立国权利、封锁原则等重大国际海洋规则做出了前所未有的明确规定，[①] 这是法国政府与巴黎和会对于整个国际社会做出的极大积极贡献。

1944 年 7 月，由美国主导的国际货币金融会议在新罕布什尔州布雷顿森林召开，会议建立了以美元为主导的“布雷顿森林体系”。表面上看来，华盛顿未能举办这样一次事关全球金融秩序与规则重建的重大国际会议当属令人遗憾，实际上深究历史会发现，华盛顿对此次会议的召开发挥了关键性的作用，甚至可以说布雷顿森林只不过是一个前台木偶，真正起到作用的会议依然是在华盛顿召开的。早在 1941 年，美国政府就计划在战后重新厘定国际经济秩序，因而由时任财政部长摩根索指示其助手哈里·德克斯特·怀特草拟战后国际货币体制计划，1943 年 4 月美国政府公布此份计划，又名“怀特方案”。然而，“怀特方案”是旧的世界霸权国英国所不能容忍的，英国政府也在同一时间提出了自己的主张——“凯恩斯计划”，两国必须开展协调会谈，到这个时候，美国的影响力便迅速凸显出来了。同年 9 月份，会议被选定在华盛顿召开，倚赖美国战争援助的英国政府根本无力反抗这一安排。美方代表团长即为财政部长摩根索，负责具体谈判细节的首席技术官僚为怀特，联邦政府相关的部门与人员以华盛顿会谈为场合，成功地展示了美国通过战争所积累的财富与国力，而远在伦敦的英国政府几乎很难为赴美代表团提供什么实质性的帮助。很快英国人便认识到了自己国力不足与“客场作战”的艰难，基本上接受了“怀特方案”；到布雷顿森林会议召开之时，其余各国在某种意义上只是为美英两国华盛顿会谈的结果做统一背书而已。[②] 可以说，1943 年 9 月的华盛顿会谈使得美国充分利用了战略大局势与地域场合的优势，成功击退了英国，继而建立起了以自己为绝对核心的国际金融新体系与新规则。另外，在这个谈判的过程中，纽约作为美国乃至全球最重要的金融中心，也发挥了关键性的作用，大量的政府官员前往纽约与华尔街的金融巨鳄展开对话沟通，确保纽约的金融资源

① 参见王绳祖主编：《国际关系史》（第二卷：1814—1871），世界知识出版社，1995 年版，第 186—196 页。

② 参见王绳祖主编：《国际关系史》（第七卷：1945—1949），世界知识出版社，1995 年版，第 40—51 页。

能够完全贴合美国建立战后全球金融霸权的需要。

无论是旧时代的帝制法国，还是20世纪以来的民主制美国，它们都非常了解在构建国际规则的道路上，国家与中央政府要讲求实力优势，相时而动，积极地将此类重任交付于本国首都或其他大都市的手上，而后者则需要充分调动自己的优势，确保协助实现国家战略目标，这二者是相辅相成的。

（二）大国主导国际规则构建：首都或其他大都市的现实优势

总的来说，大国把参与构建国际规则的活动安排在首都或其他具有全球影响力的国际化大都市，在技术层面是外交礼仪的问题，但在更高的战略层面，是涉及会谈能否举行、可否成功、国际规则修改或创新能否实现的重大问题。大国的首都及其所属的其他大都市一般都应具有以下几个重要的功能与特征：

其一，大国的首都或其他大都市是依托强大的国家实力、具有世界性影响力的大城市。当今世界中，经济、贸易与社会合作是整个国际社会最为关心的议题，特别是成立新的贸易合作组织、构建新的贸易合作条款，是当前整个国际规则搭建工作的重中之重。考虑到这样的背景，如果举办城市属于一个默默无闻的小国，或者是某大国中一个名不见经传的偏远小城，在世界经济舞台上几乎并不占有任何抢眼的地位，那么很难相信在这个城市举办的国际规则构建会谈能够真正引起外界的关注或参与兴趣。这就好像全世界的金融投资者都在时刻关注着华盛顿、伦敦、纽约、东京与北京，因为那里有美联储、伦敦交易所、华尔街、日本央行与中国人民银行存在，但鲜有人关心瓦加杜古这样的城市就国际经济合作问题发出了什么样的新呼吁。反过来说，大国的首都或其他大都市之所以能够参与国际关系活动，承办国际规则构建会议，是因为获得了本国中央政府的授权；而任何一个综合国力羸弱的小国，都不大可能有这样的雄心壮志与实力，也更不可能大力支持本国的首都去完成这样的战略性任务。

其二，大国的首都或其他大都市是国家首脑、中央政府、各种部委与各国外交代表的驻节地，还可能会驻有各种重要的跨国政府间或非政府组织。现代外交活动牵涉利益面极广，尤其是涉及国际规则构建问题，本国众多政府部门、各国使馆、国际组织都可能要参与其中，并且需要长时间地沟通与博弈，在某些关键节点还需要最高级官员亲自出面过问。从现实的地理与交通情况来说，这个过程的推进场域只能是大国的首都或其他大都市，如果地点选在小地方，那意味着政府首脑、官员与外交使节们将不得不频繁穿梭于两地之间，既要照顾首都或大都市内本职机构的工作，又要出差到异地从事外交谈判，这对于他们的精力与时间都是极大的挑战。更进一步说，如果这些外交场合讨论的是国际规则构建的问题，那就必须得是大国的首都或其他大都市。因为单就外交驻在机构而言，出于公务支出的考虑，许多国家和国际组织只能确保首先向大国的首都或其他大都市派遣外交代表，当整个国际社会需要共同商讨国际规则问题时，最为省时省力的地点就是大国的首都或其他大都市，因为当地云集了全球几乎所有国家与国际组织的外交代表，在交通与日程安排上是最便利的选择。

其三，大国的首都或其他大都市由于经济实力雄厚，因而拥有发达的交通、酒店、餐饮、礼宾等一系列基础设施条件。构建国际规则，可能是开启一项和平谈判进程，也可能是打算构建一个新的地区或全球自由贸易区，前来参会的当然是各国、各地区的权势或名流人物，仅仅从外交礼仪的角度来说，也需要予以规格的招待。而且，在国际政治中，汉斯·摩根索一直强调帝国要善于使用外交礼仪，这对于感染并说服其他国际参与者，可能具有很重要的作用。① 现代国际社会，当然已经没有了帝国的概念，但是国家，特别是大国的威严与感召力仍然是一项非常重要的软权力。大国在首都或其他具有全球影响力的国际化大都市召开国际会议，是彰显、巩固与提升这种软权力的最佳场合。

其四，考虑到许多国际规则构建涉及停火谈判或和平重建进程，因此会谈的地点必须是大国的首都或其他大都市，以此彰显这类会议浓重

---

① 〔美〕汉斯·摩根索：《国家间政治》，徐昕、郝望、李保平译，北京大学出版社，2006年版，第109—115页。

的政治意味，并且最好是大国的首都，因为大国的首都不仅具有国内层面的政治象征意味，还具有国际政治意义。大国代表着权威与实力，它对国际社会其他成员来说，意味着较高的威信与公信力，这能够让坐下来谈判的冲突各方感到信服，有利于和谈的顺利进行。譬如说，埃及与以色列冲突和解进程中标志性的事件就是1978年戴维营和谈，之所以选择在此地，是因为这里是美国总统的专属度假营，就在华盛顿郊外。在世界上最强大国家的首都郊区举办这样一场和平谈判，象征着美国愿意以自己的实力作保，为冲突双方的和谈提供一个具有威信的保证。

其五，大国的首都或其他大都市通常都是各行业精英集聚之地，具有强大的软实力，特别是在智力与学术层面能够提供强有力的支持。改革任何旧有的国际规则，或者构建新的规则，都涉及极为复杂的国际法、国际商务、跨国公司法务、外交、国际关系、语言翻译等各种各样的学科难题，如果没有足够的高级人才与智力支持，很难想象可以做成什么事情。正如利奥波德·冯·兰克（Leopold von Ranke）指出的那样，路易十四统治下的法国之所以被认为是世界最强国，巴黎被认为是欧洲中心，其中一个重要原因就在于，法语成为一切外交活动与国家间合约的唯一合规语言。[①] 只有拥有充足大学、研究所、智库的大型城市才有可能承担起这样的知识重任，而这正是大国的首都或其他大都市所具备的独特优势。举凡华盛顿、纽约、伦敦、巴黎、东京与北京等世界大国的首都或其他大都市，无一例外都是名校云集，各类公立或私营智库数量众多，人才智力资源也是极为丰富的。

其六，城市要举办国际会议，地方政府官员与民众应当拥有强烈的意愿，愿意支持本国政府或者国际组织在本地举行这样的活动。由于大型国际活动往往涉及交通临时管制、国务招待、外来记者及抗议团体突然大量涌入等问题，对本地居民的日常生活可能会造成相当程度的影响，因此可能会引发当地民众的反感与抵触情绪。现实中就有一些城市的主管官员与民众发起游行示威，坚决反对这样的国际性活动在自己的城市

---

① Leopold von. Ranke, "The Great Powers," translated from the original German in Theodore von Laue, Leopold Ranke, *The Formative Years*, Princeton University Press, 1950, p. 72.

举办。相反，大国的首都或其他大都市都是声名显赫的国际化大都市，他们的官员与居民往往都抱有更加开放与国际化的视野，对于这类国际活动的举办表示很高程度的赞同与支持，甚至会认为这体现了自己的城市对于国际社会的应有责任与贡献。这种来自本地居民的荣誉感与责任感也是非常重要的。

三、主导构建国际规则的西方经验

（一）吸引国际组织入驻本国大都市是大国主导国际规则构建的关键

制定和修改规则，是国际政治中最重要的权力之一。人们经常听到的所谓“国际协调”，说到底，就是某个或某些国家按照一定的想法制定出规则和程序，然后推而广之，令其他国家和国际社会接受。譬如说，美国长期以来是国际规则最重要的制定者，由于它拥有最强大的核力量，因此在主导制定有关核不扩散的国际公约时，美国就可以最大限度地便宜用事，制定出对本国核武库影响最小的国际核不扩散公约。因此，我们可以通俗地说，主动构建国际规则，是一件“既不损人又能利己”的好事情。

在以往，人们普遍认为国际政治是一个无政府状态，基本上是以大欺小、以强凌弱、弱国无外交，但是20世纪中后叶以来，特别是冷战结束以后的这二十多年里，国际规则的作用在呈现加强的趋势，国际制度、国际规范、国际组织的网络向着更广的范围、更深的领域加速扩展。在这个过程中，国际组织或国际合作平台（包括峰会、论坛、部长级会议等各种形式）的作用就越来越重要。

国际政治迄今本质上依然是无政府状态的。在无政府状态的前提下，事实就是在缺乏超国家中央权威的背景下，民族国家间由于沟通的不畅或信息扭曲，很难形成互信。因此，对此困境的唯一解决的办法是求助于第三方面调解、集体行动或相关国际机构。虽然这些措施或机构都不能以超国家中央权威的角色对当事国做出义务性的要求，但是至少在解决信息不畅或失灵问题上起到了巨大的改善作用，并提供一定程度的外部保障，

譬如说，在国际政策安全领域，联合国安理会包括国际原子能机构在起作用；在国际经贸领域，WTO包括新一轮的多哈回合谈判在起作用；在气候、环保、生态领域，从《京都议定书》到哥本哈根进程再到《巴黎协定》，预示着未来国际气候、生态、环境的领域会有越来越多的规范，约束各个国家、各种行为体、各个利益集团的行为，甚至在文化、公民权利、社会领域我们也看到了日益增多的规范、要求、国际法的准则。国际组织成为连接国家和国际规则的关键，乃至唯一的场所，没有国际组织这样的场合，想对国际规则采取行动，是非常困难的事情。

按照这个逻辑来看，想要主导对国际规则的修订、废止或创新，单靠一国或几个国家的力量是不可能实现的，必须依靠国际组织这样的对话平台。规则通过国际组织提出，在国际组织内获得世界各国的共同认可，由国际组织负责监督实施，这是一个完整的流程。如果想靠一国力量去强行改变现有的国际规则或者创建新的规则，几乎就等同于单边主义的错误做法。因此，国际组织可以说是衡量大国主导国际规则构建能力及影响力的最好的测量器。有没有重要的国际组织入驻，已经成为衡量大国的首都或其他国际化都市，乃至整个国家的国际影响力和竞争力的重要指标。

重要国际组织承载的国际活动、国际会议、国际展览、国际交流已被世界各国公认是“城市的面包”，尤其是带有经贸、科技、文化背景的国际活动，由于其能够聚集大量国际高端资源，已成为全球发展的新的增长点。随着全球化和相互依赖的日益加深，大国的首都或其他国际化大都市已经成为国际机构聚集之地。这些国际机构既包括国家层面的外交机构，还包括一系列官方与非官方的国际组织和国际商业机构等。国际组织入驻某一个城市，不仅能够体现出这座城市的对外吸引力，而且还能够彰显这座城市在世界范围内的国际影响力。通过吸引众多国际组织入驻，在进一步提升所在国的外交水平和国际影响力、塑造更强大的国际形象的同时，也将这一行动作为推进城市国际化建设的战略目标。

从衡量国际化水平及、外开放程度和综合竞争力的重要指标来看待，拥有大量活跃的国际组织和非政府组织是国际化大都市的共同特征，也是其作为国际交往中心城市的重要特征。国际组织对促进城市发展、提高城市全球影响力所具有的意义重大，也是许多国际性城市强烈希望国际组织总部入驻的原因。

（二）国际组织入驻西方大国首都或大都市的现状统计

一座城市所具有的国际影响力与其拥有的国际组织机构数量密切相关。国际组织分布前 10 位的城市依次是：巴黎、布鲁塞尔、伦敦、罗马、日内瓦、纽约、华盛顿、斯德哥尔摩、维也纳、哥本哈根。这些城市都是国际社会和各自国家的中心城市。

我们详细统计了巴黎、纽约、伦敦、华盛顿、布鲁塞尔、日内瓦六座西方世界久负盛名的国际化大都市中国际组织的驻在情况，其中有美国、法国、英国的“首都”，有纽约这种国际化大都市（事实上它承担了美国的经济首都的职责），也有布鲁塞尔与日内瓦这两座情况略显特殊的城市。

在世界所有城市中，布鲁塞尔拥有的国际组织总部数量最多。据 2016 年的数据统计驻在布鲁塞尔的国际组织或机构有 3063 个，其中政府间组织 305 个，欧洲联盟和北大西洋公约组织的总部都在这里，加之每年名目繁多的国际会议在此召开，布鲁塞尔享有“欧洲首都”的美誉。虽然布鲁塞尔名义上只是小国比利时的首都，但事实上由于它也是欧盟的“首都”，因此它背后所代表的政治实体是一个经济总量雄踞世界第一的国家联合体，将其视为另一种意义的大国首都，丝毫不为过。

日内瓦的情况则更为特殊，虽然从面积、人口、军事水平等硬实力方面来看，瑞士很难被视为大国，但是从其他的角度来说却并非如此。瑞士自 1815 年后从未卷入过国际战争，但瑞士实行积极外交政策且频繁参与世界各地的重建和平活动。依照人均国民生产总值，瑞士是世界最富裕的国家之一，同时瑞士人均财富也居世界首位。依国际汇率计算，瑞士为世界第 19 大经济体；以购买力平价计算则为世界第 39 大经济体；

出口额及进口额分别居世界第20位及第18位。瑞士的私人银行业务和国际贸易融资极为发达，全球许多大公司的总部或欧洲总部均设立于此，因此瑞士实际上扮演了一个异乎寻常的“小国巨责”的角色。日内瓦因此可以被视为欧洲乃至全球一个重要的国际化大都市与政治经济中心，更遑论其本身就具有的“小联合国”驻在地的角色。

（三）通过国际组织助力本国主导国际规则构建的西方经验：以伦敦与国际海事组织为例

国际规则是一种极为重要的国际公共产品，它是能为国际社会所有成员享用的东西。国际公共产品当然包括许多种，譬如说国际组织和机构掌管并使用的基金、储备、股权、债务或期权，或者是以粮食、石油和各种物质形态表现的国际援助，但是就作用与影响力而言，国际规则类公共产品对于整个国际社会的意义更大。国际规则是国际社会为了稳定国际秩序（包括经济秩序、政治秩序、安全秩序，或者是环保秩序、救助秩序、交往秩序等）、促进共同发展或提高交往效率等目的而建立的有约束性的制度性安排或规范。由于国际间缺乏统一的政府和法律，也因为大家都感受到国际无政府状态的严重性，各国约定了国际协调和合作的各种方式，并以国际规则的形态将这些约定固定下来，使之成为在国际事务中共同遵守的东西。由此，我们见到了各种各样、不同领域的国际规则。国际规则的制定与执行，需要实体性的国际组织来承担，而这个组织位于哪个国家，哪个国家往往就能够取得该领域的主要发言权与影响力。从海事领域国际组织与国际规则构建的历史案例来看，英国成功地争取到国际海事组织的总部定于伦敦，既是体现了当时英国海上霸权，也进一步增强了英国在海洋领域的权威。

海事是指关于人和船在何种航行环境下进行哪些水上活动的事务。一方面，国家海事部门、海事类国际组织与海事类国际公约共同构成了国际社会对于海洋安全的海事保障；另一方面，海上安全保障与海洋环境保护则是国际社会海事合作的主要内容。当前，海事类国际组织主要包括政府间与非政府间两种。前者主要有国际海事组织、与国际海事组织有合作协议的政府间国际组织[①]以及海事议程嵌入的国际机制[②]；后者则主要是在国际海事组织中享有咨询地位的非政府间国际组织[③]。

毫无疑问，国际海事组织（International Maritime Organization，IMO）是所有海事类国际组织中最为核心的构成角色。国际海事组织是根据联合国1948年3月6日在日内瓦通过的《政府间海事协商组织公约》成立的，[④] 它是联合国框架下负责船舶航行安全和防止船舶海洋污染的专门机构，总部位于英国伦敦。[⑤]（组织机构如图4－1所示）

国际海事组织在创建之时，英国为了确保该组织能够落户伦敦，开展了大量的工作，同时也竭力利用自己二战后尚存的国际影响力，特别是海洋航行方面的传统权威，最终实现了该目标。国际海事组织后来的发展证明，英国政府与伦敦的这一决策极为高明又富有战略前瞻性，国际海事组织成为国际海事领域最重要的国际规则制定者与执行者，英国在制定与执行规则的过程中得以发挥关键性的指导作用。

国际海事组织的宗旨是为促进各国间的航运技术合作，鼓励各国在促进海上安全、提高船舶航行效率、防止和控制船舶对海洋污染方面采取统一的标准，处理有关的法律问题。此外，除了国家海事部门和海事类国际组织与机制等海洋安全的海事保障力量外，海事类国际公约也为海洋安全的海事保障提供了坚实的法律支撑。据统计，截至2015年12

---

① 据统计，截至2015年3月，与国际海事组织有合作协议的政府间国际组织共有61个。这些国际组织包括：（1）地区海事组织，如防止黑海污染委员会；（2）专业海事类国际组织，如国际海道测量组织；（3）以及与国际海事组织有功能性合作的政府间国际组织，如欧盟委员会。详细统计数据，参见大连海事大学编：《国际海事组织概览》，大连海事大学出版社，2016年版，第136—138页。

② 如东盟海事论坛、APEC海洋部长会议等。相关研究参见周玉渊：《东南亚地区海事安全合作的国际化：东盟海事论坛的角色》，载《外交评论》2014年第6期，第140—156页；国家海洋局海洋发展战略研究所课题组：《中国海洋发展报告（2014）》，海洋出版社，2014年版，第3—15页。

③ 据统计，截至2015年3月，在国际海事组织享有咨询地位的非政府间国际组织共有77个。详细统计数据参见大连海事大学编：《国际海事组织概览》，第139—141页。

④ 时称“政府间海事协商组织”（Inter－Governmental Maritime Consultative Organism，IMCO），后根据1982年5月22日生效的该公约修正案更名为“国际海事组织”（IMO）。参见国际海事组织网站，http://www.imo.org/en/About/HistoryOfIMO/Pages/Default.aspx。

⑤ 参见国际海事组织网站，http://www.imo.org/en/About/Pages/Default.aspx。

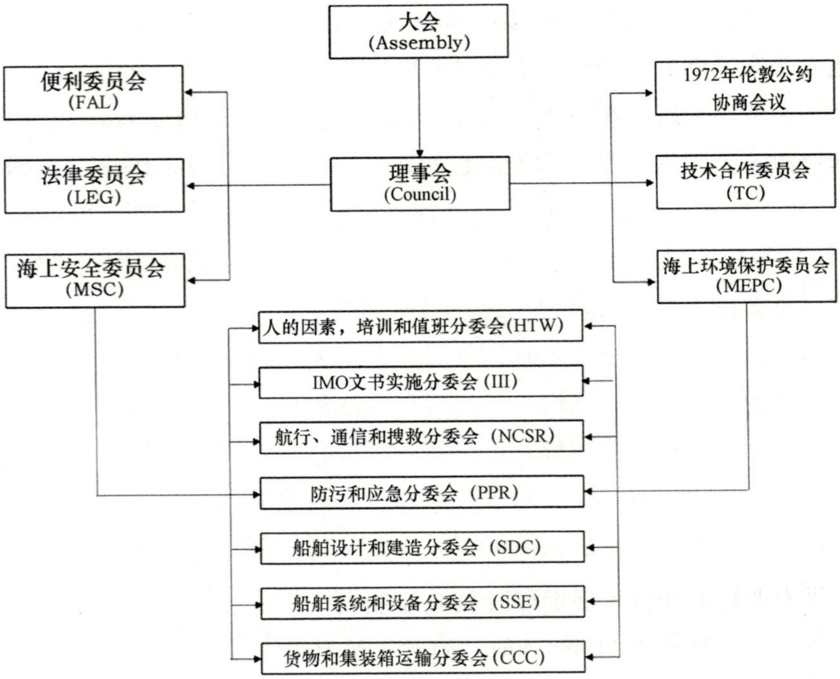

图 4－1 国际海事组织机构图

资料来源：国际海事组织官方网站，“Structure of IMO,” http://www.imo.org/en/About/Pages/Structure.aspx；大连海事大学编：《国际海事组织概览》，第 4 页。

月 22 日，国际社会共达成 60 份海事类公约、议定书和修正案。① 它们在规范航行行为、明确搜救职责、防止海洋污染等海洋安全的海事保障方面也发挥着重要作用。

国际海洋安全与国际海洋合作是后冷战时代海权国际观的重要内容，② 它涉及跨国犯罪、国际公共领域安全和全球安全问题等多个全球安全治理议题，以及非传统海洋安全问题、海洋健康问题、气候变化与

---

① 大连海事大学编：《国际海事组织概览》，大连海事大学出版社，2016 年版，第 146—148 页。

② 杨震：《后冷战时代海权发展演进探析》，载《世界经济与政治》2013 年第 8 期，第 110—111 页。

海洋关系问题等多个全球海洋治理议题。[①] 具体到海事议题领域，位于伦敦的国际海事组织在以下海事领域发挥了不可或缺的关键性作用。

第一，生命安全捍卫。1912 年 4 月 14 日发生了震惊世人的泰坦尼克号客轮沉没事件，这次海难直接催生了第一个关于海上生命安全的国际公约，即 1914 年的《国际海上生命安全公约》（SOLAS）。[②] 自此，国际社会陆续签订了 1979 年的《国际海上搜寻救助公约》（SAR）[③] 等国际公约，并建立了一系列多边协调机制。在此基础上，国际社会在海上搜寻和救助所涉及的信息传递与情报共享、分工协作与力量整合、搜救区划与联合行动、应急处理与国际协调、机制建设与联合演习等多个领域展开了充分的国际合作。

第二，船舶安全把关。对于船舶安全的把关工作来说，主要分为对船舶本身的资质核检以及对船舶操作的人员培训两个主要方面。前者包括提供专业标准和技术援助以及核验船舶安全系统等，船级社及船检机构就是相应的负责部门。[④] 目前，船舶入级制度是国际通行的质量认证体系，国际船级社（IACS）和各国船级社也在技术标准、船舶检验、船级服务等方面展开一系列的国际合作。后者则包括对船员、海员、引航员、磁罗经校正员等人员的培训和管理。总的来说，目前关于船舶安全的国际合作主要表现为各国国内做法的国际化（即立约与规范扩散）和国际做法在各国的国内化（即履约与规范内化）。

---

① 关于全球安全治理的议题分类，参见李东燕：《全球安全治理与中国的选择》，载《世界经济与政治》2013 年第 4 期，第 44 页；关于全球海洋治理的议题分类，参见黄任望：《全球海洋治理问题初探》，载《海洋开发与管理》2014 年第 3 期，第 52—54 页。

② 《国际海上生命安全公约》自缔结以来，历经了 1929 年、1948 年、1960 年、1974 年的多次修改和更新。目前，对各缔约国有约束力的是 1974 年《国际海上生命安全公约》及各修正案。参见国际海事组织网站，http：//www. imo. org/en/KnowledgeCentre/ReferencesAndArchives/HistoryofSOLAS/Pages/default. aspx。

③ 该公约于 1979 年 4 月 9—27 日在汉堡召开的国际海上搜寻救助会议上议定，以促进开展搜寻和营救海上遇险人员的国际合作。参见国际海事组织网站，http：//www. imo. org/en/About/Conventions/ListOfConventions/Pages/International – Convention – on – Maritime – Search – and – Rescue –（SAR）. aspx。

④ 目前，各国政府船舶检验机构和船级社的关系分为二者相互独立、船级社隶属于政府领导并受其保护、和合二为一等三种基本模式。参见于峰：《国际船级社协会简介》，载《航海科技动态》2000 年第 4 期，第 11—12 页。

第三，航行环境维护。海事工作的一个重要内容就是维持井然有序的航行环境。因此，海盗[①]、海上恐怖主义[②]、危及大陆架固定平台安全的非法活动等海上犯罪行为就是国际社会坚决反对和强力打击的对象。目前，国际社会在这一问题上缔结的国际条约主要有国际海事组织框架下的《罗马公约》[③]《吉布提行为守则》[④]《亚洲地区反海盗及武装劫船合作协定》等地区国家间的国际合作协定。

另外，在英国政府的大力推动下，国际海事组织还就海洋环境保护问题展开了大量的国际合作，在此过程中，同样催生了一大批国际准则、规章制度，使得英国成为该国际议题合作中的执牛耳者。

维持清洁的海洋环境、防治海洋污染、保护海洋生态的可持续发展就是国际海事合作不可回避和必须重视的重要议题。[⑤] 根据国际海事环保的时间线索，可以将这方面的国际合作分为预防管理和应急处理和两个方面。

第一，预防管理。目前，海洋污染物的种类主要有石油及其化工产品、重金属和酸碱、农药、有机物质和营养盐类、放射性核素、固体废

---

① 关于海盗问题的危害和影响，参见王历荣：《国际海盗问题与中国海上通道安全》，载《当代亚太》2009 年第 6 期，第 123—128 页。关于具体案例的详细分析，参见薛力：《马六甲海峡海盗活动的趋势与特征——一项统计分析》，载《国际政治研究》2011 年第 2 期，第 135—157 页。

② 关于海上恐怖主义的类型、危害与应对，兰德公司（RAND）在一份研究报告中进行了详细论述。参见 Michael Greenberg, et. al, *Maritime Terrorism: Risk and Liability*, RAND Center for Terrorism Risk Management Policy, 2006, http://www.rand.org/content/dam/rand/pubs/monographs/2006/RAND_MG520.pdf。

③ 1988 年 3 月，国际海事组织在罗马召开高级别会议，审议并通过了《制止危及海上航行安全非法行为公约》（简称《罗马条约》），以防止一切危及海上航行安全的非法行为，并对凶犯起诉和加以惩罚。

④ 2009 年 1 月，国际海事组织在吉布提召开了高级别会议，就解决索马里沿岸和亚丁湾海域的海盗和海上武装抢劫问题，达成了一些旨在预防、制止和打击这些行为的区域协定《关于打击海盗及海上武装抢劫的行为守则》（简称《吉布提行为守则》）。

⑤ 参考 2000 年起施行的《中华人民共和国海洋环境保护法》对于海洋环境保护工作的原则界定，该法将海洋污染分为陆源污染、海源污染、普通船舶污染、渔船污染和军船污染，由此分别对应环保、海洋、海事、渔业和军事部门等具体部门。参见于洋：《海洋环境保护纵向职责体系研究》，载《太平洋学报》2016 年第 6 期，第 71—79 页。笔者将国际海事合作中海洋环保的内容限定为应对涉船部分的海洋污染。

物、废热等。[①] 其中，水上航行事故和非法海上运输是造成海洋污染的重要来源之一。为此，国际社会以《联合国海洋法公约》及其相关条款等国际安排来进行事前预防。此外，国际海事组织还制定了《国际海上危险货物运输规则》（IMDG Code）并设立了船舶活动的海洋特别保护区，一方面规范海上货运规则和交通秩序，另一方面也在有关海区适用特别的排放限值、航行管制措施和航行报告制度以提前预防和避免航行活动造成的海洋污染。在此基础上，国际社会就海事环保的预防管理逐渐形成了两种协调机制——基于法律拟制区域的协调机制和基于生态系统的协调机制。[②]

第二，应急处理。以海上溢油事故的应急处理为例，1990 年 11 月 19—30 日，国际海事组织在伦敦召开的外交会议上顺利通过了《国际油污防备、反应和合作公约》（OPRC）。该公约不仅要求各缔约国把建立国家溢油应急反应体系和制订溢油应急计划作为履行公约的责任和义务，而且还要求各缔约国将进行国际间的溢油应急合作也纳入这一范围中来，这就使得那些还不完全具备溢油应急资源和应急技术的国家和地区得以在溢油事故发生时从有能力的缔约国方面获得设备和技术的支持与援助，从而为应急处理溢油事故的国际合作奠定了坚实基础。

综上，围绕着以海上安保和海洋环保为主要内容的国际海事议题，国际海事组织提供了国际沟通平台并发挥着国际协调作用。在此基础上，国际社会就海洋问题领域内的安全议题展开了丰富而扎实的国际海事合作。对于海事保障及其国际合作来说，国家海事部门就是其重要的主体对象，而海事类国际组织与公约则是其主要的国际平台，英国政府当年促成国际海事组织成功落户伦敦，并在此之后多次召开伦敦外交会议，制定出了一大批国际准则，发起签署了一大批国际海事合作条约，将国际海事组织位于本国的地理区位优势发挥到了极致，既增强了本国对国际海事合作领域议题与规则构建的主导权，又提升了国际海事组织的全

---

① 《海洋污染物的分类》，中国海洋在线网，2015 年 4 月 21 日，http：//www. oceanol. com/zhuanti/hyst/wrwly/2015 - 04 - 21/43724. html。

② 管松：《航行权与海洋环境管辖权冲突的协调机制研究——兼论建立南海协调机制的构想》，载《国际关系与国际法学刊》2013 年第 3 卷，第 123—125 页。

球影响力，实现了二者之间的相辅相成，互利共赢。

四、北京对外交往工作的既有成果与不足

全球化的发展催生了经济、文化和政治要素的全球扩张，促使各国城市在全球化浪潮中广泛展开国际交往。北京作为中华人民共和国的首都，在改革开放后，充分利用自身条件，发挥有利的政治优势和地缘优势在国际化进程中扩大对外交往，在提升城市竞争力和影响力等方面做了有益探索。尤其是2005年提出建设“世界城市”，之后又提出建设“国际交往中心”的战略发展目标，北京市围绕建设这两个目标，对外交往活动蓬勃开展，对外交往工作取得了很大的成绩，国际地位、国际影响力、国际知名度与日俱增。

（一）21世纪以来北京市对外交往状况分析

21世纪以来，北京市对外交往迅速发展、交流领域不断拓展、涉外环境持续改善、国际影响日益扩大、外事管理规范有序。对外交往总体呈现出全方位开放、多层次交流、宽领域合作、布局合理、形式多样、蓬勃发展的良好局面。通过考察，可以发现，北京市对外交往直接服务于国家总体外交，体现了北京作为全国政治中心、文化中心、国际交往中心和科技创新中心的首都核心功能定位；北京市友城工作以促进首都经济社会发展为出发点和落脚点，为首都经济建设、政治建设、文化建设、社会建设和生态文明建设发挥了积极的作用，为落实和强化首都四个战略功能定位创造了有利外部条件；北京市积极组织并参与大型国际活动，大力参与国际合作与竞争，大大推进了中国特色世界城市的建设进程。

1. 发挥首都独特优势，积极服务国家总体外交

首都城市的特殊性决定了首都对外交往工作既是国家总体外交在地

方的延伸，又是国家总体外交的重要组成部分。作为首都，北京市对外交往对象遍布世界五大洲，绝大多数是所在国家的首都或中心城市。发挥首都独特优势、积极服务国家总体外交是北京作为首都这一角色定位开展对外交往工作的首要任务。做好首都对外交往工作必须坚持和维护国家外交大政方针，时刻与中央在思想上、行动上保持一致，确保首都对外交往工作不折不扣地落实国家外交决策部署。一直以来，北京市充分发挥首都城市的特殊性和对外交往的独特优势，依托友城渠道和友城资源，圆满完成中央交办的各项外交外事任务。

维护国家主权、安全和核心利益。北京市在对外交往过程中与中央保持高度一致，严格执行中央外交方针政策，切实维护国家主权、安全和核心利益，充分利用友城渠道加强对敌对势力的防范，主动宣传我原则立场，配合中央有理、有利、有节地开展涉外斗争。比如，英国伦敦市市长、韩国首尔市市长、德国科隆市市长、加拿大渥太华市市长、澳大利亚新南威尔士州州长等代表团访京期间，北京市分别就敏感问题和重大关切做外方工作，外方均做出明确、积极的回应。[①] 2008 年 4 月 22 日，北京市外办通过驻法使馆及法国媒体网站获悉，巴黎市议会通过巴黎市长提议授予达赖巴黎“荣誉市民”称号的提案。郭金龙及杜德印分别致函巴黎市市长及市议会主席，对此表示强烈不满和坚决反对，并通过相关市属媒体发表了《北京市坚决反对巴黎市授予达赖“荣誉市民”称号的公开声明》。[②]

认真落实国家领导人出访成果，配合国家总体外交。落实时任国务院总理温家宝 2010 年访问土耳其成果，参与“2012 土耳其中国文化年”活动，主办“魅力北京”图片展和“北京之夜”文艺演出。落实 2010 年时任国家副主席习近平访问白俄罗斯成果，推动住总集团和首旅集团等企业在明斯克市投资建设明斯克“北京饭店”，并列入中白两国重点

① 《关于北京市国际友好城市工作情况的报告》，北京市人民代表大会常务委员会公报（2014 年第 2 号），http：//fuwu. bjrd. gov. cn/rdzw/information/exchange/bulletinwords. do? method = showInfo-Web&Id = 2014975#。

② 北京市外事办公室：《外事年鉴——2009 年对外交往》，http：//www. bjfao. gov. cn/zwgk/wsnj/2009/11204. htm。

经贸合作项目清单，目前该项目已竣工交付使用。落实2013年李克强总理访印成果，与印度德里邦缔结友好城市关系。

承担大量高规格国际接待是北京作为首都的一大特色。进入21世纪后至北京奥运会前，北京接待国宾、党宾及副总理级以上重要团组共计1654批，相当于20世纪80年代与90年代接待量总和的1.5倍。①

从2000年至2013年，北京市协助外交部等中央有关单位接待副总理级以上党宾国宾团组的数量，呈总体上升趋势（详见表4－2），这与国家日益融入经济全球化、扩大对外交往的背景是相吻合的。

表4－2 2000—2013年北京市接待国际团组的数量统计②

年 份	2000	2001	2002	2003	2004	2005	2006
团组数	144	146	127	132	142	179	204
年 份	2007	2008	2009	2010	2011	2012	2013
团组数	210	444	285	279	223	155	226

积极参与国家间重大交流活动。在充分发挥首都的历史、文化和旅游资源优势基础上，北京市积极参与中国与俄罗斯、德国、澳大利亚、土耳其、希腊等国举办的国家年活动。习近平主席在俄罗斯“中国旅游年”开幕式上对北京市与友城莫斯科市组织的普通家庭民宿旅游活动给予充分肯定，并评价说：“这些中俄家庭就像亲人一样一起生活，结下了深厚友谊，分别时都依依不舍。我相信，他们都会把这一段美好的经历永远珍藏在心中。”③

此外，依托中德建交40周年和德国“中国文化年”活动，分别在友好城市柏林市和科隆市举办文化演出、青少年交流和中医药推广等活动，

① 田勇：《北京市外事工作六十年》，北京市地情资料网，http：//www.bjdfz.gov.cn/ShowNewsLevel3.jsp？NewsID＝1548。

② 此表根据《北京外事年鉴》历年数据整理；2004年的数据为外国市级团组数；其他年份数据为外国党宾、国宾团组数

③ 《习近平在俄罗斯中国旅游年开幕式上的致辞》，http：//news.xinhuanet.com/politics/2013－03/23/c_124494045.htm

推动北京市与柏林市和科隆市的友好城市关系迈上新台阶。2012 年在澳大利亚悉尼歌剧院举办庆祝中澳建交 40 周年专场音乐会，澳大利亚前总理霍克观看了音乐会，澳大利亚总理杰拉德为演出发来贺信。为表彰北京市与巴黎大区在推进中法双边合作、发展两国关系方面做出的特殊贡献，2010 年 6 月第三届中法地方政府合作高层论坛授予本市与巴黎大区“中法地方政府合作奖”。

2. 发展友好城市关系，为首都建设创造有利外部条件

北京市于 1979 年与日本东京都缔结了友好城市，开启了北京市发展国际友好城市的先河。经过三十多年的发展，北京市按照“布局合理、规模适当、重在实效”的友城发展原则，稳步扩大友城规模，不断优化友城布局。尤其是《北京市“十二五”时期外事工作发展规划》和《北京市“十二五”时期国际友好城市工作发展规划》发布以来，北京市友城工作按照以服务国家外交全局为核心，以促进首都经济社会协调发展为出发点和落脚点，以高层互访为契机，以体制机制创新为动力，以统筹友城资源为抓手，以促进务实合作为目标，友城工作取得了新发展和新成效。

2000 年以来，北京市先后与澳大利亚首都地区、西班牙马德里自治区、希腊雅典市、匈牙利布达佩斯市、罗马尼亚布加勒斯特市、古巴哈瓦那市、菲律宾马尼拉市、英国伦敦市、埃塞俄比亚亚的斯亚贝巴市、新西兰惠灵顿市、芬兰赫尔辛基市、哈萨克斯坦阿斯塔纳市、以色列特拉维夫市、智利首都大区、葡萄牙里斯本市、阿尔巴尼亚地拉那市、卡塔尔多哈市、哥斯达黎加圣何塞市、墨西哥墨西哥城、爱尔兰都柏林市、丹麦哥本哈根市、澳大利亚新南威尔士州、印度德里邦、伊朗德黑兰市、蒙古国乌兰巴托市和老挝万象市等 26 个首都城市或中心城市缔结友好城市，新缔结的友城实现了中印友城零的突破，强化了欧洲、美洲友城网络，进一步健全了首都全方位、多层次、宽领域的对外交往格局，友城布局更趋合理，友城交往质量进一步提升。

截至 2015 年 4 月，北京已与全世界 47 个国家的 52 个城市建立友好城市关系（见表 4 - 3），其中，欧洲 21 个，占 40.38%；亚洲 15 个，占

28.85%；美洲10个，占19.23%；非洲和大洋洲各3个，占11.54%。[1]此外，与英国威尔士、意大利米兰、韩国釜山等13个城市建立了密切的友好交流关系。目前，友好城市交往已经突破了市长互访和考察交流的基本模式，实现了经济合作、文化体育交流等多方位、立体化的方向转变，日益成为北京市对外交往的重要渠道，对外交流的层次从市级扩大到市属局级单位、各区县和民间团体；对外交流的范围从以人员往来、物品互赠为主扩展发展为以信息交流、技术合作为主；对外交流的领域从传统的文化、体育、教育、经贸逐渐扩大到环境保护、市政管理、城市交通、社会福利等领域。

表4-3 北京市友好城市统计表

	城市	国家	所属洲	缔结日期
1	东京都	日本	亚洲	1979.03.14
2	纽约市	美国	北美洲	1980.02.25
3	贝尔格莱德市	塞尔维亚	欧洲	1980.10.14
4	利马市	秘鲁	南美洲	1983.11.21
5	华盛顿特区	美国	北美洲	1984.05.15
6	马德里市	西班牙	欧洲	1985.09.16
7	里约热内卢市	巴西	南美洲	1986.11.24
8	巴黎大区	法国	欧洲	1987.07.02
9	科隆市	德国	欧洲	1987.09.14
10	安卡拉市	土耳其	亚洲	1990.06.20
11	开罗省	埃及	非洲	1990.10.28
12	雅加达省	印度尼西亚	亚洲	1992.08.04
13	伊斯兰堡市	巴基斯坦	亚洲	1992.10.08
14	曼谷市	泰国	亚洲	1993.05.26
15	布宜诺斯艾利斯市	阿根廷	南美洲	1993.07.13
16	首尔特别市	韩国	亚洲	1993.10.23

① 北京市外事办公室：《友好城市名录》，http://www.bjfao.gov.cn/yhjw/city/sistercity/10230.htm

续表

	城市	国家	所属洲	缔结日期
17	基辅市	乌克兰	欧洲	1993. 12. 13
18	柏林市	德国	欧洲	1994. 04. 05
19	布鲁塞尔大区	比利时	欧洲	1994. 09. 22
20	河内市	越南	亚洲	1994. 10. 06
21	阿姆斯特丹市	荷兰	欧洲	1994. 10. 29
22	莫斯科市	俄罗斯	欧洲	1995. 05. 16
23	巴黎市	法国	欧洲	1997. 10. 23
24	罗马市	意大利	欧洲	1998. 05. 28
25	豪登省	南非	非洲	1998. 12. 06
26	渥太华市	加拿大	北美洲	1999. 10. 18
27	首都地区	澳大利亚	大洋洲	2000. 09. 14
28	马德里自治区	西班牙	欧洲	2005. 01. 17
29	雅典市	希腊	欧洲	2005. 05. 10
30	布达佩斯市	匈牙利	欧洲	2005. 06. 16
31	布加勒斯特市	罗马尼亚	欧洲	2005. 06. 21
32	哈瓦那市	古巴	南美洲	2005. 09. 24
33	马尼拉市	菲律宾	亚洲	2005. 11. 14
34	伦敦市	英国	欧洲	2006. 04. 11
35	亚的斯亚贝巴市	埃塞俄比亚	非洲	2006. 04. 17
36	惠灵顿市	新西兰	大洋洲	2006. 05. 10
37	赫尔辛基市	芬兰	欧洲	2006. 07. 14
38	阿斯塔纳市	哈萨克斯坦	亚洲	2006. 11. 16
39	特拉维夫市	以色列	亚洲	2006. 11. 21
40	首都大区	智利	南美洲	2007. 08. 06
41	里斯本市	葡萄牙	欧洲	2007. 10. 22
42	地拉那市	阿尔巴尼亚	欧洲	2008. 03. 21
43	多哈市	卡塔尔	亚洲	2008. 06. 23
44	圣何塞市	哥斯达黎加	北美洲	2009. 10. 17
45	墨西哥城	墨西哥	北美洲	2009. 10. 19
46	都柏林市	爱尔兰	欧洲	2011. 06. 02

续表

	城市	国家	所属洲	缔结日期
47	哥本哈根市	丹麦	欧洲	2012.06.28
48	新南威尔士州	澳大利亚	大洋洲	2012.08.03
49	德里邦	印度	亚洲	2013.10.23
50	德黑兰市	伊朗	亚洲	2014.02.27
51	乌兰巴托市	蒙古国	亚洲	2014.08.17
52	万象市	老挝	亚洲	2015.04.24

在经济交流方面，北京市与友城之间大力开展经贸合作，为北京市各类市场主体开拓国际市场搭建平台，友城成为北京市企业“走出去”和吸引国际资源的重要渠道。郭金龙同志访问友城期间，促成了北京银行与ING国际集团、北汽福田与莫斯科市政府等多个合作项目，并出席在阿姆斯特丹、里约热内卢等友城举办的企业洽谈会、京交会推介会等大型经贸活动，为企业开展国际合作创造条件。刘淇同志任市委书记期间访问缅甸，较好地解决了北汽福田公司在缅甸投资遇到的经营壁垒问题。王安顺市长深入考察美国风险投资、高科技产业和产学研合作相关情况，推动北京市与美国地方政府、金融机构以及科技企业深入开展互利合作，加快了“环球影城”落户通州的进程。

2009—2014年，北京市共接待市级友城来访团组177批次，取得合作实效。[①] 新西兰惠灵顿市市长访京期间，促成大兴庞各庄—新西兰农业产业园项目；加拿大渥太华市市长访京期间，促成加方4个高科技项目入驻中关村发展集团—渥太华国际孵化中心；在澳大利亚新南威尔士州州长、韩国首尔市市长、瑞士日内瓦州州长和德国科隆市市长访京期间，组织了经贸投资洽商和旅游推介等活动，以此推动友城间经贸合作。通过与美国华盛顿特区的友城关系，促成了国航开通北京至华盛顿直航，

① 《关于北京市国际友好城市工作情况的报告》，北京市人民代表大会常务委员会公报（2014年第2号），http：//fuwu. bjrd. gov. cn/rdzw/information/exchange/bulletinwords. do？method = showInfo-Web&Id =2014975#。

有力促进了双向旅游和商务活动，推动中关村9家高科技企业在华盛顿开设分支机构，以更好地开拓北美市场。

目前来看，北京市友城工作以促进首都经济社会发展为出发点和落脚点，大力吸引了符合首都功能定位和发展需要的人才、资本、技术、管理等高端资源，为首都经济建设、政治建设、文化建设、社会建设和生态文明建设发挥了积极的作用，为落实和强化首都四个战略功能定位创造了有利的外部条件。

3. 组织参与大型国际活动，积极参与国际合作与竞争

作为中国的国际交往中心，北京近年来承担了越来越多的大型国际活动的举办，尤其是重要的国际性会议。仅以2012年为例，北京市共举办城市可持续发展北京论坛、普利兹克建筑奖颁奖典礼、京交会等51场重大涉外和国际活动。北京市共审复各单位申办、举办国际会议与国际活动的申请56场，为来自33个国家的253批次661名外宾办理来京出席国际会议（活动）的邀请函。[1]（2008年至2014年北京组织、参与的重大国际会议参见表4－4）这一增长趋势近年来得以平稳保持。

在国际论坛与峰会涉及的议题上也逐渐呈现百花争鸣的格局，涉及领域极为丰富。

表4－4　2008年至2014年北京市组织、参与的重大国际性会议一览表[2]

年份	重大国际性会议或论坛
2014	APEC峰会、世界旅游城市联合会2014北京香山旅游峰会、世界种子大会、世界葡萄大会、世界广告大会、中国（北京）跨国技术转移大会、2014金融街论坛暨第十届北京国际金融博览会、中国北京国际文化创意产业博览会、中国北京国际魔术大会、北京国际图书博览会、北京国际武术文化交流大会

① 北京市外事办公室：《2013年外事综述》，http：//www.bjfao.gov.cn/zwgk/wsnj/index.htm。

② 本表系根据《北京年鉴》（2009—2014）相关数据整理而成。

续表

年份	重大国际性会议或论坛
2013	亚太经合组织（APEC）非正式高管会、中国（北京）国际园林博览会、首届联合国教科文组织创意城市北京峰会、中国（北京）国际服务贸易交易会（简称京交会）、第二届金融街论坛、2013年世界女子水球联赛总决赛（首次落户北京）、第十七届国际“奥林匹克竞技体育与大众体育”科学大会（首次在亚洲召开）、第八届世界数独锦标赛和第二十二届世界谜题锦标赛（中国首次举办）、首届全球学习型城市大会、世界智力精英运动会、中国北京国际科技产业博览会、中国北京国际文化创意产业博览会、北京国际图书博览会
2012	首届中国（北京）国际服务贸易交易会（简称京交会）、城市可持续发展北京论坛、普利兹克建筑奖颁奖典礼、世界草莓大会、世界旅游城市联合会（成立）、世界智力精英运动会、世界知识产权组织保护音像表演外交会议、首届金融街论坛、北京国际数独大奖赛、首届中国北京魔术大会、首届国际动漫博览会、北京国际图书博览会、中国北京国际文化创意产业博览会、北京国际电影节、中国北京国际科技产业博览会
2011	国际休闲产业论坛、世界群众体育大会、首届世界智力精英运动会、世界漫画大会、首届国际学生北京夏令营、北京国际金融博览会、中国北京国际科技产业博览会、北京国际旅游博览会、中国北京国际文化创意产业博览会、北京国际图书博览会、北京国际电影节、北京国际音乐节
2010	首届世界月球会议、世界CBD联盟2010年度峰会、世界奥林匹克城市联盟峰会、世界音乐教育大会、首届世界武搏运动会、北京国际金融博览会、中国北京国际科技产业博览会、中国北京国际文化创意产业博览会、北京·中国文物艺术品国际博览会、北京国际音乐节
2009	北京世界设计大会、世界媒体峰会、世界斯诺克中国公开赛、北京国际马拉松赛、诺贝尔奖获得者北京论坛、北京国际城市友好城市市长会议、北京国际金融博览会、北京CBD国际商务节、中国北京国际科技产业博览会、中国北京国际节能环保展览会、北京国际旅游博览会、中国北京国际文化创意产业博览会、北京国际教育博览会、北京国际音乐节
2008	第七届亚欧首脑会议、北京第二十九届奥林匹克运动会、北京第十三届残奥会、诺贝尔奖获得者北京论坛、中国国际友好城市大会、第十六届国家和地区奥林匹克委员会协会代表大会、71届国际体育记协代表大会、首届世界智力运动会、北京国际音乐节、中国北京国际科技产业博览会、中国国际版权博览会

归纳起来，北京市组织、参与的重大国际性会议主要涉及四个方面：

第一，北京出于自身城市可持续发展的管理与规划需要，通过举办各类论坛峰会，向友好城市、国际智库等机构借鉴经验，听取意见建议，比如举办北京国际城市友好城市市长会议、中国国际友好城市大会、城市可持续发展北京论坛。

第二，关于北京重点发展产业而举办的国际性论坛，如金融、国际贸易、旅游等产业，这些论坛如金融街论坛、北京国际金融博览会、京交会、世界旅游城市联合会2014北京香山旅游峰会、北京国际旅游博览会、国际休闲产业论坛等，旨在推动北京自身产业的发展，并进一步巩固北京在该领域的国内以及国际优势地位。

第三，服务国家总体外交，参与有关活动也是重要的议题之一，如政治经济领域的APEC峰会、亚太经合组织（APEC）非正式高管会；文化体育领域的奥林匹克运动会与残奥会、世界奥林匹克城市联盟峰会、中国（北京）国际园林博览会。

第四，在推动文化交流领域中，国际动漫博览会、世界漫画大会、国际学生北京夏令营、中国北京国际文化创意产业博览会、北京国际图书博览会、北京国际电影节、北京国际音乐节的举办也显示了北京对外交流领域的全面性和综合性。

北京通过积极搭建国际性会议这一平台，一方面向世界借力，吸收、汲取国际领先的技术、理念和方法来提高城市发展的质量与速度；另一方面，也凭借这一平台向世界介绍中国、介绍北京，并逐步参与国际游戏规则的制定，为中国打造负责任的大国提供了有力的实践支持。

（二）国内经验：以上海市为例

北京作为中国的政治、经济与文化中心，在中央外交大战略中负有关键性的责任，需要发挥关键性的作用主导国际规则构建、发挥中国更大的作用、提升国际影响力是国家战略，除了北京市，上海市及其他城市也承担了类似的职责。北京要想做好国际交往中心建设，就不能故步自封、一叶障目，而是要积极了解上海的情况，总结其国际交往实践的特点与经验，从而能够对如何发挥战略支点城市的辐射作用有一个更为直观的认识和全面的理解。

城市间合作组织是上海开展国际交往实践的重要平台和途径。目前，上海已经参与到了多个城市间的国际组织中，其中包括世界城市和地方政府联盟（简称 UCLG）、世界大都市联盟（The Metropolis Association），亚太地区城市间合作组织（The Regional Network of Local Authorities for the Management of Human Settlements）、亚太城市峰会（APCS）、亚太城市观光振兴机构等全球性或区域性的城市间合作组织。不同的城市间合作组织有其各自定位与宗旨，上海市长期以来不断致力于和这些城市间合作组织进行积极地交流与互动。除城市间合作组织之外，上海市还同世界银行、联合国开发计划署、国际货币基金组织、粮食计划署、世界卫生组织、儿童基金会、亚洲开发银行等国际组织和机构建立起了联系和合作关系。

举办大型活动是快速提升一国（或地方城市）国际影响和软实力的重要途径，在国家的引导和支持下，上海市承办了一系列有质有量的国际大型活动。

自 20 世纪 80 年代以来，在上海举办的各种国际会议持续不断，其中不乏参会人数众多、层次高、具有重大国际影响力的国际会议，如 1999 年的《财富》全球论坛年会、上海合作组织峰会、亚太经济与合作组织会议（APEC 峰会）、亚信峰会、城市发展国际论坛、非洲开发银行集团理事会年会、世界管理大会、世界翻译大会、女性论坛亚洲大会、中国国际友好城市大会等等。

国际会议、论坛在上海的举行一方面体现了上海的国际影响力和基础设施的完备程度得到了认可，另一方面国际会议在上海的举办也为提高上海的国际参与程度，为上海与广大国际组织开展合作、主动设置议程提供了契机。

上海已经开发了一系列具有上海品牌效应的艺术文化类大型国际交流活动，如上海国际魔术节、上海电影节、上海国际电视节、上海国际服装文化节、上海艺术节等等。通过此类大型国际活动的举办，一方面促进了艺术文化方面的交流与合作，提升了上海的国际知名度；另一方面也为上海带来了商机。

另外，世博会也成为上海国际交往中心建设的关键跳板，世博会由于其举办时间长、展出规模大、参与国家多、影响极为深远等特点，逐渐被赋予了外交功能，衍生出了“世博外交”这一概念，即“国际行为主体围绕或借助世博会而进行的有关政治、经济、安全、科技、文化等诸多外交活动的总和”[①]。但是，参与世博外交的“行为体”除国家外，还包括城市、普通民众、民间团体或机构、国际组织等等。

2010年的第41届上海世界博览会是首次在发展中国家举办的综合性世界博览会，是中国、也是上海国际交往的成功实践。上海世博会在综合性世博会历史上首次以城市为主题，提出“城市，让生活更美好”（Better City，Better Life）的口号，吸引了189个国家、57个国际组织参展，共计7308万名游客参观，其中外国游客400多万人次，创造了世博会历史上最大规模的参会纪录。

从“世博外交”的角度来看，上海世博会突出了世博会的世界性和包容性，强调世博会为各国展示形象的舞台，既让世界了解了中国，也让中国了解了世界。世界各国在上海世博会上的精彩展示在一定意义上也反映出了中国的包容性与开放性。上海世博会也成为中国、上海向世界人民展示自己的舞台，来自各个国家地区的游客、参展人员通过亲历世博会，对中国、对上海的现状与发展有了直观的认识，即中国自信、开放、友好、文明的国家形象。

上海世博同时也成为首脑外交的平台。世博会期间，上海共接待重要贵宾团组872批，外国国家元首和政府首脑101位，副总统、副总理、议长、王室成员、政府部长、政党领袖360批。[②] 在半年时间内，党和国家领导人共举行了70多场双边、多边会见，为我国主动做外国政府工作提供了机会。

总之，世博会为我国展示自身发展成就，拓展国际交流与合作，提

---

① 马建英：《上海世博会和世博外交》，《国际问题研究》2010年第6期，第24页。

② 上海年鉴2011，http：//www.shanghai.gov.cn/nw2/nw2314/nw24651/nw29277/index.html。

升国家形象做出了有益的贡献；而通过世博会的成功举办，上海的国际影响力和知名度也得到了极大提高，国际化进程进一步加深。

（三）北京既有成果的不足

从近年来的发展情况来看，北京对外国际交往取得了一些成绩，但是从全球文化交往格局以及北京对外文化交往的长远发展来分析，其规模和影响力还比较有限，与世界一流国际城市的发展水平相比还有一定差距。

1. 与西方大国首都相比，国际组织进驻数量与质量严重不足

与巴黎、伦敦、华盛顿等大国的首都相比，将全球总部或亚太总部设立在北京的国际组织，无论是绝对数量，还是质量上都是落后的。单就世界范围内具有重大影响力与决策权的国际组织来看，国际能源署、经合组织将总部设于巴黎，国际海事组织、国际咖啡组织、世界动物保护组织总部位于伦敦，华盛顿则拥有世界银行、国际货币基金组织，这些国际组织是各自领域里的最重要国际社会成员，甚至拥有超越国家的权力与影响力，法、英、美也因为这些国际组织位于本国首都而享受到了各种额外的权益。相比之下，北京目前所拥有的国际组织数量屈指可数，除了新成立的亚投行总部之外，在吸引国际组织进驻问题上成果实在是乏善可陈。

21 世纪以来，北京在组织国际活动与全球友好城市交往两个方面取得了很大的成就。但是，组织国际活动与发展友好城市这两项工作，不能从根本上助力中国主导国际规则的大战略。原因在于：

第一，组织国际活动，具有时间短、效果消失迅速、后续影响力不足的缺点，这些活动在迅速举办之后，在国际社会上没法产生持续的影响力。

第二，发展友好城市，主要是“走出去”，而不是“请进来”，更不是“请进来，住下来”。

当前，对于北京建设国际交往中心、助力中国主导国际规则构建的大目标而言，北京缺的是真正吸引到国际组织这样的“金凤凰”扎根落

户，以北京为基地，面向全球持续发声。

2. 缺乏主动构思

诚然，正如我们前文所提到的，北京作为政治首都，发挥首都独特优势、积极服务国家总体外交是北京基于首都这一角色定位开展对外交往工作的首要任务。做好首都对外交往工作必须坚持和维护国家外交大政方针，时刻与中央在思想上、行动上保持一致，确保首都对外交往工作不折不扣地落实国家外交决策部署。

然而，从另一个方面来说，由于过度专注于“不折不扣地执行与落实”，使得北京市在参与国际大都市建设的进程中主要扮演了被动接受指令与执行的角色，鲜有为中国提升国际地位而主动提出构思谋划的举动。

3. 工作与管理存在落后、偏颇的问题

实事求是地说，一些国际组织，特别是一些小的非政府组织，的确带有很强的意识形态色彩和政治诉求，但这只是个别的，并非一幅画的全部。一些领导干部对于国际组织闻声色变，对其采取一禁了之、一封了之的工作方法，太过简单粗暴，把许多单纯经济、社会公益性质的国际组织也拒之门外，不仅错失了吸引这些国际组织进驻北京的良机，而且损害了北京与中国的形象，让外界对北京与中国产生了负面的观感。

国际化大城市应该具备高品质的城市环境、有利于国际交流往来的政策环境、很高的办事效率以及国际先进水平的公共设施和公共服务。与此相比，北京还有一段差距，尚需大力建设和改进完善城市硬件设施和城市软环境，为国际交往提供更为便利的条件，使交通、信息、居住、工作等外部环境和公共服务更加便捷，以适应国际交往中心建设的需要，吸引更多的交流往来。这就要求北京从建设国际交往中心这个出发点，全盘考虑北京对外文化交往的思路、目标、任务、政策和措施等，从北京城市总体环境与建设方向为对外文化交往营造有利条件。

北京历史文化资源没有得到充分挖掘与利用，文化集约化程度不高，导致文化产品的文化附加值与创新性都十分有限，不利于在对外文化交往中形成很强的竞争力。文化管理机构及政策需要进一步调整完善，理顺各层级关系，为文化对外交往创造更宽松的空间和优良的发展环境。

4. 参与主体单一，社会资源与人才不足

没有将丰富的历史文化优势转化为文化外交优势，主要原因在于缺乏文化外交意识和战略规划，没有形成对外文化交往的有效机制。对外文化交往偏于依赖政府、依赖精英阶层，官方色彩较浓，民间对外文化交往活动较为欠缺，对外文化交往形式不够丰富，限制了北京文化外交的实际效果和影响力。应该在对外文化交往中积极借重多种力量，丰富对外文化交往的主体、形式与渠道。

在对外文化交往过程中，发展国际性文化产业群，打造大型知名国际性文化企业是重要内容。为此目标，还须切实解决机制体制问题、内容原创问题、人才培养问题、资金来源不足问题、投资渠道单一问题、对外输出渠道有限问题等。此外，还存在重投入不注重产出，投资效益欠佳，缺乏必要的引导和保护，投资重复投资和投资回报率不高等问题。这些都在不同程度上制约了文化产业的发展进程。

国际交往的扩大和频繁是国际化城市的共性之一。日益频繁的竞争与合作，最终体现在人才的争夺和人才合作方面。谁能在国际化人才市场竞争中处于优势，谁就能在城市竞争中更具有竞争力。目前，北京缺乏国际化人才，缺乏熟悉国内外文化市场及国际服务贸易规则的人才，缺乏复合型文化经营人才。从政府层面来讲，还需要为吸引人才营造良好的社会环境，建立适宜国际化人才生存和发展的栖息地。转变传统观念，把人才看成发展的最强大资本，为优秀人才营造良好的发展空间，让人才发展需求得到多层次、全方位满足，以吸引优秀的国际化人才。

（四）北京市对外交往发展趋势分析

无论从政治资源、地缘优势，还是从人文遗产及其在当今世界经济活动中的地位等方面来说，北京市都是中国最重要的对外交往城市之一，也是世界了解中国最重要的窗口之一。毋庸置疑，随着国家综合国力的不断增强，中国参与世界事务的深度、广度在可预见的将来会继续提升。在北京与世界其他城市或地区传统友谊和良好的政治关系的坚实基础上，北京市作为首都，其对外交往活动的数量、质量、广度、深度必将有长足的进步，北京市对外交往工作前景广阔。

1. 进一步加大服务国家总体外交力度

地方对外交往始终要围绕着坚持“三个服务”，即“坚持服务中央总体外交、服务地方经济社会发展、服务地方日益增长的国际交往需求”而开展工作。① 作为国家总体外交的一个重要组成部分，作为首都，北京市对外交往活动是在国家总体外交的统筹下进行的，必须与国家总体外交保持高度一致，从而形成国家的外交合力。

为了更好地服务于国家总体外交，今后北京市要在以下四个方面加大工作力度：

（1）全面提升服务于国际交往的软、硬件水平，努力为国家总体外交提供高质量、全方位的服务。北京市相关部门要提高政策水平和礼宾接待水平，做好来京重要宾客的接待工作，为在京举行的重要外交外事活动提供优质服务保障，接待应邀到北京参观考察的党宾、国宾，比如高标准服务好2022年北京冬奥会等等重要国际活动。

（2）完善现有使馆区及相关区域服务设施，为外国驻华使领馆、国际组织驻华代表机构、外国驻京新闻媒体等国际机构与组织提供优质服务。

（3）在突发事件和重大事件面前，严格按照中央的统一要求和部署，及时、妥当处理问题，积极协助开展外交活动，维护国家尊严、社会稳定和首都形象。

（4）充分发挥首都城市的特殊性和对外交往的独特优势，依托友城渠道和友城资源，圆满完成中央交办的各项外交、外事任务。

2. 扩大和深化与友好城市的交往范围及领域

北京的友好城市工作不仅在配合国家总体外交方面做出了积极努力，而且已经成为北京市对外交往的主要渠道之一。北京市与其友好城市的交往前途会更加广阔。

今后一个时期，北京应当从五个方面努力，将友好城市交往作为北京走向世界的重要途径。

---

① 赵丕涛：《外事概说》，上海社会科学院出版社，1995年版，第8页。

第一，服务国家总体外交，营造和维护有利的外部发展环境。配合国家外交部署和对外经济、安全、能源战略，开展友城工作，加强与友城的沟通协调与务实合作，与友好城市围绕国家建交周年策划有关庆祝活动。贯彻落实中央周边外交工作会议精神，加快构建和强化北京同周边国家首都的友好城市网络。

第二，完善友城布局，推动友城工作进一步向全方位、多层次、宽领域发展。按照布局合理、规模适当、重在实效的原则，发展新友城。对外结好充分考虑政治、经济、历史、文化、地缘等因素，重点选择在周边国家、非洲、大洋洲发展新友城，培育和发展与本市互补性强、合作前景广阔的友好城市关系，注重友城数量和质量的有机统一，实现发展一个友城，辐射一片区域。

第三，服务首都经济社会发展。围绕全市中心任务和重点工作，认真做好友城高层互访的事前组织策划、事中统筹协调、事后跟踪落实，充分发挥高层访问在增进友好互信、吸引高端资源、推动重大合作等方面发挥的引领带动作用。通过友城渠道，服务本市举办的京交会、科博会、文博会、电影节等大型国际活动，邀请并协助友城政府、企业和机构参与上述活动。充分发挥本市同各友城的比较优势、竞争优势和互补优势，深化双方在贸易、投资、文化创意、旅游等领域的合作。

第四，改革创新，健全友城工作的体制机制。完善友城统筹协调机制。加强政府对友城工作的统一领导，完善各级外事部门对友城工作的统筹协调和归口管理职能。健全市级和区县友城工作协调机制，调动企事业单位、民间团体和个人参与友城工作的积极性，加快构建上下联动、政经结合、官民并举、互利共赢的“大友城”工作格局。加大对友城资源的整合力度，建立健全友城工作成果共享机制。

第五，加强人员交流与民间交往。北京市可以进一步将友好城市作为沟通的桥梁，让更多市民直接参与到友城交流活动中，有利于夯实对外友好的民意基础。除此之外，北京市还应加强城市间行政人员交流，学习借鉴先进管理经验。

3. 打造高水准国际交流平台，提高北京国际知名度

第一，积极承办重大国际会议。将举办国际会议作为增强城市国际

影响力和提高国际知名度的重要渠道。积极申办联合国及附属机构、专门机构和其他重要国际组织的年度大会，争取重大国际会议在京举办。积极筹办有国际影响力的经济、科技、文化等高端论坛。

第二，适时规划建设国际组织机构集聚区，吸引更多、更重要的国际组织到北京落户。积极争取中央政策支持，吸引联合国及其专门机构在京设立办事处，有针对性地吸引国际经济、金融组织等经济类国际组织入驻北京，鼓励科技、文化、体育等专业类国际组织在京设立分支机构，使北京成为国际组织的重要集聚地。

第三，承办和培育重大国际体育赛事和文化活动。延伸奥运效应，积极吸引国际大型体育赛事来京举办。扩大中国国际网球公开赛、北京国际马拉松赛、北京国际斯诺克赛等赛事的国际影响力，尤其是利用好冬奥会契机，进一步推进北京国际体育中心城市建设。进一步办好国际音乐节、大学生电影节、国际旅游节等文化交流活动。培育和打造有国际影响力的影视、时装等时尚文化品牌活动。

第四，积极举办具有国际影响力的重大展览活动。加强与国际展览局、国际展览业联盟的协作，大力吸引国内外会议展览组织和会展落户北京。

五、首都北京应如何为中国构建国际规则的事业扩大贡献

（一）中国发展的大背景与时代要求

前文提到了譬如华盛顿、巴黎这些国际化大都市，在过去数十年乃至数百年间，无数有关建立、改革国际规则的国际会议都在这些城市召开。甚至可以说，当今世界主要的国际组织、国际规章制度及其所规定形成的国际交往行事规则，都是历经久远，在这些城市中通过一次次的国际会议谈判而成的。

那么，是不是说当下的世界已经有了足够的国际规则，所有的国际

事务都已经被安排得完美无缺了呢？答案当然是否定的，人类社会的活动范围与活动内容一直在不断扩展，整个国际社会面临的新问题不断增多，需要新的规章制度来解决新问题；同时许多老问题也发生了新变化，旧的国际规则已经不能适应新形势，需要改革，譬如说南极、宇宙空间共同开发的问题、新的海洋法公约如何制定，这都是新形势、新环境下面临的构建新国际规则的问题。因此，可以说，国际化大都市将继续承担为构建国际规则提供地理场域支持的重要功能。

过去很长一段时间以来，中国及其大城市，特别是京、沪、穗这样的大城市，支持国际会议举办、参与国际规则构建进程的作用是很不足的。在此，我们引述一些数据作为佐证："根据全球国际会议市场的排名情况，欧美雄踞国际会议市场前两名，亚洲名次排在后面，而中国在亚洲的排名不是很理想，远远在新加坡、日本和韩国之后。国际大会及会议协会（ICCA）的统计数据显示，2010 年全球有 54% 的学会、协会类科技会议在欧洲举办，亚洲只占 18%。根据《中国科学技术协会统计年鉴》统计，中国科协所属全国学会、协会在 2012 年共加入 340 个国际组织，529 人在国际组织中担任职务；2013 年共加入 366 个国际组织，612 人在相应的国际组织中担任职务。可见，加入国际组织和在国际组织担任职务的数量呈现增长的趋势。但是在国际组织中担任要职的人数过少，在国际组织相应领域中的话语权和影响力不足。"①

我们尤其需要注意到的是，之前提到的这些城市都有一个最大的特点，那就是它们都是世界性大国或强国的首都，华盛顿、巴黎、伦敦与柏林自不待言，分别是美、法、英、德的首都，即使说布鲁塞尔是欧洲小国比利时的首都，但它同时也是欧盟总部的所在地，后者是集体经济总量位居世界第一的庞大国家间联盟。与此类似，北京也拥有中国乃至全世界许多国际化大都市都不可比拟的优势，即它是经济不断发展、国际影响力日益上涨的中华人民共和国的首都。可以说，这是北京可以为中国参与国际规则建构发挥作用的最大信心与底气的来源。如果没有中国崛起的大背景，来自北京的中国中央政府的声音是很难被国际社会重

---

① 李军平：《国际会议在华召开的主要问题》，《科技导报》2015 年第 5 期。

视的，反之，也正是因为中国崛起，使得中国的海外利益越来越多，对参与国际规则建构的现实要求也越来越迫切。中国政府在北京提出构建国际规则的想法，北京作为国际化大都市为实现这些设想提供地理场域的支持，设想的实现进一步提升中国与北京的国际影响力，这三者已经成为相互促进、相互补充的有机体。

从更深的层次来说，一方面，中国的快速发展为北京这个国际化大都市参与国际规则创建提供了最重要、最宏大的战略背景，另一方面，中国崛起也急需北京这种国际化大都市的参与，只有北京越来越多、越来越好地为中国构建国际规则提供必要的契机和场合，中国的发展才能找到更好的发力点。

自 1979 年中国改革开放以来，中国经济飞速增长，目前已经成为仅次于美国的全球第二大经济体，人民生活水平也相应得到大幅提升。短短的四十年中国经济社会事业的全面进步震惊了世界，中国独特的发展道路成为全球关注的焦点，“中国模式”遂成为“华盛顿共识”之外的另一条可供选择的发展道路。中国经济政治实力的增强提升了中国的国际话语权，无论是在全球层面还是在地区层面，中国已经成为国际规则的重要参与方。

然而，也必须清醒地认识到，当前世界话语权格局总体仍未改变，以七国集团为代表的西方发达国家仍然牢牢地掌控着话语权，而中国话语权的分量还很有限。特别是在看待中国模式的成功时，由于意识形态、价值观念、政治体制的差异，西方国家或者是质疑，企图用自由、平等、民主、人权的“普世价值”改造中国模式，或者是恶意中伤，将中国模式贴上野蛮资本主义、权贵资本主义的标签，制造中国威胁论、中国崩溃论，甚至还有声音试图要中国承担无法承担的国际义务和责任。因此，北京如何更积极地参与构建国际规则，提升国际话语权，事关中国如何在国际和地区事务中维护自身的利益。

2017 年 2 月 17 日，习近平主席在国家安全工作座谈会上提出中国要“引导国际社会共同塑造更加公正合理的国际新秩序”“引导国际社会共同维护国际安全”，这意味着中国政府已经开始全面思考如何在制度与秩序层面为国际社会做出更重大的基础性贡献。在这个大背景之下，北京作为首都，是中国的政治中心、文化中心、国际交往中心与科技创新中心，应当积极发掘其潜力与优势，努力为中国发展大战略与“两个引导”大战略做出应有的贡献。

要想引导国际社会的发展与进步，不仅要多参与国际事务，做国际体系的参与者和建设者，而且还要做国际体系的贡献者和引领者。国际体系的框架与运行办法是由国际规则构成的，引导国际体系的发展，主要就是要主导国际规则的构建：一方面要改革旧的、不适合国际社会新形势发展的旧规则、旧制度；另一方面要积极探索，引导国际社会实现规则的创新与发展，建设更加公正合理的新规则体系。

（二）北京具体的贡献可能

可以说，北京作为中国的首都，积极贡献自己的力量，将会极大促进中国进一步参与构建国际规则，提升国家形象，维护国家与国际社会利益。总的来说，北京的优势与可期待的贡献在于以下几个方面：

第一，北京拥有全中国最好的基础设施、财富实力与软实力优势，有条件、有能力为中国政府计划的任何大型国际会议或外交活动提供最优质的后勤保障服务。譬如说，北京首都国际机场是全球规模最大、运输生产最繁忙的大型国际航空港之一，拥有世界最大的单体航站楼，每天有近百家家航空公司的上千个航班将北京与世界各地紧密连接，它是全亚洲旅客吞吐量最大的国际机场，并已经跻身世界最繁忙机场前三名。北京是绝大多数全球500强跨国公司在中国或者亚太区域的总部所在地，大量的巨型国有企业也在此运营，堪称中国的金融与贸易中心；同时北京也是中国拥有最多高等院校的城市，聚集了众多著名大学；它也是中国的传媒中心，国内外数以百计的媒体将总部或办事处设置在北京，因此可以说，北京拥有各类足以应对各种国际业务的机构与人才资源。

第二，我们也必须承认，当前世界上的一些热点问题，譬如说领土主权争端、国内冲突都发生在中国或中国周边地区，譬如说中国与日本的东海权益冲突、与东南亚一些国家的南海争端、朝鲜半岛核问题、缅甸内部的宗教、种族冲突。中国作为地区大国，同时也是初步浮现的全球性大国，我们既需要妥善解决涉及自身的国际争端，也有责任与义务帮助周边国家与地区实现和平稳定，为整个东亚与全球的和平发展尽职尽责。因此，我们需要开启一些和平对话，或者是为了解决与有关国家的领土、领海权益争端，或者是作为中立第三方调停地区冲突；这些国际和谈的召开很有必要，如果选择地点，要么是在其他当事国的城市，要么就是在北京。在先前有很好的例子，譬如说挪威为了实现加沙地区的最终和平，以中立第三国的身份在首都奥斯陆开启了“奥斯陆和平谈判进程”，这使得挪威与奥斯陆在全世界范围内赢得了高度赞誉。设想一下，如果中国政府能够在北京启动类似的对话进程，与南海诸国磋商出合适的海洋权益划分与共享办法，妥善解决权益争端，或者是居中调停缅甸内部的和平问题，那么这将是中国政府与北京为世界和平与发展做出的巨大贡献，也代表着中国在参与构建国际规则的道路上迈出了坚实的步伐。

第三，要专门提及一下北京的历史、文化与艺术资源。当前国际社会，特别是以欧洲为代表的西方世界，已经逐步显现出了后现代社会的特征，文化历史艺术资源成为国际交往中的重要筹码与主题，如何规范、保护这些资源，促进其长期存续发展，是当前许多国家及国际组织所关心的问题。譬如说联合国教科文组织一直致力于构建全世界对于历史文化遗产的保护守则，希望建立起完备的国际准则，以减少人类活动对历史文化资源的破坏。北京在这方面的优势可谓得天独厚，它本身就是国家历史文化名城，拥有 99 处全国重点文物保护单位，而且整个北京全市拥有 7 处世界遗产，是联合国教科文组织认定的全球拥有世界遗产最多的城市。与其相得益彰的是，中国乃至全世界最好的古建筑、古文化、古艺术的研究保护机构基本上都在北京，譬如说北京大学的考古文博学院、中国社会科学院的考古研究所、中国戏曲研究院。可以说，只要北京愿意发力，就可以在促进国际历史文化艺术规则制定的问题上发挥领军性质的作用。

第四，我们要专门提及下北京市政府与市民，他们对于北京市举办大型国际活动充满了很高的热情，这里不仅仅是一种为中央服务的责任感，还有着一种高度的荣誉感与自豪感。这是北京所拥有的软实力，以往的历史充分证明，北京市政府竭尽全力保障各种大型活动顺利进行，民众也予以了高度的配合，这对于未来北京举办更多的国际性会议、成为国际规则创建的世界中心城市之一而言，是一种宝贵的软实力财富。

（三）北京要成为“一带一路”倡议的核心角色

中国是“一带一路”倡议的提出者和倡导者，首都北京自然将会在这一国际倡议中做出积极贡献。因此，接下来我们将进一步分析和讨论北京可以在“一带一路”建设的国际合作中扮演什么的具体角色，又发挥什么样的实际作用。

对于北京来说，其在“一带一路”建设过程中可以从大国协调与机制完善、规范重塑与标准修订和国际交流与队伍建设三个方面扮演积极角色、发挥关键作用，从而加强有关国家对“一带一路”建设的参与积极性与合作成功性。

第一，大国协调与机制完善。大国协调（concert of powers）作为一种重要的国际安全机制，特指在全球或区域体系内有重要影响的大国按照共有的规范与规则，通过会议外交解决共同安全问题的制度化安排。[①]作为一个跨区域的国际合作平台，“一带一路”的建设自然离不开各个地区内部与区域之间的国际协调。对于中国外交来说，加强与主要国家之间的大国协调，充实并完善既有的外交交流与合作机制是对其推动“一带一路”建设国际合作的当然预期。目前，以北京为主基地开展的国际合作框架平台事实上是十分缺乏的。一方面，中国目前尚未与国际主要国家建立常态化的合作机制，而这对于中国来说也是一个巨大却也必需的国际工程；另一方面，中国外交既有的对外合作与协调机制也存在着操作平台欠缺、共享信息滞后与联合行动匮乏等实际问题，从而导致机制不畅与合作低效。因此，北京应当需要借“一带一路”建设的契

---

① 这里的“大国”（powers）特指有能力在全球性或区域性国际体系中有关安全问题上发挥重要作用的“强国”，而非在传统意义上从体系层次按绝对的“军事—经济”实力界定的整全性的国家。郑先武：《东亚“大国协调”：构建基础与路径选择》，《世界经济与政治》2013年第5期，第91页。

机，做好东道主，搞好主场外交，进一步加强与国际社会主要国家的大国协调，进一步充实和完善既有的合作机制。

第二，规范重塑与标准修订。规范重塑（norm renovation）是指原有规范在规范扩散中被新的行为体在实践过程中赋予和充实一些新的内涵，使规范的内容更丰富、更完善。[①] 在国际社会交往中，以美国为首的发达国家由于历史原因得以抢夺先机而主导着各类国际规范的塑造与传播，垄断了各种国际标准的制订权和修改权。随着“一带一路”建设的推进，将有助于带动其沿线新兴国际力量的兴起和发展，而这也会催生其对于既有国际社会传统规范和既有标准的调整诉求。对于中国来说，积极参与国际规范重塑与标准修订也是其推动“一带一路”建设的实践期待。因此，北京要在各种标准修订中贡献中国力量。

第三，国际交流与队伍建设。中国要加强“一带一路”建设与国际合作，国际交流与队伍建设将是重要基础和关键途径。人才，特别是具有国际视野的复合型人才是关键之关键，北京这方面具有最先天的优势。因此，北京如何为中央贡献与“一带一路”倡议相关的人才，是北京人才工作所面临的重要任务。北京作为中国的高等教育实力最强城市，一方面需要建设国际复合型人才的选拔、培养和任用机制，进而推动中国外交人员在各类国际组织中担任重要职位，从而加强外事人才队伍的对外参与和国际实践；另一方面，也可以加强国际经验的相互学习，特别是为“一带一路”沿线的一些欠发达地区和国家的外事人才队伍提供培训帮助。

（四）具体的政策建议

1. 充分发挥政府的主导作用

政府要在国际交往中心建设工作中发挥主导性作用，统一筹划、协调北京国际交往中心建设涉及的各方面相关工作，由政府主导进行跨行

① 袁正清、李志永、主父笑飞：《中国与国际人权规范重塑》，《中国社会科学》2016年第7期，第192页。

业、跨地区资产优化重组，服务于国际交往中心建设；组织资源协调成立国际交往中心建设办公室，成立国际交往发展基金，以形成合力领导机制、集中资源更好地服务于国际交往中心建设，为国际交往中心建设提供有力的领导以及稳定的资金支持；加强涉外部门机制改革和职能建设，强化涉外部门的规划职能、领导职能、组织职能、协调职能和管理职能，以更好地为建设国际交往中心服务，适应国际交往中心建设需要；健全和完善适应国际交往中心建设的高效的工作体制和运行机制；建立专门的国际交往中心建设工作网络，以市外事部门为主或者成立专门领导小组进行统筹工作，组织专职调研团队，动员广泛的社会力量参与国际交往中心建设实施中；建立以政府外事部门为主，其他相关部门和单位支持、配合、参与，以民间机构为补充的工作系统。

2. 改善国际交往整体环境，提升城市国际品质

在政策法律环境建设方面，完善有利于国际往来的相关法律和政策。国际交往中心城市要求出入境手续方便，酌情推行签证简化制度。在政策指导、组织协调、执法监督等方面为国内外单位和个人提供优质服务。完善和健全涉外法律体系，进一步加强涉外法制法规宣传工作，为在京外国人提供法律咨询和法律服务，创造良好的法律环境。

在政府服务系统和社会服务系统的基础上，面向国际交往中心建设的需求完善国际交流往来的各项服务内容。加强政府机构中从事涉外管理部门的职能作用，设立专门的涉外社会服务机构，切实负责做好管理和推进国际交流工作，设立了外国人信息服务中心，提供多种语言的天气预报、生活服务、交通出行、医疗急救、旅游购物、法律咨询等信息服务，为外国人提供工作、生活和交流等方面的便捷服务。

在宜居生态环境建设方面，加快调整工业布局、能源结构，加大空气治理、城市绿化、水系治理等工作力度，改善北京的环境质量，调整规划用地，增加公共休闲空间，提升国际化综合服务功能，打造标志性景观，美化城市环境，使北京成为宜居城市，为建设国际交往中心创造必要的自然环境。

在城市硬件设施环境建设方面，加快首都城市轨道交通系统和数字北京建设，完善和扩建国际机场，提高基础设施现代化水平。建设与完

善数字化国际信息服务系统，采取开放的态度，促进国际信息交流往来，利用现代数字化技术加强国际通讯系统建设，为国际交往中心提供便捷条件，更好地融入国际社会。

在人文环境建设方面，要重视人文环境对国际交往中心建设的独特作用，精心规划与建设人文环境，既能突出民族历史文化底蕴和北京城市文化个性，又能兼具国际大都市现代化风格，充分体现国际交往中心兼容并包、丰富多元的人文特色。

3. 进一步做好工作，吸引国际组织进驻北京

第一，迅速动员各部门，联合中央外事工作部门，高度重视联合国考虑设立亚太代表处的苗头。联合国自成立以来，在美洲拥有纽约总部，在欧洲与非洲地区则拥有日内瓦办事处，唯独在亚洲、大洋洲地区缺乏派出机构。近年来，联合国深感亚洲、大洋洲地区人口众多，经济发展迅速，各种国际事务众多，因此联合国内部已经出现了在亚太地区新设代表处的声音。一些情报显示，韩国与日本非常重视这个苗头，两国的一些地方政府已经开始积极游说、四处活动。对此，北京不能够坐视不理。

联合国是全球最重要、影响力最大的国际组织，也是中国发挥国际社会影响力的最重要平台，如果联合国真的决定在亚太设立代表处，这将是联合国历史上的里程碑事件。如果这个亚太代表处能够成功落户北京，那么将不仅是北京的重大荣誉，也是中国崛起、中华民族伟大复兴道路上的重大成就。

尽管设立亚太代表处的想法还只是停留在一些构思中，但是“宜未雨绸缪，莫临渴掘井”，北京市一定要把游说、申报准备工作做在最前面，一旦这想法在联合国形成提案，北京市就能够打有准备之仗，展开扎实的申报工作。

第二，改变认识观念。各级政府有关部门对待国际组织大而化之的偏见观念要有所改变，在积极防范非法、有害国际组织进入境内活动的同时，要充分认识到国际组织的主流是促进全球化的，是有助于中国与国际社会交往的，要充分认识到大量的国际组织进驻北京，是中国崛起、时代发展的必然要求与必然结果，也是中国真正提升国际影响力，贯彻

中央外交大战略的必需工作。

第三，北京市外事部门要重视吸引国际组织的工作。北京市外事部门除了要坚持举办国际活动、发展友好城市两项传统工作以来，要扩充与国际组织事务相关的部门，考虑设立专门的国际组织工作部，专门针对各类重要的国际组织加强“招商引资”工作，积极游说其将总部设立/搬迁到北京，或者新设亚太总部。

第四，结合国际组织的实际需求，改革出入境、人事、社会福利、税收等制度。国际组织的日常工作具有人员跨国流动频繁、无直接经济产出或经济产出小、人员国籍背景多样化等特点。结合这些情况，对国际组织的在京管理要考虑其特殊需求。在确保其成员在华身份合法、行为守法的前提下，应当考虑尽可能便利化、快捷化服务与管理。对国际组织成员发放多次出入境便利签证，对其高级领导层给予永久居住权；对国际组织的人事与社会福利制度予以放宽限制，尽可能贴合国际通行标准；对无营利性质的国际组织予以免税政策。

第五，充分利用政协委员、人大代表的国际交往资源，积极做好国际外联外宣工作。政协委员、人大代表中有相当一部分成员来自科学、艺术、外交、国际金融经济、教育等领域，他们往往在本领域具有非常丰富的海外资源，与相关的国际组织有着长期而密切的公务交往，与一些具有卓越名望的国际知名人士具有深厚的私人友谊。这些都是可资利用的重要资源，通过他们做好外联外宣工作，接洽相关国际组织，可能会起到事半功倍的良好效果。

4. 加快建设现代国际化的城市文化综合设施，彰显城市人文魅力

第一，要在现有的北京城市设施建设基础上，进一步完成城市设施建设的科学规划，完成城市布局的优化调整，完成北京城市科学化功能分区，建设具有标志性的大型国际交流设施；推进与完善国际化的文化艺术中心区、科技会展中心区、商务贸易中心区、文化创意产业集聚区等的建设，形成具有一定规模的国际交流中心区。与此同时，提高适应对外交往的综合接待能力，优先规划和建设大型国际会展中心、创意科技中心、文化艺术交流中心、大型现代娱乐中心等具有标志意义的城市空间，与世界一流城市设施水平看齐，为大型国际交流活动提供必要的

硬件保障。

第二，着力建设在世界享有盛誉的商务中心区、文化创意产业集聚区、传媒产业集聚区、艺术家聚集之地、艺术创作基地、文化艺术活动中心区、国际化娱乐休闲中心区等，使之成为与国际经济、文化、传播、艺术前沿领域对接和进行国际交流的集聚之地，成为北京城市空间标志性符号，带动城市文化经济国际化发展。

第三，进一步发展外交机构及友好城市的往来交流活动。充分发挥政府国际交往主渠道作用，继续大力开展友好城市工作，拓展友好城市规模，搞好与重点友好城市的交流工作，在多个领域开展国际合作；积极争取中央的指导与支持，使友城工作作为外交工作的组成部分，取得更大的国际影响力。与中央外交相配合，加强友城调研工作，合理规划友城结交与发展对象，在友城交往中推动城市外交、市民外交，推动外事部门与相关涉外部门合作协调，管理与服务并重，实现友城工作持续良好发展。

第四，汇聚国际人才人力资本促进国际人员往来。国际人员往来交流是实现北京与国际社会全方位互联互通的重要内容。通过聘请和派出专家、学者、教授、顾问，接收和派遣留学生、进修生、培训人员，国际劳务合作，国际性的经贸、科技合作和教科文活动，以至国际性的移民、旅游、侨居活动等，拓宽国际人员往来交流的范围和规模，通过国际人员往来交流加深北京与世界政治、经济、科学技术、教育、思想文化产生的互动与融入。通过国际间人员往来加强融合交流，促进双方理解，夯实信任基础，构建互联互通格局，共襄合作盛举，共创世界未来。建立国际级人才市场，吸引、优化人力资源，大力引进各类专业人才。完善人才激励机制，积极与国际教育组织和跨国集团进行人员合作。大力加强国际组织人才的选拔与培养工作，详细研究国际组织机构的各种职位的性质、特征，有针对性地提出适合争取的国际组织职位的具体措施和建议。

六、结 语

面对国际规则，从改革开放至今，中国走过了从陌生到开始了解，从抗拒到充分利用的历史过程。在大国崛起的历史大背景下，中国越来越需要思考如何积极参与对国际规则的改革与构建工作，发挥一个大国应有的责任与影响力。要想做成功这样一件重大的战略性事业，就需要积极搭建国际平台，发出国际呼吁、召开国际会议、启动国际谈判进程，这些事情是离不开举国上下的共同努力的，其中在什么样的地理场域推行这些大计划、大行动，也是非常值得重视的。

简而言之，我们相信北京是推进上述重大战略的最理想场域之一，从西方大国主导构建既有国际规则的历史经验来看，各大国的首都在其中发挥了重大的作用，它们承办国际会议、发出国际号召，吸引了整个国际社会的注意力，为协助实现国家整体对外战略贡献良多。

近年来，北京市的对外交往也在迅速发展，国际影响日益扩大，对外交往总体呈现出全方位开放、多层次交流、宽领域合作的良好局面，大大推进了中国走向世界的建设进程。正因为有了过去一段时间的经验积累，使得北京成为中国最重要的对外交往城市之一，也是世界了解中国最重要的窗口之一。综合看来，北京作为中国的首都，兼备政治影响力、经济实力、人才储备、软实力资源等多方优势，当属一个最合适的选择；北京能够也应该为中国参与构建国际规则的战略部署尽到自身最大的努力，做出应有的贡献。

/后　记/

完成国家社科基金的这项课题不是件轻松的事情。近年研究新一代中国领导人治国理政特点与风格的作品有很多，如何做到不重复他人、言之有物且论出新意，是课题组始终思考的问题。现在的成品不敢说多么好，但至少贯彻了这样的努力取向，提出了具备前瞻性的若干议题和线索。我们期待各种批评与争鸣，希望带动更多的探索工作。

感谢国家社科基金的专项支持和北京大学社会科学研究部的信任，让我们团队有机会集中一段时间和精力，把多年以来相对宽泛和多元的研究方向适度聚焦。但愿这个结项的成果与资助者的预期相距不远。

本书问世之际，自然应该提到时事出版社的提携和关照。

感谢责编王力先生，他的细心工作使本书更加规范。还要感谢《国际政治研究》编辑部王海媚女士认真细致的校对工作，她使这份书稿减少了不少技术性错误。

2020 年 5 月于北京大学

图书在版编目（CIP）数据

中国外交探新/王逸舟主编．—北京：时事出版社，2020.9
ISBN 978-7-5195-0381-9

Ⅰ.①中…　Ⅱ.①王…　Ⅲ.①外交—研究—中国—现代　Ⅳ.①D82

中国版本图书馆 CIP 数据核字（2020）第 108875 号

出版发行：时事出版社
地　　址：北京市海淀区万寿寺甲 2 号
邮　　编：100081
发行热线：（010）88547590　88547591
读者服务部：（010）88547595
传　　真：（010）88547592
电子邮箱：shishichubanshe@sina.com
网　　址：www.shishishe.com
印　　刷：北京朝阳印刷厂有限责任公司

开本：787×1092　1/16　印张：21.5　字数：325 千字
2020 年 9 月第 1 版　2020 年 9 月第 1 次印刷
定价：130.00 元